墨家之謂教

墨學『宗教性』抉微

◎ 黃蕉風 著

中西書局

圖書在版編目（CIP）數據

墨家之謂教 ：墨學"宗教性"抉微 ／ 黃蕉風著.
上海 ：中西書局，2024. -- （選堂博士文庫）. -- ISBN
978 - 7 - 5475 - 2339 - 1
Ⅰ. B224. 5
中國國家版本館 CIP 數據核字第 2024M84J48 號

MOJIA ZHI WEI JIAO：MOXUE "ZONGJIAOXING" JUEWEI

墨家之謂教：墨學"宗教性"抉微

黃蕉風　著

責任編輯	田　甜
助理編輯	楊小珊
封面設計	楊鍾瑋
責任印製	朱人杰

出版發行　上海世紀出版集團
®中西書局（www.zxpress.com.cn）

地　　址	上海市閔行區號景路 159 弄 B 座（郵政編碼：201101）
印　　刷	上海展強印刷有限公司
開　　本	890 毫米×1240 毫米　1/32
印　　張	11
字　　數	249 000
版　　次	2024 年 12 月第 1 版　2024 年 12 月第 1 次印刷
書　　號	ISBN 978 - 7 - 5475 - 2339 - 1/B · 144
定　　價	69.00 元

本書如有質量問題,請與承印廠聯繫。電話：021 - 66366565

本叢書出版承蒙“香港浸會大學饒宗頤國學院—Amway 發展基金”慷慨贊助，謹此致謝。

目錄

《選堂博士文庫》序 / 001

提要 / 001

序一 / 001

序二 / 001

引言：墨學的宗教之維 / 001

緒論 / 001

　　一、墨家之謂教——墨教問題的由來 / 001

　　　　（一）文獻之不足徵：歷史上的墨子、墨家、墨學 / 001

　　　　（二）重新發明傳統：想象中的墨子、墨家、墨學 / 006

　　　　（三）學人論"墨教"：墨學復興中被遮蔽的面向 / 012

　　二、由"宗教思想"而至"宗教"：墨學"宗教性"

　　　　闡發的可能 / 017

　　三、一家之言與一個整體：本書使用墨學文獻的

　　　　基本原則 / 022

　　四、相關研究評述 / 025

第一章　宗教思想探微 / 040

　　一、法儀：立教根本——破除偶像崇拜，君、親、

師皆不可法 / 042

二、三表：護教依據——"本""原""用" / 049

三、獨尊上天 / 058

四、敬事鬼神 / 071

五、拒斥宿命 / 084

六、小結 / 096

第二章　宗教倫理辯難 / 097

一、對現世生活的態度：喪葬取厚取薄？
音樂從繁從簡？ / 097

（一）儒墨淵源和《墨子·非儒》/ 098

（二）節葬：喪葬兩利、生死相安 / 105

（三）非樂：節制爲"中道" / 115

（四）新教式的禮樂革命：以復古爲革新 / 124

二、愛人如何可能？ / 130

（一）兼愛：超血親倫理的特色愛觀 / 131

（二）爲彼猶爲己：以兼愛消解群己矛盾 / 136

（三）爲何利他與如何利他：以墨家"利親"
論述爲例 / 142

（四）普遍主義之思：兼愛作爲一種另類的倫理
黄金律 / 150

三、德福觀、神義論與鬼神之明 / 156

（一）東西方共通之上帝悖論：鬼神有所明，
或有所不明？ / 156

（二）德福分離：儒道二家的看法 / 163

（三）墨家的解答：人不能替代上天鬼神來決定何者

　　　致福,何者遭災 / 169

　　（四）酬報神學：强力非命不礙鬼神有明 / 176

　四、小結 / 184

第三章　宗教形態蠡測 / 185

　一、何爲"墨教"："人文""神文"之辨 / 186

　二、信仰中心：爲"人格神"的上天 / 195

　三、"神論模式"辨析 / 204

　四、"人格—傳統—法理"：墨家集團領導權威的演變 / 216

　五、"建制組織"管窺 / 228

　　（一）内部規範機制："推舉""查鑒""奉獻" / 230

　　（二）宗教禮儀：以"德""儉""虔"事神 / 232

　　（三）宗教訓誡：基于"除害"的消極表達方式 / 236

　六、小結 / 241

第四章　耶墨對話：中國基督徒論"墨教" / 242

　一、墨耶相遇："奪朱之紫"，抑或"他山之石"? / 243

　二、選擇性審判——以張亦鏡《耶墨辨》爲例 / 254

　三、存異甚于求同——以王治心《墨子哲學》爲例 / 264

　四、耶墨爲同志——以吳雷川《墨翟與耶穌》爲例 / 275

　五、小結 / 285

結論 / 289

謝辭 / 296

引用書目 / 297

《選堂博士文庫》序

　　《選堂博士文庫》叢書以饒宗頤教授"選堂"之號命名，"選堂"之號其來有自，"選"指饒公年少時汲汲讀書之樂、中年重拾畫筆之趣、老年精治宗教之學；而"堂"則指追慕甲骨四堂，冀不墜先人之志。《選堂博士文庫》以此爲名，一方面寄托了我們對饒公的思念，另一方面是紹續饒公對青年學人之期許，希望年輕一代的學人承傳饒宗頤教授博雅淹通之治學精神，融貫中西，既有文史根柢，又有國際視野。

　　《選堂博士文庫》旨在扶植年輕一代學人，構築一平臺向學界展示文史哲領域的雛鳳清音，提供一園地給海內外年輕學人發表他們的研究成果及其新觀點。《文庫》所收録者，皆海內外優秀博士論文，其中不乏視野宏通、見解獨到的精深之作，值得海內外學界予以重視及鼓勵。

　　《選堂博士文庫》第一輯，共推出六本著作。六位作者都是初出茅廬、頭角崢嶸之學界新鋭。他們在各自研究領域用力既深且勤，各自都有新穎獨到的見解。六本著作選題豐富，包含古典文學、出土文獻、文字與考古等領域，一定程度上展現了各自領域的最新研究成果。其中有以近代同光派詩學理論爲研究者，如李泊汀的《近代中國詩史觀研究——以"三元""三關"及"四元"爲考察中心》；有以王安石詩爲研究對象探討唐宋詩風演變情況者，如唐梓彬的《王安石詩歌及其詩學研究：唐宋詩歌演變抉微》；有專門探討宋代古文文論者，如張申平的《宋代古文文統研究——以文道、文情和文法爲中心》；文獻學方面，有專門研究墨家之宗教思想者，如黃蕉風的《墨家之謂教：墨學"宗教性"抉微》；古文字學方面，有以戰國楚地出土文字與商代、西周文字作比較者，如梁月娥的《戰國楚地出土文字與商代、西周文字關係初步研究》，又有利用最新的考古資料研究西周宗族者，如段陶的《西周宗族蕃衍與政治結構——以井、虢、晉、曾爲例》。以上論文或從舊問題引發新思路，或依據新材料展開研究，既信而有徵，又卓富新見，可見出年輕學人治學之新面貌。

本輯爲《選堂博士文庫》第一輯，我期待在往後的文輯中看到更多優秀的博士論文結集出版，讓中國文史學術傳統生生不息；也鼓勵年輕學人發揚博學與專精并重的學術精神，深耕中西治學精神兼容的學術研究，以貢獻中外學界。

2022 年 11 月序于香港浸會大學饒宗頤國學院

（2024 年 4 月修訂）

陳致

北京師範大學—香港浸會大學聯合國際學院校長

香港浸會大學饒宗頤國學院院長

提要

　　由于史料的亡佚和文獻的不足徵，歷史上真實的墨子、墨家、墨學的源流、建制、傳承已不可考。加之去今已遠，後世人們所描繪的墨子、墨家、墨學多爲一種在歷史流轉中不斷被創造性建構出來的"想象的形態"，這在古典文本的接受史上並不鮮見。近代以來，墨學復興，墨學研究呈現多元化局面，開始出現以宗教之維介入墨學研究的論述。當代墨研學人並未承繼近代墨學的這一條進路，主流觀點傾向于主張"墨家非宗教"，一定程度上造成了研究的狹隘化。目前墨學界有關《墨子》一書的訓詁考證、義理詮釋等工作均取得了長足的發展，然而關於墨學宗教向度的研究仍缺乏專論進行系統性地討論。職是之故，本書嘗試以宗教之維介入相關議題的探討，以期拓展當代墨學研究的視域。筆者認爲，考察墨家宗教向度有利于創造性地詮釋千年絕學墨學，融合墨學之維和宗教之維可資開創當代墨學的新路徑。

　　本書共分六個部分。"緒論"首先提出本書所探討的核心問題——"墨家之謂教"。第一章爲"宗教思想探微"，除對《墨子》

書中直接關涉墨家宗教思想的"宗教三論"進行分析外，本章還將關乎墨家立教之根本的"法儀"和護教之基礎的"三表"納入墨家宗教思想體系之中進行研討。第二章爲"宗教倫理辯難"。所謂"辯難"，即由思想主張下沉至實際踐履的"路徑抉擇"問題。過往人們論斷墨學之失，常有謂其陳義過高（兼愛不可能）、反乎人情（非禮非樂、節葬節用）、邏輯不自洽（尊天事鬼却又非命）等，皆爲此類。在本章中，筆者嘗試從宗教的角度對墨家之倫理決斷做出新的詮釋。第三章爲"宗教形態蠡測"。百年以來，墨學界之所以對"墨家之謂教"的理解產生分歧，除了學人闡釋墨學的理路不同以及各自意識形態立場相異之外，還有部分原因在于他們對關涉墨家宗教向度的宗教概念及其内涵缺乏掌握。本章將運用宗教學的研究方法對墨家的宗教形態進行推測，并就墨家之神論模式、建制組織、中絕原因以及墨子這一教主的人格展開相應研討。第四章爲"耶墨對話：中國基督徒論'墨教'"。由于在思想主張、建制組織以及教派創始人人格等多方面的相似，基督教常被援引作爲墨家的比較對象，或謂墨家爲基督教在東方的"投射物"。加之近代以來的墨學復興，這一説法的影響力漸由教會外知識分子擴展至教會内的基督徒，由此產生了一批中國基督徒"耶墨對話"的思想成果。這些基督徒以基督教來理解墨學，其論述既致力于會通耶、墨，也着重于辨道衛教，呈現出與嚴謹、客觀之學術研究截然不同的思想圖景。"結論"將對全文觀點進行總結。

關鍵詞：墨教　墨家　宗教間對話

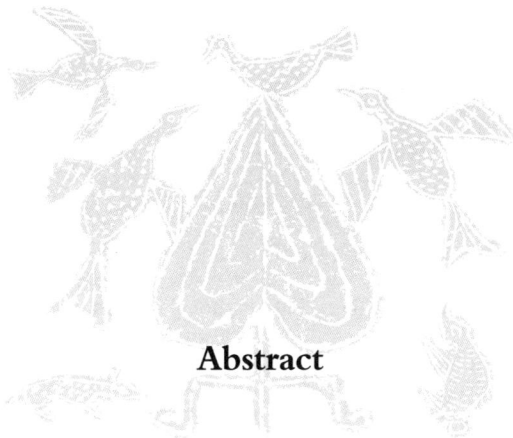

Abstract

Due to the lack of historical materials and documents, the real face of Mohism has been hitherto a mystery. Its origin, institution and dissemination remain unknown to our time. Long since its fading into obscurity, Mohism has more often than not, been presented by successive generations in fictional, imaginary forms concocted by posterity in a way not uncommon in the treatment of historical schools of thought in general. Modern time revival of, and studies on Mohism did flourish earlier, displaying a greatly varied spectrum, among them is the rather novel inquiry into the religiosity of Mohism. However, this path has not been expounded to a significant extent, and seems all but abandoned in contemporary scholarship on the school. Mainstream scholars stress the non-religious nature of Mohism, thus confining their scopes to mundanity. Presently, the interpretation and exegesis of the text of *Mozi* continue to show significant discoveries. In comparison,

the corresponding investigation into the religiosity of Mohist thoughts remains critically inadequate in the areas of academic commentaries and systematic discussions. Addressing this need, this book intends to explore the religiosity of Mohism and to expand the scope of contemporary Mohist studies. The author believes that exploring the religiosity of Mohism is conducive to the creative interpretation of the long lost school, and that through integrating Mohism with religion, a new path of evolution can come into being. This book includes 6 parts. The first chapter introduces the main question to be aware of — Is it possible to examine Mohism as a religion? The second chapter is on the most fundamental notions in the Mohist school of thought pertinent to the domain of religion. Besides analyzing three doctrines from the book *Mozi* that distinguish the religious attributes of Mohism, it also analyzes as part of Mohism's system of religious philosophy, the Necessity of Standards, which is a central pillar to the Mohist creed, and the Three Methods, fundamental to Mohist apologetics. The third chapter is a re-judgment on Mohist religious ethics, to wit, one on the subject of praxis. Mohism has been commonly criticized to have had overly lofty, but impossible ideals, such as Impartial Love, having harbored aversions contradictory to human nature such as those on decorum and ceremonial recreation, and on extravagance frugality and in the use of goods and services, and having displayed contradictions among principles such as the veneration of Heaven and the spirits on the one hand, and the denial of the determinativeness of fate on the

other, as factors contributing to its own demise in a rather early age. Here, the author undertakes to provide a new explanation to the path of praxis decidedly chosen by the doomed historical school and its followers. The fourth chapter addresses the disagreements on the religiosity of the existence, or the ontology of Mohism. In the preceding century, academia was divided on whether or not Mohism could be studied as a religion, partly as a result of their divergent paths of reasoning and ideological underpinnings, and partly because of a general lack of grasp on the religious significance and substance of the dimensions of Mohism. This chapter employs the research method of religious study to endeavor the task of conjecturing the reality of Mohism as a religious entity, and concurrently, to explore the model of Mohism's doctrine of God, its institutions and social organization, the reasons for its early demise, and Mozi's personality as a religious leader. The fifth chapter is on the "dialogues between Christianity and Mohism," more precisely, the discourses on Mohism by Chinese Christians. Due to similarities in ideas and advocacies, in social organization and in the personalities of the founders of both movements, Christianity and Mohism are often compared in popular discourses, to the effect that Mohism is even referred to as a "shadow" of Christianity in the East. In addition, the renewed interests in Mohism in modern times propelled its presence from among the intelligentsia into Chinese Christian circles, hence the so-called "Christian-Mohist dialogues," which are essentially the fruit of

discourses and contemplation on Mohism by Chinese Christians. Through Christian lenses, some of these discourses strive to bridge the two systems of creed, and some predominates apologetics, but overall, these "dialogues" display a drastically different picture from the austere, stolid fastidiousness of academia. The sixth chapter is the conclusion and summary of the entire article.

Keywords: Mohism, Mohist, Inter-religious Dialogue

序一

長期以來，學界對于墨家，主要是將其作爲先秦諸子之一來進行研究。從先秦諸子百家的角度來看，墨家與其他諸子的最大不同之處在于其乃是宗教性相對較强的一個學派。惜乎百多年來，學界對于這一點的重視始終不够。

即如本文所言，近代以來，儒家衰微的同時，"諸子"逢時復興。作爲中國傳統文化支流和小群的墨家被學人重新發掘出來，用以比附和對接西方先進文化，蒙塵千年的墨家思想一度得到高度重視。當代學人研究墨家主要是遵循哲學史、思想史以及墨家現代轉換的"新墨家"理路，多是繼承近代墨學復興的學術理路。當代墨學研究的熱點主要集中在墨學精神、墨子倫理、墨家道德、墨學與當代社會之關係、墨學的現代性闡釋等議題，"墨教問題"則很少有人關注。而目前學界有關墨家宗教問題或曰墨學宗教向度的研究，多注目于墨家宗教思想；即便在此領域，也以"非命""尊天""事鬼"等"墨學十論"的義理研討爲主，缺乏系統性研討。

在我看來，儒墨在淵源上多有重疊之處，學界多認爲儒出于上古的巫史，與祭祀禮儀關係密切。而墨家，《漢書·藝文志》説是出于"清廟之守"。"清廟"學界多認爲是"明堂"，"清廟之守"是管理郊廟祭祀禮儀的官。《呂氏春秋·當染》載："魯惠公使宰讓請郊廟之禮於天子，桓王使史角往，惠公止之，其後在於魯，墨子學焉"，這説明墨家與巫祝有淵源關係。呂思勉説："蓋古清廟明堂合一，明堂爲神教之府。教中尊宿，衣食饒足；又不親政事，專務遐思，遂有此高深玄遠之學。"[1] 儒墨二家都推崇堯、舜、禹這些古代聖王，傳承"六藝"："孔子、墨子皆修先聖之術，通六藝。"（《淮南子·主術訓》）"孔子、墨子俱道堯、舜，而取舍不同，皆自謂真堯、舜。"（《韓非子·顯學》）儘管相較而言，墨家更推崇大禹一些，但墨子最初學儒，所以儒墨可以説是"同源一體"。後來墨家從儒家分化出來，與儒家分庭抗禮，平分秋色，甚至取得了後來者居上的地位。儒墨互相攻擊，不但拉開了戰國百家爭鳴的序幕，而且儒墨之爭貫穿整個戰國時期，"是先秦各學派中思想鬥爭最激烈的"。[2]《淮南子·要略》載："墨子學儒者之業，受孔子之術，以爲其禮煩擾而不説，厚葬靡財而貧民，服傷生而害事，故背周道而用夏政。"這説明墨子最初受業于儒家，後因不滿儒家維護"尊尊親親"，大講禮樂，對儒家強調的繁文縟節和靡財害事的喪葬報有疑慮，故"背周道而用夏政"。儒墨于是成爲旗鼓相當的顯學。"世之顯學，儒、墨也。儒之所至，孔丘也。墨之所至，墨翟也。"（《韓非子·顯學》）"楊朱、墨翟之言盈天下，天下之言，不歸於楊，即歸墨。"（《孟子·滕文公下》）

---

① 呂思勉：《先秦學術概論》，東方出版中心 1985 年版，第 121 頁。
② 童書業：《先秦七子思想研究》（增訂本），中華書局 2006 年版，第 98 頁。

其實儒墨互攻之外，儒家也有對墨家的肯定。墨子勞苦功高，舍身忘己，消弭戰争，孟子認爲這是一種與儒家一樣"士志于道"的精神，對此表示由衷的贊嘆："墨子兼愛，摩頂放踵利天下，爲之。"（《孟子·盡心上》）

秦漢之人經常把"孔墨"或"儒墨"相提并論。《莊子·天運》："天下大駭，儒墨皆起。"《文子·自然》："孔子無黔突，墨子無暖席。"《吕氏春秋·當染》："孔墨之後學，顯榮於天下者衆矣，不可勝數。"《吕氏春秋·有度》："孔墨之弟子徒屬，充滿天下，皆以仁義之術教導於天下。"班固《答賓戲》："是以聖哲之治，栖栖遑遑，孔席不暖，墨突不黔。"《鹽鐵論·相刺》："今文學言治則稱堯舜，道行則言孔墨，授之政則不達。"因此，我贊同韓愈"孔墨相爲用"之論。

如果從宗教視角來看，儒墨都有宗教的淵源與内涵。我覺得儒家的形成主要是傳承并發展了上古聖王的道德傳統，春秋時代從孔子開始發生了"神文"向"人文"的轉型；而墨家的形成主要傳承了上古聖王的事功傳統，春秋時代從墨翟開始未曾發生"神文"向"人文"的轉型。所以，儘管有"儒家是教非教"的"儒教問題"，但宗教只是儒家次要的或者説附屬的屬性，以祭祀爲代表的宗教儀式也主要是形式的意義，而"墨家之謂教"的"墨教問題"可能是墨家主要的或者説根本的特性，從宗教角度研究墨子的教主人格、墨家的宗教形態、宗教思想、宗教功能、宗教倫理等問題可能更合乎墨家的本質。只是近代以來對宗教的相對消極的認識，使得學者不願從正面看待"墨教問題"，在思想史研究上留下了巨大的空白。黄蕉風博士長期以來致力于這方面的研究，這部作品就是他最新的研究成果。

　　黃蕉風有明確的問題意識，圍繞墨子的教主人格，墨家的宗教形態、宗教思想、宗教性質、宗教功能、宗教倫理等方面展開學術討論，并將其稱爲“墨家之謂教”的“墨教問題”。他認爲所謂“墨家之謂教”這一問題略有三層含義：其一，墨家是否爲宗教？若是，則其爲何種類型之宗教；若否，則何以歷代有人以墨家爲墨教？其二，若墨家誠非宗教，則其是否具有“宗教性”，或曰墨家是否是“準宗教”？其三，墨家肖似宗教之處主要體現在思想義理上，還是體現在建制組織上？他指出，“墨家之謂教”的墨教問題一直以來爲近代墨學發展史所遮蔽，世人在“墨家之謂教”的墨教問題上多持“墨家非宗教”的觀點。墨教問題是近代以來與“儒家是不是宗教”或曰“儒家之謂教”相類似的問題。黃蕉風的問題意識是從清末民初的墨學復興浪潮中對墨子學說及墨家學派的創造性詮釋和創造性建構而來的，他認爲墨學因具有科學、民主、博愛、自由、平等、人權、理性等與西方文明若合符節的思想資源而重新得到時人的重視。墨學在此時擔當兩個作用：一是對接西方文化、比附西學價值；二是取代儒學，成爲“中體西用”的新範式。但是逐漸形成了“一方面高揚墨子積極救世的人文主義情懷和墨學中的自由、民主、科學、人權精神，一方面又貶低墨子宗教教主式的權威人格和墨學中有涉宗教信仰的思想爲封建迷信，輕視後者或乾脆對之避而不談”的現象，使得以宗教維度來詮釋墨家思想的學術研究不多，缺乏系統性探討。

　　本書在借鑒前人研究成果的基礎之上，對墨家的宗教向度進行系統研討。作者在中西古今文化衝突融匯的三千年未有之大變局背景下，立足墨家原典，從文本解讀入手，通過正本清源、接續傳統、返本開新，推動了墨家宗教方面研究的深化和拓展。其中涉及儒墨關係的研究，黃蕉風認爲這是自“儒墨”形成以後的大問題。墨家從儒家分化出來以後就成爲儒家最早的反對派和論敵。《墨子·非儒》對孔子的諷刺、挖苦，差不多是“凡儒家支持的，墨家就反對；凡儒家反對的，墨家就支持”，孟子則罵墨家“無君無父，是禽獸也”，荀子在《荀子·非十二子》中談道“不知壹天下、建國家之權稱，上功用，大儉約而僈差等，曾不足以容辨異、縣君臣；然而其持之有故，其言之成理，足以欺惑愚衆。是墨翟、宋鈃也”。“儒墨互攻”是中國思想史上最早、最激烈、影響最深遠的學術論戰，是戰國時期諸子百家爭鳴的前奏。墨家也崇尚堯舜之道，特別推崇大禹。對此，黃蕉風認爲“墨子之學，乃學儒而反儒，脫儒而近儒”。這個表述很到位，説明了儒墨之間剪不斷理還亂的關係。儒墨關係的複雜性也反映在對儒墨宗教維度或者宗教性的研究之中，黃蕉風認識到：

> 相較而言，“儒教”在中國歷史上具有相對豐富的歷史文化資源可用于考察，縱使有所“比附”或“現代性詮釋”，也尚存相當大的作爲空間。而“墨教”自漢代以後，即一朝而斬，再無傳承。故而圍繞“墨家之謂教”的種種討論，比之“儒家之謂教”，就更容易出現處境錯置、強作申説的情況。

對于儒墨關係，他認爲墨家後出于儒家，肯定受到儒家的影響。在某些思想主張上，例如修身、尚賢、尚同，墨家采取的態度是“接着講”（有所揚弃），而在宗教思想方面則完全是“反着講”（截然拒斥）。從思想理念到社會實踐，儒家對墨家的影響體現在多個方面。墨家對儒家的諸般理念大多有取舍，在很多地方是取因襲而後改造、繼承而後發展的"揚弃"路徑——例如儒家講"親親"，墨家講"兼愛"；儒家主張愛有等差，墨家主張愛無等差；儒家繁禮，墨家尚儉；儒家厚葬久喪，墨家薄葬短喪；儒家講"有命"，墨家則"非命"；儒家講人治、敬"大人"，墨家講法治、遵"天志"；儒家輕視勞動生產，墨家則重視强力從事；等等。縱觀整個"墨學十論"的理論體系，仍處處見其"以非儒來立墨"的思想特色。

黃蕉風把"儒教""墨教"看成是非典型（非諸宗教之典範樣式）的"宗教"，我覺得是可以成立的。循此思路，他由墨家的宗教思想出發，注目于墨家的"宗教性"，進而探析墨教的宗教樣式，思路是很清晰的。

本書可圈可點之處很多。比如作者在對《墨子》文本深入研讀的基礎上指出，學界在對《墨子·法儀》的研究中更着重于墨家的依法治國思想和國家起源學說等而忽視了其宗教之維，是一大缺憾。他認爲《墨子·法儀》一篇在墨家宗教思想中具有重要地位，可視爲墨家宗教思想的總綱。《法儀》篇之主旨乃在證明墨家宗教言說諸綱目的合理性和合法性，如"尊天事鬼""以天爲法""人不可恃"，其中所奠定的自我設限的"無知論"傳統在《天志》《明鬼》《兼愛》各篇章中均有展現。這種回歸原典、正本清源的解讀是爲學的基本功，由此所得出的結論自然具有說服力。

作者把儒墨與基督教、西方哲學進行比較，視野開闊，并設專章研究，即第四章"耶墨對話：中國基督徒論'墨教'"。比較墨家和基督新教，作者認爲所謂"革新"就是"復古"。即便强名之爲"托古改制"，那也只能是改"今"之不循"古"、不够"古"的"新制"，而非假托古代權威來另行創造一個新的傳統。他通過本源性研究指出"兼愛"首先是本于宗教意義上的"天"的意志，而非儒家式的血親倫理，并進一步指出此類似近代西方憲政的立法預設——由"上帝之下，人人平等"推展至"法律之下，人人平等"的普遍主義精神。另外，墨家"視人若己"與基督教"愛人如己"的誡命，在表述上確實有某些相近之處。基督教之"博愛"與墨家之"兼愛"之所以會在某種意義上被視爲等同，是因爲二者都是"超血親倫理"的。兩者較之儒家的倫理愛觀（如仁愛、孝愛），似乎更具有超越血親、五倫而走向普遍性愛人的維度。在探討墨家兼愛問題時，作者認爲墨家"以義爲利"的思想觀念與英國功利主義哲學家約翰·斯圖亞特·穆勒十分相近。穆勒認爲正義和功利并非二元對立，從本質上説功利還是正義的基礎。當有不義產生時，必有相應的權利被侵犯。因此個人行爲和群體決策應以大多數人的利益爲依歸。墨家也强調最大的利就是最大的善。因爲忠親之利本在兼愛天下的範圍之内，故愛利他者的同時就是愛利一己之血親。這樣，對一己血親之愛與對陌生他者之愛，在此意義上于"兼愛"中得到統一。

當然，該書涉及"儒墨辨析"的部分也有我不能完全贊同的地方。如他認同儒家仁愛觀的普遍主義之維是經由血親之愛層層外推而來，"泛愛衆"（普遍性愛人）和"親愛"（特殊性的愛）是一組矛盾。但在我看來，"泛愛"與"親親"之間確實存在普遍主義精神與特殊主義倫理之間的内在張力，但儒家的仁愛是以血緣親情之愛（孝悌）爲基礎推衍而來的普遍之愛（泛愛衆）。因爲普遍性寓于特殊性之中，儒家之仁愛寓于親情之愛之中，以親情之愛爲本源，最終上升到普遍人類之愛，故儒家也有博愛之説。只不過儒家的博愛不是基督教本源于上帝的、泯滅了一切差別的博愛。唐代

韓愈的《原道》説："博愛之謂仁"，歐陽修在《乞出第二表》中也説"大仁博愛而無私"，此説明儒家的博愛是發源于親情之仁愛，并將之推衍到終極理想狀態的普遍之愛。這種普遍之愛并不絶對否定特殊之愛，而是超越又涵攝了特殊之愛。"己欲立而立人，己欲達而達人""己所不欲，勿施于人"，儒家的"忠恕之道"作爲實踐仁愛的基本方法與途徑，講的就是一種普遍的人際關係，符合康德的普遍道德論律。

其實，墨子有時把他的"兼愛"稱爲"仁"，但其所謂"仁"與孔子所言之"仁"（仁者愛人）有很大不同。孔子主張的"愛人"是依照宗法社會的"親親"原則，對親疏不同的人的關愛有先後、輕重之分。墨子則主張"愛無差等""愛無厚薄"，這就抽去了宗法社會的基本內容，定然流于空想。墨家的"兼愛"是對儒家"仁"的發展，更是對儒家"仁"的否定。從"愛無差等"和"愛有差等"的角度來説，墨家的"兼愛"比儒家的"仁"更體現出博愛，也突出了互助互利的精神，應予以褒揚和發揮。墨子"兼愛"思想的理想主義色彩非常濃厚，和孔子的大同思想有异曲同工之妙。但孔子的大同并不主張立刻實行，是一種由霸道而王道、由王道而大同的漸進發展；或者借用《春秋》的"三世説"，這種大同是由據亂而升平、由升平而太平的漸進進化。墨子却强調在混亂時代實行兼愛，讓人們做到愛人如愛己，這實現的可能性微乎其微。墨子的"兼愛"理想由于喪失了社會基礎，也就無法轉化爲現實存在。所以在中國思想史上，墨家自秦漢以後就成爲絶響。相比而言，儒家倫理道德層面上的仁愛主張由于建構在血緣親情基礎上而顯得更爲可信、可行，成爲綿延數千年中國帝制社會的道德核心。

此外，還有些問題尚存進一步深化補充的空間。如關于墨教的歷史文化淵源問題。既言墨教不是無源之水，那麼其源頭在哪裏？是什麼歷史文化資源構建了墨教？書中提出墨教的神明系統、宗教語詞、信仰方式均非墨家"原創"，不可謂爲原生性的創始宗教，只是依循商周以來固有的神文傳統。有"祖述"而無"創造"，墨家宗教言説傳統當接近一種"述而不作"的"原教旨主義"。故不能曰"墨子是一個創教的教主"，墨家的"神文教"特質，在思想觀念上體現爲忠實于殷商以來的宗教信仰歷史遺傳，具體呈現在其信仰中心、神論模式、權威中心、建制組織等方面——其實這個問題還可以上溯到堯、舜、禹，特別是大禹，以更好地理解墨家的"神文教"的歷史文化淵源。

總之，概括本書的學術意義起碼有以下幾方面：

第一，這個問題本身具有學術意義。"墨家之謂教"的墨教問題確實是學界關注不夠、探討未深、具有重要學術價值的問題。

第二，具有一定的社會意義。墨家僅僅是個學術流派嗎？顯然不是，墨家是彼時社會上具有最大影響的社會團體，或者從宗教的觀點看將其視作宗教團體也未嘗不可。所以把墨家僅僅作爲學派研究是不夠的，黃蕉風的研究在某種意義上更切近墨家的本質特徵。

第三，墨家是諸子百家中的重要一派，先秦時代與儒家并稱"儒墨"，是兩大顯學之一。儘管墨家後來中絶，但它已滲透進中國文化的其他方面，時隱時現地産生着不可忽視的影響，近代又有墨家復興思潮，説明墨家具有歷久彌新的現代價值。

第四，對儒教問題研究也有啓示。儒教問題與墨教問題有諸多相似之處，可以相互參照，相互啓迪。基于儒家的立場吸收墨家，或許也是當代儒學復興必要的一種助緣。

第五，有助于構建中華民族共有的精神家園。中國人自古以來的信仰形態是非常複雜的，具有多元性、多層性，與其他民族文化的單一信仰和一神教大爲不同。當初墨家一度影響那麼大，與其在那個社會動蕩、精神迷茫、靈魂飄蕩的時代多有關聯，那麼多墨者"摩頂放踵利天下，爲之"，他們的精神成爲一種難能可貴的宗教信仰。墨家精神在今天或許也可以成爲國民信仰的有機組成部分。

第六，正如黄蕉風本人所説，本書旨在"提出一條可資理解墨學這門千年絶學的新的思想路徑，冀能拋磚引玉，爲當代墨學研究及當代墨學復興提供一個新的視角"。期待黄蕉風的這本著作能够在當代墨家復興方面起到激勵和促進作用，推動墨家與不同學派、不同宗教之間的對話和交融。

是爲序。

韓星

中國人民大學國學院教授、博士生導師

2022 年 10 月 10 日于北京

序二

　　近讀墨學研究新鋭黄蕉風博士的大作《墨家之謂教：墨學"宗教性"抉微》，感覺這是墨學研究中創獲頗多的佳作。概括而言之，這部新著在以下幾個方面都具有相當的启發性：

　　其一，作者以扎實的功底，從基礎研究入手，拓展了墨學研究的一個新領域，即對于墨子思想的宗教性問題進行了較爲全面深入的研究。

　　通過本書所列章節，我們可以明顯地看出，作者對這個墨學界通常比較忽視而且衆説紛紜的問題進行了自己全面深入的思考：緒論首先提出與問題的由來相關的各個面向，并特別突出"墨教"這個墨學復興中被遮蔽的面向。第一章"宗教思想探微"，通過"法儀""三表"等核心概念分析墨子的宗教思想。第二章"宗教倫理辯難"，進一步從儒墨淵源辨析的角度解讀墨子宗教思想的特徵，尤其是墨家的中心思想"兼愛"的普遍主義立場與酬報神學之間的區別與聯繫。第三章"宗教形態蠡測"，進而展開"墨教"是"人

文”還是“神文”之辨，主要是結合墨子書中的《天志》《明鬼》等篇剖析墨子宗教思想的特徵，并對墨家的建制組織和內部規範進行深入探討。第四章“耶墨對話：中國基督徒論‘墨教’”，系統梳理從西方傳教士到中國本土的基督徒對“墨教”的態度與認識，并以張亦鏡、王治心、吳雷川的代表著作爲例，就一些重要問題進行學理辨析。最後作者總結認爲，有關墨家之宗教向度的研究可以對墨學研究產生積極的推動作用。

同時作者指出，在先秦諸子中，墨家是除了陰陽家之外宗教特徵最爲突出的學派，但與墨家宗教性相關的研究却是墨家最容易被學人忽視與誤解的地方。例如，流傳較爲廣泛的臺灣學者嚴靈峰的《墨子知見書目》就將墨學研究中有關墨子宗教思想研究的一些重要著作排除在外。這個歷史性的缺陷應該在重新審視過往學術研究的基礎上加以彌補。由于具備西方宗教學的學術素養，作者不僅能夠深入到墨子思想的細微之處，而且提出的問題也加深了人們的思考，具有很大的啓發性。這部新著不僅能夠通過比較中西方宗教的异同來審視墨學，而且注意到中國古代“宗”和“教”在語言運用上的差异，突出了作爲中國宗教之一的“墨教”與西方宗教不同的一些重要特徵。

其二，通過對前賢與時人的相關研究成果的全面分析，作者對一些爭議性的問題提出了自己的創新觀點。尤其是對于近代有關“耶墨對話”的問題，作者更是進行了深入的研究。同時作者對不同觀點背後的時代文化因素也進行了必要的辨析。比如指出了西方傳教士試圖推行的“墨學基督教化”，是想以此“證明基督教爲唯一真理”，而其目的則是“爲福音叩開中國磐石預備道路”。這樣的認識無疑是非常深刻的。但另一方面作者也實事求是地指出，

"并非所有的基督徒都存在門户之見"，也有不少"對墨學持有相對包容態度的基督徒"，進而對其中代表性的人物和作品，比如張純一的《墨學與景教》、吴雷川的《墨翟與耶穌》等給出了客觀公正的評價，認爲他們的研究"具有相對開放的跨界視角"，"對墨學抱有一定的同情與理解"，并且在"某種程度上肯定了墨學有利于基督教的自我更化"。

比如，針對墨子對"彼岸世界"關注不足的觀點，作者指出墨子關于"鬼神"的觀點暗含了人死可以"脱離肉體以登天庭，此安頓終極關懷之所在者，即爲一'此岸'世界相對之'他界'，豈可謂墨家無'彼岸'之觀念？"再如，作者引用馬克斯·韋伯的"卡里斯瑪"概念來解釋墨子的宗教人格也給我們以新穎的啓示：這種人格的特點就是"不管支配的性質是外在的還是内在的，被支配者基于對某一特定個人之非凡禀賦的信仰而服從"，所以墨家弟子甚至可以跟隨其師"赴火蹈刃，死不旋踵"。這一概念也讓我們理解何以在墨子死後，墨家集團會在成爲顯學之後不斷分裂，以至于（在禽滑釐之後）再也没有墨子式的領袖人物可以帶領墨家弟子繼續走向發展壯大的未來。

其三，作者對某些名家的錯誤論點提出了自己頗具説服力的辯駁，從而澄清了一些似是而非的觀點，有利于學人對墨子思想進行準確地把握。比如對郭沫若之墨學研究所具有的强烈主觀色彩提出了明確的批評，指出郭沫若所認爲的墨子是"極端專制、極端保守"的宗教家的這種認識，"基本上全盤否定了墨子學説的思想價值"。同時他還認爲，郭沫若稱墨子鬼神觀是"爲了鞏固王權才抬出天鬼權威，實際上是利用了勞動人民的愚昧，非但不民主，反而極端反動"之説"持論太過"，郭氏論墨"可商権之處固多"。

此外，作者對近代墨學研究的一些錯誤傾向也做了針對性的批評，比如在救世的急切功利思想影響下，學人論墨展現出"深厚的社會關懷與意識形態色彩"，并非基于客觀理性的純粹的學術研究，"助長了以墨學隨意比附西學的學風"，并引用陳寅恪的話批評這種極大的主觀性："所著之中國哲學史者，即今日自身之哲學史者也，其言論愈有條理統系，則去古人之學說愈遠，此弊至今日之讀墨學而極矣。"

正是由于研究角度與研究方法的新穎，作者對墨子思想的認識也就有了與眾不同之處。比如對于孟子論墨所體現的儒墨"愛"觀的差異，作者就提出了一個啓人深思的觀點，認爲孟子逃墨必歸于楊、逃楊必歸于儒的說法"某種意義上自我揭示了（儒家）仁愛觀近楊朱而遠墨翟，先己身而後他人之本質"，由此匯出的"家國同構、移孝作忠"的"君父同倫"是以私己個體主義精神爲始點構建的。同時，視墨子的"兼愛"爲"愛人"而無"愛己"也是明顯的誤解，因爲《墨經》明確主張"愛人不外己，己在所愛之中"。同時墨子也并非如孟子以及後世儒家所認爲的那樣否定"愛親"。進而作者認爲，墨子的"愛親"內蘊普遍精神，具有"超血親倫理"的性質，很接近當代"全球倫理黃金律"的表述，因而更符合現代人類的需要。

儘管作者認爲墨子思想具有宗教特質，但也有一個明確的主張：墨家之"天"并非簡單地等同于西方宗教傳統的"上帝"，"墨子所尊之'天'，在權能、性質、品格、位格等方面與西方宗教傳統中之'上帝'尚有諸多差异"。作者所概括的墨子之"天"具有以下幾個特點：第一，厚愛萬民，兼愛主義生焉；第二，綱紀自然，法義主義生焉；第三，賞善罰暴，鬼神有明生焉；第四，立

職官、定等分，尚同、尚賢生焉。這種概括不僅明顯地區別了墨子思想中常常被論者混淆的"天"與西方基督教的"上帝"，也從一個極佳的角度説明了它與"十論"的關係，對我們深入理解墨子思想具有相當的啓發意義。

不過墨子宗教思想的問題非常複雜，還有一些問題應該進行辯證而書中尚未論及：比如作者雖然引用了墨子"鬼神請（誠）無"但祭祀也可以"合歡聚衆"的鬼神二元論，并對此進行了一些學理辯證，但并没有對墨子的非虔信態度與宗教創始人的態度之間的邏輯悖論給出更多論證。另外，如果能够結合墨家對後世道教在思想、組織等多方面的影響進行討論，則可能會對墨家的宗教性質有更多的認識。同時作爲被普遍視爲具有宗教性質的"儒教"與墨家的同與异也似應作进一步考論。正如馬克斯·韋伯在評價"儒教的本質"時候説，"偉大神靈的宇宙秩序顯然只希望世界的尤其是人的幸福"，"只有融入内在和諧的宇宙之中，才能實現帝國'幸福的'安寧和心靈的平衡"。① 這對于認識墨家的宗教性同樣具有特別的意義。

不過，總的説來作者的探討是極具學術價值的。在歷史上，墨子思想與墨家科技及其學派組織形式曾經給予道教以深刻的影響，近代以來從基督教傳教士到本土的基督教學者更是對墨學進行了大量研究，"耶墨對話"成爲一種時代現象。但當代學術界卻很少有人關注，除了青年學者褚麗娟等人之外，與之相關的全面系統的研究極爲缺乏。在這種情況下，黄蕉風博士的這部大作應該得到學術界的高度關注。

---

① ［德］馬克斯·韋伯著、洪天富譯：《儒教與道教》，江蘇人民出版社 2014 年版，第 161 頁。

此外，在研究方法上本書也作出了極有價值的貢獻。比如，作者論及墨學界在研究方法與研究態度上的一些問題時，特別強調無論是對墨家思想還是墨子宗教問題的研究都"應基于《墨子》文本的嚴謹解讀，注重《墨經》與'墨論'的相互印證，對墨家宗教形態、組織、禮儀、功能的研究"，"要在理解墨學原典義理的基礎上，結合傳世文獻、典外文獻、出土文獻的使用以及宗教學的方法"的運用。作者指出的這些方面不僅有重要的方法論價值，而且對墨學研究的主觀性、狹隘性等弊端也具有相當的針對性。

不過，書中某些觀點亦有值得商榷之處：比如在引用《呂氏春秋》所記載的秦王對墨家法外施恩的文字之後，即推論說"秦法在實踐中仍容留了'父子之親'可以免罪的空間"。這個推論很難站住脚。此特例是因爲"秦墨"善守禦而對秦國有特殊的作用（李學勤先生就結合出土文獻與《墨子》的《備城門》諸篇進行過專門的考證，其觀點被墨學界多數學者所接受）。此外，作者依據《耕柱》篇記載的弟子獻金于墨子的事迹，認爲可能"存在弟子與夫子之間的'人身依附'關係"，這僅爲作者的推測之辭，于事實不盡相符：學生耕柱子的所謂"獻金"行爲，只是墨家集團一種集團活動經費的籌集方式，并不存在老師與弟子之間的"人身依附"關係（可作爲例證的是越王欲封墨子五百里地，墨子不僅斷然拒絕，而且表示自己只滿足于"量腹而食，度身而衣"，不需要封賞）。

總的説來，本書不失爲墨學研究的力作，對未來墨學研究的進一步突破具有相當大的啓示意義——在論及近代基督教學者的墨學研究時，作者首次肯定了他們的論著在墨學研究史上的開創意義，指出這些論著"呈現出多元面向，極大豐富了漢語神學和近代墨學的思想光譜"。這個重要的認識是至今爲止的墨學界非常缺乏的。對于我們深入思考墨學中的尚未探討的領域以及争論不休却鮮有理性認知的問題，作者的觀點值得被認真對待。

秦彦士
山東大學儒學高等研究院教授

引言：墨學的宗教之維

　　以學説和人格而名世的思想家墨子是否爲一創教教主？墨家是否爲一建制成型的宗教或一具有“宗教性”的“準宗教式”學派社團？墨子之提倡鬼神是爲宗教迷信還是神道設教？墨學中包含怎樣的宗教思想？看似落後、迷信的宗教觀念是否與墨學中的理性、民主等精神相悖？這些過往被人們忽視的議題，于近代墨學復興中開始得到學人的討論。雖未成一體系性論述，就關注度而言也不如訓詁《墨經》和會通西學在墨學發展史上所占據的地位重要。然而相關議題的討論，從某種程度上仍可説是擴張了墨學多元化詮釋的可能性與限度。

　　圍繞墨子的教主人格，墨家的宗教形態、宗教思想、宗教性質、宗教功能、宗教倫理所展開的學術討論，可稱爲“墨家之謂教”的墨教問題。縱觀近代墨學復興歷程，有諸如梁啓超、胡適、錢穆①等

---

① 錢穆從墨家後學的角度來講“墨教”。他認爲，若墨學是個宗教，墨子是墨教裏的“基督”，那麼開創新心理學的墨家後學宋鈃則有如開啓基督教宗教革命的馬丁·路德。宋鈃摒除早期墨學的迷信色彩，致力于開創心靈建設的新墨學理路。這正揭示了墨教教義的真源。見錢穆：《墨子 惠施公孫龍》，九州出版社 2011 年版，第 57—58 頁。

學者，以"墨教"指稱墨家，以"教主"描述墨子，充分肯定墨家爲先秦中國的建制性宗教或具有"準宗教性"的組織團體；馮友蘭、郭沫若、李麥麥等學者，雖未直接承認這一點，然其墨學言説却也是在承認墨子人格及其思想具有鮮明宗教性的基礎之上來立論的。至于基督徒所從事的"耶墨對話"工作則部分已經進展到"宗教間的詮釋學"（Inter-religious Hermeneutics）① 的跨學科場域，不止于在耶墨人格和耶墨學説上進行表面的粗淺比較。

　　當代墨研學人治墨之理路多有繼承近代墨學復興的學術理路，然在"墨家之謂教"的墨教問題上并無相應延續。墨學界多存"墨家非宗教"的觀點。主流看法是：墨子是哲學家、思想家、軍事家，但絶不是什麽宗教教主；② "墨學十論"中尊天、事鬼、非命的思想是其"神道設教"、化民成俗的實用主義手段，不是需要深度委身的宗教信仰，也不能作爲一種宗教教義來理解。即便墨子本人及其初代門徒確實持有神論信仰，這種信仰至後墨時代也已全

---

① "宗教間的詮釋學"（Inter-religious Hermeneutics） 一般是指在兩個不同宗教傳統之間所進行的神學思考，例如以某一個神學家的觀點來詮釋某一部佛教經典的思想，或者從某一部大乘佛學經典的觀點來看待某一神學家的神學言詮。"宗教間的詮釋學"可以探討基督教經典或《聖經》中的某個部分同某部其他宗教文明的經典之間是否存在互相觀照的可能性。參賴品超：《大乘基督教神學：漢語神學的思想實驗》，道風書社 2011 年版，第 31 頁。

② 當代學者詹劍鋒先生認爲，胡適等人以墨家爲"墨教"、墨子爲"教主"是爲"胡説""謬論"。——"宗教的一般特徵是彼岸的、出世的、超人間的。但是我們若細心檢察墨子的言行，抓住墨子學説的本質，考察墨子一生的社會活動，又可斷定墨學并不具備這些特徵。墨子既没有老子那樣存性葆真、超出物外之想，也没有後世道教煉丹修道、白日飛升之求；既没有耶穌那樣自命爲救主，宣傳天國近了，也没有佛陀那樣逃避現世，遁入空門，以求極樂世界。試看墨子一生所言所行，只是'形勢天下'，'自苦爲極'，'以救世之急'，雖'摩頂放踵利天下而爲之'。可見他的意圖和活動是此岸的，不是彼岸的，是入世的，不是出世的，是人間的，不是超人間的。所以墨子是一個社會活動家，不是一個宗教家，更談不上是創教的教主。"見詹劍鋒：《墨子及墨家研究》，華中師範大學出版社 2007 年版，第 220 頁。

面動搖。① 當代墨學研究的熱點主要在墨學精神、墨子倫理、墨家道德、墨學與當代社會之關係、墨學的現代性闡釋等議題，墨教問題并非此中“主流”；無論學界還是民間，或有一二提及，大多語焉不詳，整體上也傾向對墨家涉“宗教”的部分給予相對負面的評價。② 究其原因，一是人們對“宗教”的定義和概念缺乏嚴謹的厘定，或以宗教否定墨學，或以墨學否定宗教，以致出現“處境錯置”；二是人們認爲，墨學若有涉宗教，將貶損其進步意義，于科學昌明的時代是不可取的。于是在墨學學術研究之外，又多了一層主流意識形態的考量。③

---

① 當代學者孫中原先生認爲墨子談天弄鬼，只是企圖假借鬼神的力量，來幫助天賞善罰惡，用以幫助改造世界、治理國家。墨子的“非命”思想中已經包含了無神論的傾向。且從早期墨家演進至後期墨家，正好是從有神論進化到無神論、從謬誤走向真理的過程。見孫中原：《墨學通論》，遼寧教育出版社1993年版，第49、52頁。

② 今人表彰墨子的倫理、道德、精神及其對當代社會的意義，多從“十論”中的止戰非攻的和平主義、兼愛交利的實用主義、節用節葬的尚儉主義、尚賢尚同的賢能政治等角度來言說。唯“尊天事鬼”不被作爲一具備進步性的、有利當下社會的思想元素。孫君恒之論墨子倫理，墨家的宗教思想不在其列；童恒萍之論墨學精神，墨家的宗教精神亦非代表；陳克守論墨學與當代社會之關係，則指墨家天鬼觀爲善意的謊言；楊建兵以墨子倫理爲先秦平民階層的道德理想，則其論述中全無提及墨學中涉及宗教的理念；徐希燕評墨子的哲學精髓，有本體論、認識論、方法論，評墨子的思想精華，有政治思想、經濟思想、科學思想、軍事思想、教育思想、管理思想、邏輯思想，然墨家宗教思想皆不在內，可見其并不認爲墨家的宗教思想具有現代性詮釋的價值。由此多少可見當代墨研學人對“墨家之謂教”的整體思想傾向。參見孫君恒等著：《墨子倫理思想研究》，中國社會科學出版社2014年版。童恒萍：《墨學精神研究》，人民出版社2010年版。陳克守、桑哲：《墨學與當代社會》，中國社會科學出版社2007年版。楊建兵：《先秦平民階層的道德理想——墨家倫理研究》，中國社會科學出版社2012年版。徐希燕：《墨學研究——墨子學説的現代詮釋》，商務印書館2001年版。

③ 這是受歷史唯物主義史觀尤其是“鴉片論”的影響。馬克思在《〈黑格爾法哲學批判〉導言》中論道：“宗教裏的苦難既是現實的苦難的表現，又是對現實的苦難的抗議。宗教是被壓迫生靈的嘆息，是無情世界的感情，正像它是沒有精神的制度的精神一樣。宗教是人民的鴉片。”轉引自［英］羅伯特·鮑柯克、肯尼斯·湯普森編：《宗教與意識形態》，四川人民出版社1992年版，第5頁。

　　"墨家之謂教"的墨教問題一直以來爲近代墨學發展史所遮蔽。由該問題所引發的學術探討，在某種程度上已經開啓近代墨學多元化詮釋的全新路徑，值得墨學研究者重視。惜乎近代治墨者缺乏相應的系統論述，多分論、散論，實未能見其致思圖景之全貌。當代學者則囿於學術方法、意識形態等考量，在一定程度上放弃了以宗教之維介入墨學研究的思想進路，是爲缺憾。① 故此，筆者嘗試以宗教之維考察墨子、墨家、墨學，酌採諸家之看法，借由跨學科的視角和方法介入研究，冀對此一問題做系統性論述。筆者的研究期待有二：一方面是希望延續近代墨研學人對墨教問題的探討；另一方面是希望借此研究，拓展當代墨學研究的新視域。

　　本文乃據以下四個方面展開立論：宗教思想、宗教倫理、宗教形態和宗教對話，本文之創新點亦體現在這些方面。在"宗教思想"部分，筆者將過往被人視爲反宗教思想、唯物主義思想的"非命"同"天志""明鬼"一并進行研討，指出此"宗教三論"之間具有内部的延承關係；并將"法儀""三表"納入廣義的墨家宗教思想體系當中，從方法論的角度分析其在墨家言説傳統中所具有的"立教根本""護教依據"之地位。在"宗教倫理"部分，筆者選取與墨家宗教之維密切相關的三個倫理辯難問題進行研究，以顯明墨家的宗教態度；分別探討了墨家對現世生活的看法、墨家的普遍主義精神以及墨家的神義論觀念。在"宗教形態"部分，筆者考察墨家的信仰對象、神論模式、權威中心以及建制組織，以此探析墨

---

① 相比民國時期的學人論墨，當代學者之論墨已不能從其論述中見到諸如"墨教""教主"等帶有宗教性質的字眼。常見"墨子倫理""墨家思想""墨子思想""墨家學派""墨派""墨子學團"。對墨學涉宗教部分的態度也大多取"取其精華，去其糟粕"之態度。如以"神道設教"來爲墨家天鬼信仰做善意的回護，力求符合當下的時代價值觀。

家在宗教情感、宗教經驗、宗教禮儀、宗教禁忌、宗教戒律等方面之特色；在“宗教對話”部分，則主要選取諸宗教文明之“大宗”的基督教來與墨家進行比較，并結合民國時期中國基督徒論墨之專書、專文及其“耶墨對話”之思想成果，在“平視”的基礎上對耶、墨二家之异同作出論析，以此探測墨家宗教之維在“宗教對話”領域所能延展的可能性與限度。筆者并不欲對墨家是否爲“宗教”給予一個最終定論，唯願借此研究，推進學界關于“墨家之謂教”的墨教問題的研討。

緒論

一、墨家之謂教——墨教問題的由來

（一） 文獻之不足徵： 歷史上的墨子、墨家、墨學

墨家是由墨子（墨翟）所創立的思想學派，在兩千多年前的古代中國曾與儒家并稱爲世之兩大顯學。《孟子·滕文公下》曰"楊朱、墨翟之言盈天下。天下之言不歸楊，則歸墨"；①《韓非子·顯學》曰"世之顯學，儒、墨也。儒之所至，孔丘也。墨之所至，墨翟也"；②《吕氏春秋·當染》曰孔墨"從屬彌衆，弟子彌

---

① 楊伯峻譯注：《滕文公下》，《孟子譯注》，中華書局 1960 年版，卷六，第 141 頁。
② 王先慎集解，鍾哲點校：《顯學》，《韓非子集解》，中華書局 2013 年版，卷五〇，第 499 頁。

豐，充滿天下"；①《吕氏春秋・當染》又曰"孔、墨之後學顯榮於
天下者衆矣，不可勝數"②。從距墨子所在年代不遠的傳世文獻記
載中可知，墨子其人其言其行，并其所創立的墨家及其後學，影響
力之昭彰，在先秦時代可謂無遠弗屆。墨子之國籍有魯人説、宋人
説、楚人説等。③墨子之生卒約在孔子之後、孟子之前。④

　　墨子殁後，墨家繼續發展，衍生出"巨子制度"，可考者有三
人——孟勝、田襄子、腹䐑。同時學派漸有分野，《韓非子・顯
學》載："自墨子之死也，有相里氏之墨，有相夫氏之墨，有鄧陵
氏之墨。故孔、墨之後，儒分爲八，墨離爲三，取舍相反不同，而
皆自謂真孔、墨。"⑤《莊子・天下》載："相里勤之弟子五侯之徒，
南方之墨者苦獲、已齒、鄧陵子之屬，俱誦《墨經》，而倍譎不同，
相謂别墨。"⑥墨家大約興盛于世兩百年。秦惠王時期，墨者之影
響已遍于秦國。⑦西漢時期，仍有墨者踪影。⑧後即身而絶，一朝

---

① 陳奇猷校注：《仲春紀・當染》，《吕氏春秋新校釋》，上海古籍出版社 2002
　年版，卷二，第 98 頁。
② 陳奇猷校注：《仲春紀・當染》，《吕氏春秋新校釋》，卷二，第 98 頁。
③ 近代以來，墨子"魯人説"似已成學界定論，尚存争議的地方則在墨子里籍。
　山東學者張知寒先生考證墨子里籍在今山東滕州，此爲"東魯説"。河南學者蕭
　魯陽則據魯山方言與《墨子》書中的音詞，提出墨子里籍當在今河南魯山，此
　爲"西魯説"。見張知寒等著：《墨子里籍考論》，山東人民出版社 1996 年版。
　蕭魯陽：《墨子元典校理與方言研究》，西安地圖出版社 2003 年版。武丹丹：
　《20 世紀 90 年代墨子里籍論戰》，《語文學刊》2007 年第 1 期，第 60—61 頁。
④ 墨子的生卒年代取梁啓超的觀點，即生于周定王元年至十年之間，卒于周
　安王十二年至二十年之間，正在孔孟之間。見梁啓超：《墨子學案》，商務
　印書館 1922 年版，第 167—175 頁。
⑤ 王先慎集解，鍾哲點校：《顯學》，《韓非子集解》，卷五〇，第 499 頁。
⑥ 郭慶藩輯，王孝魚整理：《雜篇・天下》，《莊子集釋》，中華書局 1961 年
　版，卷十下，第 1079 頁。
⑦ 何炳棣著，范毅軍、何漢威整理：《何炳棣思想制度史論》，聯經出版事業
　公司 2013 年版，第 343—352 頁。
⑧ 西漢桓寬之《鹽鐵論・晁錯》篇載"淮南、衡山修文學，招四方游士，山
　東儒、墨咸聚於江淮之間"，説明至少在漢武帝時期，墨者尚未絶滅。

而斬，再無餘緒。墨家中絕的原因、具體何時消亡、其文明形態和組織秩序在後世的演變，學界歷有爭議，後文將會有所探討，此處不贅。

《墨子》一書記載了墨子及其弟子後學的言行，爲探源墨子及墨家之行傳紀事、思想主張、組織規模、學派傳承的第一手資料。據西漢劉向《漢書·藝文志》所錄共有七十一篇，[①] 至宋時存留六十篇。現存于世的最早且成規制的版本當屬正統道藏本的五十三篇，可謂亡佚甚多。資料之缺乏以及文獻不足徵，給後世史家考證墨學源流、流變、中絕以及墨翟家世、生平、事功造成很大的困難。

墨子生平歷來難考。司馬遷著中國第一部紀傳體通史《史記》，將孔子編入"世家"，將老子、申不害、韓非子、孟子、荀子編入"列傳"，凡諸子百家之中具有重要影響力的學者基本都有詳述，唯獨對墨子語焉不詳，僅于《孟子荀卿列傳》中附二十四字："蓋墨翟，宋之大夫，善守禦，爲節用。或曰并孔子時，或曰在其後。"[②] 對于《史記》未爲墨子作傳之原因，學界有多種説法，或曰司馬遷尊儒辟墨，阿附時尚，門户私見太重；或曰其時罷黜百家、獨尊儒術，乃憚于王官學的權威才隱而不載。[③] 此外還有一種

---

① 班固著、顏師古注釋：《藝文志》，《漢書》，中華書局 1962 年版，卷三〇，第 1738 頁。

② 司馬遷撰，裴駰集解，司馬貞索隱，張守節正義：《孟子荀卿列傳》，《史記》，中華書局 1959 年版，卷七四，第 2350 頁。

③ 吳雷川認爲出現這種情況，實爲後人妄作刪改所致，"現存《史記》一百三十篇中，據崔適所考證的，竟有二十九篇是後人偽作，篇文既可以偽作，篇目自然也可以抽換。那末，我們説《史記》原有《墨子傳》，後人抽去其原文，并改換其篇目，偽作一篇別人的傳來抵補，豈不也是意中的事？"同時，他認爲司馬遷也非不喜墨學、阿附時尚、憚于儒術權威，原因有三：第一，司馬遷非存學派門户之見之人，不可能刻意刪減或隱去墨（轉下頁）

說法，即認爲《史記》本存墨子傳記，唯在後世流傳過程中出現亡佚，或是後人抽取原文改換篇目，以致難見全貌。①

由是，因相關典籍文獻②和出土文獻③的缺乏，考證墨子學說

（接上頁）翟及其學派言行事迹。理由是蘇秦、張儀、孫武、吳起等縱橫、兵法諸家，未必皆爲其所喜，尚且爲之單獨作傳；且墨家在歷史流轉中演變爲游俠一脈，墨即爲俠，俠又是儒之敵，《史記·游俠列傳》激賞巨俠郭解以非儒；可見司馬遷非以個人好惡取舍。吳雷川此論系反駁孫詒讓《墨子後語》所言"太史公述其父談《論六家要旨》尊儒而宗道，墨蓋非其所喜"的觀點。第二，司馬遷在《史記》中俱道儒、墨事迹，有"儒墨皆排擯不載"（《游俠列傳》）、"推儒墨道德之行事興壞，序列著數萬言"（《孟子荀卿列傳》）、"剝剝儒墨"（《老莊申韓列傳》）之語，非全然不提及墨翟及墨家。可見司馬遷并非對墨翟及其學說全無瞭解。吳雷川此論系反駁孫詒讓所言"史公實未嘗詳事校核，亦其疏也"的觀點。第三，又因《史記》通篇多處提及"儒墨"，且西漢初期游俠之風仍盛；加之司馬遷在《儒林列傳》中對曲學阿世之儒公孫弘輩頗有微詞，實爲表彰游俠（墨者）；如之可證胡適《中國哲學史大綱》所言"司馬遷做《史記》時，墨學早已消亡"，以及馮友蘭《中國哲學史》所謂"司馬遷作《史記》時，思想界已成爲儒家之天下，故孔子躋於世家，而墨子不得一列傳"的觀點缺乏依據。見吳雷川：《墨翟與耶穌》，青年協會書局 1940 年版，第 17—21 頁。

① 吳雷川認爲原因有二，其一，吳雷川引今文經學家崔適觀點，認爲《史記》本多殘缺，迭經後人篡改，有諸多妄作的篇幅。又因劉歆"造經"之故，可能將原有墨子行傳的全篇刪去，或僞造他人之傳以充數。其二，《史記·孟子荀卿列傳》中載墨翟部分的二十四字，系前文所脫而倒列于末，或後人旁記而竄入正文。這種情況又有兩種可能性，一是後人見《孟子荀卿列傳》中除傳主孟軻、荀況外，尚載陰陽家鄒衍、名家公孫龍以及慎到、尸子、劇子、李悝、長盧等其他諸家代表人物，唯不見墨家學派代表人物墨翟，于是妄自添加；二是後人有感墨學在先秦時代與儒家并稱"世之顯學"的顯赫學派地位，覺得忽略不計說不過去，就在刪改《史記》的時候，于《孟子荀卿列傳》之後胡亂加上二十四個字。見吳雷川：《墨翟與耶穌》，第 20 頁。

② 此處典外文獻指《墨子》流傳本五十三篇之外的相關墨子行傳的記錄。在本書中一般是就傳世文獻而言。例如《孟子》《荀子》《韓非》《莊子》《呂氏春秋》《淮南子》《史記》《漢書》等。

③ 新出土文獻改寫學術史的例證已有不少。然直接關聯墨子及墨家的新出土文獻并未見到。個別相關出土文獻的學派歸屬仍存爭議。例如上海博物館藏戰國楚竹書的《鬼神之明》篇，就有墨子後學著作、《墨子》傳世本佚文、後儒闢墨之著作等多種彼此矛盾的說法，見李銳：《論上博簡〈鬼神之明〉篇的學派性質——兼說對文獻學派屬性判定的誤區》，《湖北大學學報》2009 年第 1 期，第 28—33 頁。另外，睡虎地秦簡和銀雀山漢簡，固然有諸如《爲吏之道》和《守法》《守令》等篇章，可資考證秦律和漢律對墨子兵法尤其是《墨子》書後十一篇的"城守術"的吸收和承（轉下頁）

之源流只能依靠傳世文獻的有限記載來進行推測。《莊子·天下》曰：“不能如此，非禹之道也，不足謂墨。”① 此謂墨子之學源出大禹。《呂氏春秋·當染》曰：“魯惠公使宰讓請郊廟之禮於天子，桓王使史角往，惠公止之，其後在於魯，墨子學焉。”② 此謂墨子之學源出周朝史官。司馬談《論六家要旨》曰：“墨者亦尚堯舜道。”③ 此謂墨子之學源出三代聖王之道。《漢書·藝文志·諸子略》曰：“墨家者流，蓋出於清廟之守。”④ 此謂墨子之學源自掌管祭祀的群體。《淮南子·要略》曰：“墨子學儒者之業，受孔子之術，以爲其禮煩擾而不説，厚葬靡財而貧民，久服傷生而害事，故背周道而用夏政。”⑤《淮南子·主述訓》又曰：“孔丘、墨翟，修先聖之術，通六藝之論。”⑥ 此謂墨子之學，乃學儒而反儒，脱儒而近儒。荀子稱墨子之學“類于刑人”，是爲“役夫之道”，近代

（接上頁）繼關係，然此已歸屬對墨子後學的研討範疇。見李學勤：《論銀雀山簡〈守法〉〈守令〉》，《文物》1989 年第 9 期，第 34—37 頁。江慶柏：《“睡簡”〈爲吏之道〉與墨學》，《陝西師大學報（哲學社會科學版）》1983 年第 4 期，第 111—115 頁。臧知非：《〈墨子〉、墨家與秦國政治》，《人文雜志》2002 年第 2 期，第 126—132 頁。此外還有清華簡的《系年》《治邦之道》《畏天用身》等篇章，有學者認爲包含墨家元素或具有墨家學派性質。不過，這仍然不足以説明清華簡與墨家存在直接聯繫，或者清華簡是所謂的“墨家文庫”。參見李健勝：《清華簡“書”類文獻的文本性質與墨家賢人觀的擴充機制》，《中原文化研究》2024 年第 2 期，第 122—128 頁。劉志全：《清華簡〈系年〉的成書與墨家學派性質》，《浙江學刊》2021 年第 2 期，第 200—207 頁。劉成群、段樂千：《論清華簡〈畏天用身〉中的墨學精神》，《中原文化研究》2024 年第 5 期，第 98—104 頁。
① 郭慶藩輯，王孝魚整理：《雜篇·天下》，《莊子集釋》，卷十下，第 1077 頁。
② 陳奇猷校注：《仲春紀·當染》，《呂氏春秋新校釋》，卷二，第 98 頁。
③ 司馬遷撰，裴駰集解，司馬貞索隱，張守節正義：《太史公自序》，《史記》，卷一三〇，第 3290 頁。
④ 班固著、顏師古注釋：《藝文志》，《漢書》，卷三〇，第 1738 頁。
⑤ 何寧集釋：《要略》，《淮南子集釋》，中華書局 1998 年版，卷二一，第 1459 頁。
⑥ 何寧集釋：《主術訓》，《淮南子集釋》，卷九，第 674 頁。

亦有學者如錢穆認爲墨子學説源出"刑徒之役"①。至于胡懷琛等人考證墨子非中國人，墨子之學源出印度、阿拉伯，則已流爲怪誕之談了。②

由上可知，徒餘"死文本"（《墨子》五十三篇）和"死傳統"（墨學中絶）的墨子及其學派，無法像同時擁有"活文本"（包括四書五經在内的歷代儒學文獻）和"活傳統"（自孔子開始不斷延承的道統學統政統譜系）的儒家、儒學那樣，使人們能夠通過其纍世積澱的遺傳，來確切洞悉墨子學説内在的思想變遷過程和墨家學派外在的建制組織樣貌。材料的缺失，一方面固然對後人接近歷史上真實的墨子、墨家、墨學造成一定障礙，但另一方面也給予了後世人們相當大的空間，得以創造性詮釋一個"想象的墨子"，或創造性建構一個"想象的墨家"。這種對墨子學説及墨家學派的創造性詮釋和創造性建構，首先發生在清末民初的墨學復興浪潮中。

（二） 重新發明傳統： 想象中的墨子、墨家、墨學

墨學中絶千年之後，于清末民初又逢時復興，在中國墨學發展史上，稱爲"近代墨學復興"或"墨學復興浪潮"。③彼時涌現大批

---

① 錢穆：《墨子 惠施公孫龍》，九州出版社 2011 年版，第 28—40 頁。
② 胡懷琛：《墨子學辨》，上海國學會 1929 年版。對胡懷琛等人考論墨學源流的謬誤，方授楚在其著作《墨學源流》下卷的《墨子姓氏國籍學説辨》中駁之甚詳。見方授楚：《墨學源流》，商務印書館 2015 年版，第 237—318 頁。
③ 此處所指"近代墨學復興"爲清末民初的"第二波墨學復興"。特申説如下：縱觀近當代中國思想發展史可見，真正意義上的"墨學復興"其實只有三次。第一次是清中葉到清末，經學瓦解，子學復興，一批繼（轉下頁）

學人傾注精力于注墨、詮墨，學界以談論墨學爲風尚，有關墨學的
專著、專文層出，一時蔚爲大觀。觀嚴靈峰編著之《墨子知見書
目》所録清末至民國①的墨學專書條目，庶幾可見近代墨學復興的
盛况。②前文已提到，墨子學説及其學派在歷史的流轉中只剩下
"死的文本" 和 "死的傳統"。而墨學在近代中國的復興，則是在
文本和傳統上的全方位復興。概言之，即 "重新訓詁文本" 和
"重新發明義理" 兩條思想路徑。就文本而言，上承乾嘉學派的傳
統，對《墨子》五十三篇尤其是歷來號稱古奧難懂的《墨經》部
分，進行重新的校訂和釋讀。這方面的成就主要體現在清末民初治
墨學人的訓詁工作。③就傳統而言，發掘墨學的微言大義，"活化"

（接上頁）承乾嘉學風的學者重新校勘《墨子》全書，對其中古奧難懂之詞彙
語句進行全方位的訓詁考據，猶于《墨經》部分用力最多。此一階段的成
果主要體現在考據學方面，代表人物是孫詒讓。第二次是民國初年至民國
中葉，皇權倒塌，共和制建立，儒學權威不再，受到西方思想影響之部分
新派知識分子，開始以墨學會通西學。此階段的成果主要體現在 "中西會
通" 方面，代表人物有胡適、梁啓超等。第三次是 20 世紀 80 年代末至今，
"國學" 復興，從官方到民間均主張弘揚中華優秀傳統文化，爲提升文化軟
實力以及建設社會主義精神文明的題中之意。由此墨學作爲國學中的一部
分也開始得到重視，其影響力不如儒、道、佛等諸家。相比遍布五洲四海
的孔子學院，以及國内諸多讀經班、國學院、儒學院，專門弘揚和講授墨
學的實體機構并不多。在很長一段時間内，墨學研究一般是歸在各高校先
秦諸子研究門類下如邏輯史學等二級學科。當代墨學研究，面向呈現多元
化。既有訓詁考據，又有現代性詮釋。代表人物有張知寒、孫中原、李賢
中、秦彦士等。
① 如無特別説明，本文中所指之 "民國" 或 "民國時期" 均爲 1911 年辛亥
革命推翻帝制建立共和政體到 1949 年中華人民共和國建立這段時期。參羅
檢秋：《近代墨學復興及其原因》，《近代史研究》1990 年第 1 期，第 148—
156 頁。
② 嚴靈峰編著：《墨子知見書目》，臺灣學生書局 1969 年版，第 16—72 頁。
③ 清中葉以來，乾嘉學派考證之風流布，學者欲以文字訓詁的方式闡明先王
在六經中藴含的微言大義；他們對先秦經典文獻的研究，不止于群經，更
兼及百家。經、史、諸子的結合，爲闡明經學義理延展了更多元的可能性。
此一解經路徑可上溯至明末清初儒者顧炎武所提倡的 "讀九經自考文始，
考文自知音始，以至于諸子百家之書，亦莫不然"。根據余英時先生的看
法，清末考證運動的内在動力，推動了近代儒學向 "智識主義的（轉下頁）

墨子學説，猶多以"十論"來比附西學。這方面的成就主要體現在墨學義理研究和比較文化研究，是一個重新發現墨家、重新發明傳統的過程。①

　　無論上述哪一條墨學復興路徑，背後皆潛藏着彼時治墨學人"經世致用"的意識形態考量。19世紀後半葉到20世紀上半葉，學人探討中國傳統文化的學術範式幾經轉型和遷移。隨着"西風東漸"影響的逐漸深入，作爲中國傳統文化主流的儒家，無論在思想形態上還是組織建制上，都難以繼續維持其内在價值。迭經洋務運動、維新變法、辛亥革命、新文化運動等社會運動，儒家權威不

（接上頁）轉化"。對子書的整理校注在這一轉化過程中不斷深化，進而延伸到對包含墨學在内的整個諸子學義理精神的重新發現和重新評估。此一時期的墨學復興，主要集中在對歷來號稱古奥難讀的《墨經》的訓詁考證上，學者學術興趣限于《墨子》書中的《大取》《小取》《經説上》《經説下》《經上》《經下》以及《城守》等篇目。代表有汪中、畢沅、蘇時學、王念孫、張惠言、俞樾、孫詒讓、章炳麟等。其中又以孫詒讓《墨子閒詁》爲集大成者，梁啓超譽之爲"自此書出，然後《墨子》人人可讀，現代墨學復活，全由此書導之，古今注《墨子》者固莫能過此書，而仲容一生著述亦此書爲第一也"。參閲余英時：《清代思想史的一個新解釋》，《歷史與思想》，聯經出版事業公司1976年版，第142頁。梁啓超：《中國近三百年學術史》，中國人民大學出版社2012年版，第242頁。

① 近代學人通過挖掘墨學的現代價值來證明西學所有的先進元素在先秦墨學中"古已有之"。例如科學技術方面，俞樾認爲"近世西學中，光學、重學，或言皆出于墨子，然則其備梯、備突、備穴諸法，或即泰西機器之權輿乎"；馮友蘭認爲"如果中國人遵循墨子的善即用的思想，那麽很可能早就産生了科學"。在政治哲學方面，黄遵憲認爲西方人權思想來自墨學，"泰西之學，其源蓋出于《墨子》。其謂人人有自主權利，則《墨子》之尚同也"；譚嗣同云欲以民主制度取代君主專制，當效法墨子"尚賢"，"廢其所謂君主，而擇其國之賢明者，爲之民主，如墨子所謂選天下之賢者立爲天子，俾人人自主，有以圖存，斯信義可復"。在人文思想方面，梁啓超提出墨子的兼愛超越地域國界，合于現代價值，"兼相愛是托爾斯泰的利他主義，交相利是克魯泡特金的互助主義"，"墨子之政術，非國家主義，而世界主義、社會主義也"；覺佛謂墨家非命思想合于進化論，"非命之説，其策人進取之心乎"，"物競天擇，優勝劣汰，歐西新發明之天演學理，墨氏其有先見之明乎?"見鄭杰文、王繼學等：《墨學對中國社會發展的影響》，山東人民出版社2011年版，第235—242頁。

再。由之引起時人思考，除儒家之外，在中國傳統文化內部究竟還有何種思想資源，能夠用以溝通西方思想，改良民族精神，以造就新時代的經世之學。墨學因具有科學、民主、博愛、自由、平等、人權、理性等與西方文明若合符節的思想資源而重新得到時人的重視。墨學價值的重新發現，標誌着中國經世傳統得到復興。墨學在此時擔當兩個作用：一是對接西方文化、比附西學價值；二是取代儒學，成爲"中體西用"的新範式。經學瓦解，子學復興，蒙塵千年的墨學應時復興，正是彼時社會思潮在思想界的顯著反映。①

　　黃克武先生指出，近代墨學的復興固然是與傳統學術的發展尤其是乾嘉考證之風所引起的學術興趣密切相關，但其直接的動機，則明顯是出于在西力衝擊之下如何設定未來中國之目標的現實關懷，類如梁啓超等人正是由于在乾嘉學派學術遺傳影響和西學衝擊下產生愛國情懷，才開始撰寫與墨學相關的論著文章。② 筆者贊成黃先生的看法。姑且不論墨學復興中致力于"文本重詁"的乾嘉考據學理路，起碼在墨學的"義理發明"這一項上即顯見帶有深厚的社會關懷和意識形態色彩，不能算是基于客觀、理性、中立的純粹墨學學術研究。這一方面拓展了墨學義理發明工作的題材

---

① 清末民初將近百年的時間裏，中國傳統學術的主體隨外部局勢、社會思潮的變化而變化。儒學衰微，使得中國學術的焦點進展到"離經返子"的階段。從章學誠的"六經皆史"到胡適的"六經皆史料"，兩千年來古儒指導人們日用倫常的義理被懸隔，經書被置于近代西方學術分科之歷史學、文獻學的範疇之下，徒餘"個案"和"材料"的價值。加之不敷應對民族危機和西學衝擊，儒家式樣的"通經致用"進一步遭到動搖，經學由"活着的傳統"滑向"死掉的文本"爲理之所至。與之相對的，知識界始終存在子學復興的潛流和衝動。而子學之"子"，乃諸子百家之"子"，非經史子集之"子"。

② 黃克武：《梁啓超的學術思想：以墨子學爲中心之分析》，《近代史研究所集刊》1996 年第 26 期，第 52 頁。

和範圍，開啓了近代墨學"創造性詮釋"的新局面；另一方面亦助長了以墨學隨意比附西學的學風，學人對《墨子》原典義理的解讀帶有極大的主觀性。這種以墨學爲尺度衡量西學的"古已有之"的心態具有顯明的中國文化本位主義色彩。其中的典型代表就有風行于清末民初、源于"西學中源說"的"西學墨源說"和"耶教墨源說"。①

　　學人治墨的這種價值取向與彼時中國面對西方文明的衝擊而產生的民族主義情緒有關。就其正面價值而言，這固然有利于在不至于全盤推倒中國傳統文化的情況下輸入西學，但同時亦容易被文化保守主義者作爲招魂舊學、拒斥新學的借口。學人帶有鮮明價值取向和意識形態前見的治墨理路，不可避免地造成了他們對《墨子》原典義理的肢解性理解和詮釋。引入類如霍布斯的社會契約論、盧梭的人民主權說、穆勒的功利主義、達爾文主義等西學作爲中國墨學的參照系，固然有利于拓展傳統舊漢學之訓詁考據、重注重譯的墨學之維，然簡單比附的做法也流弊甚大。對于學人隨意解釋墨學，甚至改動《墨子》原文的亂象，陳寅恪先生有精到認識。他在審查馮友蘭的《中國哲學史》時言道：

　　　　所著之《中國哲學史》者，即其今日自身之哲學史者也。其言論愈有條理統系，則去古人學說之真相愈遠；此弊至今日

---

① "西學墨源說"爲"西學中源說"之一支。即所謂西方之思想與科技，源頭在中國的墨學。"耶教墨源說"又爲"西學墨源說"中的一支，即謂基督教之源頭在中國的墨家。相關研究見張永春：《黃遵憲與晚清"西學墨源論"》，《江漢論壇》2009 年第 7 期，第 76—78 頁。"耶教墨源說"相關研究可見王繼學：《論晚清中國士人的基督教源于墨學說》，《宗教學研究》2011 年第 2 期，第 171—175 頁。

之談墨學而極矣。今日之墨學者，任何古書古字，絕無依據，亦可隨其一時偶然興會，而爲之改移，幾若善博者能呼盧成盧，喝雉成雉之比，此近日中國號稱整理國故之普通狀況，誠可爲長嘆息者也。[1]

也就是説，此種言説中的墨子、墨家、墨學，是"想象的墨子、墨家、墨學"（應該是什麼），而非歷史上真實的墨子、墨家、墨學（原來是什麼）。因是之故，對墨子學説"取其精華，去其糟粕"就成爲題中之意。最顯著的表現是世人一方面高揚墨子積極救世的人文主義情懷和墨學中的自由、民主、科學、人權精神，一方面又貶低墨子宗教教主式的權威人格和墨學中有涉宗教信仰的思想爲封建迷信，輕視後者或乾脆對之避而不談。

嚴靈峰先生編著之《墨子知見書目》録有歷代墨學書目。由該書之《滿清墨子書目録》可見，清代墨研論著多爲《墨子》全書校注或《墨經》訓詁，如《墨子大取篇釋》（傅山）、《墨子經説解》（張惠言）、《墨子注》（王闓運）、《墨子閒詁》（孫詒讓）、《墨子箋》（曹耀湘）、《墨子拾補》（劉師培）等等。題材品類較爲單一，似也説明了清代學人治墨的重點在于"文本重詁"。[2]由該書之《民國墨子書目録》可見，及至民國才開始有專事義理發明、文

---

① 陳寅恪：《馮友蘭〈中國哲學史〉審查報告》，《陳寅恪集》，生活·讀書·新知三聯書店 2001 年版，第 258 頁。
② 嚴靈峰編著：《墨子知見書目》，第 16—35 頁。此處所言"文本重詁"乃指清代墨學研究的核心關注點在對《墨子》文本的重新整理和重新訓詁。《墨子》書素號難治，特別是其中有關墨辨邏輯學、物理學、兵法等篇章的諸多字詞語彙，由于時代的懸隔，顯得古奧難懂。有清一代，學界興起對子書的考證之風，學人借疏通《墨子》字句以還原墨學原意，爲其學術趣味所致，亦顯示了"漢學"理路在彼時的影響。

化比較或附會西學的墨學專書出現，如《儒墨之异同》（王桐齡）、《墨學分科》（張純一）、《墨子政治哲學》（陳顧遠）、《墨學十論》（陳柱）、《墨子哲學》（王治心）、《墨學源流》（方授楚）等等，呈現出比清代學人更鮮明的"六經注我"的特色。①

然而，這一部分專書以西學分科如政治哲學、邏輯學、科學等來注解《墨子》的并不少，從宗教維度來詮釋《墨子》的則不多。學者論墨，凡涉墨家宗教思想的，多在論著中居于不甚重要之地位。間或論及墨家的"宗教性"，亦屬偶一爲之，缺乏系統性探討。由是學人的這部分論述，常被中國墨學發展史所遮蔽。并且視野只關注知識分子的論墨言説，未及宗教徒以宗教之維討論《墨子》的成果。例如嚴靈峰先生就没有將基督徒吳雷川的《墨翟與耶穌》、張純一的《墨學與景教》等宗教徒論墨著作視爲墨學，因而没有將其納入《墨子知見書目》當中。

（三） 學人論"墨教"： 墨學復興中被遮蔽的面向

梁啓超在清末即有墨學論述，②他視墨子爲教主、墨家爲宗教的觀點，終其一生未有改易。梁啓超爲近代墨學復興中最早使用"墨教"來指稱墨家的學者，其書《子墨子學説》《墨子學案》以宗教之維考論墨子學説及學派，多發前人之所未發，對民國時期的思想界影響很大。他認爲墨教與尋常宗教不同，乃"兼一神衆神而并尊"的在世宗教；③且以"尊天之教""鬼神教"定義墨家宗教

---

① 嚴靈峰編著：《墨子知見書目》，第136—172頁。
② 梁啓超于1904年即光緒三十年即作《子墨子學説》，刊于《新民叢報》。
③ 梁啓超：《子墨子學説》，中華書局1936年版，第4頁。

思想，謂爲“墨學之一大特色”①。梁氏論墨多援西學，如其論墨家巨子制度和尚同主義就援引了基督教的教皇制度和教會專制來與之比較，指出墨教之主張和組織若在中國得以成立，則其“干涉思想自由太過”之流弊不免陷人于歐洲中世紀的黑暗境況。②

　　胡適更重視作爲哲學家的墨子而非作爲宗教家的墨子。③雖然如此，他大體也是將墨家視爲一建制成型的宗教教派。《中國哲學史大綱》論及墨家宗教思想與墨家“宗教性”一端，即明言“墨子是一個創教的教主”，墨學十論除“天志”“明鬼”之外的教條都“可稱爲墨教的信條”。④墨子雖爲功利主義者，且不乏科學理性之精神，但他對天鬼信仰的委身程度之深，足證其確爲“宗教家的墨子”⑤，“是真信有鬼神的”⑥。胡適對墨教教義的評價並不高，認爲相比它的應用主義的哲學方法，其在“哲學史上本來沒有甚麼重要”；⑦且以“天志就是尚同，尚同就是天志”，⑧更容易使天子假天志以行私權，將政治演變爲不受制衡的專制政體——“墨教如果曾經做到歐洲中古的教會的地位，一定也會變成一種教會政體；墨家的巨子也會變成歐洲中古的教王（Pope）”⑨。可見，胡適論墨多繼承梁啓超的觀點。

　　馮友蘭論墨亦重在墨子學說的哲學性而非宗教性。在他看來，

---

① 梁啓超：《子墨子學説》，第4—12頁。
② 梁啓超：《子墨子學説》，第66頁。
③ 胡適：《中國哲學史大綱》，中國城市出版社2012年版，第115頁。
④ 胡適：《中國哲學史大綱》，第110頁。
⑤ 胡適：《中國哲學史大綱》，第110頁。
⑥ 胡適：《中國哲學史大綱》，第112頁。
⑦ 胡適：《中國哲學史大綱》，第114—115頁。
⑧ 胡適：《中國哲學史大綱》，第114頁。
⑨ 胡適：《中國哲學史大綱》，第114頁。

《墨子》中相關宗教的言説無非"神道設教"的一種手段；所謂鬼神實有且能賞善罰惡，不外乎墨子收拾人心的權宜方法。①他以哲學的標準衡量墨子的鬼神信仰，更重視其宗教制裁的功能性，貶低其哲學價值——"墨子以證明上帝之存在及其意志之如何，其論證之理論，可謂淺陋。不過墨子對于形上學本無興趣，其意亦只欲設此制裁，使人交相愛而已"②。馮友蘭以"宗教制裁"指代"天志主義"，以"政治制裁"指代"尚同主義"，并認爲墨子"政教合一"將致君權擴張，"已君主而兼教皇"。③其《中國哲學史》論墨之進路，似受梁啓超、胡適之啓發。不同之處在于，依馮友蘭之論，他不承認墨子真信鬼神；而梁、胡之論，則較肯定這一點。

郭沫若論墨，一反常見，其言説見于《青銅時代》與《十批判書》，其理路多從宗教維度入手，帶有强烈的主觀色彩。④他反對清末以降治墨學人以"神道設教"來爲墨子鬼神迷信辯護的觀

---

① 馮友蘭：《中國哲學史》，重慶出版社 2009 年版，上册，第 85 頁。
② 馮友蘭：《中國哲學史》，第 86 頁。
③ 馮友蘭：《中國哲學史》，第 90 頁。
④ 墨學研究是郭沫若學術生涯中最受争議的地方。他以唯物史觀、社會史還原法、階級分析法研究墨學，提出墨子是反對社會變革的反動派和宣揚迷信的宗教家，孔子反而是封建秩序的革命者以及人道主義者的觀點，大异民國時期"揚墨抑儒"的學人趣味。除對墨子的人格精神稍有肯定外，對墨子學説幾乎全部否定。其論不乏想象和臆測。郭沫若的觀點已爲不少學者所批評。見解啓揚：《郭沫若的墨學研究》，《中南大學學報（社會科學版）》2003 年第 5 期，第 573—578 頁。何玉蘭：《郭沫若墨學研究的得失及啓示》，《郭沫若學刊》2007 年第 3 期，第 51—57 頁。劉奎：《歷史想象的分歧：郭沫若與墨學論争》，《郭沫若學刊》2016 年第 2 期，第 42—50 頁。曹順慶、聶韜：《試析"泛神論"對郭沫若墨學態度的影響——從"揚墨"到"非墨"》，《北京聯合大學學報（人文社會科學版）》2014 年第 4 期，第 76—84、105 頁。馬吉芳、黃麗婭：《論"尚同"——郭沫若墨學批判之商権》，《職大學報》2009 年第 1 期，第 12—13、31 頁。楊勝寬：《郭沫若眼中的"宗教家"墨子——關于郭沫若從負面評價墨子的原因考察》，《郭沫若學刊》2014 年第 1 期，第 26—33 頁。

點,①指出墨子不但是一個虔誠的信仰者，還是一個"滿嘴的王公大人，一腦袋的鬼神上帝，極端專制、極端保守"的宗教家，思想帶有鮮明的"反動性"，絕非"工農革命的代表"。② 他認爲"天志明鬼"不科學、③"尚同尚賢"不民主、④"非樂輕文"反進化、⑤"節用節葬"反人性、⑥名兼愛而實偏愛、⑦名非攻而實美攻、⑧名非命而實叛命，⑨基本上全盤否定了墨子學說的思想價值，大异彼時墨學復興以正面褒揚墨學爲主的學人品味。

郭沫若貶低墨學價值蓋在兩端。一謂墨子迷信，"屈民以伸天"；二謂墨子愚民，"屈民以伸君"。針對郭沫若謂墨子天鬼觀爲宗教迷信的觀點，當時已有學者提出質疑，如侯外廬。⑩他在《中國古代思想學說史》中論及墨家部分曰："（墨子）對于鬼神信仰的程度僅爲手段性的方面，若惟鬼神求百福而不自求，却是他所反對的"⑪、"墨子的天論不是形而上學，而是方法觀"⑫、"墨子的天道觀已經含有義理之天"，僅據墨子尊天事鬼就稱"反動"實未得其中心要領。⑬郭沫若之友人，即被稱爲"墨者杜老"的杜國庠也

① 郭沫若：《十批判書》，東方出版社 1996 年版，第 110—111 頁。
② 郭沫若：《青銅時代》，科學出版社 1957 年版，第 157 頁。
③ 郭沫若：《青銅時代》，第 158—159 頁。
④ 郭沫若：《青銅時代》，第 159—164 頁。
⑤ 郭沫若：《青銅時代》，第 164 頁。
⑥ 郭沫若：《青銅時代》，第 164—165 頁。
⑦ 郭沫若：《青銅時代》，第 165—166 頁。
⑧ 郭沫若：《青銅時代》，第 166—168 頁。
⑨ 郭沫若：《青銅時代》，第 168 頁。
⑩ 侯外廬對郭沫若墨學研究的批評主要集中在"墨子宗教思想是否迷信""墨家宗教功能是否爲神道設教"這兩點上。見安妮（Annick Gijsbers）：《捍衛墨子：論侯外廬對郭沫若墨子明鬼主張之駁議》，《學術月刊》2014年第 4 期，第 147—156 頁。
⑪ 侯外廬：《中國古代思想學說史》，岳麓書社 2010 年版，第 157 頁。
⑫ 侯外廬：《中國古代思想學說史》，第 157 頁。
⑬ 侯外廬：《中國古代思想學說史》，第 157 頁。

不同意郭沫若的看法。①他認爲"墨子雖然承認有意志的天，但他卻不是無條件的皈依，而是有意識的運用，就是拿天志做衡量言論的尺度，批評政治的標準"②。所謂"天志"——天老爺的意志，只是墨子爲了申說方便，爲自己的主張所披上的一層宗教外衣。③由侯、杜兩位學人的論說可見，他們并不認爲墨子提倡鬼神會導致"屈民以伸天"的迷信。

至于"愚民"一端，和郭沫若一樣以唯物主義史觀來研究墨學的李麥麥、陶希聖、范文瀾亦持完全相反的見解。李麥麥認爲墨子是"古代中國有産階級的宗教的創造者"④，是反對周朝貴族政治的代表。陶希聖認爲，墨子學說是戰國時代自由民的學說，其"宗教團體及任俠行爲確爲無産自由民的組織與活動"⑤。范文瀾則認爲縱受時代所限，墨家終究是爲庶民利益着想，因此才遭受統治階級的弃絶；後世農民起義中所成立的有宗教色彩的反抗組織，也是受到墨家思想的影響——"統治階級能撲滅墨家，但是農民工人依時代發展的革命力量，却永遠不能撲滅"⑥。由李、陶、范三位學人之論說可見，他們并不以墨家具有宗教性質而認爲有害其歷史

---

① 杜國庠是郭沫若在日本留學時的同學，也是其在國民政府軍事委員會政治部第三廳任職時期的同事。因生活簡樸且服膺墨學，被郭沫若等人戲稱爲"墨者杜老"。兩人對墨學的意見并不一致，郭沫若曾言"讀方授楚《墨學源流》，仍在梁（啓超）、胡（適）餘波推蕩中，在打倒孔家店之餘，欲建立墨家店。杜老以爲最平允者，其實際不過如此"。杜、郭二人在墨學研究上的交往經歷，見郭沫若：《十批判書》，第493—496頁。
② 杜國庠：《先秦諸子思想概要》，生活・讀書・新知三聯書店1949年版，第17頁。
③ 杜國庠：《先秦諸子思想概要》，第17頁。
④ 李麥麥：《中國古代政治哲學批判》，新生命書局1933年版，第295頁。
⑤ 陶希聖：《中國政治思想史》，中華印刷出版公司1948年版，上册，第100頁。
⑥ 范文瀾：《中國通史簡編》，新華書店1947年版，上册，第161頁。

進步性，墨家顯然也不是"屈民以伸君"的。

此外，近代以來，大凡論及墨家宗教形態及墨家宗教教義，學人輒以基督教爲墨教之"理型"而比附之。然教會界人士如何看待墨子、墨家、墨學，學界少有審視。具有基督教信仰認知圖景的基督徒的墨學論述，往往寓"判教"于"比較"，"耶墨比較"與"宣教布道"兼有之。基督徒投注精力于墨學研究，這一方面的原因固然是墨學復興時期"并提耶墨"之風潮流布教會内外，時人大有將耶墨人格與耶墨學説等同之傾向，甚至以"耶教源于墨教"，使得教會人士不得不有所回應，以辨明二者在神人特性、教義組織等方面的不同；另一方面則是發現較之權威不再的儒學，正值復興的墨學可資支持彼時教會内部的"基督教本色化運動"①，并作爲建構有中國特色的本土基督教神學的思想素材。基督徒論墨之代表，有吳雷川、王治心、張亦鏡等人。此部分内容，本書第四章有專門介紹。

二、由"宗教思想"而至"宗教"：墨學 "宗教性"闡發的可能

一般而言，有具體落地的建制組織、有經典文本或口頭傳述的

---

① "基督教本色化運動"的訴求，概言之爲：自治、自養、自傳；教會由中國人自行管理；教會在行政、運作、經濟、傳教等方面獨立于西方差會。推動"基督教本色化運動"之人士希望基督教與中國文化和中國社會相適應，既不復古，也非飾新。教會的禮儀、建築、音樂要去除西方基督教的影響，使之中國化，同時包容中國人的風俗、禮儀，并使之基督教化。見王治心：《中國基督教史綱》，上海古籍出版社2011年版，第226—241頁。

教義思想、有固定認信群體的信仰共同體，即爲"宗教"。"宗教"又分自創教之初延及當代的"活的宗教"和在歷史流轉中已經斷絕，于今已無承傳的"死的宗教"。其或有大宗、小宗之分別，然究未曾溢出此範圍。所謂"活的宗教"，即如現時國家法定的在當下社會仍有廣泛群衆基礎的宗教：基督教、天主教、伊斯蘭教、佛教、道教。所謂"死的宗教"，即如原始薩滿信仰、希臘秘教、苯教、景教、摩尼教等形態不可考、經典有缺失、幾無信衆皈依的已淪爲歷史陳迹的宗教。除此之外，尚有一類被近代以來某些學者稱爲具備某種體制色彩的"準宗教""亞宗教"①，或具備某種人文性質的"文教"②。此一類型的典範即"儒教"③（或曰孔教）。由此

---

① 韓星先生從"體制儒教"的角度出發，對儒家的"準宗教""亞宗教"的宗教性質給予定義。他指出"儒學有一部分被統治者利用，經過長期歷史衍變，凝固成了形式化的'體制儒教'——一種準宗教或亞宗教，然而對儒家學者和下層百姓實際影響并不大，在中國歷史上的實際作用也極爲有限"。見韓星：《儒教的現代傳承與復興》，福建教育出版社 2015 年版，第18 頁。

② 近年來亦有學者主張，儒家從來不是宗教，而是一種文教。如姚中秋先生即認爲，自儒家誕生以來，中國人的精神生活形態就是"一個文教，多種宗教"，此文教即儒家的教化。教化是教而化之，教人以禮，使人知道并過上文明的生活方式。人文就是人文之道（即禮俗），以及抽象表達這些規則之文（即"經"）。在此意義下，儒家與中國社會其他宗教關係表現爲一種和諧的關係——儒家在中國人精神生活中占據特殊地位，塑造了一種普遍的共同價值。與此同時，各種神靈信仰和宗教均廣泛傳播，并深入中國人心靈。見姚中秋：《一個文教，多種宗教》，《天府新論》2014 年第 1期，第 34 頁；姚中秋：《重新發現儒家》，湖南人民出版社 2012 年版，第38 頁。

③ "儒教"與"孔教"之意義大略相通，在漢語學界常不另作區分。"儒家之謂教"，一般而言是指儒家作爲人文性質的"禮教"，而非神文性質的"神教"或"宗教"。"儒教"一詞始出漢代，《史記·游俠列傳》已有曰："魯人皆以儒教"，"孔教"一詞則是在近代才出現的。在中國歷史上固然有"儒釋道"三教并稱之說，然此主要是儒家學者出于抗拒佛、道二教影響力的考量，故以儒家爲教，來與佛道相比肩，從而抬高自身地位——其實在相當長的歷史時期內，中國士人并不細究"儒教"之"教"爲"宗教"（Religion）还是"教化"（Enlighten by Education of Cultivate）。"孔教"則不然，它的产生乃是源于清末民初一批儒家士人（如康有（轉下頁）

即產生了所謂"儒家是不是宗教"或曰"儒家之謂教"的探討。

"墨家之謂教"亦然。它也同樣是近代以來才生發出來的新問題。近代以前，從來沒有人把"墨家到底是不是一種宗教"目爲一個需要進行討論的問題，一如近代以前從來沒有人認爲"儒家到底是不是一種宗教"（儒家之謂教）是一個值得嚴肅對待、甚至可能關乎"保國、保種、保教"的大問題——若以今人的眼光回溯歷史，則能更清楚地認識到，產生這個問題的思想根源以及圍繞其所產生的種種討論，其實就是近代以來中國知識分子爲應對西力衝擊而在文化上所采取的被動式回應。從某種程度上來說，人們討論"墨家之謂教"或是"儒家之謂教"，均是在追問同一個問題：除了自域外傳入的佛教以及吸收佛教資源後完成創教的本土宗教道教（這其中亦包括諸般被稱爲"小傳統"的民間信仰）以外，長期以來被人們目爲思想學派的儒家、墨家，是否同諸宗教一樣，具備被稱爲宗教的要素。在這個過程中，自有種種從建制形態、思想精神等角度出發進行的分析，不過由于儒家、墨家確實缺乏那種類如諸宗教文明的典範樣式，故而無論是以諸宗教的標準來衡量儒墨，或是從事相關文化的比較文明工作，或是援西學（西教）資源來重新

（接上頁）爲、陳煥章）欲仿效洋教之建制與教義，建立一個以孔子爲教主、儒家經書爲宗教典籍的"新宗教"，希望以此作爲應對近代以來"西風東漸"思潮的社會方略。流風所及，在民國時期的中國以及現今的中國臺灣、中國香港及南洋地區，多有其教會組織存在，有其宗教教徒追隨，"孔教"實際上已經成爲一個事實上的宗教。較之宗教意識并不明確、宗教色彩并不突出的"儒教"，"孔教"無疑更加強調儒家作爲一種"宗教"的建制特徵和思想特徵。值得留意的是，前述所言"儒教"中"宗教"與"教化"亦非截然二分，而是在不同語境中具有不同的表現層次。韓星先生指出："一般地說，如果單獨或孤立地使用'儒教'或'孔教'一詞時，這個'教'多指教化；如果把'儒教'和其他宗教相提并論時，這個'教'多指宗教。"見韓星：《儒教的現代傳承與復興》，第17—18頁。

建構一個"儒教""墨教"，終難脫水土不服之境地——因此問題并非是中國傳統文化"自生"的，而是來自域外的一種"問題殖民"或"問題嫁接"（西方人類學學者一般傾向使用"Acculturation"，即"文化適應模式"或"文化移入模式"來描述）。相較而言，"儒教"在中國歷史上具有相對豐富的歷史文化資源可用於考察，縱使有所"比附"或"現代性詮釋"，也尚存相當大的作爲空間。而"墨教"自漢代以後，即一朝而斬，再無傳承，故而圍繞"墨家之謂教"的種種討論，比之"儒家之謂教"，則更容易出現處境錯置、強作申說的情況。

何以言之呢？首先，英文語境中之"宗教"（Religion）一詞本源自古拉丁文的"Religio"。在希羅時代，人們已有了種種表達對神明的崇拜的思想活動與實踐活動，與這些活動相關聯的禁忌戒律和責任義務以及由之形成的意識形態和社會共同體，即今所謂"宗教"的雛形，不過彼時尚未形成現今特定所指的種種宗教概念。當今學術論域中所討論的"宗教"，其內涵與外延已經得到極大擴展，舉凡宗教思想、宗教儀式、宗教功能等皆在"宗教研究"的範圍之內，討論之對象則涉及原始神靈崇拜、近代庶民宗教以及新興宗教團體等。依據影響範圍的大小對宗教之門類進行劃分，有兩大類宗教：一爲超出地域限界、影響延及該區域之外的宗教，這類宗教具有更多超越民族性、地域性的思想特色。一爲局限於某些地域，影響力無法延及該地域之外的宗教，民族性和地域性比較強。前者之代表有亞伯拉罕諸系宗教（猶太教、基督教、伊斯蘭教）和佛教；後者之代表爲宗教影響延及的範圍具有鮮明地域特徵、宗教信徒爲特定地域人群的本土宗教，如印度教、道教和漢傳佛教。

而在中文語境下，長期以來，"宗"與"教"并不指向同一事物而連綴使用。古代中國辭書字典之集大成作——東漢許慎所著的《説文解字》乃釋“宗”爲“宗，尊祖廟也”，釋“教”爲“教，上所施，下所效也”。“宗”者重在事神敬祖、慎終追遠，“教”者重在申庠序之教、贊人文化育，這種解釋一直爲古人理解所謂“宗”“教”的共識通則。及至公元 10 世紀，方有佛教經典《續傳燈録》首以“宗”“教”二字相連用，其曰“吾住山久，無補宗教，敢以院事累子”，“宗教”在此不過是指禮敬佛門及佛陀和其弟子的教誨，定義相對偏狹，距今所稱廣義上的“宗教”亦遠矣。由此可見，實際上現今人們討論的諸般中國“宗教”的理念原型，從來不是“古已有之”的本土資源，而是某種“舶來品”，是域外的觀念輸入。

雖然如此，這并不意味着“墨家之謂教”的討論不具備任何思想意義。因爲凡爲宗教者必然具有相應的“宗教性”，而具有“宗教性”的團體未必爲宗教（此處所言的“宗教性”主要是指宗教思想）。由于一切有組織、有制度的物質宗教皆從無形式的精神思想而來，所以宗教思想不必有組織、有制度，而人類一切生產生活中所表現出的崇拜、信仰與神秘思想却都在其範圍之內。雖不必人人都有宗教信仰，却不能説人人都没有宗教思想。即便是極端唯物主義者所持守的無神論，也可以算是無神論信仰的一種特殊的宗教思想表現形式。有形有體的宗教，可能爲某一人群所獨占；無形無體的宗教思想，則不必爲某一特定人群所專有。因着宗教思想具有一定的“普世性”，我們研究非典型性質（非諸宗教之典範樣式）的“儒教”“墨教”，也就具有了精神思想上的依歸，同時得以在研究視域上進行拓展。[1]循此思路，由墨家的宗教思想出發，

---

[1] 以儒家的“宗教性”問題爲例。一如港臺新儒家對儒家具有宗教（轉下頁）

注目于墨家的"宗教性"，進而探析墨教的宗教樣式，就不再是一種無的放矢的思想實驗——即如王治心先生所言，在中國傳統文化當中，古代庶物崇拜、祖先崇拜以及一切命運禍福的信仰，雖然沒有典範性的、流行性的宗教樣式，卻有普遍的，無論哪一種民族、哪一種文明都具有的宗教思想，它們均是一種宗教思想的自然表現。①這其中，當然也包括了"儒教""墨教"。

三、一家之言與一個整體：本書使用墨學文獻的基本原則

現存于世的《墨子》共有五十三篇，非全由墨子一人著成，尚有後學依學派傳承及自身演繹而陸續增補、彙集而來的篇章。由于對墨學的理解不同，後世治墨學者根據自身對墨學諸論關聯性的理解，對《墨子》篇目做出了不同的劃分。

《墨子》中直接關聯墨家核心義理的篇目，有《天志》（上中下）、《明鬼》（下）、《兼愛》（上中下）、《非攻》（上中下）、《尚賢》（上中下）、《尚同》（上中下）、《節葬》（下）、《節用》（上中）、《非命》（上中下）、《非樂》（上），稱爲"墨學十論"或

（接上頁）性質的普遍看法，即謂儒家未必可以在所有方面——合轍于各大宗教的典範形式，然儒學或曰儒家思想中内蘊的"極高明而道中庸"的人文精神，完全足以在比較文明的格局中，通過聖賢人格、信賴社群、道德形上學這三個方面來顯現其雖入世却嚮往天道的宗教性維度。換言之，儒家未必就是"宗教"，但可以或可能是"宗教的"；儒學未必體現爲一種宗教教義，但儒學完全可以是一種"宗教性"的思想。在此前提下，研究儒家的"宗教性"，亦可以算是研究"儒家之謂教"了，只不過此種範式的研究，乃是更注重從宗教思想和宗教精神上進行闡發。

① 王治心：《中國宗教思想史大綱》，東方出版社1996年版，第2頁。

"墨學十策"，即"墨論"。近世學者認爲墨學中與邏輯學、算學、光學、力學、機械學等相關的内容，則載在《大取》《小取》《經説上》《經説下》《經上》《經下》六篇中。這些篇章被晉代魯勝稱爲"墨辯"，也即現在所謂的《墨經》。《備城門》《備高臨》《備梯》《備水》《備突》《備穴》《備蛾傳》《迎敵祠》《旗幟》《號令》《雜守》爲墨子兵法，記載戰陣守禦之方略，即"墨守"。"墨論""墨辯""墨守"，爲《墨子》書中條理連貫、論述整全、最成體系的三組作品，無論是墨子自著或是後學演繹，關于它們的組別劃分和學派歸屬，一般不存在爭議。

《耕柱》《貴義》《公孟》《魯問》《公輸》爲墨子行事、論辯之傳略，可視爲墨子傳記的第一手文獻。就考論墨子生平而言，這一組材料甚至比"墨論"更加重要。[1]《親士》《修身》《所染》三篇，胡適、梁啓超皆認爲其純屬僞托，非墨家者言；《法儀》《七患》《辭過》《三辯》這四篇，胡適認爲此乃根據墨家餘論寫作而成，若研究墨學，不必細讀；[2]梁啓超則認爲其乃墨家記錄墨學概要的提綱挈領，當優先讀。[3]至于《非儒》一篇，其爲墨家與儒家論戰爭鳴之記錄，考據其中内容，于史實有出入者不少，不乏墨家爲詰儒而故意誇張其辭之處。胡適將之與"墨論"同歸爲"墨者演墨子的學説所作，其中也有許多後人加入的材料"而存疑。[4]梁啓超則據該篇無"子墨子言曰"字樣，認爲不是墨子之言。[5]

誠然，就《墨子》書内不同篇章的成書過程、成書年代、作

---

① 胡適：《中國哲學史大綱》，第 101 頁。
② 胡適：《中國哲學史大綱》，第 101—102 頁。
③ 梁啓超：《子墨子學説》，中華書局 1936 年版，第 13 頁。
④ 胡適：《中國哲學史大綱》，第 101 頁。
⑤ 梁啓超：《子墨子學説》，第 13 頁。

者歸屬、學派歸屬等問題，學術界尚存爭議。然這并無礙我們將《墨子》一書作爲古之道術中"墨家者流"的一家之言來進行整體性、系統性的檢視和考察。①從墨子開創墨家到《墨子》最終成書，墨學集大成于《墨子》一書中。從思想史的角度觀看，縱有後期墨學和前期墨學之分野和後墨（墨家後學）對墨子原始教義的附加和引申，然就墨家核心要義而言，所謂"在後者"對"在前者"的發展，并不構成墨家文本内部邏輯不自洽的證明，也不存在互相割裂和互相否定的情況。例如，無論《墨經》是墨子自著或後墨所著，其内容始終不悖墨學；雖然不若墨學十論叙述完整且多設比喻，然其基于對墨學要義的闡發，如同字典一般對"十論"形成完滿的説明補充。如果不查考《墨經》，則根本不能明白墨家有別于其他諸子的、具有原創性質的"兼愛""天志""尚同"等思想概念；同樣如果不通過"十論"，也無法清晰辨識《墨經》中"文多不辯"、古奧難懂的墨學原典基礎字詞及其字義。因是之故，筆者認爲，將墨學視爲一個整體，《墨子》文本各篇章之間互相觀照、互相發明，乃是可行的。②對墨學的詮釋應保有動態的眼光，在結

---

① 當代學者詹劍峰認爲："《墨子》一書是墨子一家之言，猶如《莊子》一書是道家者流中莊子一家之言，《荀子》一書是儒家者流中荀子一家之言。衆所周知，《莊子》一書有莊派學生引申和附加的成分，《荀子》一書也有荀派學生引申和附加的成分。我們研究《莊子》，不能也無法劃出前期莊子哲學和後期莊子哲學，不能也無法劃分爲前期莊子和後期莊子。同樣，我們研究《荀子》，不能也無法劃分爲前期荀子哲學和後期荀子哲學，不能也無法劃分爲前期荀子和後期荀子。怎能把《墨子》劃出前期墨子哲學和後期墨子哲學，劃分爲前期墨子和後期墨子呢？所以我們把《墨子》一書作爲墨家一家之言來研究、分析和叙述墨子哲學。"見詹劍鋒：《墨子及墨家研究》，第9頁。
② 此涉及《墨子》整本書的文獻定義和各分篇章節的學派歸屬。筆者贊成張永義先生對此問題的看法："判定一部作品的歸屬，主要不是靠它裏面所包含的各家共同的意見，而是靠它所體現的一家所獨有的主張。"例如《親士》篇夾雜着儒、道的一些思想觀念，但其篇章中所涉"兼王之（轉下頁）

合傳世文獻、典外文獻和出土文獻的基礎上，盡量減少對《墨子》文本的肢解性理解，對墨學原義的闡發務求做到"以經解經""以經還經"。于本書之論題而言，則更應重視對文本的"直解"，例如"墨論"中既然明言墨家"尊天事鬼"，就不必以今人之"政治正確"强解其爲"神道設教"。

四、相關研究評述

目前學界有關墨家宗教問題或曰墨學宗教向度的研究，多注目于墨家宗教思想；即便在此領域，也以"非命""尊天""事鬼"等墨學十論義理研討爲主流，成果以散論、分論的形式呈現在學者的專書、專文和碩博論文之中，尚缺乏系統性研討。以下筆者將擇要論述前人之研究，衡其長處，指出不足，再給予自己的評價。

專書類中以臺灣學者何之所著《墨教闡微》爲代表，該書直

（接上頁）道""兼別之分"的講論，當然唯獨墨家所有，是墨家一貫的主張（無論其爲墨子本人，還是墨子後學，是前墨還是後墨）。故而《墨子》一書各篇章，我們最多只能判定其包含他家之思想有幾何、是否爲墨子自著或爲後學著作，但絕不會否認其爲墨家本身的作品。亦即，《墨子》一書無論是墨子自著，或是弟子記載、轉述墨子思想，或是後學在其基礎上進行發揮，基本都是墨子思想的完整體現，均不礙《墨子》一書思想爲墨家祖師墨子所創的這個結論。故在論列墨家諸思想時，不必以是否墨子自著而使文本陷于支離，亦即是說，即便該書不是墨子自著，也是門人或後學之記錄輯集，相當于墨學叢書。所以即便《墨經》中并無直接關涉宗教性的內容（當然，《墨經》中肯定也無直接關涉政治、經濟、文化等的內容，因《墨經》操作的意圖本不着重在此），然若要理解墨學十論對政治、經濟、文化、宗教方面的看法，也非得結合《墨經》之對墨學核心義理的語詞解釋方可。見張永義：《墨子與中國文化》，中山大學出版社 2020 年版，第 30 頁；徐希燕：《墨學研究——墨子學說的現代詮釋》，商務印書館 2001 年版，第 21 頁；譚家健：《墨子研究》，貴州教育出版社 1995 年版，第 20 頁。

以"墨教"冠名墨家，以墨家爲先秦時代純然建制性宗教。①全書共六章，分別爲"前言""墨子的宗教思想""墨教的戒律""墨教的組織""墨教的儀式""結論"。作者指出，墨教的基本精神是"兼愛"；墨教的教義爲"尊天""明鬼""非命"；墨教的戒律又分"宗教"和"道德"兩端，以開明的賞善罰惡爲制裁手段；墨教的領袖爲巨子，有唯我獨尊的教主典範。上述論斷，多有創見。唯其論列墨教組織之分派，以"真墨"和"別墨"區分，存在考據之失，忽視了"別墨"在廣義上仍屬墨教統緒的事實；且探測墨教之宗教儀式，僅以"節葬""非命"對儒學之反叛而謂之爲宗教革新，稍顯論據不足。

墨學通史類中的分論、散論，以鄭杰文、王繼學等學者編著的《墨學對中國社會發展的影響》爲代表。該書第三篇《墨學對中國社會思想政治發展的影響（下）》的第二章"墨學對宗教思想與傳播活動的影響"，論述了晚清中國士人的"基督教源于墨學說"，墨學對19、20世紀之交宗教傳播的影響和墨學對基督教人士的影響。②由于該書是綜覽性質的通史著作，論述主體集中在近代墨學復興中墨學與宗教之互動交流的時代背景和時代動因，現象揭示、外緣研究居多，于墨學如何能與宗教產生互動交流的内在原因探討偏少。

針對墨學專書中的分論、散論，筆者舉海峽兩岸四位學者的論著略加評析。馮成榮所著的《墨子思想體系研究》起首即論墨子宗教思想有"法儀""天志""明鬼""非命"四大要素。③作者將墨

---

① 何之：《墨教闡微》，文津出版社1983年版。
② 鄭杰文、王繼學等：《墨學對中國社會發展的影響》，第249—268頁。
③ 馮成榮：《墨子思想體系研究》，文哲出版社1979年版。

子的宗教思想與其政治、哲學、教育、經濟、社會、軍事、邏輯、科學等思想并列，統稱爲"墨子思想體系"；而墨子的宗教思想則源出道家一派的宗教系統，歸屬"敬天法祖""敬祀鬼神"的道教譜系。[1] 作者認爲，"中國之道教純係哲學性或學術性的宗教，并不是神教團體"[2]，與儒墨同，故"孔、孟、荀三家創儒學，時人稱之爲孔教或儒教。墨子倡墨學，時人稱之爲墨教"。[3]該書論述之特色在此，疏失亦在此。道家確爲後世道教的思想源流之一，但絕非唯一；同時道家和道教的實質意義不可輕易等同，一爲子學系統中的思想學派，一爲建制成型的宗教組織，其内涵、外延、形態、年代，俱有异同。以墨教受道家思想影響而形成體系或可，以墨教爲道教譜系中之一支，則難免予人以源流混亂、指謂不清、概念混淆之觀感。

過往學者論及"天志"，往往僅將此作爲墨學十論的枝葉，《墨學之省察》的作者陳問梅則認爲天志思想"實爲全部墨學中最重要的觀念，而其内容和含義亦較另外的觀念更爲豐富"[4]。依其所論，"墨子肯定一個超越世界的絕對體作爲現實世界的共同標準"[5]，則墨子的天鬼觀就絕不再是"聖人神道以設教"的權宜之計，而是爲此岸世界立定一個具有形上學意義的、可爲萬世立法的準則，即"建體""立極"的工作。在此基礎上，則上帝、鬼神，皆爲實有。陳氏論墨，將墨家天志思想目爲自上而下統攝整個墨學系統的理論原點，并指出墨子宗教思想具有超越精神，確有精當之

① 馮成榮：《墨子思想體系研究》，第 25 頁。
② 馮成榮：《墨子思想體系研究》，第 25 頁。
③ 馮成榮：《墨子思想體系研究》，第 25 頁。
④ 陳問梅：《墨學之省察》，臺灣學生書局 1988 年版，第 115 頁。
⑤ 陳問梅：《墨學之省察》，第 117 頁。

處。唯墨家宗教思想中的另一重要組成部分"非命"和墨家推演鬼神實有的方法論"三表"未納入文中一并析論，論述稍欠完整。

孫中原所著的《墨學通論》認爲墨家的宗教觀念并非始終一致，由前期墨家（《天志》《明鬼》的作者，即墨子所處時代）至後期墨家（《墨經》之作者所處時代），經歷了一個"從有神論到無神論，即從謬誤走向真理的過程"①。即便是前期墨家的宗教觀念，也混合了有神論和無神論，如《天志》《明鬼》二篇肯定鬼神信仰，而《非命》篇以及《公孟》《貴義》二篇所載墨子事迹則顯示了有神論觀念在墨家團體內部開始出現動搖。通過對《墨經》條目涉及生老病死等生理現象的義解和釋讀，作者提出《墨經》"貫穿了唯物主義一元論和無神論的觀點，沒有給有神論留下可乘之機。這是墨者在墨子無神論思想因素的基礎上，對中國古代唯物主義哲學的巨大貢獻"②。可見孫氏論墨更推崇和表彰以《墨經》爲代表的非宗教部分。此論誠爲我們探測墨家內部思想變遷的一大創見，然亦涉及兩個尚待厘清并論證的問題：其一，《墨經》是否爲後墨所著，或爲墨子自著。若爲墨子自著，則作者整個立論將爲之翻轉；其二，廣義的《墨經》六篇（《大取》《小取》《經說上》《經說下》《經上》《經下》）在《墨子》一書中的地位爲注解性質的"字典"，用以輔助説明"墨論"中所涉墨學的基礎字詞及其字義。若謂後墨之"無神論"斷然否定前墨之"有神論"，則前墨之"有神論"的諸般概念就難以在《墨子》書文本內部找到恰當的解釋，亦即無法做到"以經解經"，如此可能陷墨學于支離境地。傳世本的五十三篇在編纂過程中，爲何會將如此邏輯不自洽的兩部

---

① 孫中原：《墨學通論》，第 49 頁。
② 孫中原：《墨學通論》，第 63 頁。

分集合于一處？除後期墨家對前期墨家的觀念進行修正這種解釋之外，筆者以爲尚需一些文獻學上的證據加以支持。

譚家健所著的《墨子研究》認爲墨子提倡的"尊天""事鬼"無疑屬于宗教迷信思想，對之進行批判是完全必要的。[①]同時區分宗教與迷信，認爲"尊天"爲宗教，是有一定理想之信仰；"事鬼"爲迷信，則完全屬于無知和盲目。[②]作者又言及，墨家天志觀和明鬼觀，同爲墨學中值得批判的思想，就消極因素而言，後者又比前者更多一些。[③]然而筆者認爲，墨家宗教思想不獨"尊天""事鬼"，尚有"强力""非命""法儀""三表"；且別分"宗教""迷信"二端之异，恐有割裂墨學原典義理之失。

至于墨學研究論文中的專論、分論、散論，議題則呈現多元化。有學者致力于探尋墨家宗教思想産生的社會原因、墨家宗教思想的精神内核以及墨家宗教思想的内在結構。楊華《墨子"天志""明鬼"思想的社會根源》一文提出，墨子"天志""明鬼"之宗教思想的産生有特殊的社會根源。概言之有三：對社會宗教意識淡漠現狀的思想回應、整飭社會失範的救世方案、對社會賞罰機制的補充。[④]管榮濤《墨子與墨家學説的宗教内核》一文提出，徹底的有神論是墨子宗教思想的立論基礎，而宗教思想是墨家學説的内核，貫穿墨學始終。[⑤]路學軍《本體、價值與工具：墨子宗教思想的三個維度》一文考察了墨家宗教思想的三個維度。作者指出，墨子

---

① 譚家健：《墨子研究》，第 213 頁。
② 譚家健：《墨子研究》，第 227 頁。
③ 譚家健：《墨子研究》，第 228 頁。
④ 楊華：《墨子"天志""明鬼"思想的社會根源》，《江西師範大學學報（哲學社會科學版）》2009 年第 5 期，第 97—99 頁。
⑤ 管榮濤：《墨子與墨家學説的宗教内核》，《黑龍江科技信息》2008 年第 3 期，第 138 頁。

的"天志"是本體論也是價值觀，爲墨學諸論的立言根本；而認識論上又倡"三表法""非命説"，使得"天志"成爲社會實踐的手段的同時又具有工具理性的意義。①另有張立新《尊天立教　兼愛世人——論墨翟的宗教理念》，②俞世蘭《墨家宗教觀探析》，③蔣開天《墨家宗教説平議》，④王素珍、夏天成《論墨家學説的宗教思想》，⑤帕林達《談墨子的宗教思想價值》⑥等論文，皆觸及相關議題的討論，惜未能擴大視角進一步探測墨家宗教的形態、建制、禮儀，所論多止于墨家宗教思想，部分論述尚處于介紹的階段。

墨家興盛兩百年後即身而絶，作爲思想學派的墨家不復存在。其建制組織、後學流裔，在後來中國歷史中演變爲何種形態，歷來爲學者所關注。故有學者嘗試從宗教的角度探測墨學中絶之謎。丁爲祥提出，西周"以德配天"觀念的流行動摇了墨家宗奉的殷商原始天神信仰。政教合一、以政主教是之後中國宗教得以參與現實的主要形式。由于"中國人現實關懷的絶對優位性及其對超人位格的排斥性"與墨家宗教精神相悖，直接導致其消亡。⑦張曉虎對比西方的神學教義與墨家的宗教思想後指出，基督教、猶太教等亞伯拉罕諸系宗教並不存在墨家那樣的價值與工具

---

① 路學軍：《本體、價值與工具：墨子宗教思想的三個維度》，《平頂山學院學報》2016 年第 6 期，第 32—36 頁。
② 張立新：《尊天立教　兼愛世人——論墨翟的宗教理念》，《雲南民族大學學報（哲學社會科學版）》2005 年第 2 期，第 120—125 頁。
③ 俞世蘭：《墨子宗教觀探析》，《長春理工大學學報（社會科學版）》2012 年第 12 期，第 48—49 頁。
④ 蔣開天：《墨家宗教説平議》，《棗莊學院學報》2013 年第 3 期，第 61—65 頁。
⑤ 王素珍、夏天成：《論墨家學説的宗教思想》，《呼倫貝爾學院學報》2006 年第 5 期，第 7—9 頁。
⑥ 帕林達：《談墨子的宗教思想價值》，《西北民族大學學報（哲學社會科學版）》2003 年第 3 期，第 119—122 頁。
⑦ 丁爲祥：《墨家宗教因緣析辨》，《中國哲學史》1998 年第 3 期，第 104 頁。

的矛盾。西方的上帝是善惡的源頭，合超驗價值與工具理性于一體。墨家的鬼神則近似巫術，所謂賞善罰惡是人爲的嚇阻手段，更多出于實用主義的考量，由是造成墨家宗教觀的内在矛盾，這也是其不能延續的重要原因。①何濤考察早期道教的宗教典籍與宗教儀式，提出墨家的宗教倫理、宗教教義、敬拜儀式、巫術方技爲後世道教所吸納，其宗教觀念可能是後世道教得以建制成型的思想雛形。②

　　除此之外，亦不乏由墨家宗教問題延展出來的跨界思考。熊晨釗述評墨子宗教思想中的民本精神，他指出，"天志""明鬼"與墨家政治哲學存在關聯，這種代表了勞動人民階級利益和訴求的宗教觀，是墨家政治實踐在理論伸張上的直接反映。③劉剛則從現代生態倫理的角度，肯定了墨家宗教觀中蘊含的"節用""非樂"的人本思想對構建建設性的和諧生態社會所具有的正面價值。④李雷東借用結構主義的方法來檢視《墨子》書中所載的神話故事，指出墨家的鬼神觀和天命論具有結構學上的典範意義；墨家思想中合理性與反理性于一體的特色，正體現了彼時宗教神學的再造與復興這一時代特徵。⑤張宏斌將墨家的宗教思想定義爲一種與彼時社會思潮相逆反的"异端神學"，認爲其借由重樹鬼神權威來整合社會秩

① 張曉虎：《戰國社會思想與墨子宗教觀的内在矛盾》，《雲南社會科學》2004年第6期，第127—128頁。
② 何濤：《略論墨家對早期道教的影響》，《南昌高專學報》2009年第4期，第8—10頁。
③ 熊晨釗：《墨子宗教思想中民本精神的述評》，《青年文學家》2009年第20期，第239頁。
④ 劉剛：《論墨子宗教觀中的生態問題》，《鄱陽湖學刊》2012年第2期，第24—31頁。
⑤ 李雷東：《先秦墨家的神話及其天命思想——從結構主義的視角看》，《求索》2009年第7期，第59—61頁。

序和世道人心，于濟世層面有積極意義，不能全謂其與理性覺醒的
人文傳統相悖——復古爲其表象，革新爲其實質。①

　　墨學研究之學位論文，不乏其中若干章節、篇目論及墨家宗
教問題或有涉墨家與其他宗教之比較，因篇幅所限不逐一介紹。②
僅舉兩例進行評述。趙忠海《試論墨子"非樂"的宗教文藝觀》
一文，從過往被歸爲墨子文藝思想之範疇的非樂論中挖掘出墨家
的宗教意涵。作者認爲"非樂"與墨學十論中的"天志""明
鬼""兼愛""非命"一道構成了墨家宗教思想的基礎。墨家用
苦行主義替代享樂主義，創造出迥異于先秦諸子的"無樂"的宗
教文藝觀。作者在文章中提出，只有將"非樂"論與墨家的宗教
活動和社會實踐結合起來，兩者對觀才能透徹理解非樂論的整全
樣貌，不至以狹隘工具理性的觀點論斷墨家之"非樂"僅能在經
濟領域有所作爲。③　余翔《論墨家學派的巫術背景與墨家集團的
宗教特性》一文，通過考證墨子出身與"百官""百工"的關係，
提出墨子形象經歷了由工匠向巫師進化的神異化過程。作者在文
章中提出，墨家集團兼具學術、軍事、宗教這三種組織功能，至
《墨經》時代其主要活動逐漸轉向純粹的知識領域和技術領域，

① 張宏斌：《論墨子的宗教神學與人的理性自覺》，《華僑大學學報（哲學社會
　　科學版）》1998 年第 4 期，第 95—100 頁。
② 如崔周浩：《墨子宗教思想之研究》，碩士學位論文，臺灣輔仁大學哲學研
　　究所，1986 年；胡澈：《兼愛與仁愛、博愛——論墨家兼愛倫理的現代文化
　　價值》，碩士學位論文，蘇州大學哲學系，2009 年；黃富巧：《墨子與耶穌
　　之愛的比較：以墨子十論與四部福音爲主》，碩士學位論文，臺灣輔仁大學
　　宗教研究所，2006 年；李克達：《墨子與耶穌思想比較》，碩士學位論文，
　　臺灣政治大學中國文學研究所，1996 年；吳克倫：《墨子兼愛與耶穌博愛之
　　比較》，碩士學位論文，臺灣輔仁大學哲學研究所，1994 年；許狄：《墨子
　　兼愛與聖經博愛之比較研究》，碩士學位論文，臺灣輔仁大學哲學研究所，
　　1965 年。
③ 趙忠海：《試論墨子"非樂"的宗教文藝觀》，碩士學位論文，華東師範大
　　學中國語言文學系，2007 年。

使得後期墨家在哲學上的成就比之前期墨家有了更大超越，而在民間的影響力却由于放弃了宗教信仰而漸趨沒落。且墨子以"夏政""禹道"爲榜樣所建構的"非神而信鬼"的酬報神學，因過分嚴厲，以自苦爲極，反天下之心，也造成其宗教信仰不能久傳。①

上述兩篇學位論文，從文藝觀和巫術的角度介入墨家宗教問題研究，均有精當處，然亦有不足，例如趙文以"非樂"爲墨家宗教思想之一極，筆者以爲不妥。因"非樂"只是墨家宗教教條規範下的具體踐履手段，是做法而非戒律。若謂"非樂"爲墨家宗教思想，則"節葬""節用"一樣也可被目爲墨家宗教思想。妥當的表述應該是：非樂論中包含了墨家的宗教精神，而不能謂"非樂"就是墨家的宗教思想。余文對墨家"順天無賞，悖鬼有罰"的神義論詮釋，筆者以爲有道理。惜余文對此的解釋乃是基于《墨子》中的"賞善"略而"罰暴"詳，這樣的解釋并不足够。筆者以爲解釋這個問題的關鍵在于鑽研原典文本，回到對"興利除害"這一條目的嚴謹解經上。

日本學界對"墨家之謂教"的研討以專文居多，主要集中在墨家的宗教思想部分。如赤塚忠（Akatsuka Tadashi）《墨子的天志——墨子思想體系復原》②、小林伸二（Kobayashi Shinji）《論〈墨子·天志〉》③ 從文本辨析的角度介入墨家"宗教三論"的研

---

① 余翔：《論墨家學派的巫術背景與墨家集團的宗教特性》，碩士學位論文，南昌大學哲學系，2015 年。

② ［日］赤塚忠：《墨子の天志について—墨子の思想體系の復元》，收入氏著《諸子研究》，《赤塚忠著作集》，研文社 1987 年版，卷四，文章首發于《研究（哲學篇）》1955 年第 6 期，第 162—221 頁。

③ ［日］小林伸二：《〈墨子·天志篇〉をめぐって》，《大正大學綜合仏教研究所年報》1993 年第 15 期，第 1—13 頁。

究。另有從外緣性研究的角度介入"宗教三論"之探討者，如橋元純也（Hashimoto Sumiya）其文《墨子非命論和漢代初期的時代特徵》①與《墨子天志論和天子權力》②列舉墨家天志說對天子權力之規限的思想依據，并指出墨家非命說及至西漢社會仍具有一定影響，并不隨墨家的衰弱而告絕。谷口義介（Taniguchi Yoshisuke）之《明鬼篇的傳說與信仰》一文則認爲，墨家信奉鬼神乃是受殷文化的影響，本意在復原更早之前的家族制度，與儒家的禮儀制度正相反。③綜論式研究有酒井和孝（Sakai Kazutaka）《墨家的宗教思想——以鬼神信仰爲中心》④，惜乎紹介較多，未見深層論述。至于文明對話的相關成果則多有缺乏，以跨界視角介入比較研究的墨學專文亦不多見，就跨界之思而言，亦不若民國"墨學復興"中從事"耶墨對話"的中國基督徒之具規模和成格局。

英語學界墨學研究之主要成果，則反映在後墨（或曰《墨經》時代）之邏輯學、倫理學、科技思想以及墨學中能與西學進行對話的功利主義哲學等部分，此與西方漢學之旨趣有關，然非謂學人所論全然無涉墨家之"宗教"問題。葛瑞漢（A. C. Graham）認爲，墨家宗教觀念中能賞善罰惡的天鬼神明固然與中東宗教所信奉之上帝有相似之處，然其宗教取態仍與儒家相同，即爲一種主要憑借自力、以人爲本的人本主義（Humanism）思

① ［日］橋元純也：《墨子非命論と漢初の時代相》，《東洋古典學研究》1998年第6號，第97—116頁。
② ［日］橋元純也：《墨子天志論と天子權力》，《東洋古典學研究》1999年第7號，第54—69頁。
③ ［日］谷口義介：《明鬼編の伝説と信仰》，《學林》1983年第2號，第1—15頁。
④ ［日］酒井和孝：《墨家の宗教思想——鬼神信仰を中心として》，載《斯文》會編《聖堂創建300年——〈斯文〉創刊100號記念號》，斯文社1991年版，第98—108頁。

想觀念。①胡思德（Roel Sterckx）認爲，不同于儒家將“宗教”建立在個人或者社群的道德倫理之上，墨家之“宗教世界”乃有信仰、信念之維。②羅威（Scott Lowe）則認爲，墨家觀念中“宗教圖景”（Religious goals）爲一連接現世與彼岸的具體的歷史的“烏托邦”（Utopla），其重要涵有二：其一，爲社會秩序之諸方面奠定至終之權威根據（To built the highest superior）。其二，在時間限度内建立一個更好的世界（To produce a better world in the short run）。③此外，亦有學者據“宗教三論”之外的墨家學説資源來分析墨家的宗教觀念。威廉森（H. R. Williamson）認爲尚同説和天志説之間存在關聯，前者是後者之所從出，由此可資證明墨子的社會理想是在人間建立一個以天意爲最高權威的“宗教共和國”。④方克濤（Chris Fraser）則從後果論（Consequentialism）的

---

① 概言之，即認爲儒墨宗教觀之區别在于程度而非有無。葛瑞漢劃分了墨學發展的不同時期——“前期墨家”（Early Mohism）與“後期墨家”（Later Mohism）。他提出：“即使是前期墨家，仔細觀察也看不出是一場宗教運動；它和儒家一樣以人爲中心，堅持神靈的力量和仁慈不過是人類道德的支撐點。”見 A. C. Graham, *Later Mohist Logic*, *Ethics and Science*（Hong Kong：The Chinese University Press, 1978），14。

② Roel Sterckx, "Mozi 31：Explaining Ghosts, Again", Carine Defoort & Nicolas Standaert, eds., *The Mozi as an Evolving Text: Different Vocies in Early Chinese Thought*（Boston：Leiden Press, 2013），95 - 96.

③ Scott Lowe, *Mo Tzu's Religious Blueprint for A Chinese Utopla*（Canada：The Edwin Mellen Press, 1992），152 - 153.

④ 尚同説與天志説，何者爲何者之所從出，何者先出何者後出，是墨子學説義理研討的重要問題。一般而言，若以“尚同”爲“天志”之所從出，即言“尚同”後出于“天志”，“尚同”爲達到“天志”的途徑、手段和要求。反之，若以“天志”爲“尚同”之所從出，即言“天志”後出于“尚同”，“天志”爲達到“尚同”的途徑、手段和要求。若爲前者，則“宗教三論”爲墨學總綱，也是墨子及其學派的信仰核心所在；若爲後者，則“宗教三論”實質上不能作爲墨家的固有宗教信仰，只能目爲墨家爲實現其具體的社會理想而生造出來的、用以説服人們接受其主義的權宜之計。在後一種理解框架下的墨子及其學派，就不是虔敬的宗教信仰者，而是“馬基雅維利主義者”（Machiavellians）。羅威采取的是前一種理（轉下頁）

角度解讀墨家"天志"，他認爲"義"爲墨家行事之全部動機（Motivation），受"天志"所規限，亦爲"天志"之主要内容，墨家要人遵行"天志"而"行義"乃爲增進所有人之福祉。①以英文從事墨學研究并進行寫作之華裔學者，則以梅貽寶（Yi-Pao Mei）和周幼偉（Augustins A. Tseu）爲代表。梅貽寶在其著《墨子：被忽視的孔子對手》（*Motse: The Neglected Rival of Confucius*）中提出，墨子之"復古"三代以下宗教信仰，其關懷不僅在于"靈界""彼岸"，亦在提升此世人類之倫理道德水平、完滿現實世界之社會政治秩序，可謂"即凡即聖"矣。② 周幼偉在其著《墨子的道德教

（接上頁）解路徑，在其著《墨翟：中國异教徒》（*Mo Ti: Chinese Heretic*）中，他言道："在他（墨翟）之上的是天志，他在任何事情上都應努力遵從這一旨意。這是最終權威。因此，我們可以說，對墨子來說，政府的最終目標是使所有人都遵從天志——如上所述，天志的定義是兼愛。事實上，墨子嘗試建立的是一個宗教性的大同世界。這種統一管理的方法在他的這部分作品中很常見，即'上同而不下比'——順從上位者，規避和卑賤者聯盟。換句話說，'要向上面的人看齊，不要讓自己淪落到下面的人的水平'。"見 H. R. Williamson, *Mo Ti: Chinese Heretic*（Jinan：The Literature Society of Tsinanfu, 1927），29。

① 方克濤認爲墨者行義的動機論與墨家的天志説相勾連："對墨家來說，'義'的標準就是'天'的意願，'天'之所欲不過是讓每個人都遵守那些如果得到普遍遵守就會使所有人獲益的準則。"即以墨家倡言尊天、事鬼、非命等宗教思想是爲達到其社會理想的一種手段途徑。此一致思理路在西方漢學界極具代表性，在其另一專書《墨子的哲學：最初的後果論者》（*The Philosophy of the Mòzǐ: The First Consequentialists*）中亦有所反映。見 Chris Fraser, "Mohism and Motivation", Chris Fraser and Dan Robins and Timothy O'Leary, eds, *Ethics in Early China: An Anthology*（Hong Kong：Hong Kong University Press, 2011），86–87; Chris Fraser, *The Philosophy of the Mòzǐ: The First Consequentialists*（New York：Columbia University Press, 2016）。

② 《墨子：被忽視的孔子對手》（*Motse: The Neglected Rival of Confucius*）爲梅貽寶獲取芝加哥大學博士學位的論文，完成于 1927 年。該論文共有十部分，介紹了墨子思想的時代背景及其生平、著作，并分章節就墨學的方法論、倫理、政治主張、經濟主張、宗教觀念等內容進行評述。文中屢見將墨學與古希臘哲學、基督教神學、啓蒙思想、近代社會主義思潮等進行文明比較的跨界視野，其中論衡基督教以及西方宗教思想之處頗多，此或與作者之認信身份爲基督教徒有關。大體而言，梅貽寶論墨仍是以（轉下頁）

義》（*The Moral Doctrine of Mo-Tze*）中提出，墨家之談論"上帝"并不貶損其思想的"哲學性"。若以宗教徒的立場觀之，墨家學説乃是兼"理性"和"神啓"爲一體的。①

　　相比相關儒家、道教、佛教之典籍的譯介工作，《墨子》一書的英譯本歷來不多，且以節譯爲主，并主要集中在"十論"部分。②不過從有限譯者對墨家宗教概念的翻譯和詮釋上，可見一二特色。例如"天志"這一概念在華兹生（Burton

---

（接上頁）漢學研究之範式進行，例如他認爲墨家宗教兼有聖俗："……因此，墨子傳授了他的宗教思想。我們暫且不探究他的宗教動機，從表面上看，他的宗教是舊的正統崇拜的復興，即一個人格神不僅是衆多其他精神性存在的首領，也是人類世界倫理政治等級制度的頂峰。"此觀念即與民國時期從事"耶墨對話"之基督徒的論墨範式尚有不同。見 Yi-Pao Mei, *Motse: The Neglected Rival of Confucius*（Westport：Hyperion Press, INC, 1973），148。

① 周幼偉認爲，"因此，僅僅因爲墨子談到了上帝和上帝的旨意，并不能使他的學説喪失哲學價值。對我們來説，哲學義理和宗教教義的本質區別顯然在于，前者是以自然理性爲基礎的，後者則是理性與啓示共同產生的"。對于周氏之論，筆者以爲應當留意其宗教背景。周幼偉本身爲天主教神父，曾在羅馬學習經院哲學，後赴美國天主教大學學習哲學，其後又于芝加哥洛約拉大學讀取哲學博士文憑。《墨子的道德教義》（*The Moral Doctrine of Mo-Tze*）即其博士論文，完成于 1945 年。由于其認信背景以及神職人員之身份，不免多以基督教神學之標準考察墨學，即先以墨家爲一"宗教"無疑，而後再介入相應的分析和比較。其論墨之取向，與民國時期從事"耶墨對話"之基督徒的論墨範式多有重疊之處，從學術客觀性的角度來看，周著（周幼偉）可能不若梅著（梅貽寶）。見 Augustins A. Tseu, *The Moral Doctrine of Mo-Tze*（Chicago：Loyola University, 1945），172。

② 例如近代著名漢學家、傳教士理雅各（James Legge）曾譯有《中國經典》（*Chinese Classic*）四册，其在第二册《孟子》（*The Work of Mencius*）中有譯介《墨子》，然僅節譯《墨子》書中的《兼愛》篇章，主要探討墨家的"兼愛"觀念，并以之與基督教"博愛"相比較。另有梅貽寶在其博士論文《墨子：被忽視的孔子對手》（*Motse: The Neglected Rival of Confucius*）中翻譯了除《墨經》和"墨守"之外的現存《墨子》五十三篇中的三十六篇。這些譯文後來單獨集結爲《墨子的倫理及政治論著》（*The Ethical and Political Works of Motse*），在倫敦亞瑟·普羅賽因出版社（Arthur Probsthain Press）出版。理、梅二子，分別爲近代東西方關注《墨子》并進行譯介工作的先行者，在學界享有廣泛影響力。然其譯介工作，仍非全譯，乃以節譯爲主，由之似見《墨子》文本在海外的流傳廣度，并不若儒、佛、道等主流的中國文化典籍。見 James Legge, *Chinese Classic Ⅱ: The Work of Mencius*（Taipei：SMC Publishing Inc, 1991），100–122。

Watson）的節譯本《墨子》（*Mo Tzu: Basic Writings*）、①李紹崑的全譯本《墨子》（*The Complete Works of Motzu in English*）、②汪榕培與王宏的全譯本《墨子》（*Mozi*）③ 中均譯作"The Will of Heaven"，在艾喬恩（Ian Johnston）的全譯本《墨子》（*The Mozi*）則譯作"The Intention of Heaven"。④至于"明鬼"，則有譯作"Explaining Ghost""Percipenting Ghost"或"On Ghost"。⑤除卻個別不同，基本上譯者皆以"Ghost"指代墨家所謂的"鬼"，以"Heaven"指代墨家所謂的"天"，并多傾向認爲墨家所言之能賞善罰惡的上天鬼神，類似于或等同于西方宗教傳統中所言之"爲人格神的上帝"（The Personal God）。⑥然限于東西方語言和思維之差異，譯者在翻譯墨家有涉宗教之諸般概念時，難免出現語詞對應上的困難。類如"Heaven"在英文語境中有"天國""天堂""神之居所"（Place of God）之意，以其比擬《墨子》書或中國古典典籍中之具有豐富意涵之"上天"，未見得妥當；又如"Ghost"在英文語境中有"幽靈""鬼魂"之意，往往給人以惡性的印象，

---

① Burton Watson, *Mo Tzu: Basic Writings*（New York and London：Columbia University Press, 1963），78.

② Cyrus Lee, *The Complete Works of Motzu in English*（Beijing：The Commercial Press, 2009），117.

③ Wang Rongpei and Wang Hong trans., *Mozi*（Changsha：Hunan People's Publishing House, 2006），199.

④ Ian Johnston, *The Mozi: A Complete Translation*（Hong Kong：The Chinese University Press, 2010），232.

⑤ 李紹崑、Burton Waston 譯作"Explaining Ghost"，Ian Johnston 譯作"Percipenting Ghost"，汪榕培與王宏譯作"On Ghost"。見 Cyrus Lee, *The Complete Works of Motzu in English*, 138; Burton Watson, *Mo Tzu: Basic Writings*, 94; Ian Johnston, *The Mozi: A Complete Translation*, 278; Wang Rongpei and Wang Hong trans., *Mozi*, 237。

⑥ 李紹崑、梅貽寶等譯者均持此觀點。見 Cyrus Lee, *The Complete Works of Motzu in English*, 117; Yi-Pao Mei, *Motse：The Neglected Rival of Confucius*, 148。

與《墨子》書所描繪之"至善神"有異。即謂是《聖經》中所謂"聖靈"（The Holy Ghost）亦偏向"無實體"之純粹"靈體"，并不能籠罩《墨子》書《明鬼》篇所言之"天鬼""山川鬼神之鬼""人死而爲鬼"的全部類型。事實上類似"天""鬼""神"等《墨子》書中的重要文化負載詞在轉譯爲另一種語言的過程當中會不可避免造成一定程度上的原義流失，這種情況在譯者翻譯其他中國古代典籍的時候也會出現，只不過此種"變异"在《墨子》書宗教概念的英譯上體現得更加明顯。究其原因或在二端：其一，墨家學説本身具有宗教性質，使得譯者容易傾向使用已爲人所熟知的西方宗教概念（尤其是基督教言説傳統的語言詞彙）來作爲中介進行轉譯；其二，由于《墨子》一書在西方世界的譯介工作進行較晚，從事墨學研究之學者不多，相應之《墨子》譯本、譯文亦少，以致譯者對《墨子》書原文中之宗教概念及相關術語之把握不若道、佛等蔚爲主流之宗教的相關概念來得精確。①

綜上，約略可窺學界目前對于墨家宗教問題或曰墨學宗教向度的研究狀況。概而言之，已有學者注意到"墨家之謂教"問題對全面理解中國墨學具有重要意義，開始使用跨界的思維和方法來介入研究，并開啓一些新的研究領域。不過總體而言，尚缺乏系統性的論述，許多地方仍有發展的空間。筆者以爲，對墨家宗教思想的研究應基于對《墨子》文本的嚴謹解讀，注重《墨經》和"墨論"的相互印證；對墨家宗教形態、組織、禮儀、功能的研究，則要在理解墨學原典義理的基礎上，結合傳世文獻、典外文獻、出土文獻的使用以及宗教學的方法，來進行合理的推測。

① 鄒素：《〈墨子〉宗教觀念英譯變异研究——以李紹崑英譯本爲例》，《黑龍江生態工程職業學院學報》2017 年第 2 期，第 158 頁。

第一章

宗教思想探微

　　墨學十論直接關涉墨學核心義理，已是不刊之論，爲墨學界所共識。至于墨學十論是否直接代表墨子本人思想，或是後學因應時勢變化而陸續完善、改易的結果，這一點尚存爭議。比利時魯汶大學的戴卡琳教授（Carine Defoort）即認爲，"十論"或許不能爲墨子所專美，而是在《墨子》書編撰過程中逐步形成的；《墨子》書中涉"十論"篇目的標題可能是後來者加添，而非成書時就是如此，先秦諸子和漢代學者提及墨家學說也未見以"十論"爲集合衡論墨學，往往只以"十論"中的某些篇章條目如"兼愛"來指稱墨家代表性思想。① 不過，無論其直接源出墨子，或是後學所作，均無礙我們將墨學十論視爲墨學思想脉絡整體中的一個精要部分。

---

① 戴卡琳（Carine Defoort）：《墨家"十論"是否代表墨翟的思想？——早期子書中的"十論"標語》，《文史哲》2014 年第 5 期，第 5—18 頁。

縱使後學根據墨子要言發揮、演繹，究其性質也屬"祖述"而非"否定"，當不會溢出此範圍太多，自有相應承傳。因此研究墨家宗教思想，對墨學十論的考察十分必要。①

墨學十論涉及墨家學說的不同面向，所論各有側重。不同學者可根據個人的理解，將之劃分爲不同組別進行釋讀。"十論"各篇章之內容有互相重疊處，也可合并爲同一範疇而觀之。筆者依"十論"所述，別爲四組："宗教"（天志、明鬼、非命）、"經濟"（節用、節葬、非樂）、"倫理"（兼愛、非攻）、"政治"（尚同、尚賢）。"天志""明鬼""非命"三論直接與墨家宗教思想相聯屬，這是一些學者能認識到的。然此分類尚有可完善處。例如《墨子》書中的《法儀》篇，即論述墨家"法天"的教義，能與《天志》篇相互映證、補充。此不唯是墨家"賢能政治"的立法總則，更是墨家宗教合法性的來源。單以"法儀"爲墨家"行政""法治"思想而觀，不能見大義。此外，"三表法"作爲墨家判斷言論事理之效能、效用的經驗主義原則，散見于《墨子》書各篇章，包括墨家宗教思想在內的整個"十論"皆依此得以建立，并循此原則進行回護。單以"三表法"作爲邏輯論證方法而觀，容易忽略其背後的宗教內涵。故筆者在本章中將"法儀""三表"也納入墨家宗教思想範疇，同宗教三論（尊天、事鬼、非命）一并進行研討。

---

① 需要指出的是，即使"十論"爲墨家後學所著，也不會太"後"，應在門人和門人之門人之間。意即，"十論"作爲墨家思想的核心體現，始終貫穿在墨家集團可見的歷史當中。其作者爲誰，年代早出或者晚出，都無礙我們通過"十論"來瞭解墨子思想以及墨家思想中最爲精要的部分。

一、法儀：立教根本——破除偶像崇拜，
君、親、師皆不可法

　　"法儀"思想見于《墨子》書《法儀》篇，并不在"十論"之列。該篇同時關聯墨家的政治思想和宗教思想，于前者爲"尚同""尚賢"，于後者則是"天志""明鬼"。今人一般更在意《法儀》篇中包含的依法治國思想和國家起源學説，忽視其宗教之維。①由于墨家是先秦時代最重視行政和法治的學派，故從立法技藝、社會契約、權力制衡、信任讓渡等政治哲學的角度讀解該篇，確能見一二精義。不過，墨家的"法儀"思想，現實關懷只居一隅，誠然能爲其主張的"賢能政治"和國家組織形式立定基本規範；但就其體系性而言，尚不及《尚賢》篇和《尚同》篇完備。單單定位"法儀"爲墨家政治哲學思想，或以"法儀"僅爲墨家法律觀，恐都有所疏失。筆者以爲，"法儀"在墨家宗教思想中具有重要地位，《法儀》篇之主旨，乃在證明墨家宗教言説諸綱目的合理性和合法性。如"尊天事鬼""以天爲法""人不可恃"，其中所奠定的自我設限的"無知論"傳統，在《天志》《明鬼》《兼

---

① 有關墨家"法儀"思想的研究，以從政治哲學層面探討治國理政方略和從法律觀層面探討先秦法系模式爲主，宗教之維的探討并非主流，如錢爽：《墨家互係性通約論發凡——〈墨子〉"天—君—民"互係性通約論應用》，《職大學報》2016 年第 6 期，第 21—29 頁；張斌峰：《墨子的"法治"觀及其現代價值》，《中南民族大學學報（人文社會科學版）》2009 年第 1 期，第 94—98 頁；孫桂華：《墨子的法律思想及其現代意義》，《學理論》2013 年第 34 期，第 128—129 頁。此外，有劉向明《墨子法律思想中的尊天事鬼觀》一文，談墨家立法、行法、釋法的神道因素，非專論墨家法儀思想的宗教之維。見劉向明：《墨子法律思想中的尊天事鬼觀》，《龍岩師專學報（社會科學版）》1999 年第 2 期，第 34—37 頁。

愛》中均有展現。下文筆者將就《法儀》篇的宗教之維進行分析。

《天志上》曰：

> 子墨子言曰："我有天志，譬若輪人之有規，匠人之有矩，輪匠執其規矩，以度天下之方圓，曰：'中者是也，不中者非也。'今天下之士君子之書不可勝載，言語不可盡計，上說諸侯，下說列士，其於仁義則大相遠也。何以知之？曰：我得天下之明法以度之。"①

《法儀》曰：

> 百工爲方以矩，爲圓以規，直以繩，正以縣。無巧工、不巧工，皆以此五者爲法。巧者能中之，不巧者雖不能中，放依以從事，猶逾己。故百工從事，皆有法所度。今大者治天下，其次治大國，而無法所度，此不若百工辯也。②

墨家說理多設喻，猶善以百工匠人的日常工作經驗來比擬天志等超驗法則。《墨子》書又言必立儀，《法儀》開篇即曰："天下從事者，不可以無法儀。"③士之爲將相，百工之從事，都要依規矩法度而行事。善巧人士、賢良之才做事，自然能符合規矩法度；不善巧、不賢良的人，若能依照規矩法度而做事，其效能猶勝于自己放

---

① 畢沅校注、吳旭民校點：《天志上》，《墨子》，上海古籍出版社 2014 年版，卷七，第 107—108 頁。
② 畢沅校注、吳旭民校點：《法儀》，《墨子》，卷一，第 12 頁。
③ 畢沅校注、吳旭民校點：《法儀》，《墨子》，卷一，第 12 頁。

任勉強的行爲。治理國家猶如工匠操規矩以度方圓，循規蹈矩，則天下可運于掌。《天志》篇與《法儀》篇，摹物之設喻相類——皆以治法應當領受的法度猶如匠人做工的工具，表達的中心思想又相合——欲天下明法，必以天志爲綱。《法儀》是否爲《天志》佚文，兩篇何者後出，尚待考證而後定論；然通過對觀不難發現"法儀"乃存"天志"餘義。①故將之納入墨家宗教思想進行考量，自有合理性在焉。

《法儀》篇提出治法的判斷標準——"法不仁，不可以爲法"②。由于天下父母、老師、君王者衆多而其中仁者寡少，故"父母、學、君三者，莫可以爲治法"③。以"奚以爲治法而可"的設問句式起始，以"法不仁，不可以爲法"的否定句式作結，④墨子徹底否定了君、親、師三者作爲治法來源的正當性和權威性。這種論説方式類似公元 5 世紀之後的基督教否定神學（Negative Theology）——即通過描述"上帝不是什麽"來説明"上帝是什麽"，最大限度逼近上帝超越性的真相。不同之處在于，否定神學破而不立，墨家"法儀"破而後立。否定神學是以否定的言説方式排除對上帝的錯誤認知，墨家所舉"君親師不可法"則是爲了立定一個可供人以之爲法的完美典範，即"天"。

在排除君、親、師諸不可法者之後，《法儀》提出了行爲世範的真正對象爲"天"——"莫若法天"。何以"法天"？因爲天有"仁"的品格，"天之行廣而無私，其施厚而不德，其明久而不

---

① 姜寶昌：《墨論訓釋》，濟南：齊魯書社 2016 年版，上册，第 43 頁。
② 畢沅校注、吳旭民校點：《法儀》，《墨子》，卷一，第 12—13 頁。
③ 畢沅校注、吳旭民校點：《法儀》，《墨子》，卷一，第 13 頁。
④ 畢沅校注、吳旭民校點：《法儀》，《墨子》，卷一，第 12 頁。

衰"①，連聖王都以之爲法，此説否定了此世的權威，具有反對偶像崇拜的意味；既法天，就當從天之所欲，不從天之所惡，"動作有爲，必度於天"②，此意人當遵行上天的旨意；天的欲惡爲何？"天必欲人之相愛相利，而不欲人之相惡相賊也"③，此説立定了上天的誡命；何以知天的欲惡爲此？以其"兼而愛之，兼而利之也"④；又何以知天"兼而愛之，兼而利之也"⑤，以其"兼而有之，兼而食之也"⑥。此説確立了上天的德性爲美善；且天有權能，賞善罰惡，"愛人利人者，天必福之；惡人賊人者，天必禍之"⑦；天有絕對主權，超乎萬有之上，上天之下人人平等，"今天下無大小國，皆天之邑也。人無幼長貴賤，皆天之臣也"⑧。《法儀》篇規定了人天之間的本分，是從屬與被從屬、領受與被領受的關係，中間懸隔着不可逾越的界限。

在此當留意三個有關《法儀》的文本釋詁問題。第一，《法儀》篇中"莫若法天"的"法"是什麼意思？有注家解爲"效法"，恐有不確。⑨《天志》篇曰："天爲貴、天爲知而已矣"，⑩　《耕柱》篇曰："鬼神孰與聖人明智？子墨子曰：鬼神之明智於聖人"⑪，《明

① 畢沅校注、吳旭民校點：《法儀》，《墨子》，卷一，第12頁。
② 畢沅校注、吳旭民校點：《法儀》，《墨子》，卷一，第12頁。
③ 畢沅校注、吳旭民校點：《法儀》，《墨子》，卷一，第12頁。
④ 畢沅校注、吳旭民校點：《法儀》，《墨子》，卷一，第12頁。
⑤ 畢沅校注、吳旭民校點：《法儀》，《墨子》，卷一，第12頁。
⑥ 畢沅校注、吳旭民校點：《法儀》，《墨子》，卷一，第12頁。
⑦ 畢沅校注、吳旭民校點：《法儀》，《墨子》，卷一，第12頁。
⑧ 畢沅校注、吳旭民校點：《法儀》，《墨子》，卷一，第12頁。
⑨ 當代注家一般解"法天"爲"效法天的所爲"。見譚家健、孫中原譯著：《墨子今注今譯》，商務印書館2009年版，第18頁。
⑩ 畢沅校注、吳旭民校點：《天志中》，《墨子》，卷七，第109頁。
⑪ 畢沅校注、吳旭民校點：《耕柱》，《墨子》，卷一一，第217頁。

鬼》篇曰："鬼神之明必知之""鬼神之罰必勝之"①。根據"以經解經"的内在文本釋經原則，顯見墨家秉持一種自我設限的"無知論"信仰傳統，即承認人的認知和道德不可能達到上天鬼神所具有的高度。知天才能效法天，不知天如何效法天？若解"法"爲"效法"，則表示人能够"與天地參"，并不符合墨學原義。再觀《天志》與《法儀》之設喻，其以圓規、尺矩、墨繩、懸垂、水面爲"天志"和"法度"，又加上"中者是也""依以從事"的定語給予説明，可見領受規範的不是要做的工，而是做此工的人。可見，"莫若法天"的旨歸在以天爲法（以法儀爲衡量是非之工具），責人律己（度量行事爲人之方圓）。②若解"法"爲"效法"，等于説人能自由越過法儀規定的界限，僭越上天鬼神的主權。概言之，墨家"法天"的題中之意不在要求人效法上天的行爲去接物應事，而是要求人以天志爲法度來規範約束自己的言行。《法儀》篇叙述"法天"的口吻肖似誡命，某種程度上已經具備了宗教律令的性質。

第二，《法儀》篇中的"兼而有之，兼而食之"的"有"和"食"當作何解釋？有注家解"有"爲"擁有"，"食"爲"供養"，恐有不確。③墨家凡立辭，必循"問故法"以審判之。④"以

---

① 畢沅校注、吴旭民校點：《明鬼下》，《墨子》，卷八，132 頁。
② 顧如：《立墨——〈墨子〉經義釋詁》，國際華文出版社 2017 年版，上册，第 39 頁。
③ 注家對這句話的解釋一般把"兼而有之"解爲"天擁有天下人"，把"兼而食之"解爲"天供養天下人"。見譚家健、孫中原譯著：《墨子今注今譯》，第 19 頁；類似地，"兼而有之"解爲"天擁有天下百姓"；"兼而食之"解爲"享用天下百姓之祭品"。姜寶昌：《墨論訓釋》，上册，第 49 頁。
④ "問故法"是墨家立定命題、證明命題的邏輯推演方法。《大取》曰："夫辭以故生，以理長，以類行者也，立辭而不明於其所生，妄也"；《經上》曰："故，所得而後成也"，《小取》曰："以説出故"，《經説上》曰："問故觀宜"。"辭"爲命題，"故"爲論據，"宜"爲效果，"理"（轉下頁）

其（天）兼而有之，兼而食之也"，斯立辭也。又曰："今天下無
大小國，皆天之邑也。人無幼長貴賤，皆天之臣也。此以莫不芻
牛羊，豢犬猪，潔爲酒醴粢盛，以敬事天。"[1] 斯問故也。《法儀》
篇首先考察原因并提出論據——人民喂養牛羊猪狗，潔净準備酒食
祭物，從而向上天表達自己的敬虔；再通過前述論據來論證命題的
有效性——所以上天接受并接納之。若解之爲上天擁有人民且養育
人民，則文意不合，辭故相離，論據和命題完全不相關。據《説
文》"有"之釋意，"有"者，"不宜有也"；段玉裁謂"本是不當
有而有之偁"[2]。不當有而有者，即上天本無祭品，天下人敬祀以祭
品，故天兼有之并兼食之。此是謂人民向上天申訴願望，上天兼聽
兼取之意。很顯然，本段辭意之要點，固然在贊美上天的無私品
德，然其立論乃是通過人民向上天表達敬虔而上天完全接受之、悦
納之的宗教獻祭儀式來表現，并非通過上天擁有人民并飼養之這一
有情意的行爲表現出來。

第三，《法儀》篇表彰聖王禹湯文武、詬病暴王桀紂幽厲之原
因何在？有論者取人文主義的觀點，認爲其旨在規勸在上掌權者行
仁政、行德政，純係政教言説，不涉宗教信仰。[3]又《法儀》篇確
有多處提及"兼愛"，容易使人以爲《法儀》爲《兼愛》所從出，

(接上頁) 爲條理，"類"爲類別。即所立命題根據所舉論據而成立，所舉論
　　據又以其實際效果爲根據。見孫中原、邵長婕、陽文編：《墨學大辭典》，
　　商務印書館 2016 年版，第 56—58 頁。
[1] 畢沅校注、吳旭民校點：《法儀》，《墨子》，卷一，第 13 頁。
[2] 許慎撰、徐鉉校定：《説文解字》，中華書局 1963 年版，卷七上，第 141
　　頁。段玉裁：《説文解字注》，上海古籍出版社 1981 年版，卷七上，第
　　314 頁。
[3] 薛柏成先生認爲，《法儀》篇之"天"爲"天道"，即客觀規律。墨子把天
　　搬出來，只爲增加説服性。他還將"兼愛"視爲墨家主旨，認爲它在"法
　　儀"思想中體現爲當政者當愛民，人民才會擁護，國家才能長治久安。見
　　薛柏成：《墨子講讀》，華東師範大學出版社 2011 年版，第 20 頁。

或爲《兼愛》之注脚。其實不然。請循其本，《法儀》篇曰：

> 昔之聖王禹、湯、文、武，兼愛天下之百姓，<u>率以尊天事</u><u>鬼</u>，其利人多，故天福之，使立爲天子，天下諸侯皆賓事之。暴王桀、紂、幽、厲，兼惡天下之百姓，<u>率以詬天侮鬼</u>。賊其人多，故天禍之，使遂失其國家，身死爲僇於天下，後世子孫毀之，至今不息。故爲不善以得禍者，桀、紂、幽、厲是也。愛人利人以得福者，禹、湯、文、武是也。愛人利人以得福者，有矣；惡人賊人以得禍者，亦有矣。①

天庇佑祝福聖王，在其"率（天下百姓）以尊天事鬼"；天降禍祟予暴王，在其"率（天下百姓）以詬天侮鬼"。"尊天事鬼"爲最大的善，"詬天侮鬼"爲最大的惡。徵諸歷史，則有禹、湯、文、武、桀、紂、幽、厲等八位君王之事迹爲前驅，爲表徵。"率"此處作"統領"之意。人間禍福所至，取決于帝王是否滿足上天交予的職分，以"尊天事鬼"爲大務，"兼愛天下"是完成此大務的手段而非目的。聖王因爲"以天爲法"，故立爲天子，諸侯賓服；暴王因爲"不法天"，故身死國滅，爲天下笑。換言之，《法儀》大義的隱微處在于，"天欲人如何"是"天"單方面的律令要求，"人從天之欲"是人踐行天所命定之事。聖王得位行權，其合法性的認受不來自其本身主動的道德事功追求，而是來自其秉持天意并實際踐履之後被動地爲天所賦予的。此種言説方式，離宗教義務近，離道德規勸遠。唯有如此讀解，才不致陷解經于本末倒置之境。

---

① 畢沅校注、吳旭民校點：《法儀》，《墨子》，卷一，第14頁。

綜上可見《法儀》深具宗教之維，可目爲墨家宗教思想的總綱。《法儀》篇的旨要，當落在以之爲法的"天"，不在緣天行事的"法"。《法儀》篇的作者借墨子之口，描繪了天的品格、德性，劃定了天的主權、權能，并指出人在現實世界中當行的義務。更重要的是，墨家"法儀"的思想，通過高舉宗教性的超越上天，徹底否定了君、親、師等在世權威的合法性，無異于對流行于彼時的"天人合一"的人文主義天道信仰的反叛。墨家不承認此世有"哲人王"，禹、湯、文、武等聖王的合法性均須通過完滿上天的要求才能得到認受；相應地，以家國同構、移孝作忠爲紐帶而形成的君、親、師血親倫理體系就更不足以作爲治法的標準。以"復魅"宗教而"去魅"哲人王，上天之下人人平等，彰顯了墨家破除偶像崇拜、信仰獨一上天的宗教特色。

二、三表：護教依據——"本""原""用"

一如"孔門四科"之傳授模式，[1]墨家以"談辯""説書""從事"爲主要教學科目，[2]涉論辯者三居其二，可見重視。《墨子》一書本身極富論辯色彩，類如"殺盗非殺人""二馬或白"等經典論

---

[1] "孔門四科"，指"德行、言語、政事、文學"。語出《論語·先進》。其載："德行：顏淵、閔子騫、冉伯牛、仲弓。言語：宰我、子貢。政事：冉有、季路。文學：子游、子夏。""孔門四科"爲先秦時代最早的學術分科。楊伯峻譯注：《先進》，《論語譯注》，中華書局 2009 年版，卷一一，第 109 頁。

[2] 語出《墨子·耕柱》："子碩問於子墨子曰：'爲義孰爲大務？'子墨子曰：'譬若築牆然，能築者築，能實壤者實壤，能欣者欣，然後牆成也。爲義猶是也，能談辯者談辯，能説書者説書，能從事者從事，然後義事成也。'"畢沅校注、吳旭民校點：《耕柱》，《墨子》，卷一一，第 219 頁。

題更是影響了其後諸子名辯學思想的發展路徑。墨子活躍的年代，在孔子之後，孟子之前。墨子的論說方式和《墨子》的爲文風格，上承《論語》《老子》之語錄體，下啓《孟子》《莊子》之論辯體，在先秦諸子文體由簡入繁、由說文至論辯的轉變過程中，起到承先啓後的橋接作用。《大取》篇言："天下無人，子墨子之言也，猶在。"① 《貴義》篇言："吾言足用矣！舍言革思者，是猶舍穫而攈（拾）粟也。以其言非吾言者，是猶以卵投石也。盡天下之卵，其石猶是也，不可毀也。"② 可見墨子及其後學對自己的論辯體系十分自信，以之爲能"放之四海皆準，歷萬代而常新"的共識通則。

墨家在申說學派主張并與論敵論戰的活動中總結出許多推理論證的方法，尤以"三表法"最富成就，爲其原創，堪稱前期墨家最具代表性的論辯法則。③ "三表"語出《非命》三篇，所述大同小異。④ 筆者先就相同處論列。《非命上》曰：

① 畢沅校注、吳旭民校點：《大取》，《墨子》，卷一一，第 209 頁。
② 畢沅校注、吳旭民校點：《貴義》，《墨子》，卷一二，第 233 頁。
③ 墨家學派擅長辯論，其建言、論辯所援之方法，并不限于"三表"。若區分前期墨家和後期墨家，則"三表法"主要見于"十論"。至《墨經》年代，則辯論之術更加嚴密、辯論體系更趨完備，如《墨經》中的"辟""援""推"等。見湯智君：《先秦墨家學說研究》，文津出版社 2013 年版，第 171 頁。
④ 《非命》三篇論"三表法"，內容大同小異。同與《非命上》篇相比，《非命中》篇不同之處在二："凡出言談、由文學之爲道也，則不可而不先立義法"，言談之外還強調爲文之法，并本之者爲天鬼之志、聖王之事，原之者爲先王之書；《非命下》篇與《非命上》基本相同，唯文詞略簡。在墨學十論中，除《節葬》《明鬼》《非樂》的個別篇章有亡佚外，其餘"十論"篇目同題之下皆作三篇，內容多有重複。筆者認爲最穩妥的說法應是，墨子歿後，不同的墨家弟子根據墨子傳授，分別記述，再統一彙集于"十論"名下。也有可能是某位作者或者某幾位作者，根據某份"十論"的原始文本，抽取或增刪某些文段加以演繹，遂成三篇。其成書模式和編纂方法，類似《聖經·新約》中的"四福音書"。至于"十論"同題各列三篇是否爲"墨離爲三"造成的，尚存爭議。因"墨離爲（轉下頁）

子墨子言曰：必立儀。言而毋儀，譬猶運鈞之上而立朝夕者也，是非利害之辨不可得而明知也。故言必有三表。何謂三表？子墨子言曰：有本之者，有原之者，有用之者。於何本之？上本之於古者聖王之事；於何原之？下原察百姓耳目之實；於何用之？廢以爲刑政，觀其中國家百姓人民之利。此所謂言有三表也。①

《非命中》曰：

子墨子言曰：凡出言談、由文學之爲道也，則不可而不先立義法。若言而無義，譬猶立朝夕於員鈞之上也，則雖有巧工，必不能得正焉。然今天下之情僞，未可得而識也。故使言有三法。三法者何也？有本之者，有原之者，有用之者。於其本之也？考天鬼之志，聖王之事；於其原之也？徵以先王之書；用之奈何？發而爲刑。此言之三法也。②

《非命下》曰：

子墨子言曰：凡出言談，則必可而不先立儀而言。若不先立儀而言，譬之猶運鈞之上而立朝夕焉也，我以爲雖有朝夕之辯，必將終未可得而從定也，是故言有三法。何謂三法？曰：

（接上頁）三”的所謂三派墨學，可能只是墨家後學中的“談辯派”分支。“十論”作者非一人，並無疑議，然作者寫作年代難定，故“十論”名下各上、中、下篇，何者先出，何者後出，尚難定論。
① 畢沅校注、吳旭民校點：《非命上》，《墨子》，卷九，第142—143頁。
② 畢沅校注、吳旭民校點：《非命中》，《墨子》，卷九，第148頁。

有考之者，有原之者，有用之者。惡乎考之？考先聖大王之事；惡乎原之？察衆之耳目之請；惡乎用之？發而爲政乎國，察萬民而觀之。此謂三法也。①

第一，墨子認爲，凡言談必有法度。沒有法度，就如同把測量時間的儀器放在制作陶器的轉輪之上，只能大概分辨早晚，無法精準測度時間。欲明事物情理的是非、利害、眞僞，當依"本""原""用"這三重標準進行考察。于何"本"之？聖王言行，藏于竹書，琢于金石，追溯前人流傳，將間接經驗轉化爲自身認識。于何"原"之？民衆耳聽目視，親身感觀，以其口傳見聞爲直接經驗，來作爲認識事相的來源。于何"用"之？能夠實際作用于政治實踐并符合國家百姓人民利益的認識，方爲有效力的眞知。三表法廣泛應用于墨學十論，除《非命》外，《節用》《節葬》《尚賢》《尚同》《兼愛》《非攻》《天志》《明鬼》《非樂》各篇亦依此法則立論。②

第二，《非命》三篇立"三表"以先，都強調"立儀"的問題。何也？《經下》曰："謂'辯無勝'，必不當，説在辯。"意爲：論辯雙方沒有勝者的觀點是錯誤的，因爲這不符合"辯"的意思。墨家以辯勝爲"當"，"當"即符合事實，在"指"和"被指"之間，應有所指定。③開展論辯的前提是精確地定義命題，判準若沒

---

① 畢沅校注、吳旭民校點：《非命下》，《墨子》，卷九，第 152 頁。
② 當然，這并非表示所有"十論"皆嚴格依照"本""原""用"這三條標準而建立。除《非命》《尚同》《尚賢》這三論完全使用"三表"外，《兼愛》《非攻》《天志》《明鬼》《非樂》也以"三表"爲依據。《節用》《節葬》，則主要使用第一表（本）與第三表（用）。見李賢中：《墨學——理論與方法》，揚智文化 2003 年版，第 52 頁。
③ 墨家的這個辯論法則與西方邏輯學中的排中律（The Law of excluded middle）一致，都是關于矛盾命題的是非之爭（不是 A，就是非 A）。見王讚源主編：《墨經正讀》，上海科學技術文獻出版社 2011 年版，第 115 頁。

有共識，言談即流爲蹈虛，論辯就可能陷入"辯無勝"的境地。①
圍繞"鬼神存有""命之有無""義利之辯"等先秦諸子共同關切
的時代問題，墨家大量運用三表法于回護己見、駁斥他説的論戰之
中，在同論敵論辯的過程中建立自己的主張，寓立于破。如果"辯
無勝"，則學説不立。論辯之前先加以法度，是爲後續争鳴限定可
資判準的場域。

第三，《非命》三篇中皆有類似"言而毋儀，譬猶運鈞之上而
立朝夕者也"的表述。墨子以時空流轉類比法度的運行，之所以
"立朝夕"而不可得，緣于人們將今日之朝夕當作恒常之朝
夕——②法度即恒道，立辭、言談、爲文、論辯如果要得當，須有
恒常的效用，適用于一時一地的東西不能視作有效真理。三表法包
含過去、當下、未來這三個不同的時空維度，分别對應"本"
"原""用"三個評價體系。其兼顧"歷時"和"共時"，既徵諸
以感性經驗，又考量以實際效用。雖不符合純粹形式論證的架構
（因缺乏理性推理的元素），但已初顯歸納與演繹的方法論自覺
（以感性認識爲考驗標準）。③

若拆分單看《非命》各篇所述三表法，容易得出一個印
象，即三表之間是截然不相聯絡的三種標準。其實不然，其中

---

① 所謂"辯無勝"，即言談辯論無所謂是非對錯，此爲墨家所不取。《莊子·
齊物論》中有"辯無勝"的觀點，其曰："既使我與若辯矣，若勝我，我
不若勝，若果是也？我果非也邪？我勝若，若不吾勝，我果是也？而果非
也邪？其或是也？其或非也邪？其俱是也？其俱非也邪？我與若不能相知
也。則人固受其黮闇，吾誰使正之？使同乎若者正之，既與若同矣，惡能
正之？使同乎我者正之，既同乎我矣，惡能正之？使异乎我與若者正之，
既异乎我與若矣，惡能正之？使同乎我與若者正之，既同乎我與若矣，惡
能正之？然則我與若與人俱不能相知也，而待彼也邪？"
② 顧如：《立墨——〈墨子〉經義釋詁》，上册，第290頁。
③ 李賢中：《墨學——理論與方法》，第53頁。

關聯性在各篇所述三表法之相異處可見。何以見得呢？《非命》三篇論"用之者何"，皆道"發以爲刑政"，以國家百姓人民之利益爲是，此者三篇表述大體相同。異者在第一表和第二表。《非命中》論"原之者何"，在古者聖王之事外，又多"考天鬼之志"，《非命上》和《非命下》則未見此種表述；《非命中》論"本之者何"則"徵以先王之書"，不若《非命上》和《非命下》兩篇是以百姓耳目之實爲認識來源。除《非命》三篇外，尚有《尚賢》篇以"聖王之事"（本）、"先王之書"（原）、"人民之利"（用），《尚同》篇以"古者聖王之事""天鬼之志"（本）、"先王之書"（原）、"人民之利"（用）爲立論依據，所援三表之內容各不相同。統合《非命》三篇所述三表法，作圖呈現如下（見圖一）：

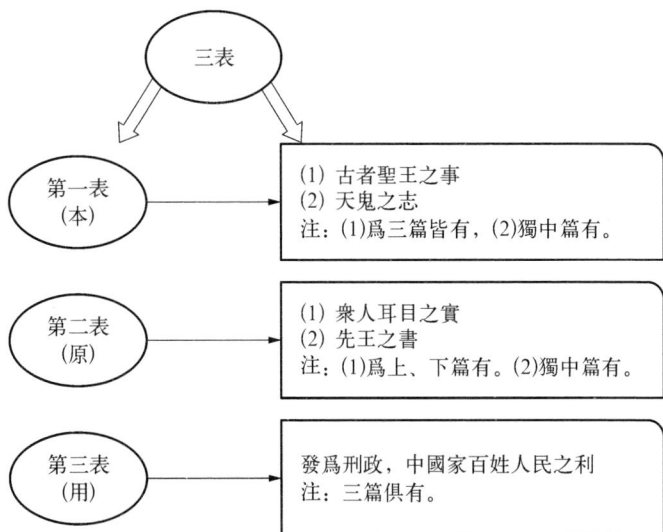

圖一

如圖所示，《非命》各篇所述"三表"，在内容上確有异同，由是引發如下兩個疑問：其一，第一表中"天鬼之志"何以能够與"古者聖王之事"同作爲歷史流傳中的間接經驗，并以之爲感性認識的素材來源？其二，第二表中有"先王之書"與"百姓耳目之實"兩條標準，兩者之間是否存在權威層級不相等的問題，如此表述是傳抄訛誤還是另有實指？

針對上述問題，學者提出不同解釋。顧如先生認爲，《非命》三篇在論述三表法時之所以會出現詞句的相异，説明墨家内部就"三表"的定義分出了不同流派的觀點。《非命上》代表的是後出的墨家後學，之所以不言天鬼之志而以古聖王之事代之，乃是因爲他們更反對"立命"，即不能托天言志，"只能本古聖王，不能再稱本天鬼。天鬼之志，雖然還是至高無上的絕對命令，終究内容太少。更多的問題還需要人類自己去解决"①。對于第二表中出現以"先王之書"替代"百姓耳目之實"的情況，是因爲先王言説適用于今，又推原于天鬼之志，所以"原萬民"的主張已充分涵納在内。②李賢中先生則認爲，根據墨家"尚同"理念，古聖王之意必然上同于天鬼之志，兩者皆本于"天志"，是同一件事情，并不相違反。至于第二表中出現兩條看似不同的判斷標準，純與墨家欲達成的目標有關——"墨學十論中有的是要證明某物的存在，如命、鬼神等，故以衆人耳目之實的有無爲準，而有的則是要證明某種思想或制度爲正確，如兼愛、尚同等，故以先王之書的有無爲據"③，

---

① 顧如：《立墨——〈墨子〉經義釋詁》，上册，第316頁。
② 顧如：《立墨——〈墨子〉經義釋詁》，上册，第316頁。
③ 李賢中：《墨學——理論與方法》，第53頁。

後者較之前者，在層級上具有優先性，因之也更加權威。①

　　對于上述學者的觀點，筆者認爲，《非命》三篇何者先出、何者後出的問題，尚待文獻學上更嚴謹的考論；即使《非命上》篇代表的是墨家後出一派的後學觀點，也不能證明其所主張的"三表"法則與《非命中》《非命下》的"三表"法則有所不同。《非命》三篇皆在反對宿命論，三篇之文章文體、案例舉隅、論證説理，無大差異。從《墨子》書編撰的角度來看，若謂同一"十論"名目下集合的三篇文章會出現後出者完全放弃或者大幅修正前出者宗章之核心的情况，恐怕没有太多來自"墨學分期"的證據支持。

　　此外，對于第二表中的"原先王之書"和"原萬民耳目"，筆者以爲二者層級相等，并非此高彼低的關係。墨家是一個講求"實效主義"的學派，非命、尊天、事鬼等論俱在宣揚對天下有利的論調。《貴義》篇曰："子墨子曰：凡言凡動，利於天、鬼、百姓者爲之；凡言凡動，害於天、鬼、百姓者舍之。凡言凡動，合於三代聖王堯、舜、禹、湯、文、武者爲之；凡言凡動，合於三代暴王桀、紂、幽、厲者舍之。"②可見在墨家看來，言談行事，中于上天鬼神、國家人民之利、古聖先王之道的就是對的，反之就是不對的。這種觀念貫穿全書。所舉對象容有異，所行目的實爲一，即凡言凡動務求"興天下之利，除天下之害"。"第一和第二表其實是替第三表找尋理據、説明，使它名正言順、應用實施，目的在實現第三表。"③墨家"彰往以求來""觀古以鑒今"，所謂層級若曰有，也只

---

① 李賢中：《墨學——理論與方法》，第53頁。
② 畢沅校注、吳旭民校點：《貴義》，《墨子》，卷一二，第229頁。
③ 湯智君：《先秦墨家學説研究》，第188頁。

是三表中第三表的"用"的層次,較之前兩表,在整個墨家立言立行的工作中可能稍占"先務"的地位而已。

墨家三表法起于經驗,終于實踐,直接從感性認識(本、原)過渡至實際踐履(用),中間躍過了從感性認識上升到理性認識的過程。這類似基于經驗主義的"觀察—歸納"進路——通過重複的觀察以證明某種理論的有效,具有很大限制性,是可被"證偽"的。從這個角度出發審視墨家使用三表法判定"鬼神存有"和"命之有無"的做法,亦就容易產生諸如"利用宗教""神道設教"的評價。

毋庸諱言,由于時代的局限性,墨家三表法在推理論證和邏輯演繹上存在一定缺陷。主要訴諸感官經驗和實際效果,缺乏純粹形式論證,使得其認識論缺乏辯證理性之維。後世對于三表法的認識,要麼抽取某些部分(耳目之實、人民之利)以表彰其"科學理性""唯物主義",要麼抽取某些部分(聖王之事、天鬼之志)以貶斥其"迷信權威""唯心主義"。①由于在同一套三表法的認知體系下混雜了看似截然不同甚至對立的認知圖景,人們在評價墨子、墨家、墨學的思想價值時,就容易流于過度詮釋和片面理解——設若三表法爲"科學""唯物",似乎墨家就成爲了先秦時代具備理性思維的學術流派;設若三表法爲"迷信""唯心",似乎又坐實墨家是古代中國建制性宗教的思想雛形。

此誠誤區也。思想史研究一直以來有一個預設框架(價值判

---

① 例如詹劍峰先生就認爲,墨子的三表法(特別是第三表)運用得最完整的當屬《非命》篇,批判了孔子唯心論的天命論。而"用三表法來證明鬼神存在,則是歷史的傳聞和耳目的錯覺幻覺。他的天志論也拘守着傳統的宗教思想,亦即傳統的錯誤而來的成見,這樣又使墨子滑到唯心論的泥坑"。見詹劍峰:《墨子及墨家研究》,第33頁。

斷）：唯物—唯心二元論——唯物即進步，唯心即落後；唯物是理性深刻的，唯心是迷信淺陋的。這是簡單二元對立思維產生的思維定式，但在現代中國哲學界尤其是墨學界一直占據主流。此一思維定式對以理性客觀分析爲主的思想史研究極爲不利。且考諸歷史可證明，唯心論在思想層面上亦有深刻之處，中外皆然，例不勝舉。

今人評價墨家三表法，更多是從認識論角度進行觀照，忽視了其宗教向度。換言之，只注目三表法是否爲一種科學認識，未措意三表法的教義性質。墨家用三表法論證"鬼神存有""命之有無"等問題，其關切不在建立具有科學公理性質的一般定義或定律，而在構建一套能夠循環自證的封閉系統，而後援之以申說主張，駁斥"執無鬼者""執有命者"和其他論敵。若從教義宣誓的角度來看，三表法的論證結構倒頗爲接近基督教等主流宗教的護教學原理，即一是要答辯非信徒或論敵對本教派理念的質疑；二是要闡發本門信仰和思想的原理，在具體的歷史語境和時代背景下，將自己的主張宣講傳揚開來。前者是防衛性的，後者是進攻性的。[①]三表法最完整的論述首先載于論辯性質的《非命》三篇，而《非命》又是墨家宗教思想中的核心篇章，可見一斑。

三、獨尊上天

《墨子》書中論述神文主題的篇章即宗教三論（天志、明鬼、

---

① 基督教護教學最重要的兩個目的：一是要解答非基督徒對基督教信仰提出的質疑；二是要闡揚基督教信仰的原委。見［美］賈斯樂、布魯克合著，楊長慧譯：《當代護教手冊》，校園書房出版社1994年版，第1頁。

非命），占墨學十論的三分之一篇幅。根據統計，《墨子》書中關涉人文的用詞，如"人"有 463 處；關涉神文的用詞，如"神"有 116 處，"鬼"有 181 處，"天"有 267 處，合共 564 處。可見墨家是一個神文色彩明顯重于人文色彩的思想學派。①"天志"又爲墨家神學之核心，整個墨家理論體系都依"天志"而建立，墨學十論各大主張也都由其推演而出。"天志"實爲把握墨學核心義理之關鍵。今人對墨家"天志"的誤解，蓋在三端：一則以"天志"爲墨家自作，神道以設教；再則以"天志"爲"兼愛"等諸主義之外援，不具獨立立論的地位；三則以"天志"爲"王志"，屈民以伸君。有鑒于是，筆者略作澄清。

先論第一點。之所以對"天志"產生歧義，首先是在釋詁上出現問題。"天志"也，即"天的意志"。按照字面上的理解，確屬神學範疇（神文領域）無疑。神文主義的特點在于高揚神格，以神爲中心。在此之下，人服從于神的主權，受神轄制，居于被支配的從屬地位。然而後世諸多論墨學者，一方面承認墨家相信天有意志，一方面又認爲"天志"爲墨家爲其政治、經濟、文化等主張張目之工具，所謂假神道以行人道，神道以設教。依此推論，則包括"天志"在内的宗教三論必然後出于另外七論，是墨家爲其"人道"主張尋找歷史合法性依據以及宗教信仰上的支持而自我創設出來的。例如有論者認爲，天鬼的賞罰大部分都不是活靈活現的鬼神

---

① 孫中原先生認爲，從整體上看雖然墨家神文主題確實突出，但關注點終究還是在人文上。故將墨學十論中的"天志"和"明鬼"作爲墨家的神文主題篇章，其餘八論歸爲人文主題篇章。筆者的分法略有不同，乃將"非命"同"天志""明鬼"合爲宗教三論，皆歸屬墨家宗教神學，此三論所論之"上天""鬼神""宿命"俱爲探討宗教之維的問題，同時不因非命論有屬世的觀照或所謂的無神論傾向，而將之歸爲人文主義範疇。見孫中原編：《墨子大辭典》，商務印書館 2016 年版，第 347—348 頁。

創造，而是假手于自然或人爲。這也就是説，天鬼雖然干預世界，但一直又與人的活動相一致，這説明墨家對社會統治者的不滿，認爲真理在天、在鬼神，鬼神明辨是非，所以墨家是借對天鬼的信仰實現其自由理想，①甚至天鬼之志乃爲"民意""我欲""墨意"（墨子自己的意思）。②

筆者的看法是這樣的：天志自有永有、不假外求，這在《天志下》篇已有言表——"故子墨子置立天志以爲儀法。非獨子墨子以天之志爲法也，於先王之書《大夏》之道之然也"。墨家以"天志"爲"大"、爲"矩"，就是要以天爲法，這個思想在《法儀》篇中也有同樣表述。③考察"置""立"二字在先秦的字義和原文語境中之用法，可知其爲同義連用，當作"扶正""植立"觀，而非"創造""設立"之意。④《説文》曰"置，赦也"，《周禮》曰"廢置以馭其吏"，"置"與"廢"對文，古藉爲"植"字；⑤《説文》又曰"立，住也"。⑥再參《法儀》篇"以天爲法"的説法，可知墨家從來没有托天言志或創造天志，而是扶正植立亘古本已

---

① 薛柏成：《墨家思想新探》，黑龍江人民出版社 2006 年版，第 25 頁。
② 龐家偉、王麗娟：《天志鬼神皆人意——從墨子〈天志〉〈明鬼〉看其鬼神論思想的實質》，《甘肅高師學報》2011 年第 4 期，第 120 頁。
③ 墨家以"天志"爲矩，《天志下》曰："故子墨子置立天之以爲儀法，若輪人之有規，匠人之有矩也。今輪人以規，匠人以矩，以此知方圓之別矣。""天志"思想和"法儀"思想關聯處，即在"法天"。"法天"是以天爲法，不是人能效法上天，這一點在第一章論述《法儀》時已有相關解析。
④ 當代注家多解"置立"爲"創造""設立"之意。張西鋒解爲"所以墨子設立天志爲法則"，譚家健、孫中原解爲"所以墨子創立天志説"，姜寶昌解爲"所以墨子設立天志"。見張西鋒：《墨論選讀》，中國人事出版社 2015 年版，第 152 頁；姜寶昌：《墨論訓釋》，下册，第 467 頁；譚家健、孫中原譯著：《墨子今注今譯》，第 170 頁。
⑤ 許慎撰，徐鉉校定：《説文解字》，卷七下，第 158 頁。段玉裁：《説文解字注》，卷七下，第 356 頁。
⑥ 許慎撰，徐鉉校定：《説文解字》，卷十下，第 216 頁。

存有、在彼時爲人所淡漠的天志，以之爲行事爲人的量度標準。故以托古改制、與天地參的"爲天下人立法"的儒家式思維理解墨家"天志"説，容易産生偏誤。《法儀》篇所謂"我有天志"，《天志》篇所謂"置立天志"，本質上更接近宗教原教旨主義（fundamentalism）的復古行爲——可設喻來説明。類如"我放一個桃在此"或"我有一個桃在此"，是"桃"固已在此，"我"設一動作以安置之，并不代表"我"無中生有地創造了一個新的事物叫作"桃"。

再論第二點，"天志"是人類世界之外的一種客觀外在標準，有要求恪守遵循的律令規範，如"兼相愛、交相利"；有要求拒斥回避的禁忌區間，如"别相惡、交相賊"。一切令行禁止，動作有爲，都以順從天意、委身上天爲歸依。墨家在此基礎上建立了"天人兩分"的世界觀，"天"也因之具有了有意志、有愛憎、有主權、行賞罰的人格神意味。《天志》篇中墨家的關懷有很大部分仍在屬世範圍，不同于基督教等諸宗教文明更多關注彼岸世界，故其言説在此方面更明顯地反映在道德倫理和政治哲學之上，而無觸及拯救、永生、靈魂等純宗教性内容。不過即便如此，也已具"準宗教性"。[1]即如《天志上》所言：

> 順天意者，兼相愛，交相利，必得賞。反天意者，别相惡，交相賊，必得罰。子墨子言曰："昔三代聖王，禹、湯、文、武，此順天意而得賞也。昔三代之暴王，桀、紂、幽、厲，此反天意而得罰者也。"然則禹、湯、文、武，其得賞者

---

① 李强：《墨子天人二分思想的形成研究》，《黑河學刊》2016年第3期，第32頁。

何以也？子墨子言曰："其事上尊天，中事鬼神，下愛人，故天意曰：'此之我所愛，兼而愛之；我所利，兼而利之。愛人者此爲博焉，利人者此爲厚焉。'故使貴爲天子，富有天下，業萬世子孫，傳稱其善，方施天下，至今稱之，謂之聖王。"然則桀、紂、幽、厲，得其罰何以也？子墨子言曰："其事上詬天，中詬鬼，下賊人，故天意曰：'此之我所愛，別而惡之；我所利，交而賊之。惡人者，此爲之博也；賤人者，此爲之厚也。故使不得終其壽，不歿其世，至今毀之，謂之暴王。'"①

墨家認爲天下動亂的原因在于士君子不明"天志"。天無幽不鑒，權能廣大。順天之意兼相愛，天能加其賞，正面典範有堯、舜、禹、湯等聖王；反天之意別相惡，天能罰其惡，反面典範有桀、紂、幽、厲等暴王。天的道路高于人的道路，遵行天意是人無所逃遁于天地間的責任。在這一點上，儒墨走向一致，墨子所言"得罪於天，將無所以避逃之者矣"②與孔子所言"獲罪於天，無所禱也"③約爲同一個意思，即如《天志下》所言：

是故古者聖人明以此說人，曰："天子有善，天能賞之；天子有過，天能罰之。"天子賞罰不當，聽獄不中，天下疾病禍福，霜露不時，天子必且犓其牛羊犬彘，潔爲粢盛酒醴，以禱祠祈福於天，我未嘗聞天之禱祈福於天子也。吾以此知天之

① 畢沅校注、吳旭民校點：《天志上》，《墨子》，卷七，第106頁。
② 畢沅校注、吳旭民校點：《天志上》，《墨子》，卷七，第104頁。
③ 楊伯峻譯注：《八佾》，《論語譯注》，卷三，第27頁。

重且貴於天子也。是故義者，不自愚且賤者出，必自貴且知者出。曰："誰爲知？天爲知。"然則義果自天出也。今天下之士君子之欲爲義者，則不可不順天之意矣。[1]

此即"義自天出"。"義自天出"又衍生"義正"的觀點，墨家"兼愛""非攻"的主張蓋由此出；而非倒因爲果，謂"天志"乃純作"兼愛""非攻"等主義的外援。義由外鑠而非自生，爲一"應然"狀態，類于自然法的原則（the principle of natural law），具有先驗性和天啟性。[2]《墨子》書行文，大多結論置前而舉證置後，從上段引文可見，墨家所標舉的"天志"是如同上帝存有一樣的"不證自明"的真理，後續再援三表法和聖王暴王案例，不過是追加論證，以進一步强調真理的有效性，一如《天志下》所言：

順天之意者，兼也；反天之意者，別也。兼之爲道也，義正；別之爲道也，力正。曰："義正者何若？"曰："大不攻小也，强不侮弱也，衆不賊寡也，詐不欺愚也，貴不傲賤也，富不驕貧也，壯不奪老也。是以天下之庶國，莫以水火、毒藥、

---

[1] 畢沅校注、吳旭民校點：《天志下》，《墨子》，卷七，第117頁。
[2] 見田寶祥：《墨子"天志"範疇略論——兼以康德"上帝存在"與黑格爾"絶對精神"視角》，《太原理工大學學報（社會科學版）》2016年第1期，第54頁。自然法原則和某些宗教原則有近似性，即認爲人類社會有一套不證自明的理性法則。人類的義務是去找尋這個本已存有的自然法則。和宗教徒相信上帝存有是不證自明的很相似，立基于先驗認識和宗教天啟。此處筆者僅言"天志"符合自然法原則凸顯的"應然"性質，非謂墨子的所有言說皆循一類似自然法的原則。例如《尚同》篇，就有大量强調"世相共與之"和"以鄉治其鄉"的表述，此則是重視過往歷史經驗，總和天下共義，遵循的是案例法原則。

兵刃以相害也。若事上利天，中利鬼，下利人，三利而無所不利，是謂天德。故凡從事此者，聖知也，仁義也，忠惠也，慈孝也，是故聚斂天下之善名而加之。是其故何也？則順天之意也。"曰："力正者，何若？"曰："大則攻小也，強則侮弱也，衆則賊寡也，詐則欺愚也，貴則傲賤也，富則驕貧也，壯則奪老也。是以天下之庶國，方以水火、毒藥、兵刃以相賊害也。若事上不利天，中不利鬼，下不利人，三不利而無所利，是謂之賊。故凡從事此者，寇亂也，盜賊也，不仁不義，不忠不惠，不慈不孝，是故聚斂天下之惡名而加之，是其故何也？則反天之意也。"①

"兼愛"順遂天意的要求，"別愛"則逆反天意的要求。行兼道爲義政，爲天之所欲；行別道爲惡政，爲天之所不欲。天的律令明確清晰且二元對立，人在此標準之下依據個人意志可以自由選擇信靠上天或遠離上天。猶當留意，墨子對"義正"（義政）的論述都是從"積極不作爲"的消極方面來講，如大國不攻打小國，大家不篡奪小家，強者不劫持弱者，尊貴者不凌辱賤人，聰明人不欺騙愚笨人，可見墨家言說中的"義"的總精神是"不可害人"。在"天志"的要求下，"兼愛"是爲除害，除害即爲"兼愛"。由此可見墨家雖爲先秦時期最重力行的學派團體，然其之力行并非一種强制性的主動干預行爲（強制施于人），因爲"天志"學説建立在人人都有免于被他人干涉的"消極自由"的基礎之上，此爲墨家式樣

---

① 畢沅校注、吳旭民校點：《天志下》，《墨子》，卷七，第118—119頁。

的倫理觀、道德觀之特色。①

　　進而論第三點。西周至春秋的普遍觀念是天子爲上天的代理人，享有最高權威。及至孟子所處時代，儒家仍强調天子"受命于天"，湯武革命的合法性建立在"替天行道"的基礎之上。儒家以"天子"爲"上天"的"兒子"，墨家則以"天子"爲"上天"的臣僕。"天"的地位高于"天子"的地位，"天爲貴、天爲知而已"②。人間權力的最高代表"天子"的認受合法性也來自"天"的授予和加冕，"天之重且貴於天子"，"使之處上位，立爲天子以法也"。③天子（包括鬼神）是天推行其意志的工具，而不是反之。依前文釋詁，筆者以爲墨子言説更接近宗教律令似的命令，强對其做人文主義式的解讀，恐怕偏離墨子原意。對"天志"做完全"去宗教化"的處理，可能形成類似錯誤的理解；把"天志"的"宗教性"推至極端，也可能造成同樣的錯誤。《天志下》曰：

　　　　是故子墨子言曰："戒之！慎之！必爲天之所欲，而去天之所惡。"曰："天之所欲者，何也？所惡者，何也？天欲義而惡其不義者也。何以知其然也？"曰："義者，正也。何以

---

① 以賽亞·伯林（Isaiah Berlin）對"消極自由"（negative liberty）和"積極自由"（positive liberty）的概念作出辨析。伯林認爲"消極自由"是指個人的行爲不受任何人干涉。"積極自由"則意味着個人決斷由自己而不是其他异己因素所决定。概言之前者强調做事情不受外界干預，後者强調可以依照自己的意願做事。兩者有重叠區域。墨家的底層共義在"不害人"，類似以賽亞·柏林定義的"消極自由"，即踐行自由的方式不是"潛隱地强加于人"（哪怕我是對的），而是各保界限，各存自由。參閲以賽亞·柏林著、陳曉林譯：《自由的兩種概念》，載劉軍寧等編《市場社會與公共秩序》，生活·讀書·新知三聯書店 1996 年版，第 202—206 頁。

② 畢沅校注、吳旭民校點：《天志中》，《墨子》，卷七，第 109 頁。

③ 畢沅校注、吳旭民校點：《天志下》，《墨子》，卷七，第 118 頁。

知義之爲正也？天下有義則治，無義則亂，我以此知義之爲正也。然而正者，無自下正上者，必自上正下。是故庶人不得次己而爲正，有士正之；士不得次己而爲正，有大夫正之；大夫不得次己而爲正，有諸侯正之；諸侯不得次己而爲正，有三公正之；三公不得次己而爲正，有天子正之；天子不得次己而爲政，有天正之。今天下之士君子，皆明於天子之正天下也，而不明於天正也。"①

墨子在此處言説中確立了國家政治權力架構的"分權制衡"原則："天"爲天子之監察者，一如天子爲三公之監察者；其後庶民、士人、大夫、諸侯、三公，層層上同于天子，天子再總乎天下之義以上同乎天，從而由"天志"引申出"尚同"。"天"在權力安排中具有"第一身位"，高舉上天而貶低天子，屈君以伸天，内蘊超前的民主元素。然争議之處亦在此。郭沫若即認爲，墨子是爲了鞏固王權才抬出天鬼權威，實際是利用了勞動人民的愚昧，非但不民主，反而極端反動，"天是什麽呢？天不過是王的影子，故結果是王的意志就是天的意志，王的是非就是天的是非"。②

郭沫若先生所論，可商榷之處固多。然今人論及中國最早的"主權在民"思想，亦多以孟子"民本論"爲正面典範，而謂墨子"天志説""尚同説"將使社會走上通往奴役之路，其致思邏輯大抵與郭沫若相同。③孟、墨二家學説同具民主因素，何以評價不一，

---

① 畢沅校注、吳旭民校點：《天志下》，《墨子》，卷七，第116—117頁。
② 郭沫若：《十批判書》，第112頁。
③ 李競恒：《墨家與通往奴役之路》，載張立升主編《社會學家茶座》，山東人民出版社2013年第1輯，第27—28頁。

實在值得分析。孟子有"民貴君輕"的主張,"民爲貴,社稷次之,君爲輕";① 又提出爲政重在"得民心","桀紂之失天下也,失其民也;失其民者,失其心也。得天下有道:得其民,斯天下矣;得其民有道:得其心,斯得民矣";② 且張揚"誅一夫"的湯武革命精神,"賊仁者謂之'賊';賊義者謂之'殘'。殘賊之人謂之'一夫'。聞誅一夫紂矣,未聞弑君也"③。在孟子看來,得民心是建立并穩固政治秩序的核心,民心向背是執政合法性的唯一來源,王道政治乃由底層民意"由下至上"推原而起。君王"受命于天"其實是君王"受命于民",即如先秦諸子的共識文本《周書·泰誓》所言"天視自我民視,天聽自我民聽"④,"天命"層層向下築基,共義根植于民衆的意志和訴求。孟子又認爲,統治者和被統治者在政治生活中的層級關係應遵循權利與義務相對等的雙向互動原則,"君之視臣如手足,則臣視君如腹心;君之視臣如犬馬,則臣視君如國人;君之視臣如土芥,則臣視君如寇仇",⑤ 人君不行仁政、行德政即爲獨夫、民賊,臣子可行"革命",依天意民心剝奪其權力、地位,取而代之以承受天命。相較孟子,似乎墨子對統治者與被統治者之間關係的認識存在"民意"缺位的局限。人民只有義務"上同天子",没有資格進行"革命"。單方面强調在下位者對在上位者的服從,却缺乏對權力的規限和制約。如若天子聖明如堯、舜,則上同天子自無問題;如若天子殘暴如桀、紂,則上同天子當

① 楊伯峻譯注:《盡心下》,《孟子譯注》,卷一四,第304頁。
② 楊伯峻譯注:《離婁上》,《孟子譯注》,卷七,第156頁。
③ 楊伯峻譯注:《梁惠王下》,《孟子譯注》,卷二,第39頁。
④ 孔安國傳,孔穎達疏,廖名春等整理,呂紹綱審定:《泰誓中》,《尚書正義》,北京大學出版社2000年版,卷一一,第329頁。
⑤ 楊伯峻:《離婁下》,《孟子譯注》,卷八,第171頁。

然會導致獨裁專制。故有論者依此指出，墨子學説固有"人民性"的一面，然與孟子民本論相比，認識仍顯粗糙和落後。①

筆者以爲，不能割裂《墨子》書全體文本來理解墨子天志説"以上正下"之主張。《天志下》篇明言爲天下立法的根本在"天"不在"天子"，正是由于天下人明于"天子正天下"，不明于"天正天下"，所以才要扶立一個"天志"作爲立法的儀軌。《法儀》篇曰："今天下無大小國，皆天之邑也；人無貴賤長幼，皆天之臣也"，②上天之下人人平等，天子與民衆同受天的約束宰制，二者之不同只在社會分工，不在人格地位。③天子、政長的位分存廢，由其是否順應"天志"來決定。《尚同上》曰：

> 聞善而不善，必以告天子。天子之所是，皆是之；天子之所非，皆非之。去若不善言，學天子之善言；去若不善行，學天子之善行。則天下何説以亂哉？察天下之所以治者何也？天子唯能壹同天下之義，是以天下治也。天下之百姓皆上同於天子，而不上同於天，則災猶未去也。今若天飄風苦雨，湊湊而至者，此天之所以罰百姓之不上同於天者也。④

《尚同上》篇中，墨子提出"立以爲天子"的標準是"選天下

---

① 賀更行：《兼愛天下：墨子倫理思想研究》，中國社會出版社 2013 年版，第218 頁。
② 畢沅校注、吳旭民校點：《法儀》，《墨子》，卷一，第 13 頁。
③ 王裕安先生指出，《墨子·經上》講論君、臣、民之關係——"君，臣萌通約也"，意爲國君是由大臣、人民共同約定并推選而出，君只是立一個"名"，其"實"也就是一個平民。當然，在彼時的社會條件下，并不存在臣與民共同約定國君的文化土壤。見戚文、李广星等著：《墨子十講》，上海人民出版社 2007 年版，第 67 頁。
④ 畢沅校注、吳旭民校點：《尚同上》，《墨子》，卷三，第 43—44 頁。

之賢可者"。①由誰選舉？由上天來選舉。賢可者的資質爲何？爲能上同天意。天子上同天意，天則對他們遵從"天志"的行爲追加報償。今人固然可以詬病上述墨家政治哲學言説的論述框架是一種循環自證的"理型狀態"，不過推原《天志》篇之本然，所謂天子矯天命而自爲的情況，在墨家的理念中是完全不可能出現的。今人對墨家"天志"思想的質疑，無非是一種灌"儒"入"墨"的理解——即謂墨家本意是屈君以伸天，結果造成屈民以伸君；且"尊天"抹殺人格平等，有入主出奴、政教合一的神權專制主義傾向。對于這個問題，我們實當留意墨家對周初以來人文主義天道信仰的改造，尤其是對"湯武革命"的理解。孔子曰："湯武革命，順乎天而應乎人。"②革除舊命、更化新命最終落實在響應民意的基礎之上。墨子則曰："帝善其順法則也，故舉殷以賞之，使貴爲天子，富有天下，名譽至今不息。"③將之解釋爲"尊天"所獲得的報償。換言之，湯、武得位行權，建立新政，不再是"他們有天子的命運"的"受命"，而是"上天差派他們如此"的"任命"。亦即，儒家以人爲"主"而順天，施展革命的主體在人，先天賦人天命；墨家以人爲"客"而遵天，施展革命的主體在天，後天賦權予人。在墨家看來，"貴爲天子，富有四海"對天子而言不再是必然，而是有"尊天"的前提。墨家尊天事鬼而"非命"，本身即反對"立命""造命"，"愛民"的要求已經充分包含在"天志"的律令之下。由是觀之，"天志"絕對不等同于"王志"，墨家也絕非爲統

---

① 畢沅校注、吳旭民校點：《尚同上》，《墨子》，卷三，第 42 頁。
② 王弼注，孔穎達疏，盧光明、李申整理，呂紹綱審定：《革》，《周易正義》，北京大學出版社 2000 年版，卷五，第 238 頁。
③ 畢沅校注、吳旭民校點：《天志中》，《墨子》，卷七，第 113 頁。

治階級代言。反是孔孟儒家執有命論的觀念，恰可能導致統治者托天言志，矯天命以馭下民。

譚家健先生提出，墨家天志説把超人間的宗教概念還原爲人間的是非標尺，作爲一種衡量人間普遍意義的方法論，具有哲學内涵而無恐怖色彩。①取這種人文主義解讀進路的學者，多傾向認爲"天志"即神化了的"王志"或"民意"，"宗教的置入只是爲了獲得權威的話語權，而不是真信仰"。②楊澤波先生則認爲，"墨家哲學在某種程度上更像一種宗教，或者更確切一點説，墨家在很大程度上走的是一條近似宗教的道路"。③筆者以爲楊論更當。墨家天志説的題中之意正是被學者們所忽略或刻意淡化的"尊天"的宗教信仰，否則我們將很難解釋何以墨家不憚在其講論中反復申説上天是有意志、有好惡的人格神，以及其能夠立天子、行賞罰的超人間權能。墨家否認天命可知，那又如何上説下教，向人民申説其主張呢？其結果必然是歸向宗教信仰。排除墨家本身具有濃厚宗教色彩的建制形態不談，單論其宗教三論，猶可見上天鬼神爲其理論内容提供了鮮明的形上學保證。整個墨家思想體系正是因爲有了宗教向度的形上學基礎，"其思想才能具有終極性的動力，其理論才能變成具體的行動"④。由宗教信仰衍生思想主張，再指導道德踐履，是墨家由信仰至理論再轉化爲實踐的具體行動路綫。

① 譚家健：《墨子研究》，第218頁。
② 吕艷：《天志與人志：墨子天鬼人思想悖逆下的統一》，《棗莊學院學報》2012年第1期，第29頁。
③ 楊澤波：《天志明鬼的形上意義——從天志明鬼看道德學説中形上保證的重要作用》，《哲學研究》2005年第12期，第49頁。
④ 楊澤波：《天志明鬼的形上意義——從天志明鬼看道德學説中形上保證的重要作用》，第49頁。

墨家之謂教：墨學"宗教性"抉微

四、敬事鬼神

儒家對鬼神之事的態度，有"六合之外，存而不論"的理性主義傳統。孔子慎言鬼神，《論語・述而》曰"子不語怪，力，亂，神"①。對生死之態度，亦不從彼岸世界設想，《論語・先進》載季路問事鬼神，孔子答曰"未能事人，焉能事鬼"，②季路又問事生死，孔子答曰"未知生，焉知死"。③民國以來學界有一通行説法，謂同比諸宗教文明，以儒家文明爲代表的中國傳統文化爲一特別"早熟"之文化。梁漱溟先生在《東西文化及其哲學》中提出，中國人普遍不信仰宗教，却能以道德倫理來替代宗教。周孔教化使得國人更加傾向以道德自省來衡斷是非，而非以上帝信仰、宗教戒律等外力因素來收攝身心、規範行爲。西方宗教中的"罪感"觀念在中國文化中没有生長的土壤。這種依靠自信而不依靠他信、憑借自力而不憑借他力的"理性主義"，是西方宗教所不具備的。④ 這種言説暗示了一個論斷，即中國文化因理性發育早而導致文化過早成熟，又因文化的早熟直接跨過宗教迷信的階段，"不信神"恰恰彰顯了中國文化迥異于西方文化的獨特性和優越性。梁氏此論在學界頗具代表性，但這種對中國文化深層結構的道德理想主義式的化約理解，實存在一

① 楊伯峻譯注：《述而》，《論語譯注》，卷七，第 71 頁。
② 楊伯峻譯注：《先進》，《論語譯注》，卷一一，第 112 頁。
③ 楊伯峻譯注：《先進》，《論語譯注》，卷一一，第 112 頁。
④ 梁先生論中國人的宗教觀，多舉儒家學説爲例證，以周孔教化爲中國人理性精神的代表。該書特列"孔子的宗教"一節以爲探討，見梁漱溟：《東西文化及其哲學》，商務印書館 1999 年版，第 144—155 頁。

些問題。①

　　概言之，若循其致思理路繼續推演，極容易形成一種“政治正確”，即中國傳統文化的精華主要集中在以儒家爲代表的“非宗教性”的人文主義禮樂教化，在此之外具有强意識形態色彩的宗教信仰和宗教思想則爲需要拒斥的糟粕（筆者并非構陷入罪再加鞭笞，乃是據其理路進行一種誇張式的推演。事實上，梁氏本身信奉佛教，并未拒斥宗教，在該書中亦認爲佛教代表的印度文明是人類未來發展的理想形態。筆者此言乃是依其論東西方宗教尤其是儒耶二教而來）。這體現在墨學研究上，則爲學者依循文化早熟論之路徑依賴來定位墨家學説在中國思想史上的地位，往往刻意抽取墨家的天鬼信仰加以批判，謂墨家爲無法進行現代性詮釋和轉化的、既“不科學”又“不唯物”且“不理性”的封建迷信；或謂墨家的宗教論説只不過是墨家學説的潛隱支流，在“十論”中相對獨立，甚

---

① 參霍偉：《對梁漱溟“中國文化早熟”的評論》，《文化學刊》2015 年第 4 期，第 67 頁。梁氏之失，學界已有諸多探討。筆者想要指出的是，此一問題關乎“神文”“人文”之辨。若放在當代學界的論述情境中談，則顯見一種傾向，即學者整體上傾向將中國哲學或者思想“去宗教化”。先秦諸子被解釋爲早期神權（尤其是儒家），于是隨着時代的進展，天帝思維走向人文化，所謂周初人文精神之躍動，即是此意——所謂由天而人、所謂哲學突破、所謂軸心突破等等，都是在説孔子以降，已形成人文化之大趨勢。按照這個講法，墨子的“天志”“明鬼”就變成特殊情況，成爲時代的反動。實際的情況是否如此呢？筆者認爲可以這樣看。首先，就已形成的人文化的人文主義天道信仰（如孔子等）而言，不代表其完全排斥神文主義，如對天、鬼、神的敬拜和委身；其次，尊天事鬼的墨家，亦非没有人文思維，例如其談論禮樂，就多及于人事，可謂人文神文并參。故而，此種之别在于程度上的厚薄，不在存在上的有無。觀諸人類歷史，在一定的時間限度内，宗教信仰的濃烈和淡漠，非機械地循着時間的推移而升降。對古代信仰的復古或背弃，都不可能驟然激進化（如驟然疑古、驟然信古、驟然復古），而是需要一個過程，在此過程中甚至有所反復。類似案例在諸宗教文明中可謂比比皆是。

至可能是臨時被杜撰出來的。①

筆者認爲需要破除上述成見。首先，文化早熟論忽視了中國文化内部的多樣性，未能將與先秦儒家同時的墨家一并納入考量，且後世民間宗教、秘密會社等文化小傳統亦不乏此類“尊天事鬼”的遺傳。其次，不應簡單以今人的標準如科學、唯物、理性等來評估墨學的思想價值。宗教三論内部或墨家學説内部的思想矛盾，需要在文本解讀、經義釋詁的基礎上尋找答案，而非囿于“政治正確”而對墨學做肢解性、拆分性的理解。最後，在先秦時代，虔信鬼神的宗教信仰并不見得與人文主義的禮樂教化截然對立。《墨子·魯問》篇曰：“國家淫僻無禮，則語之尊天、事鬼”，②墨家以尊天、事鬼爲“凡入國必擇務而從事”的兩大核心策論，③不但不“非禮”，甚至還主張共祭上天、山川和鬼神。④由于宗教三論（尊天、事鬼、非命）是墨學中最受爭議的部分，其中又以事鬼論最爲人所詬病，故筆者將在下文中做相關論析，以期貼近墨家“事鬼”之原意。

墨家事鬼論主要載在《墨子·明鬼》，今亡佚上篇、中篇，只存下篇。既曰“事鬼”，則首先要闡明“明鬼”的意義何在。《明鬼下》開篇即指出，天下大亂的原因在于人們不明鬼神之有無，不信鬼神能賞善罰惡。其曰：

---

① 陳克守先生認爲：“墨家的鬼神觀是基本相對獨立的，不但和其唯物主義的宇宙觀格格不入，而且和墨家强力從事的人生觀也是相距甚遠。如果説儒家的鬼神存在是預先謀劃好了的話，那麽墨家的鬼神存在只是臨時被杜撰出來的。”見陳克守等著：《儒學與墨學比較研究》，中國社會科學出版社2014年版，第257頁。

② 畢沅校注、吳旭民校點：《魯問》，《墨子》，卷一三，第252頁。

③ 畢沅校注、吳旭民校點：《魯問》，《墨子》，卷一三，第252頁。

④ 劉永在：《歸正墨學》，四季出版社2017年版，第141頁。

子墨子言曰：“逮至昔三代聖王既没，天下失義，諸侯力正。是以存夫爲人君臣上下者之不惠忠也，父子弟兄之不慈孝弟長貞良也，正長之不强於聽治，賤人之不强於從事也。民之爲淫暴寇亂盜賊，以兵刃、毒藥、水火，退無罪人乎道路率徑，奪人車馬、衣裘以自利者，并作，由此始，是以天下亂。此其故何以然也？則皆以疑惑鬼神之有與無之別，不明乎鬼神之能賞賢而罰暴也。今若使天下之人，藉若信鬼神之能賞賢而罰暴也，則夫天下豈亂哉！”①

此處當留意，“力正”之“正”作何解釋？當代注家多認爲“正”通假“征”，爲“征伐”“征戰”之意，筆者以爲不確。②《天志下》篇有言“天之志者，義之經也”。③所謂“天下失義”，即言天下人失去了對上天的信仰。所謂“諸侯力正”，即言失去上天信仰的規範，諸侯開始憑己意行“力政”。不惠忠、不慈孝弟長貞良、不强聽治、不强從事、虧人自利，皆是不遵天志而行力政產生的直接惡果。原文“是以”之後、“此其故何以然”之前的論説，是“天下失義，諸侯力正”的注解。力行攻伐乃一具體行動，至多爲諸惡行之一，而非導致諸惡行產生的原因。“力政”本已包含下文諸惡行的内容。唯解“力正”爲“力政”，方能符合墨子原意。實際上，墨子强調鬼神和他强調天志的目的是一樣的，表面上

---

① 畢沅校注、吳旭民校點：《明鬼下》，《墨子》，卷八，第 123 頁。
② 當代注家多有解“諸侯力正”爲“諸侯力行攻伐之舉”。筆者以爲不確。下文墨子論列天下沸亂之後的諸惡行，已經有了“行攻伐”的表述。墨子原意當不至有此論述重複之處。見張西鋒：《墨論選讀》，第 155 頁；姜寶昌：《墨論訓釋》，下册，第 479 頁；譚家健、孫中原譯著：《墨子今注今譯》，第 180 頁。
③ 畢沅校注、吳旭民校點：《天志下》，《墨子》，卷七，第 122 頁。

看是在反復申説關乎實效的利害關係，實質上是希望人們切實回歸尊天、事鬼的宗教信仰（見圖二）。

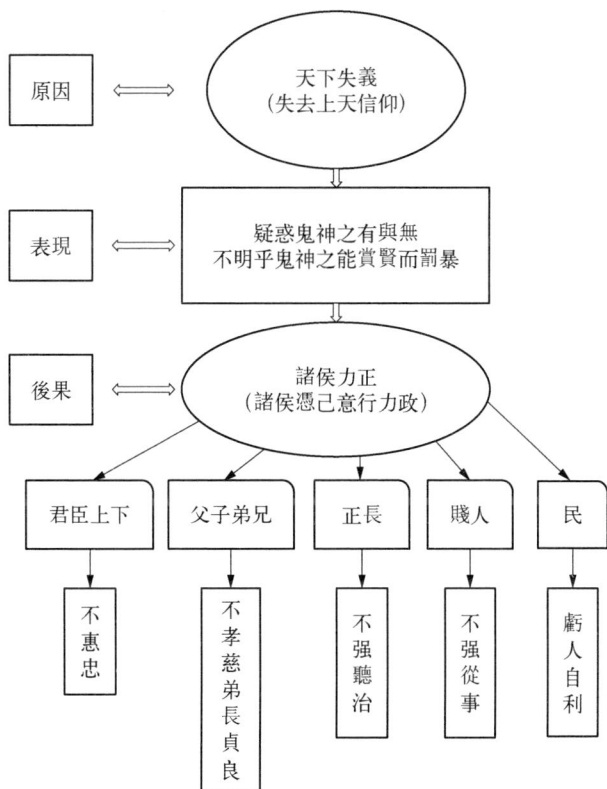

圖二

欲説服人們信奉鬼神，當然要證明鬼神的存在。一如論證"命之無"，墨子采用三表法來論證"鬼之有"。《明鬼下》曰：

> 子墨子曰："是與天下之所以察知有與無之道者，必以衆之耳目之實，知有與亡爲儀者也。請惑聞之見之，則必以爲

有；莫聞莫見，則必以爲無。若是，何不嘗入一鄉一里而問之？自古以及今，生民以來者，亦有曾見鬼神之物，聞鬼神之聲，則鬼神何謂無乎？若莫聞莫見，則鬼神可謂有乎？"①

　　這是三表法中第二表"原察百姓耳目之實""考先王之書"的"原"的維度。墨子之後列舉五個于史有傳、百姓耳聞目睹的"鬼故事"作爲例證，來駁斥"執無鬼者"認爲"鬼神固無有"的論斷。分別爲：（1）杜伯鬼魂射殺周宣王；（2）句芒神賜陽壽于秦穆公；（3）莊子儀鬼魂擊殺燕簡公；（4）厲神附體祝史杕殺祐觀辜；（5）齊莊君以死羊定罪中里徼。五個"鬼故事"都在強調鬼神存在，然其中論述重點又略有不同。（1）（3）講述"復仇"，所謂"殺不辜者其得不祥"，②側重描述鬼神"罰惡"的權能；（2）講述"明德"，所謂"德福一致"，側重描述鬼神"賞善"的權能；（4）關乎"祭祀"，怠慢鬼神罹禍，側重描述鬼神忌邪；（5）關乎"決獄"，鬼神鑒別人心，明察秋毫，側重描述鬼神明智。墨子所徵引的事例來自周、秦、燕、宋、齊之史書，并以"從者莫不見，遠者莫不聞"③爲依據來增加"鬼故事"的可信性。此外墨子又援《周書》《商書》《夏書》談論上帝鬼神的例證來説明，先王之書語鬼神之事之所以"重有重之"，是因爲先王以鬼神之事爲要務。

　　一如宗教三論中的其他兩論，墨家"事鬼"的理論主張也是在與論敵的辯論中逐步建立的。《墨子》書《經下》篇曰："無不

---

① 畢沅校注、吳旭民校點：《明鬼下》，《墨子》，卷八，第124頁。"有；莫聞莫見，則必以爲"據《墨子閒詁》補，見孫詒讓：《明鬼下》，《墨子閒詁》，中華書局2018年版，卷八，第224頁。
② 畢沅校注、吳旭民校點：《明鬼下》，《墨子》，卷八，第126頁。
③ 畢沅校注、吳旭民校點：《明鬼下》，《墨子》，卷八，第126頁。

必待有，説在所謂"，①墨家的論辯原則是主張"没有"的一方毋須舉證辯論，提出"存有"的一方則需要大量舉證。②墨子正是唯恐"執無鬼者"以衆人耳目之實爲不足信，故又訴諸三表法中的第一表"本聖王之事"爲決疑奥援。墨子指出，三代聖王治理天下均"先鬼神而後人"。③歷朝歷代，建國營都，必置宗廟、立祝宗、擇祭物。同姓諸侯立祖宗廟宇，异姓諸侯祭祀山川四望。凡聽獄治訟，恩賜功臣，刑戮罪犯，分賞均平，皆要在宗廟祭告神明。若鬼神果然無有，則聖王"務鬼神厚"的行爲就純屬枉然。在運用三表法之第一表、第二表以駁斥"執無鬼者"的過程中，墨子不但提出鬼神存在的三重證據（百姓耳目之實、先王之書、聖王之事），描述了鬼神介入現世的方法、模式——鬼神直接干預或附體人類、動物，還點明了鬼神的職權範圍爲賞善罰惡、監督祭祀、公平審判。

墨家是先秦時代最重視行爲效果的力行學派，其言談行事之關懷在改造社會、興利除害。墨學十論具有鮮明的策論特質，哪怕是宗教色彩濃厚的"尊天""事鬼""非命"三論，也處處閃耀着致用的光輝，而非單純的形上學玄思或僅限于學派圈子内部的神智游戲。這一點在《明鬼》篇中亦體現得淋漓盡致。欲上説王公、下教萬民，僅以史料和口傳爲"事鬼"依據，墨子猶嫌不足。畢竟，聖王之事、先王之書、百姓耳目之實的權威性和信實程度會隨着時代的變遷和主觀認識的不同而有所變化，其效力并非"常數"。唯有與個人切身利益相關聯，人出于趨利避害的本性才可能對之有所關注，并因而加深信仰的委身强度。故墨子又據三表法之第三表"中

---

① 畢沅校注、吴旭民校點：《經下》，《墨子》，卷十，第 173 頁。
② 顧如：《立墨——〈墨子〉經義釋詁》，下册，第 261 頁。
③ 顧如：《立墨——〈墨子〉經義釋詁》，下册，第 261 頁。

國家百姓人民之利"的"用"的維度來增加"事鬼"的說服力度，一則"威壓以驚怖"，一則"曉之以利害"。《明鬼下》曰：

> 是故子墨子曰："嘗若鬼神之能賞賢如罰暴也，蓋本施之國家，施之萬民，實所以治國家、利萬民之道也。"若以爲不然，是以吏治官府之不潔廉，男女之爲無別者，鬼神見之；民之爲淫暴寇亂盜賊，以兵刃、毒藥、水火，退無罪人乎道路，奪人車馬、衣裘以自利者，有鬼神見之，是以吏治官府，不敢不潔廉，見善不敢不賞，見暴不敢不罪。民之爲淫暴寇亂盜賊，以兵刃、毒藥、水火，退無罪人乎道路，奪車馬、衣裘以自利者，由此止。是以莫放幽閒，擬乎鬼神之明顯，明有一人畏上誅罰，是以天下治。故鬼神之明，不可爲幽閒廣澤，山林深谷，鬼神之明必知之。鬼神之罰，不可恃富貴衆強，勇力強武，堅甲利兵，鬼神之罰必勝之。[1]

上段引文意思并不難理解。然仍當留意，"賞善"和"罰惡"在鬼神能够行使的權能中級別是否等同。過往學者很少論及這一點，筆者在此處加以申説。墨子強調鬼神之明無幽不鑒，都是針對官府不廉、男女無別、民衆虧人自利等諸惡行而發。此外，欺瞞鬼神，天誅必至，鬼神之罰又必勝之。所以欲天下治的關鍵在"畏上誅罰"。《墨子》書《明鬼》篇凡舉夏桀、商紂爲例，皆爲説明"鬼神之所罰，不可爲富貴衆強、勇力強武、堅甲利兵"的道理。這兩位暴王詬天侮鬼、姚傲萬民，以致身死國滅爲天下戮。而推翻

---

[1] 畢沅校注、吳旭民校點：《明鬼下》，《墨子》，卷八，第132頁。

夏桀、商紂的商湯、周武，在墨子的言説中近乎充當鬼神行使職能的工具。較之對暴王身死刑戮的詳盡叙述，聖王吊民伐罪的功績反不見有關鬼神"封賞"的描寫。這種表達方式見于《明鬼》全篇，給人以墨家所信仰之鬼神重罰輕賞的印象。

有論者指出，墨家天鬼言説的特點是"順天不賞，逆天必罰"（不信鬼神也是違反天志，亦在被罰之列），又由于在《墨子》書中，負責罰暴的鬼在《明鬼》篇中占據絶大篇幅，負責封賞的神則處于隱身狀態，可見墨家建構的宗教神學是一套極其嚴厲的重罰輕賞的宗教神學。[1]不過，此固然揭示了墨家宗教神學迥异于諸宗教神學之處在于重罰輕賞，然對墨家何以成爲此種宗教神學的原因解釋并不妥當。在墨家宗教三論中，上天與鬼神的層級各不相同。上天和鬼神各有位格，前者高于後者，而宿命則歸于無有。在《明鬼》篇中，鬼神是上天的耳目手足和天志施展的工具，鬼與神的層級相等，不當將之二分。鬼神罰暴的篇幅之所以多于鬼神賞善的篇幅，筆者以爲墨子之用意有如下一層意思——如《墨子》書《大取》篇所言"故浸淫之辭，其類在鼓栗"，即通過漸次引人陷入自己的言辭，鼓動被言説對象的恐懼情緒。[2]從策論角度理解，《明鬼》篇説服的對象包括在上掌權者，以鬼神之大能嚇阻統治者作惡爲理之必然；從教義角度理解，鬼神之罰不避權貴，鬼神之下人人平等，口吻近乎誡命，責人警醒自守。由是觀之，所謂重罰輕賞，

---

① 余翔：《論墨家學派的巫術背景與墨家集團的宗教特性》，第 37 頁。
② 王讚源主編：《墨經正讀》，第 194 頁。"栗"，同"慄"，《論語·八佾》曰"使民戰栗"，《爾雅·釋詁》曰"戰慄，懼也"。"戰慄"乃人懼怕戰争而作顫抖狀，"鼓栗"即仿此義。故"故浸淫之辭，其類在鼓栗"即指向人不斷進言，以滲透之方法，使其不自覺地受到影響，如同擊鼓時震動發出之聲響雖然不大，其聲音却能傳入聽者耳中，進而影響其之思維。參陳高傭：《墨辯今解》，商務印書館 2016 年版，第 308 頁。

其要在"威壓"，不必就個別字詞在《明鬼》篇的篇幅呈現上進行考究。

"威壓"之外，還須曉之以利。《明鬼下》載錄了墨家談論祭祀的一個觀點，其曰：

> 今執無鬼者曰："意不忠親之利，而害爲孝子乎？"子墨子言曰："古之今之爲鬼，非他也，有天鬼，亦有山水鬼神者，亦有人死而爲鬼者。"今有子先其父死，弟先其兄死者矣。意雖死然，然而天下之陳物，曰："先生者先死。"若是，則先死者非父則母，非兄而姒也。今潔爲酒醴粢盛，以敬慎祭祀，若使鬼神誠有，是得其父母姒兄而飲食之也，豈非厚利哉！若使鬼神誠亡，是乃費其所爲酒醴粢盛之財耳；自夫費之，非特注之污壑而弃之也；内者宗族，外者鄉里，皆得如具飲食之。雖使鬼神誠亡，此猶可以合歡聚眾，取親於鄉里。[1]

這是墨子針對"執無鬼者"所提出"事鬼"可能導致"不忠親之利，而害爲孝子"的觀點而作出的反駁。"執無鬼者"認爲務于鬼神之事可能有損孝道，墨子則認爲侍奉鬼神并不致荒廢屬世的責任。墨子在此處采取了一種實用主義的辯護方法。他首先指出無論父母雙親還是兄弟姊妹，死後都會變成鬼，"事鬼"如"事人"；其次，設若鬼神真的存在，那麼潔净酒食祭品、恭敬準備祭祀，就等于爲已經成爲鬼的父母、弟兄、姊妹提供供奉，盡鬼事而兼人道；進而，設若鬼神的確不存在，那無非是花費了一些祭祀用的錢

---

[1] 畢沅校注、吳旭民校點：《明鬼下》，《墨子》，卷八，第134頁。

財祭物，也可以物盡其用，請同族和外鄉同來分食享用，聯結社群共同體的感情。與儒家"慎終追遠"所強調的對先人的誠敬不同，墨家對祭祀的態度着重突出"有利"。是故墨子曰：

> 今吾爲祭祀也，非直注之污壑而弃之也；上以交鬼之福，下以合歡聚衆，取親乎鄉里。若神有，則是得吾父母弟兄而食之也。則此豈非天下利事也哉！……今天下之王公大人、士君子，中實欲求興天下之利，除天下之害，當若鬼神之有也，將不可不尊明也，聖王之道也。①

上可以交鬼之福，下可以合歡聚衆、取親鄉里，墨家以能取厚利來説服人們"事鬼"，合乎三表法第三表之"中國家百姓人民之利"的"用"之維度，且不受"鬼神是否真的存在"這個難題的框限。這種處理確實容易給人以墨家不信鬼神或墨家不關心鬼神是否實際存在的印象。鬼神在墨家這裏似乎只是爲議題自設的，并非什麼確定的必然存在（即如在有神論宗教信徒的觀念中，上帝或鬼神的實際存有是一個事實判斷）。②對于這個問題，筆者借西方哲學史上討論上帝存有的經典命題——帕斯卡爾的"賭徒論證"（Pascal's wager）來加以申説。③ 墨家對鬼神存有的辯護模式，與帕斯卡爾的這一論證，有一些相似之處。

"賭徒論證"關涉基督教護教學，是布萊斯·帕斯卡爾

---

① 畢沅校注、吳旭民校點：《明鬼下》，《墨子》，卷八，第135頁。
② 劉永在：《歸正墨學》，第145頁。
③ 參 Blaise Pascal, translatedby A. J. Krailsheimer, *Pensées* (London: Penguin Books, 1995), 121–127。

（Blaise Pascal）以實踐理性的方法論證上帝存在的經典命題。帕斯卡爾首先假定人們對"上帝存在"這件事情"下賭注"。然後基于上帝"可能存在"（存在或不存在）這一前提，計算信者與不信者在不同情況下據其所做出的抉擇所獲得的相應報償，其結論是相信上帝存在是一筆穩賺不賠的"買賣"。如果上帝存在，我們相信上帝，將享受無限的福樂；我們不相信上帝，將蒙受永久的損失。根據"或然性"原則，如果相信上帝，無論上帝在"事實上"存在與否，我們都沒有多大損失——簡而言之，如果對賭贏了，你就贏得一切；如果對賭輸了，也一無所失。在這種情況下，顯而易見，相信"上帝存在"（有上帝）就是面對來生不確定性的最穩妥的投資（因而最理性的做法是選擇相信上帝是存在的）。見圖三。

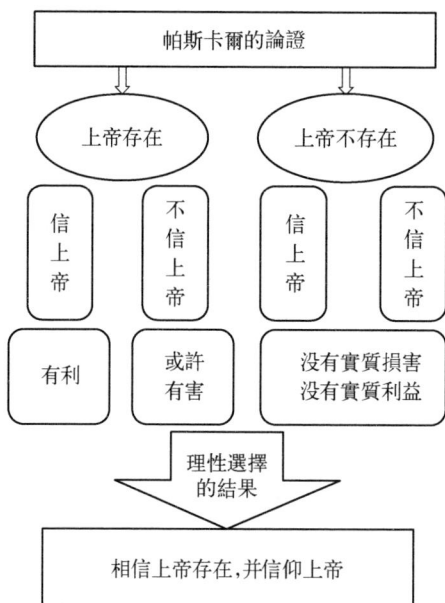

圖三

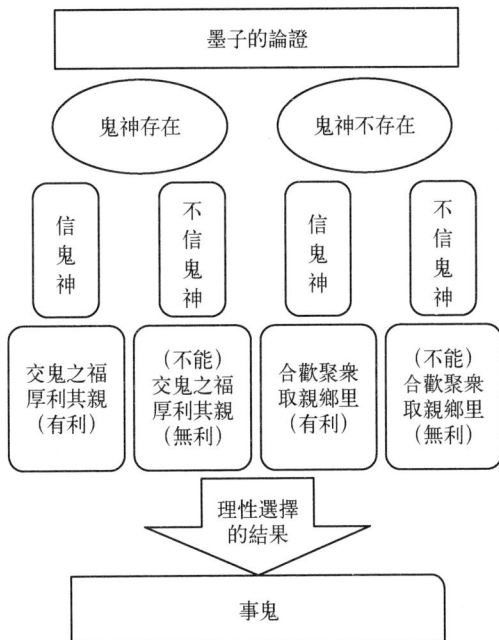

圖四

　　如圖三所示，無論上帝是否存在，信仰上帝都是最佳選擇；同樣的，無論鬼神存在與否，"事鬼"皆爲必要（見圖四）。可見墨子和帕斯卡爾對"事鬼"和"信神"必要性的辯護在論證結構上確有异曲同工之妙。帕斯卡爾在不確定性極大的信仰問題上，引入概率期望的數學方法，用清晰縝密的邏輯推演爲之回護，借助人趨利避害的心理，因勢利導。[1]《墨子》書《大取》篇亦曰："利之中取大，非不得已也。害之中取小，不得已也。所未有而取焉，是利之中取大也。於所既有而弃焉，是害之中取小也"，[2]也在强調人

---

① 王幼軍：《帕斯卡爾賭注的形式演化》，《上海師範大學學報（哲學社會科學版）》2015年第4期，第31—32頁。
② 畢沅校注、吳旭民校點：《大取》，《墨子》，卷一一，第207頁。

當理性選擇，以結果爲依歸。

兩利相權取其重，兩害相較取其輕，東西方兩大哲人在面對無鬼論者和無神論者的質疑時，均采用實用主義的辯護原則。然而，這是否意味着帕斯卡爾和墨子本人并不是真的信仰者，或者不在乎信仰的信實性呢？恐怕也不盡然。"賭徒論證"本是爲了回應西方人文主義興起以來的懷疑論論調，"利用懷疑主義作爲策略，最終是要引向耶穌基督所指示的人道"，①目的仍是引人歸向神；《明鬼》篇中墨子的論證策略也相近，通過自我設問并拆解兩個互相排斥的命題："鬼神存有"與"鬼神無有"，勸服"執無鬼者"謹慎衡量"事鬼"的機會成本。帕斯卡爾與墨子只不過在此論證過程中并不直接訴諸神律和信仰，論證側重凸顯策略決斷，而不凸顯信仰的信實。兩者皆具有護教性質，不當純作權宜之計觀之。②猶于《明鬼》篇而言，其言説方式兼破與立，寓立于破，堪爲墨家宣教衛道的典範文本。

五、拒斥宿命

自有生民以來，秉持宿命論或曰有命論的就大有人在。"執有命者"相信每件事發生的背後都有一股盲目的力量在運行。這股力

---

① 汪力：《論帕斯卡爾的上帝之賭》，《理論界》2010 年第 2 期，第 98 頁。
② 有很多秉持人文主義觀點的學者未曾認識到，"賭徒論證"是從護教的角度出發，而非從懷疑的角度出發。帕斯卡爾乃是向質疑者發出挑戰，即神是用心靈而不是人的理性來領受，認識信仰需要信心的跳躍。既然肉眼看不到神，福音的真理也不能被證明到無可懷疑的地步，那麼何不將生命交托給上帝，作爲基督教可能是真理的"賭注"。參［英］白高倫著、陳詠譯：《哲學與基督教信仰》，福音證主協會出版部 1980 年版，第 58 頁。

量不會思考、沒有位格，恍如機械定律一般。且因其不具有上帝、鬼神那樣的無限智心，自然也不關心道德。此宿命論爲墨家所不取，故在《非命》中被極力辟斥。

墨家尊天、事鬼却反對人有宿命，這種看似矛盾的觀念成爲墨家宗教思想的一大特色。由于這種矛盾性，後人在看待墨家宗教三論的時候，容易産生誤解，即誤以爲墨家"三論"之間互相否定，猶以"强力非命"的世俗維度來否定"尊天事鬼"的宗教維度。章太炎先生認爲，墨家"非命"不但無礙其天鬼信仰，反而能成全其天鬼信仰。他在《諸子學略説》中言道："夫儒家不信鬼神而言有命，墨家尊信鬼神而言無命，此似自相剌繆者。不知墨子之非命，正以成立宗教。彼之尊天佑鬼者，謂其能福善禍淫耳。若言有命，則天鬼無權矣。"[1]又有論者認爲，墨子關于鬼神存在的證明與一般宗教家不同，是立足于經驗事實而非私人的神秘體驗，"宗教一般都設立一個超現實的世界，把一切問題都放在那裏去解決，因而具有超現實的意味；墨子則不然，他是徹底的現實主義者，一切問題都要在現實生活中求解决，天志鬼神的意義也主要是在現實世界中發生作用"[2]。以上這些問題，均須回到對《非命》篇的原典釋讀上才能加以解决。

在展開論述以先，筆者首先探討《非命》三篇中作爲墨家論辯假想敵的"執有命者"的身份。《墨子》書《公孟》篇記載了墨子與程子、公孟兩位儒者之間的對話，均與"命之有無"的問題相關。墨子認爲，儒家"以命爲有，貧富壽夭、治亂安危有極矣，不

---

① 章太炎：《諸子學略説》，《國粹學報》1906 年第 21 期，第 11 頁。
② 顏炳罡、彭戰果：《孔墨哲學之比較研究》，人民出版社 2012 年版，第171 頁。

可損益也",①必然導致"爲上者行之，必不聽治矣；爲下者行之，必不從事矣"的亂政，②足以喪天下；并且儒家鼓勵君子去相信、去學習"貧富壽夭，齰然在天，不可損益"的宿命論，這種做法等于"教人學而執有命，是猶命人葆而去其冠也"，③實屬無謂。《非儒》篇又曰：

> 有强執有命以説議曰："壽夭貧富，安危治亂，固有天命，不可損益。窮達、賞罰、幸否有極，人之知力，不能爲焉！"群吏信之，則怠於分職；庶人信之，則怠於從事。吏不治則亂，農事緩則貧，貧且亂政之本，而儒者以爲道教，是賊天下之人者也。④

墨家通過非儒來立墨，可見非命論源于墨家和儒家的辯論，《非命》三篇的"執有命者"當指彼時主張有命論的儒者。墨家後出于儒家，儒家對墨家有所影響自是無疑。在某些思想主張上，例如修身、尚賢、尚同，墨家采取的態度是"接着講"（有所揚弃），而在宗教思想方面則完全是"反着講"（截然拒斥）。例如看待天鬼的態度，墨家就比儒家保守；看待宿命的態度，墨家又比儒家激進。譚家健先生指出，墨家的"非命"不但反對不可損益的命定論，還反對"天命靡常"的"命不定論"，"至于他承認天志，那并不等于承認天命。打個比方，天志好比裁判員，可以因人因事施

---

① 畢沅校注、吳旭民校點：《公孟》，《墨子》，卷一二，第240頁。
② 畢沅校注、吳旭民校點：《公孟》，《墨子》，卷一二，第240頁。
③ 畢沅校注、吳旭民校點：《公孟》，《墨子》，卷一二，第240頁。
④ 畢沅校注、吳旭民校點：《非儒下》，《墨子》，卷九，第158—159頁。

行賞罰。天命好比電腦軟件設計師，設計人生的一切。天志和天命有關聯，但二者并不是一回事"。① "天"與"命"絶對互斥，兩者判然殊途，不存在可以相互容納的空間。《墨子》書《小取》篇有曰：

> 有命，非命也；非執有命，非命也，無難矣。此與彼同類。世有彼而不自非也，墨者有此而罪，非之，無故焉也，所謂内膠外閉，與心毋空乎？内膠而不解也。此乃是而然者也。②

依《小取》之意，所謂主張"有命"，不代表真的有"命"的存在；而反對主張"有命"，則是全盤否定"命"的存有。對于堅持宿命論觀點的儒者，墨家稱之爲"内膠而外閉"，即内心頑固、對外封閉。可見，墨家對"命"的否定是完全徹底的，不留任何妥協的餘地。

墨家建立非命論遵循三表法的判斷標準。通過援引歷史流傳、文獻記載、百姓見聞等直接經驗和間接經驗，來否定"命"的存在。根據第二表"原百姓耳目之實"的法則，"自古以及今，生民以來者，亦嘗見命之物、聞命之聲者乎？則未嘗有也"，③從來沒有人親眼見過、親自接觸過一種叫作"命"的東西；根據第一表"考聖王之事""天鬼之志"與第二表"考先王之書"的法則，則有周之《仲虺之告》《太誓》和夏商之《詩》《書》的記載，皆曰

---

① 譚家健：《墨子研究》，第 203 頁。
② 畢沅校注、吳旭民校點：《小取》，《墨子》，卷一一，第 215 頁。
③ 畢沅校注、吳旭民校點：《非命中》，《墨子》，卷九，第 148 頁。

命乃桀、紂等暴君自作，聖王不爲，詐稱有命者天巫降禍之。

墨家進而根據第三表"中國家百姓人民之利"的法則，利用世人普遍趨利避害的心理，以"强執有命"會造成種種禍害來規勸人們遠離有命論。墨子認爲有命論的害處體現在以下幾點：第一是使社會道德失序。有命論者主張"上之所賞，命固且賞，非賢故賞也。上之所罰，命固且罰，不暴故罰也"，① 這必然導致"入則不慈孝於親戚，出則不弟長於鄉里，坐處不度，出入無節，男女無辨。是故治官府則盜竊；守城則崩叛；君有難則不死，出亡則不送"的惡果，②由此爲君不義，爲臣不忠，爲父不慈，爲子不孝，爲兄不良，爲弟不恭，世道人心崩解，忠孝仁義俱毀焉。第二是使社會秩序喪亂，"卿大夫必怠乎治官府矣，農夫必怠乎耕稼樹藝矣，婦人必怠乎紡績織紝"③，政治紊亂，財用不足，國家的經濟活動也無法得到有效的運作。第三，怠慢并得罪天鬼、賢士、百姓，"今用執有命者之言，則上不聽治，下不從事。上不聽治，則刑政亂；下不從事，則財用不足；上無以供粢盛酒醴，祭祀上帝鬼神，下無以降綏天下賢可之士，外無以應待諸侯之賓客，內無以食飢衣寒，將養老弱"④。鑒于彼時社會有命論流布廣大，遺傳深遠——"執有命者，以雜於民間者衆"⑤，墨家以之爲"厚害"，故疾非之，以爲"命上不利於天，中不利於鬼，下不利於人"⑥。既以非之，何以易之？以"强力從事"的非命論易之。《非命下》曰：

---

① 畢沅校注、吳旭民校點：《非命上》，《墨子》，卷九，第 145 頁。
② 畢沅校注、吳旭民校點：《非命上》，《墨子》，卷九，第 145 頁。
③ 畢沅校注、吳旭民校點：《非命下》，《墨子》，卷九，第 155 頁。
④ 畢沅校注、吳旭民校點：《非命上》，《墨子》，卷九，第 147 頁。
⑤ 畢沅校注、吳旭民校點：《非命上》，《墨子》，卷九，第 142 頁。
⑥ 畢沅校注、吳旭民校點：《非命上》，《墨子》，卷九，第 147 頁。

是故子墨子曰："今天下之君子之爲文學、出言談也，非將勤勞其惟舌而利其唇呡也，中實將欲爲其國家邑里萬民刑政者也。今也王公大人之所以早朝晏退，聽獄治政，終朝均分，而不敢怠倦者，何也？"曰："彼以爲<u>强必治，不强必亂；强必寧，不强必危</u>，故不敢怠倦。今也卿大夫之所以竭股肱之力，殫其思慮之知，内治官府，外斂關市、山林、澤梁之利，以實官府，而不敢怠倦者，何也？"曰："彼以爲<u>强必貴，不强必賤；强必榮，不强必辱</u>，故不敢怠倦。今也農夫之所以蚤出暮入，强乎耕稼樹藝，多聚升粟，而不敢怠倦者，何也？"曰："彼以爲<u>强必富，不强必貧；强必飽，不强必飢</u>，故不敢怠倦。今也婦人之所以夙興夜寐，强乎紡績織絍，多治麻絲葛緒絪布縿，而不敢怠倦者，何也？"曰："彼以爲<u>强必富，不强必貧，强必暖，不强必寒</u>，故不敢怠倦。"[1]

破除有命論的迷思，不但要説明有命論的危害，還要證明非命論的好處，寓立于破，破而後立，立論始能成立。上面一段話詳細申説九"强"九"不强"之優弊利害，以强調"强力從事"的必要性，涉及社會運作的方方面面。墨子認爲不能放任有命論的論調在社會上傳播，安危治亂、貴賤榮辱、貧富飢飽，一切取決于人的主觀能動性，不假外求。墨家恃力非命，《墨子》書《非樂上》篇一言，實爲其"强力非命"之"力"的完滿注解。其曰：

今人固與禽獸麋鹿、蜚鳥、貞蟲异者也。今之禽獸麋鹿、

---

[1] 畢沅校注、吳旭民校點：《非命下》，《墨子》，卷九，第154—155頁。

蜚鳥、貞蟲，因其羽毛以爲衣裘，因其蹄蚤以爲褲屨，因其水草以爲飲食。故唯使雄不耕稼樹藝，雌亦不紡績織紝，衣食之財固已具矣。**今人與此異者也，賴其力者生，不賴其力者不生。**君子不強聽治，即刑政亂；賤人不強從事，即財用不足。今天下之士君子以吾言不然，然即姑嘗數天下分事而觀樂之害。①

　　"賴其力者生，不賴其力者不生"，即言人禽之別。人能積極有爲地利用自身能力去改造外部環境，不同于禽獸只能消極被動地適應大自然。力也者，非氣力也，若作"氣力"而觀，則禽獸猶有勝于人者。人有使用氣力去改造外物的意願和能力，此誠人類爲萬物靈長的本質。"非樂"爲墨學十論之一，"強力從事"的表述同見于《非樂》篇與《非命》篇，且墨家之所以"非樂"亦是擔憂君子耽于娛樂不強聽治而致刑政亂，"賤人"耽于娛樂不強從事而致財用不足。由此似見墨家"非樂"思想亦是"非命"思想之所出，墨家在經濟領域的主張同樣爲其宗教思想所籠罩。②

---

① 畢沅校注、吳旭民校點：《非樂上》，《墨子》，卷八，第139頁。
② 《墨子·非樂上》："王公大人蚤朝晏退，聽獄治政，此其分事也。士君子竭股肱之力，亶其思慮之智，內治官府，外收斂關市、山林、澤梁之利，以實倉廩府庫，此其分事也。農夫蚤出暮入，耕稼樹藝，多聚升粟，此其分事也。婦人夙興夜寐，紡績織紝，多治麻絲葛緒絪布縿，此其分事也。今惟毋在乎王公大人說樂而聽之，即必不能蚤朝晏退，聽獄治政，是故國家亂而社稷危矣。今惟毋在乎士君子說樂而聽之，即必不能竭股肱之力，亶其思慮之智，內治官府，外收斂關市、山林、澤梁之利，以實倉廩府庫，是故倉廩府庫不實。今惟毋在乎農夫說樂而聽之，即必不能蚤出暮入，耕稼樹藝，多聚升粟，不足。今惟毋在乎婦人說樂而聽之，即不必能夙興夜寐，紡績織紝，多治麻絲葛緒絪布縿，是故布縿不興。曰：'孰爲大人之聽治而廢國家之從事？曰：樂也。'是故子墨子曰：'爲樂，（轉下頁）

墨家之外，諸子論"命"，意見可謂紛繁。老子曰"復命"，"夫物芸芸，各復歸其根。歸根曰静，是曰復命。復命曰常，知常曰明。不知常，妄作，凶"①。莊子曰"安命"，"知其不可柰（奈）何而安之若命，德之至也"，②"安時而處順，哀樂不能入也，古者謂是帝之縣解"③。道家論"命"，是將其作爲一種生命哲學來探討，希望人們能够洞穿生命的本質真相，産生個體的醒悟覺解，最終臻至精神絶對自由的"無爲"和"逍遥"之境。"命"之于道家，是不可名狀、難以意料、充滿神秘主義色彩的絶對超越之物。道家相信"命"的存在，且認爲人生在世的貧富貴賤、壽夭生死，皆不取决于個人主觀的努力，而在命運的冥冥安排之中，在"命"的宰制之下，人并没有多少發揮自由意志的空間。道家之强調"命"，比儒家更甚。儒家言"命"但不廢人事，仍是注重人爲的力量；道家言"命"則更重視天命，不贊成人爲，而主順其自然、任天安命。其之所謂"命"也，正是"人力所不能及，人力所無可奈何的意思"④。相比儒墨諸子，道家的有命論言説，悲觀頽廢的意味會更濃厚一些。⑤

儒家論"命"，亦各有言表。孔子曰"知命""畏命"，"不知

（接上頁）非也．'"由此可見，《墨子·非樂》篇中有諸多詞句和思想大義與《非命》篇重合，"非樂"實可目爲對"非命"思想的引申和進一步細分。參畢沅校注、吴旭民校點：《非樂上》，《墨子》，卷八，第 139 頁。

① 王弼注，樓宇烈校釋：《老子道德經注校釋》，中華書局 2008 年版，上篇，第十六章，第 35—36 頁。

② 郭慶藩輯，王孝魚整理：《內篇·人間世》，《莊子集釋》，卷二中，第 155 頁。

③ 郭慶藩輯，王孝魚整理：《內篇·養生主》，《莊子集釋》，卷二上，第 128 頁。

④ 張岱年：《中國哲學大綱》，中華書局 2017 年版，下册，第 513—514 頁。

⑤ 張海英：《論先秦道家天命觀的特點》，《湖南師範大學社會科學學報》2014年第 4 期，第 12—17 頁。

命，無以爲君子"①、"五十而知天命"②、"君子有三畏：畏天命，畏大人，畏聖人之言"③。又曰"認命"，"死生有命，富貴在天"④、"道之將行也與，命也；道之將廢也與，命也"⑤、"孔子進以禮，退以義，得之不得曰'有命'"⑥。《孟子》《中庸》則有"立命""正命""俟命"等論，"夭壽不貳，修身以俟之，所以立命也"⑦、"莫非命也。順受其正"⑧、"故君子居易以俟命"⑨。相較道家，儒家的命觀更爲陽剛健動，"聽天命"是爲止嗜欲而熄爭競，其外尚有"盡人事"的積極有爲之面向。⑩ 即便以儒家最爲人所詬病的"死生有命，富貴在天"一語觀之，亦可見其命觀側重不在宏觀命運，而在微觀命運，即對宇宙中原子化個體的有限性的認識。儒家認爲通過認識客觀世界的運行規律，能够合宜地安排人在此世的所行所爲。⑪

---

① 楊伯峻譯注：《堯曰》，《論語譯注》，卷二〇，第 209 頁。
② 楊伯峻譯注：《爲政》，《論語譯注》，卷二，第 12 頁。
③ 楊伯峻譯注：《季氏》，《論語譯注》，卷一六，第 174—175 頁。
④ 楊伯峻譯注：《顏淵》，《論語譯注》，卷一二，第 123 頁。
⑤ 楊伯峻譯注：《憲問》，《論語譯注》，卷一四，第 155 頁。
⑥ 楊伯峻譯注：《萬章上》，《孟子譯注》，卷九，第 210 頁。
⑦ 楊伯峻譯注：《盡心上》，《孟子譯注》，卷一三，第 278 頁。
⑧ 楊伯峻譯注：《盡心上》，《孟子譯注》，卷一三，第 278 頁。
⑨ 鄭玄注，孔穎達疏，龔抗雲整理，王文錦審定：《中庸》，《禮記正義》，北京大學出版社 2000 年版，卷五二，第 1672 頁。
⑩ 勞思光先生指出，在孔子以前，周人在反神權傾向的影響下，已經有了將"命"目爲"命定"的思想材料。《左傳》《國語》《詩經》等材料中皆有載。此一新起的意義，使得命與人格天相分離，而只指一"客觀限定"，就價值問題而言，本身是中立性質的。不過其所能決定者，與正義無關聯；人生之合義與否，與命亦不必相關。客觀限定之命，只應能涉及條件系列，不應能涉及自由意志。故其固然能決定人成敗與否，但不能決定人合義還是不合義。孔子在之後表示興廢生死乃命之事，而君子行義行道則不訴諸命；孟子則進一步將天與命皆歸入客觀限定之義，至此儒學的基本精神，可謂完全透出。參勞思光：《新編中國哲學史（增訂本）》，生活·讀書·新知三聯書店 2019 年版，卷一，第 98 頁。
⑪ 陳克守等著：《儒學與墨學比較研究》，第 252 頁。

　　觀墨家所批評的"強執有命者"的觀點，似乎在某種程度上更接近道家的言説。至于墨家出于向平民階級傳布學説的考量而刻意采用誇張極端的言説方式，或墨家因自身實用主義的學派風格而忽視儒家命觀中精密的倫理表達和政治功用，這些均須放置到具體的歷史環境和時代背景下探討，不必予以苛責。《墨子》書中《非命》《非儒》等篇章，對儒家的命觀進行了選擇性的抽取，并把它推到極端地步，以之爲全然消極的宿命論，實乃立論、論辯的需要。①儒墨二家同爲入世的學派，諸多思想具有親緣性，這一點通過荀子對墨家"強力從事"的非命論的借鑒吸收上也能看出。②《荀子·王制》篇曰：

　　　　"力不若牛，走不若馬，而牛馬爲用，何也?"曰："人能群，彼不能群也。""人何以能群?"曰："分。""分何以能行?"曰："義。故義以分則和，和則一，一則多力，多力則彊，彊則勝物，故宮室可得而居也。故序四時，裁萬物，兼利天下，無它故焉，得之分義也。"③

---

① 張德蘇認爲，墨家對儒家命觀的批評是選擇性的。儒家"正命"的思想，因與墨家相合，故這一點《墨子》全書未見有批評。而儒家命觀的流弊如命定論，因直接與"天志"相抵觸，則被墨家目爲是需要極力辟斥的。見張德蘇：《〈墨子〉"非命"與儒家的"命"》，《山東大學學報（哲學社會科學版）》2005 年第 3 期，第 24—25 頁。
② 參薛柏成：《墨家思想新探》，第 96—97 頁。當然，作爲儒學集大成者的荀子，其有關"力""命"的主張，可能來自多方。除了墨家之外，也有可能來自三晉法家。總之，荀子原創的可能性不大。考慮到荀子是先秦諸子辟斥墨學最爲系統者，故其論述直接由論敵轉化并加以改造以申説己見的可能性亦大。
③ 王先謙撰，沈嘯宸、王星賢點校：《王制》，《荀子集解》，中華書局 1988 年版，卷五，第 164 頁。

"多力則强""疆則勝物"，此意與墨家"賴其力者生，不賴其力者不生"的"尚力"主張相同。當然，荀子此説要旨本在强調明確社群共同體之邊界、等級、名分，乃從儒家禮義之分而發。此外，荀子"制天命而用之"的思想也受到了墨家非命論的影響，《荀子·天論》篇曰：

> "天行有常，不爲堯存，不爲桀亡。應之以治則吉，應之以亂則凶……治亂，天邪？"曰："日月星辰瑞曆，是禹、桀之所同也；禹以治，桀以亂，治亂非天也。……從天而頌之，孰與制天命而用之？"①

天道運行自有規律，不因堯而存在，不因桀而滅亡。順應天道，天下得治；逆反天道，天下喪亂。荀子極言"力政"的重要性，無疑是對暴王自詡"我固有命在天"的一種否定。《墨子·非命下》亦言"此世未易，民未渝，在於桀紂則天下亂，在於湯武則天下治，豈可謂有命哉"②，"又以爲力也"③。荀、墨兩説相較確有异曲同工之妙。唯其不同在于，墨家是整個徹底地拒斥命之存有，"天""命"二分，不可兼得。在反對人力之外存在所謂不可知的命定因素之後，墨家又加以"天志"，以保證人們的所行所爲能夠落在一個最高價值標準的規範内。"天志"對"非命"的保證，并非是對人托天言志、自稱受命之努力的絶對否定，"反而是在此保

---

① 王先謙撰，沈嘯宸、王星賢點校：《天論》，《荀子集解》，卷一一，第306—307、311、317頁。
② 畢沅校注、吳旭民校點：《非命上》，《墨子》，卷九，第143頁。
③ 畢沅校注、吳旭民校點：《非命下》，《墨子》，卷九，第153頁。

證下，達到了行爲和目的的必然相應"①。荀子論命，固然也有"天""命"二分之傾向，如其所謂"天"乃未接受心性論改造的、自然意義上的天，其所謂"命"乃主體無可奈何的、外在境遇的命。②然此"二分"究竟不過是在二者性質、職分上的劃分，而非基于存有問題上"非此即彼"的區別。

強力從事，以力制命，較之儒道二家的命觀，墨家"非命"思想在彼時普遍流行宿命論的社會時代背景下尤其顯得激進。儒、道二家命觀的差異，大體只是對"命"之内涵的理解和對"命"的委身程度上的差別，墨家的命觀則徹底否定"命"的存在。何以造成這種對"命"的獨特認識，或許可從墨家的宗教之維上尋找答案。首先，相對于基于神意報償的"神罰"，命定論或有命論具有一定程度的理性主義色彩，即"去魅"天鬼信仰而走向德性修養。對君子而言，固然能做到"修身以俟命"，而對于不具備此道德自覺的"小人"而言，則可能滑向"俟命不修身"。③ 其次，《非命下》篇曰"我聞有夏人矯天命於下，帝式是增"。墨家認爲"天志"之外不能另行造"命"，托天言志等于在"天志"之外擅自增加内容。苟如是，則在上掌權者因此壟斷天命的解釋權而肆意妄爲，在

---

① 颜炳罡、彭戰果：《孔墨哲學之比較研究》，第 182 頁。
② 韓德民：《荀子"制天命"説新解》，《中國文化研究》1996 年第 4 期，第 17 頁。
③ 對于筆者這個觀點，汪春弘教授提出補充意見，他認爲："《墨子》代表的是低階層人民之思想。因此它面對的受衆也是底層百姓，此與孔孟荀均不同。故而信鬼神、非天命，内含針對性。孔子積極的天命觀，若置于此輩，會産生消極影響。天命若注定，或令此輩淪爲惰民，甚至百無禁忌、無所顧忌之流民、暴民。所以應當注意墨家論述策略的變化。"筆者在此需要澄清的是，"大人""小人"在此處的分别，并非能以上層或下層的社會階級地位作區分。或許《墨子》一書論述"非命"的章節的申説對象的確主要在底層人民，然其效用一樣及于王公大人，《非命》篇中亦不乏對王公大人的講論。

下的人則聽天由命，不從"天志"，不盡天責，容易造就"三代之僞民"。"天志"是墨學十論的總綱，天鬼信仰又是墨家宗教思想的核心，有命論如果成立,將動搖整個墨家學説的理論基礎，故墨子非之。

六、小結

在本章中，筆者對墨學十論中直接關涉宗教的篇章（《天志》《明鬼》《非命》）做了文本辨析。此三篇主旨相應概括爲"尊天""事鬼"和"非命"，可目爲墨家宗教言説的核心思想。此外，筆者還把"法儀"和"三表"納入墨教宗教思想的體系，一并進行研討。筆者認爲，"法儀"立定墨家宗教信仰之法式，"三表"立定墨家論證信仰之方法，"天志""明鬼""非命"則爲墨家宗教信仰的具體内容。至于"十論"中的其他各論，或有和墨家宗教思想相聯通處，然其只是宗教教義和宗教律令所規範和要求的外顯行爲，不能視作墨家宗教思想本身。

第二章

宗教倫理辯難

　　倫理上的辯難即對價值觀的取捨。禮樂觀、愛觀和德福觀分別關乎人們對此世現實生活的態度、對群己之辯和利他主義的看法，以及對上天鬼神是否公義的觀念。此三者最能代表共同體之宗教信仰的樣貌，可資判斷墨家對其宗教信仰的委身程度。

一、對現世生活的態度：喪葬取厚取薄？
　　　音樂從繁從簡？

　　儒家隆禮重樂，素有"禮教"之稱。墨家作爲中國歷史上最早的"儒家反對派"，其"非儒"主張中有多處針對儒家禮樂觀而發。本節筆者將以墨學十論中的"節葬""非樂"爲中心，對墨家的禮樂主張展開相關研討。希望借此探明墨家對現世生活的態度，及其對周孔之道有所損益的背後動機，考察其究竟是要恢復古之禮樂，還是要創造一種新的傳統。①

（一） 儒墨淵源和《墨子·非儒》

墨子師承和墨學源流，歷來衆説紛紜。大體可定論的是墨子與儒家之間存在思想上的深厚淵源。《淮南子·要略》曰："墨子學儒者之業，受孔子之術，以爲其禮煩擾而不悦，厚葬靡財而貧民，（久）服傷生而害事。故背周道而用夏政"，②墨子之開宗立派、建言立説，是從反對儒家言説傳統開始的，可謂學儒而反儒，近儒又脱儒；《莊子·天下》曰："使後世之墨者，多以裘褐爲衣，以跂

---

① 墨家對現世生活之態度是否歸屬宗教倫理範疇？關于這個問題，筆者在本書寫作的過程當中，曾與龔鵬程教授有過討論。龔教授的意見是："這些内容均屬現實生活態度。喪葬該厚該簡，音樂該繁該簡，爲什麽歸屬宗教論題？例如今人也常討論葬之厚薄，禮之繁簡，可却常無宗教向度。可見此未必屬于宗教倫理思考範疇。而若考慮其中涉及之宗教性時，儒墨之爭論點，其實不在厚薄或繁簡，而在對‘天’之理解不同，且有不同的天人關係觀。儒家之天人關係觀中，‘祖’爲其‘天’與‘人’之中介，故敬天常與法祖結合，祭天的同時也講‘祖’之配常帝；而墨家根本不涉及‘祖’之問題，故祖先喪葬，埋之可也。"龔教授之意見亦有道理。不過，筆者在本章將墨家對現實生活的處理，納入宗教倫理範疇的考量，主要是基于以下考慮：第一，有關儒墨喪葬觀中祖先位分的問題討論，在本書論述墨家法儀觀（第一章第一節）、利親觀（第二章第二節）、鬼神觀（第二章第三節）時已有提及，筆者的看法是，在墨家思想中，祖先并非絶無位分，而是被"尊天""事鬼"所充量包含——故此只是程度上的厚薄問題，尚非存有上的有無問題；第二，對喪葬、音樂所取的態度及做法，同歸爲看待禮樂的觀念，禮樂不僅與現世有關，亦與宗教精神有密切的關聯，禮樂未必是宗教觀，但一定與宗教有關，墨家對喪葬、音樂的儉樸傾向，類同基督新教，正因減少了繁瑣的儀軌和形式，人才得以更加注目上天。德國社會學家馬克斯·韋伯在其著作《新教倫理與資本主義精神》中，首次將新教倫理中的儉樸、禁欲因素，同資本主義精神聯繫起來。該例似亦可支持筆者所論。

② 何寧集釋：《要略》，《淮南子集釋》，卷二一，第 1459 頁。

蹻爲服，日夜不休，以自苦爲極，曰：'不能如此，非禹之道也，不足謂墨。'"① 此謂墨家尚禹。《淮南子·主術訓》曰："孔丘墨翟，修先聖之術，通六藝之論，口道其言，身行其志。"②此謂孔、墨俱道堯、舜。堯、舜、禹、湯、文、武等古聖先王之道爲儒墨所共同尊奉，③二家論述所徵引文本亦不出先秦諸子廣泛使用的共通文本，如《詩》《書》和各國《春秋》④。可見儒墨學脉上有親緣性。《墨子》書中記載了不少墨子與儒者論辯的經歷，説明在墨子彼時或《墨子》成書前後，墨家和儒家之間的學術往來、論戰争鳴已經非常頻繁。從思想理念到社會實踐，儒家對墨家的影響作用于多方，但墨家對儒家的諸般理念并不是一味接受，而是有所取舍，在很多地方是取因襲而後改造、繼承而後發展的"揚弃"路徑——例如儒家講"親親"，墨家講"兼愛"；儒家愛有等差，墨家愛無等差；儒家繁禮，墨家尚儉；儒家厚葬久喪，墨家薄葬短喪；儒家講"有命"，墨家則"非命"；儒家講人治，敬"大人"；墨家講法治，遵"天志"；儒家輕視勞動生産，墨家則强力從事；

---

① 郭慶藩輯，王孝魚整理：《雜篇·天下》，《莊子集釋》，卷十下，第1077頁。

② 何寧集釋：《主術訓》，《淮南子集釋》，卷九，第674頁。

③ 《墨子》一書中提到堯、舜、禹、湯、文、武者共有十四處，稱禹、湯、文、武者有九處，稱文王者有八處，稱禹者最多，可見崇尚。有論者據此認爲墨家尚禹説明墨學源流來自夏文化。不過筆者以爲，大禹爲儒墨共同尊奉的聖王，墨家所謂以夏政易周道，僅是在建言立説時，試圖將自己的思想源頭推原自比儒家更古之處，故禹道夏政可能是墨學源流之一，但絶不是唯一源頭。見張永義：《墨——苦行與救世》，廣東人民出版社1996年版，第46頁。

④ 儒墨二家共同徵引之聖賢經傳，有《詩》《書》以及各國《春秋》。此外，儒家對《易》有比較詳細的論述，墨家因佑鬼、非命，故未有系統討論《易》的内容。見王桐齡：《儒墨之异同》，北平文化學社1931年版，第141—173頁。

等等。①

　　雖然"非儒"并不在今人約定俗成的墨學十論當中，但縱觀整個墨學十論的理論體系，仍處處見其"以非儒來立墨"的思想特色。"非儒"實爲墨學不可忽視的重要部分，墨家諸多理念皆借"非儒"來完成演繹——例如宗教三論中借駁斥"執無鬼者""執有命者"的觀點以伸張"事鬼""非命"的正當性與合法性，就屬典型的寓立于破的墨家護教文本。"十論"之外，最明確彰顯墨家"非儒"立場的爲《非儒》篇，《墨子》書中原録有二，上篇在歷史流傳中亡佚，獨餘下篇。《非儒下》全篇包含"非儒七題"和"詆孔五例"，對儒家、對孔子發起從思想到人格的全方位攻擊。先秦百家爭鳴時代中，諸子皆有不少批判儒家的論述。然論到"非儒"的系統性，《非儒下》篇當屬其中代表。

　　需要説明的是，儒墨二家互爲論敵，彼此詬病相非，他們所徵引用于批駁對手的案例未必事事符合史實，其中自有誇大其詞、删增篡改、痛詆對方形象的情況。《非儒下》篇中的"詆孔五例"，如孔子介入楚魯兩國政爭（"白公之亂"、縱放季孫）、陰謀使齊吳破國（間齊伐吳、勸越伐吳）等，其所述往往與孔門記述或儒墨以外的中立文獻所記録的內容有一定出入。②不過這無礙我們通過

---

① 徐希燕：《墨學研究——墨子學説的現代詮釋》，第35頁。
② 《墨子》書中的孔子與儒者形象，未必見得真實。且從《墨子》書之編撰體例以及《非儒下》篇所記事件之年代先後，大體可推《非儒下》篇較爲後出，可能是墨家後學在與儒者不斷辯論的過程中逐步形成對相關命題的思考并記録之。彼時儒墨并立已成事實，後學均可能拔高己方師尊地位并且貶低論敵的形象。其實在《墨子》全書中，對孔子、儒者的評價，亦未見一致。《公孟》篇載："子墨子與程子辯，稱於孔子。程子曰：'非儒，何故稱於孔子也？'子墨子曰：'是亦當而不可易者也。今鳥聞熱旱之憂則高，魚聞熱旱之憂則下，當此，雖禹、湯爲之謀，必不能易矣。（轉下頁）

《非儒下》篇來瞭解墨家究竟反對儒家哪些思想、哪些主張。因爲論敵之言固有刻意歪曲之嫌，己方之言亦不乏拔高美化之處。"非儒"既是"立墨"的重要源頭，考察其之所以"非"自然即是考察其之所以"立"的題中之意了。

《墨子·公孟》篇記載了墨子與儒者程子之間的一段對話，談論的是儒家可致天下喪亂的四大弊端：不信天鬼、厚葬久喪、喜音重樂、委身宿命。其曰：

> 子墨子謂程子曰："儒之道足以喪天下者，四政焉。儒以天爲不明，以鬼爲不神，天、鬼不說，此足以喪天下。又厚葬久喪，重爲棺槨，多爲衣衾，送死若徙，三年哭泣，扶後起，杖後行，耳無聞，目無見，此足以喪天下。又弦歌鼓舞，習爲聲樂，此足以喪天下。又以命爲有，貧富壽夭、治亂安危有極矣，不可損益也。爲上者行之，必不聽治矣；爲下者行之，必不從事矣。此足以喪天下。"①

墨子所指出儒家四大弊端正好與墨家尊天事鬼、非禮非樂、節葬儉喪、强力非命的核心主張一一對應（除"兼愛""非攻""尚賢""尚同"外，"十論"當中已占其七）。無獨有偶，《墨子·魯

（接上頁）鳥魚可謂愚矣，禹、湯猶云因焉。今翟曾無稱於孔子乎？"此處則見墨子并未否定孔子說得對的地方。或許墨子對孔子還有其他贊譽之語（比如此處贊揚"孔子是亦當而不可易"的原文，可能并不是完整的內容），此亦有可能是《墨子》書成書時，編纂者爲了突出"非儒"的面向而有所刪節或刻意遮蔽造成的。儒墨論戰中雙方的過激言辭，均爲論戰需要，今人不必過分苛責古人。對《墨子·非儒》篇所記相關史料的辨析，閻崇信先生有專書辯之甚詳，可參閻崇信：《墨子非儒篇彙考》，文史哲出版社1983年版。

① 畢沅校注、吳旭民校點：《公孟》，《墨子》，卷一二，第240頁。

問》篇又載了墨子與魏越的一段對話，談論的是國家治理技藝的問題，是爲墨學十論在全書唯一一次以綱目聚合的形式而展開的論述，其曰：

> 子墨子曰：“凡入國，必擇務而從事焉。國家昏亂，則語之尚賢、尚同；<u>國家貧，則語之節用、節葬；國家憙音湛湎，則語之非樂、非命</u>；國家淫僻無禮，則語之尊天事鬼；國家務奪侵凌，即語之兼愛、非攻。故曰：擇務而從事焉。”①

“儒之道足以喪天下”的“四政”與“凡入國必擇務而從事”的内容形成了《墨子》文本内部的奇特對舉，若曰前者爲“非儒”，則後者必是“立墨”了。對觀兩處文本可以發現，其所論大體不出鬼神有無之爭、喪葬厚薄之辯、音樂繁簡之爭、命之有無之辯。這四大議題同樣見諸《非儒下》篇的“非儒七題”和“詆孔五例”，皆與儒墨的禮樂觀有關。②然這四組議題與儒墨禮樂觀之間的關係，又須分爲形上層面的宗教哲學思辨（鬼神有無之爭、命之有無之辯）與形下層面的器物制度與禮儀模式（音樂繁簡之爭、喪葬厚薄之辯）。前者是奠定儒墨禮樂觀的思想基礎，後者則是儒墨禮樂觀的具體展現，與社會實踐活動直接相關。儒墨二家俱爲入世學派，這部分内容最能反映他們在屬世事務上的分歧，以及各自禮樂觀的特色。此外，墨家固然激烈“非儒”，但“十論”當中所展

---

① 畢沅校注、吳旭民校點：《公孟》，《墨子》，卷一二，第251—252頁。
② 四大議題之外，《非儒下》篇還討論了“創制”（君子是否循而不作、服古言而後仁）和“諫諍”（君子應該明哲保身還是不扣亦鳴）的問題。體現了墨家不盲目信古的態度。

示的"非儒"面向不盡相同。例如墨家建立"尊天""事鬼"二論是爲反駁儒家"不尊天""不事鬼"的觀點，概言之即"本應有的，儒家沒有，而墨家有"；建立非命論是爲反駁儒家"有命"的觀點，概言之即"本應沒有的，墨家也沒有，儒家却有"；"非樂""節葬"二論則是據儒家"縱樂""厚葬"的現實情况而展開的反駁，概言之即"雖然應該有，但儒家的作爲過猶不及，而墨家的作爲更符合原來的事實"。此中微妙不同，在文本傳遞處猶當留意。[1]

欲瞭解一個學派的主張，可以從它所反對的内容中得到信息。類如西方基督教神學中的否定神學，就是以描述上帝不是什麽來表達上帝其實是什麽。這種言説方式往往容易爲人所接受，且有利于在論辯爭鳴的場域中借攻擊論敵的主張來伸張己見，同時争取中立者的信服，從而使之歸向己方陣營。《非儒》篇的作者借齊相晏嬰之口批評儒家"繁飾禮樂以淫人，久喪僞哀以謾親"[2] 的禮樂觀，明確揭示了墨家節用爲本的禮樂特色。《非儒下》曰：

> 晏子曰："不可。夫儒，浩居而自順者也，不可以教下；
> 好樂而淫人，不可使親治；立命而怠事，不可使守職；宗喪循

---

[1] 筆者之所以認爲應該特別留意"十論"中"非儒"的不同面向，在于"十論"文本的複雜性，即其既是墨家團體的信仰宣誓，又是墨家團體的策論主張。縱觀先秦時代及其後歷史中諸家"非墨"的論述，我們會發現，儒家批評墨家的觀點集中體現在"非樂""節用""節葬""兼愛"等主張上。這是因爲這些主張直接衝擊了儒家禮制的現實基礎。例如"非樂""節葬"是損毀儒家涵化人心、慎終追遠的禮儀設計，而"兼愛"則會衝擊禮教"五倫"秩序、血親倫理。反而"十論"中的"尊天""事鬼""非命"的宗教三論，儒者對其批評并不如前者激烈。類如王充等批評墨家宗教三論如"事鬼"爲迷信者，往往也同時批評了儒家。

[2] 畢沅校注、吳旭民校點：《非儒下》，《墨子》，卷九，第159頁。

哀，不可使慈民；機服勉容，不可使導衆。孔某盛容修飾以蠱世，弦歌鼓舞以聚徒，繁登降之禮以示儀，務趨翔之節以觀衆；博學不可使議世，勞思不可以補民；累壽不能盡其學，當年不能行其禮，積財不能贍其樂。繁飾邪術，以營世君；盛爲聲樂，以淫遇民。其道不可以期世，其學不可以導衆。今君封之，以利齊俗，非所以導國先衆。"①

　　上段引文描述了齊王問政于晏嬰，向他請教是否能任用孔子的事情。晏嬰諷刺了孔子的作風——注重繁瑣的禮儀，不問實際的用處；興禮作樂以曲學阿世，厚葬久喪致勞民傷財；幾輩子都不能窮盡其學問，年長之人也無法奉行其禮儀。相似的記載亦見于《史記·孔子世家》。②《非儒》篇的作者這裏指出了儒家"禮樂"的兩大弊端：其一，形式大于内容，繁文縟節過甚，于民生不但無利反而有害；其二，托借禮樂爲晋身之途和衣食之端，向上求取功名，向下愚惑百姓。持平而論，儒家推崇禮樂有多方考慮，在將其向社會推展的過程當中或有歧出，然真實的情況未必真如墨家所見。《非儒》篇的作者在此處主要是着眼于社會現象批判，并未深

① 畢沅校注、吳旭民校點：《非儒下》，《墨子》，卷九，第163頁。
② 晏嬰諷刺孔子的言論，在《史記·孔子世家》中亦有同《非儒》篇中相近的記載。其曰："景公問政孔子，孔子曰：'君君，臣臣，父父，子子。'景公曰：'善哉！信如君不君，臣不臣，父不父，子不子，雖有粟，吾豈得而食諸！'他日又復問政於孔子，孔子曰：'政在節財。'景公説，將欲以尼谿田封孔子。晏嬰進曰：'夫儒者滑稽而不可軌法；倨傲自順，不可以爲下；崇喪遂哀，破産厚葬，不可以爲俗；游説乞貸，不可以爲國。自大賢之息，周室既衰，禮樂缺有閒。今孔子盛容飾，繁登降之禮，趨詳之節，累世不能殫其學，當年不能究其禮。君欲用之以移齊俗，非所以先細民也。'後景公敬見孔子，不問其禮。異日，景公止孔子曰：'奉子以季氏，吾不能。'以季孟之閒待之。齊大夫欲害孔子，孔子聞之。景公曰：'吾老矣，弗能用也。'孔子遂行，反乎魯。"見司馬遷撰，裴駰集解，司馬貞索隱，張守節正義：《孔子世家》，《史記》，卷四七，第1911頁。

入内在義理的探討。不過由《非儒》所展現的社會現象來看，彼時當有相當一部分儒者偏離了孔子原初立足于涵養性情、化民成俗的禮制設計，淪爲荀子所批評的"呼先王以欺愚者而求衣食焉""偷儒憚事，無廉恥而嗜飲食"的"俗儒"①"賤儒"②。由是墨家主張"節葬""非樂"，一"節"一"非"之間，體現了墨家節用爲本的禮樂觀。

（二）　節葬：　喪葬兩利、生死相安

《論語·陽貨》記載了宰我與孔子這對師徒之間的一場爭論，體現了儒家以誠敬爲本、不取功利的喪葬觀特色。其曰：

---

① 《荀子·儒效》篇劃分了士人的四種類別：俗人者，俗儒者，雅儒者，大儒者。所謂"俗儒"爲："呼先王以欺愚者而求衣食焉，得委積足以揜其口則揚揚如也；隨其長子，事其便辟，舉其上客，償然若終身之虜而不敢有他志，是俗儒者也"，類同墨家所批判的儒者群體。然有趣之處在于，《儒效》篇中列出"俗人"之特質爲"不學問，無正義，以富利爲隆，是俗人者也。逢衣淺帶，解果其冠，略法先王而足亂世術，繆學雜舉，不知法後王而一制度，不知隆禮義而殺《詩》《書》；其衣冠行爲已同於世俗矣，然而不知惡者"，并指出"俗人"之言議談說"已無以异於墨子矣，然而明不能別"，正示意"俗人"和墨家都以富利爲隆，重質輕文，注重實利。根據荀子所判"俗人"和"俗儒"之特質，亦可推測其所指對象可能爲以禮樂求取利益的功利主義儒家，或以禮樂爲功用的功利主義墨家。見王先謙撰，沈嘯宸、王星賢點校：《儒效》，《荀子集解》，卷四，第139頁。《墨子·非儒下》中也批評了以爲人主持喪葬禮而謀取衣食之資的儒者群體。其曰："且夫繁飾禮樂以淫人，久喪僞哀以謾親，立命緩貧而高浩居，倍本弃事而安怠傲，貪於飲食，惰於作務，陷於飢寒，危於凍餒，無以違之。是若人氣，鼱鼠藏，而羝羊視，賁彘起。君子笑之，怒曰：'散人焉知良儒！'夫夏乞麥禾，五穀既收，大喪是隨，子姓皆從，得厭飲食。畢治數喪，足以至矣。因人之家翠以爲，恃人之野以爲尊，富人有喪，乃大說喜，曰：'此衣食之端也！'"見畢沅校注、吳旭民校點：《非儒下》，《墨子》，卷九，第159頁。

② 《荀子·非十二子》："偷儒憚事，無廉恥而耆飲食，必曰君子固不用力，是子游氏之賤儒也。"見王先謙撰，沈嘯宸、王星賢點校：《非十二子》，《荀子集解》，卷六，第105頁。

宰我問："三年之喪，期已久矣。君子三年不爲禮，禮必壞，三年不爲樂，樂必崩。舊穀既沒，新穀既升，鑽燧改火，期可已矣。"子曰："食夫稻，衣夫錦，於女安乎？"曰："安。""女安，則爲之！夫君子之居喪，食旨不甘，聞樂不樂，居處不安，故不爲也。今女安，則爲之！"宰我出。子曰："予之不仁也！子生三年，然後免於父母之懷。夫三年之喪，天下之通喪也。予也有三年之愛於其父母乎？"①

由上可見，儒門內部對喪葬的態度亦存在分歧。宰我質疑孔子，苟行三年之喪，將使禮崩樂壞、政事荒怠，宰我之意是希望縮短喪期、減損喪制。孔子并未直接回應他的質問，而是將問題轉移到心性的視域，指出三年之喪乃是爲滿足人性需求、表達人倫情懷而訂立的儀節。《禮記·問喪》有言"服勤三年，思慕之心，孝子之志也，人情之實也"②，親人死去而感到哀痛，厚葬久喪以求心安，是爲天下通喪。儒家一向強調"慎終追遠"的人文精神，孟子曰"君子不以天下儉其親"③，荀子曰"君子敬始而慎終"④，皆是以起心動念的誠敬爲其先務。孔子自己也主張爲人子要以誠敬嚴肅的心理對待死生之事，滿足人自然流露真情實感的需要在喪制安排中始終居于第一義的位置，"生，事之以禮；死，葬之以禮，祭之以

① 楊伯峻譯注：《陽貨》，《論語譯注》，卷一七，第 186 頁。
② 鄭玄注，孔穎達疏，龔抗雲整理，王文錦審定：《問喪》，《禮記正義》，卷五六，第 1792 頁。
③ 楊伯峻譯注：《公孫丑下》，《孟子譯注》，卷四，第 89 頁。
④ 王先謙撰，沈嘯宸、王星賢點校：《禮論》，《荀子集解》，卷一三，第 359 頁。

禮"①，"禮，與其奢也，寧儉；喪，與其易也，寧戚"②。故當宰我欲以一年之喪替代三年之喪時，就被孔子目爲了"不仁"（不孝）。

孔子之言體現了儒家"把傳統的禮制歸結和建立在親子之愛這種普遍而又日常的心理基礎之上，變外在的强制性規範爲主動性的内在欲求，突出了禮與孝在喪葬中的重要性"的人文特性。③然而這并未解决"宰我之問"，因爲三年之喪除了是孔子所説的出于還報親恩的道德自覺而自願選擇的責任義務之外，同樣是一種在整個禮制秩序安排中具有優先性和排他性的禁制律令。《禮記·王制》曰"父母之喪，三年不從政"④，《禮記·雜記》曰"三年之喪，祥而從政"⑤。根據《禮記》的記載，所謂"通喪"之施行即服喪期間不行政事，且與政事相關的禮樂活動也要停止。儒者最重禮樂，可謂須臾不可離，而喪禮又居其中特別重要的地位。由之就産生了三年之喪與其他社會事務之間的矛盾。宰我與孔子之間的對話帶出了一個重要問題，即如何調和喪葬與其他社會事務之間的關係。

對于這個問題，墨家主張生死兩利，不以死奪生。墨家的喪制、葬法載在《節葬下》，其曰：

> 棺三寸，足以朽骨；衣三領，足以朽肉。掘地之深，下無

① 楊伯峻譯注：《爲政》，《論語譯注》，卷二，第13頁。
② 楊伯峻譯注：《八佾》，《論語譯注》，卷三，第24頁。
③ 陳克守等著：《儒學與墨學比較研究》，第135頁。
④ 鄭玄注，孔穎達疏，龔抗雲整理，王文錦審定：《王制》，《禮記正義》，卷一三，第498頁。
⑤ 鄭玄注，孔穎達疏，龔抗雲整理，王文錦審定：《雜記下》，《禮記正義》，卷四二，第1410頁。

沮漏，氣無發泄於上，壟足以期其所，則止矣。哭往哭來，反，從事乎衣食之財，俔乎祭祀，以致孝於親。故曰子墨子之法，不失死生之利者，此也。①

墨家以"能利親"爲"孝"，認爲天下之大利與一己血親的利益相一致，強調行爲效果和行爲動機的統一。喪葬有節，既能集約民力、撫恤親屬，又能滿足祭祀，從而兼顧致哀、緬懷的"死利"與現世生產生活的"生利"。相反，厚葬久喪既不能"利親"又不能"利天下"，且以"死"奪"生"，并非仁孝之舉。墨子指出，厚葬久喪有兩個明顯弊端。第一是將生者辛苦積纍的財物用於陪葬死者，從而造成物資的極大浪費——"細計厚葬爲多埋賦之財者也""財以成者，扶而埋之"。②《節葬下》記載了當時王公大人和諸侯的治喪情形，其規模可謂巨大，不但文飾繁多、禮儀繁瑣，還存在殺殉、陪葬這樣的不人道行爲，其曰：

王公大人有喪者，曰棺椁必重，葬埋必厚，衣衾必多，文綉必繁，丘隴必巨；存乎匹夫賤人死者，殆竭家室；存乎諸侯死者，虛車府，然後金玉珠璣比乎身，綸組節約車馬藏乎壙，又必多爲屋幕、鼎鼓、几梴、壺濫、戈劍、羽旄、齒革，寢而埋之。滿意。若送從，曰天子殺殉，衆者數百，寡者數十；將軍、大夫殺殉，衆者數十，寡者數人。③

108

---

① 畢沅校注、吳旭民校點：《節葬下》，《墨子》，卷六，第 103 頁。
② 畢沅校注、吳旭民校點：《節葬下》，《墨子》，卷六，第 95 頁。
③ 畢沅校注、吳旭民校點：《節葬下》，《墨子》，卷六，第 94—95 頁。

《節葬下》篇描述的社會現象不是孤例，應是彼時社會普遍流行的風俗。《莊子·天下》篇載"天子棺椁七重，諸侯五重，大夫三重，士再重"①，《荀子·禮論》篇也載"天子棺椁十重，諸侯五重，大夫三重，士再重"②，《呂氏春秋·安死》載"世之爲丘壟也，其高大若山，其樹之若林，其設闕庭、爲宮室、造賓阼也若都邑"③，《墨子》以外的先秦時代傳世文獻對時人治喪的記載或與現實有一二出入，然大體可見厚葬久喪對社會生產生活的破壞性。更爲嚴重的是，王公大人耗費民力滿足私欲，上行下效之間，諸侯虛車府，庶民竭家室。由是用以促進社會生產力的財用之資必然不足。墨家以衣食爲"生利"，以"葬埋"爲"死利"，故反對以"死利"奪"生利"。④

第二，若曰"厚葬"會造成鋪張浪費，那麼"久喪"則禁止生者從事本業，從而影響國家機構的正常運轉，虜奪人民做工從事的時節——"計久喪，爲久禁從事者也""後得生者，而久禁之"。⑤《節葬下》曰：

> 君死，喪之三年；父母死，喪之三年；妻與後子死者，五皆喪之三年。然後伯父、叔父、兄弟、孽子其，族人五月；姑

---

① 郭慶藩輯、王孝魚整理：《雜篇·天下》，《莊子集釋》，卷一〇下，第1074頁。
② 王先謙撰，沈嘯寰、王星賢點校：《禮論》，《荀子集解》，卷一三，第359頁。
③ 陳奇猷校注：《孟冬紀·安死》，《呂氏春秋新校釋》，卷一〇，第542頁。
④ 《墨子·節葬下》："故衣食者，人之生利也，然且猶尚有節；葬埋者，人之死利也，夫何獨無節於此乎？"見畢沅校注、吳旭民校點：《節葬下》，《墨子》，卷六，第103頁。
⑤ 畢沅校注、吳旭民校點：《節葬下》，《墨子》，第95頁。

姊甥舅皆有月數，則毀瘠必有制矣。①

　　按照持久喪觀點之人的標準，爲國君服喪須三年，爲父母服喪須三年，爲妻子、長子服喪須三年，爲伯父、叔父、外甥、兄弟、庶子服喪須一年，爲族人服喪須五個月，爲姑姑、姐姐、外甥、舅父服喪也須幾個月。服喪的時間，往往不止三年；服喪的人員，亦不限于人子。以先秦時期的人均壽命和較落後的生產力水平來看，若嚴格拘守三年之喪，則人終其一生中將花費大量時間、精力、錢財等用來治喪、守喪，根本無暇他務。《節葬下》篇中詳細描述了拘守長喪制之人的情形，首先是精神面貌衰頹，"哭泣不秩，聲翁，縗絰垂涕，處倚廬，寢苫枕凷"②，"相率強不食而爲飢，薄衣而爲寒。使面目陷陬，顏色黧黑"③；再者是身體狀況糟糕，"耳目不聰明，手足不勁強""必扶而能起，杖而能行"④。效法其道、踐行其言的後果，是王公大人無法聽獄治訟充實倉廩，農夫無法耕稼樹藝專務農活，百工不能修舟車爲器皿，婦人不能紡績織紝。由是上不聽治，下不從事，欲國治、家富、民衆必然不可得。《非儒下》篇又指出，按照血緣親疏關係來定奪守喪期間的長短，則爲妻子、長子與父母的守喪的時間相同，爲伯父、宗兄與庶子的守喪時間相等，這樣豈非與儒家所主張的"親親有術，尊賢有等"的血親倫理相悖嗎？⑤關于喪制的長短和形式，根據《墨子》書所載，墨家內

---

① 畢沅校注、吳旭民校點：《節葬下》，《墨子》，第 96 頁。
② 畢沅校注、吳旭民校點：《節葬下》，《墨子》，第 95 頁。
③ 畢沅校注、吳旭民校點：《節葬下》，《墨子》，第 95 頁。
④ 畢沅校注、吳旭民校點：《節葬下》，《墨子》，第 95 頁。
⑤ 《墨子·非儒下》："儒者曰：'親親有術，尊賢有等。'言親疏、尊卑之異也。其《禮》曰：喪，父母，三年其；妻、後子三年；伯父、（轉下頁）

部似乎并無詳細規定，但傾向性必然是有的。《公孟》篇有載三日之喪，公孟子謂子墨子曰："子以三年之喪爲非，子之三日之喪亦非也。子墨子曰：子以三年之喪非三日之喪，是猶裸謂撅者不恭也。"①此外，從《節葬下》與《非儒下》二篇所論也能看出墨家的喪制傾向：長喪制度既在實利層面不中國家百姓人民之利，又在倫理層面陷于自相矛盾的境地，形同詐僞，故以短喪易之是理之必然。②唐君毅先生在評論儒墨喪葬觀之同异時指出：

> 墨子所以非厚葬久喪，唯由于其有見于此厚葬久喪之習俗，不合客觀普遍之仁義而後非之。至後儒如孟荀之所以爲此喪葬之禮辯護，亦正不外言其足以養人之當有之哀敬之情，亦養人之仁義之心，而未嘗不合于仁義之道云云。此其立論之標準，固與墨子同。唯墨子只見當世王公大人爲厚葬久喪者，其行事不合仁義之道之處，而不見其亦合仁義之道之處。此即儒墨之言之所异，此固非不可解之衝突。③

（接上頁）叔父、弟兄、庶子其；威族人五月。若以親疏爲歲月之數，則親者多而疏者少矣，是妻、後子與父同。若以尊卑爲歲月數，則是尊其妻、子與父母同，而親伯父、宗兄而卑子也。逆孰大焉？"見畢沅校注、吳旭民校點：《非儒下》，《墨子》，卷九，第157頁。

① 畢沅校注、吳旭民校點：《公孟》，《墨子》，卷一二，第239頁。

② 此處還當留意，《節葬下》批評的"厚葬久喪"與《非儒下》所批評的"厚葬久喪"之所指是否相同。《非儒下》所言毋庸置疑是專門針對儒家，而《節葬下》卻未言明，有可能只是針對彼時社會的普遍現象。或由于《非儒下》篇寫作于《節葬下》之後、儒墨論戰加劇之時，故作者對《節葬下》的觀點有所轉進。譚家健先生指出："《非儒》篇批評當時厚葬風氣是切中時弊的，缺點是不應該籠統全部歸到儒家學派身上。"筆者以爲，《節葬下》與《非儒下》對三年喪制的描述基本一致，其所指喪製造成的弊端亦相同。即無論《非儒下》篇是否後出，其所指大體是儒家，或至少是以儒家爲代表的、主張厚葬久喪的一些人。見譚家健：《墨子研究》，第152頁。

③ 唐君毅：《中國哲學原論》，新亞研究所1973年版，第175—176頁。

唐先生關于墨家節葬不害仁義的觀點是筆者所贊同的。的確，墨家所謂薄葬短喪并非意味着"不葬不喪"。其特色喪葬觀念的建立基于以下四個先決條件：第一，理性看待死生之事。墨子在與公孟的辯論中，批評了儒家以三年守喪還報三年親恩的觀點，指出儒家昧于親死猶在，理智不超過孩童。①第二，短喪爲恭，長喪爲不恭。否定長喪制只是否定"不恭"的喪制，不代表否定一切"恭"的喪制。②第三，親人過世，有葬埋總比沒有葬埋好。人葬其親是爲人的義務，葬埋能成全人倫之道。③第四，葬埋從簡有來自古聖先王的歷史依據作爲合法性支撐。故墨家雖詬病厚葬久喪，但并不違反仁義。他們所反對的不過是儒家式的"以死奪生"的假仁假義罷了。

---

① 《墨子·公孟》載："公孟子曰：'三年之喪，學吾之慕父母。'子墨子曰：'夫嬰兒子之知，獨慕父母而已，父母不可得也，然號而不止，此其故何也？即愚之至也。然則儒者之知，豈有以賢於嬰兒子哉？'"墨子此處批評了儒家以父母生養孩童的年月與後人爲前人守孝之時間爲等價的觀點。父母生時俱在，父母死時已不在；孩童見到父母才會嚎哭，見不到父母嚎哭就停止。故儒家以父母生時之有與父母死時之無爲等同，其智還不及孩童。見畢沅校注、吳旭民校點：《公孟》，《墨子》，卷一二，第239頁。

② 《墨子·公孟》："公孟子謂子墨子曰：'子以三年之喪爲非，子之三日之喪亦非也。'子墨子曰：'子以三年之喪非三日之喪，是猶裸謂撅者不恭也。'""裸"作裸體，"撅"作掀起衣服露出身體的一部分。此意爲長喪爲裸體，短喪爲掀起衣服露出身體一部分，前者不恭，後者恭。以前者否定後者，以不恭否定恭，邏輯上并不成立。可見墨家對短喪的堅持。畢沅校注、吳旭民校點：《公孟》，《墨子》，卷一二，第239頁。

③ 《墨子·公孟》記載了這樣一段故事：有人游學于墨子之門，墨子允諾其學成後出仕。一年之後，此人責備墨子不推薦他出仕。墨子對他設了一個比喻："魯有昆弟五人者，其父死，其長子嗜酒而不葬，其四弟曰：'子與我葬，當爲子沽酒。'勸于善言而葬。已葬而責酒于其四弟。四弟曰：'吾未予子酒矣。子葬子父，我葬吾父，豈獨吾父哉？子不葬則人將笑子，故勸子葬也。'"這則比喻本意是勸勉其人學習不帶功利態度，不過其中亦透露出一個訊息：墨子本人也主張葬埋親人以成全人倫之道，葬埋之事是人之爲人在倫理道德上的必須。畢沅校注、吳旭民校點：《公孟》，《墨子》，卷一二，第241頁。

縱觀墨家的喪葬觀論述，筆者以爲還當留意其對社會上廣泛流布厚葬久喪惡俗的原因解釋。何以言此呢？因爲既然薄葬短喪可以被墨家推原至古者聖王之道，那麼厚葬久喪同樣也可循其例推原，甚至將傳統上溯自更古時期。若厚葬久喪不是古者聖王之道，那它爲何是絕大多數人接受的社會現實呢？《節葬下》篇中執厚葬久喪者就是以此邏輯質疑墨家喪葬觀的歷史合法性。對于這個問題，墨子舉越之東輆沐國以殺子弃母爲孝悌、楚之南炎人國以弃親尸骨爲孝子、秦之西義渠國以火葬稱風尚爲例證來説明一種禮俗習慣施行愈久，就愈容易成爲社會各階層共同肯認的普遍共識，此即《節葬下》所謂"便其習而義其俗"[1]。由是同樣以喪葬誇仁孝，在中原人士看來三國之人可謂刻薄寡恩，在三國之人看來却屬仁至義盡了——"如彼則大厚，如此則大薄"[2]。墨子的論述表明以喪葬形式定義事親動機在根本上不可取，厚葬久喪不必然等同于仁或孝。

然則《節葬下》篇所言"便其習而義其俗"之"其"所指爲何，歷代注家皆少提及，筆者以之爲缺憾。何言缺憾呢？因爲"其習""其俗"既可指民衆基于自發秩序而自動形成的、通行已久并

---

[1] 《墨子·節葬下》："昔者越之東，有輆沐之國者，其長子生，則解而食之，謂之'宜弟'；其大父死，負其大母而弃之，曰'鬼妻不可與居處'。此上以爲政，下以爲俗，爲而不已，操而不擇，則此豈實仁義之道哉？此所謂便其習，而義其俗者也。楚之南，有炎人國者，其親戚死，朽其肉而弃之，然後埋其骨，乃成爲孝子。秦之西，有儀渠之國者，其親戚死，聚柴薪而焚之，熏上謂之'登遐'，然後成爲孝子。此上以爲政，下以爲俗，爲而不已，操而不擇，則此豈實仁義之道哉？此所謂便其習，而義其俗者也。"俞樾釋"便其習而義其俗"之"義"爲"善"，謂"義猶善也，謂善其俗也"。此釋孫詒讓不取，孫氏注"義"爲"宜"，筆者以爲甚當，意爲"以此風俗爲宜"，可通。見孫詒讓：《節葬下》，《墨子閒詁》，卷六，第185—186頁。畢沅校注、吳旭民校點：《節葬下》，《墨子》，卷六，第101—102頁。

[2] 畢沅校注、吳旭民校點：《節葬下》，《墨子》，卷六，第102頁。

爲全社會所習以爲常的禮法風俗，也可指在上掌權者以一己之好惡推行至民間并强制民衆接受的成文禮法。前者是自下形成而爲上下各階層普遍接受的共識通則，後者則是自上而下推展從而使下屈從于上的强制性命令。由于墨子援引外邦三國喪葬之例時并未言明其喪制葬法起于何處，故"其習""其俗"的表述容易被解爲前者。①筆者則以爲應爲後者。對于這個問題，其實《節葬下》篇中已有暗示，其曰："此上以爲政，下以爲俗，爲而不已，操而不擇。則此豈實仁義之道哉？此所謂便其習而義其俗者也。"②墨子認爲"爲而不已，操而不擇"并非良序教化的自然演進，③不過是在上者以政治權力强力干預民間風俗（上以爲政），民衆被動接受從而失去選擇自由（下以爲俗），結果日久成俗，從而造成"百姓日用而不知"的結果。④惡俗之形成，責任在上不在下，在君不在民。⑤統治

---

① 清代注家如孫詒讓、俞樾、畢沅等對此句之"其"無明確解釋，當代注家一般只對整句進行解釋。張西鋒解爲"便于習慣，安于風俗"，譚家健、孫中原解爲"適應那種習慣，安于那種風俗"，姜寶昌解爲"以爲那種習慣便宜、那種風俗美善"。上述學者之釋意，一般都取"民間社會習俗"之意。而這裏需要辯證的是，究竟此風俗首先起于民間，然後被君王援引過來教化人民；還是由于君王自己偏好特定行爲，而後向下推廣以成上下階層均須接受之慣例。見張西鋒：《墨論選讀》，第 140 頁；譚家健、孫中原譯著：《墨子今注今譯》，第 143 頁；姜寶昌：《墨論訓釋》，上冊，第 403 頁。
② 畢沅校注、吳旭民校點：《節葬下》，《墨子》，卷六，第 102 頁。
③ 畢沅校注、吳旭民校點：《節葬下》，《墨子》，卷六，第 102 頁。
④ 劉永在先生認爲"上以爲政"不是良序教化，而是君王統治術；"下以爲俗"不是民間自發形成，而是民衆被統治者洗腦。他指出："民衆之所以爲而不已，操而不擇，是因爲在統治者的統治下不得不如此，長時間形成了風俗。風俗一旦形成，就不再需要强制，民衆自然就會那樣去做，這當然是洗腦的結果。失去了選擇的權力，就會對既存的事物頑固維護而不論其是否合理。所以墨家節葬思想不但包括適度原則，還包括選擇的權力。"見劉永在：《歸正墨學》，第 139 頁。
⑤ 顧如先生認爲，《節葬》篇還關聯到墨家的"尚同"原則。由于厚葬久喪是王公大人爲實現自己的私利而製造出來的習俗，出發點是在上者的私心，故儒家主張厚葬久喪具有合法性，但這個合法性實際上并不存在，（轉下頁）

者爲了個人喜好和私利而製造的惡俗必然侵害天下國家百姓之利益，由是必須以新喪制摧破舊喪制、以新葬法革除舊葬法、以新禮儀代替舊禮儀。[1]

（三） 非樂：節制爲“中道”

“隆禮重樂”，乃儒家之所是、墨家之所非。[2]考察儒家之“是樂”，有助于瞭解墨家之“非樂”。孔子音樂造詣頗高，《詩》三百篇皆能弦歌之。[3]他不但“爲樂”還“正樂”，對《詩經》中的音樂做了大量整理工作，使“《雅》《頌》各得其所”[4]。孔子認爲判斷音樂是否具備審美價值的標準是“盡善盡美”。“子謂《韶》：‘盡美矣，又盡善也。’”[5] 又提出音樂之職能爲涵養性情、化育人

（接上頁） 因爲它不是所有社會階層的共義。觀《墨子》書所述，《節葬》篇中論異邦三國的喪葬風俗，墨子對它們也是不同意的，因爲其喪葬風俗，本身也是異邦三國的統治者製造的。他指出：“上位者不能帶好頭，上位者所執守的法與百姓不同，即上位者不能一同天下之義。總之，墨家認爲社會失序責任都在統治者，表現了鮮明的民本位色彩。”見顧如：《立墨——〈墨子〉經義釋詁》，上册，第219頁。

[1] 當留意墨子欲革新的喪葬傳統，除其所詬病的厚葬久喪外，還包括外邦三國的喪葬傳統。今人或以墨家節葬、節喪同其所援外邦三國之例近似，皆以簡樸爲本，而認爲墨家贊揚後者、詬病前者。其實不然。《節葬下》曰：“若以此若三國者觀之，則亦猶薄矣；若中國之君子觀之，則亦猶厚矣。”可見，墨子認爲厚葬久喪的喪制葬法與外邦三國之喪制葬法皆不可取，一個太厚，一個太薄，兩者均非仁義之道。墨家的喪葬制爲葬埋之法，雖然從簡，但從來不否定仁孝。故應將墨家之論葬埋視爲走上述兩條路綫之中道。

[2] 《淮南子·氾論》：“夫弦歌鼓舞以爲樂，盤旋揖讓以修禮，厚葬久喪以送死，孔子之所立也，而墨子非之。”見何寧集釋：《氾論訓》，《淮南子集釋》，卷一三，第939頁。

[3] 《史記·孔子世家》：“三百五篇孔子皆弦歌之。”見司馬遷撰，裴駰集解，司馬貞索隱，張守節正義：《孔子世家》，《史記》，卷四七，第1936頁。

[4] 楊伯峻譯注：《子罕》，《論語譯注》，卷九，第91頁。

[5] 楊伯峻譯注：《八佾》，《論語譯注》，卷三，第33頁。

心，從而養成君子人格，"文之以禮樂，亦可以爲成人矣"①。孔子論樂，提倡"文"與"質"相和諧②、形式與内容相統一③，注重音樂影響人内心世界、提升人精神境界的教化功能。孔門六藝④，樂居其一，足見重視；又以禮樂并舉，融外在規訓與内心感通爲一爐，蔚爲特色。⑤孟子發展了孔子的音樂思想。除了繼續强調音樂的教化功能，他意識到相比于其他教化方式，音樂作爲教化工具具有相當的優越性和優先性，所謂"仁言不如仁聲之入人深也，善政不如善教之得民也"⑥。此外，孟子還提出了"與民同樂"的民本主義思想，將"爲樂"推進至具體施政層面，進一步拓展了儒家禮樂觀的政治哲學維度。

---

① 楊伯峻譯注：《憲問》，《論語譯注》，卷一四，第 147 頁。

② 《論語·雍也》："子曰：質勝文則野，文勝質則史。文質彬彬，然後君子。"孔子之教，注重君子人格的養成。不以文奪質，不以質害文。而禮樂又是養成君子人格的重要手段。孔子弟子子貢亦指出，文質二者猶如動物的皮毛。没有毛裝飾，則猶如裸露；君子若没有文飾，則會粗鄙。《論語·顏淵》曰："棘子成曰：'君子質而已矣，何以文爲？'子貢曰：'惜乎，夫子之説君子也！駟不及舌。文猶質也，質猶文也，虎豹之鞹猶犬羊之鞹。'"故可認爲，孔門之禮樂觀和文藝思想當是主張文質和諧，甚至一定程度上"文"更居於"質"之前。楊伯峻譯注：《雍也》，《論語譯注》，卷六，第 60 頁；《顏淵》，《論語譯注》，卷一二，第 124 頁。

③ 《論語·八佾》篇中，孔子評論《韶》爲盡善盡美，即言《韶》樂外在形式很美，内容也善；評論《武》爲"盡美矣，未盡善也"，即言《武》樂只在形式上做到美，未在内容上做到善。楊伯峻譯注：《八佾》，《論語譯注》，卷三，第 33 頁。

④ "孔門六藝"爲：禮、樂、射、御、書、數。

⑤ 孔門常以"禮樂"并舉，《論語·泰伯》曰："興於詩，立於禮，成於樂。"《論語·陽貨》曰："禮云禮云，玉帛云乎哉？樂云樂云，鐘鼓云乎哉？"《論語·八佾》："子曰：人而不仁，如禮何！人而不仁，如樂何！"《論語·先進》："子曰：先進於禮樂，野人也。後進於禮樂，君子也。如用之，則吾從先進。"孔子認爲禮與樂密切相關，禮儀樹立規範，使人的言行有規矩可依從，是爲外在規訓；音樂、詩歌則熏陶人心、陶冶性情，使人自覺接受仁道，是爲内在感通。見楊伯峻譯注：《泰伯》，《論語譯注》，卷八，第 80 頁；《陽貨》，卷一七，第 183 頁；《八佾》，卷三，第 24 頁；《先進》，卷一一，第 108 頁。

⑥ 楊伯峻譯注：《盡心上》，《孟子譯注》，卷一三，第 283 頁。

荀子作《樂論》，從儒家的立場出發批評墨家"非樂"思想。他首先指出，人不能無樂，好樂是人之常情，"夫樂者，樂也，人情之所必不免也"①。"非樂"反乎人情，此墨子之失也。其次，樂有雅頌之音和姚冶之樂，前者能陶鑄性情、養成人格，後者則使人流僈鄙賤。故"先王貴禮樂而賤邪音"，通過好的音樂來治理國家、化民成俗。墨子未明其分野，此又一失也。其三，"樂"之功用在"和"，能正人心、明等差、別親疏，能協調君臣之間、閨門之中、宗族之間、兄弟之間等五倫之內各組人際關係。治國首務在治人，治人首務在治心。墨子不識先王立禮樂之方的用意，此三失也。②《荀子》書又有《富國》篇，從社會經濟發展的角度出發批評墨子"昭昭然爲天下憂不足"是私憂過計。③荀子認爲，富國之要在裕民，下富而後能上富。財用不足的憂患會隨着社會生產力水平的逐漸提高而得到紓解。④荀子之論，乃謂墨子泥于節流而不知開源，以靜止的眼光看待社會經濟的發展，未審投入與產出、生產與消費之間的動態平衡關係。故墨子主張"節用""非樂"，非但不足以富國强民，反會使天下貧窮沸亂。⑤

---

① 王先謙撰，沈嘯宸、王星賢點校：《樂論》，《荀子集解》，卷二〇，第379頁。
② 《荀子·樂論》："樂在宗廟之中，君臣上下同聽之，則莫不和敬；閨門之內，父子兄弟同聽之，則莫不和親；鄉里族長之中，長少同聽之，則莫不和順。"王先謙撰，沈嘯宸、王星賢點校：《樂論》，《荀子集解》，卷二〇，第379頁。
③ 王先謙撰，沈嘯宸、王星賢點校：《富國》，《荀子集解》，卷六，第184頁。
④ 《荀子·富國》："若是，則萬物得宜，事變得應，上得天時，下得地利，中得人和，則財貨渾渾如泉源，汸汸如河海，暴暴如丘山，不時焚燒，無所臧之。夫天下何患乎不足也？"王先謙撰，沈嘯宸、王星賢點校：《富國》，《荀子集解》，卷六，第187頁。
⑤ 《荀子·富國》："我以墨子之'非樂'也，則使天下亂，墨子之'節用'也則使天下貧，非將墮之也，説不免焉。"王先謙撰，沈嘯宸、王星賢點校：《富國》，《荀子集解》，卷六，第185頁。

近人多循儒家辟墨之理路，謂墨家"非樂"只知計較當下的社會實利，不明禮樂有教化人心的社會功能。梁啓超將"非樂"歸爲墨家的實利主義思想，認爲墨家主張實利，動機雖良好，範疇却狹隘，容易使人只有義務的生活而没有趣味的生活，"是導致墨學失敗的最重要原因"①。在其著《墨子學案》中他評述到："墨子學説最大的缺點，莫如非樂。他總覺得娱樂是廢時失事，却不曉得娱樂和休息，可以增加物作的能率。"② 蔣維喬認爲"非樂"着眼于物質而忽略了精神，其主張爲救世誠可同情，爲萬世教化則不可多取，"蓋墨子以足民之財爲治平之先務，至于精神之快樂，則無暇及之也。抑身心之關係極切，決非可以偏重；且心爲一身之主，遺心而取物，終不足爲完全之教化"③。陳柱則認爲，墨子選擇性地徵引有利于自己立論的先王典章和歷史記録，有偏狹之嫌，遮蔽了這些文獻中"樂樂""爲樂"、正面肯定"樂"的面向，"既引聖王之作樂，而又以樂少而非樂，則墨子之非樂，其不能自完其説也審矣"④。

上述諸説皆有偏頗之處，下試析之。"非樂"源出"節用"之義，爲墨家的文藝理念，見《非樂》《辭過》《三辯》等篇。其宗旨并不難理解，即以"爲樂"上不中聖王之事、下不中萬民之利，仁人志士若欲興天下之利、除天下害，"當在樂之爲物，將不可不禁而止也"⑤。《非樂》篇提出"樂"之可非者蓋在五端。其一是造樂器耗財，必厚措斂乎萬民；其二是養樂人傷民，虧奪民衣食之

---

① 梁啓超：《墨子學案》，第 45 頁。
② 梁啓超：《墨子學案》，第 44 頁。
③ 蔣竹莊編：《楊墨哲學》，商務印書館 1928 年版，第 105 頁。
④ 陳柱：《墨學十論》，廣西師範大學出版社 2010 年版，第 56 頁。
⑤ 畢沅校注、吳旭民校點：《非樂上》，《墨子》，卷八，第 140 頁。

財；其三是聽音樂廢職事，在上不聽治，在下不從事；其四是先王律書視舞蹈爲巫風，作刑以禁樂，故“爲樂”不符先王的教訓；其五是上帝鬼神以好樂爲罪愆，降灾禍予沉湎音樂的暴王，使其身死國滅，故“爲樂”又不合天鬼的意志。

　　墨子“非樂”是否是因爲他本人不懂得欣賞音樂、不具備音樂之才而盲目反對呢？《禮記·祭統》載“墨翟，樂吏之賤者也”①，《呂氏春秋·貴因》載“墨子見荆王，錦衣吹笙，因也”②，《尸子》載“墨子吹笙，墨子非樂，而於樂有是也”③。先秦諸子對墨家的記述顯示墨子本人不但懂樂而且擅樂，并能因應形勢的變化而主動改變傳教策略，在需要“爲樂”的時候絕不“非樂”。然其不喜“樂”又確爲事實，《淮南子·説山訓》載“墨子非樂，不入朝歌之邑”④，《史記·鄒陽傳》載“邑號朝歌而墨子回車”⑤。墨子“能樂”而“非樂”，能用而不用，此行爲背後的道理何在，筆者以爲可從典外文獻中與非樂主義緊密相關的兩組文藝理念和美學觀念的辯難關係上窺見一二。

　　首先是“文質之辯”。漢代劉向所著《説苑》的《反質》篇記載了墨子與弟子禽滑釐之間的一場對話。禽滑釐問墨子，華服錦綉有何用處？墨子設喻答曰：

---

① 鄭玄注，孔穎達疏，龔抗雲整理，王文錦審定：《祭統》，《禮記正義》，卷四九，第 1587 頁。
② 陳奇猷校注：《慎大覽·貴因》，《呂氏春秋新校釋》，卷一五，第 935 頁。
③ 轉引自歐陽詢撰，江紹楹校：《樂部四·笙》，《藝文類聚》，上海古籍出版社 1982 年版，卷四四，第 792 頁。
④ 何寧集釋：《説山訓》，《淮南子集釋》，卷一六，第 1142 頁。
⑤ 司馬遷撰，裴駰集解，司馬貞索隱，張守節正義：《魯仲連鄒陽列傳》，《史記》，卷八三，第 2478 頁。

今當凶年，有欲予子隨侯之珠者，不得賣也，珍寶而以爲飾。又欲予子一鍾粟者，得珠者不得粟，得粟者不得珠，子將何擇？禽滑釐曰："吾取粟耳，可以救窮。"墨子曰："誠然，則惡在事夫奢也？長無用，好末淫，非聖人所急也。故食必常飽，然後求美；衣必常暖，然後求麗；居必常安，然後求樂。爲可長，行可久，先質而後文，此聖人之務。"①

隨侯之珠可謂天下至寶，然遇上饑荒之年，它的價值甚至比不上一鍾粟。得粟可以救窮，得珠却難解困。二者不可得兼，必舍珠而取粟也。墨子借此極端情境指出，文飾并非必需，有用方爲急務。故從事當分清先後次序和輕重緩急，必先保障人的最低生存需求，再去追求愉悦耳目感官的精神生活。"常飽、常暖、常安"爲"質"的内容，其價值恒久，當首重，當先爲；"求美、求麗、求樂"爲"文"的内容，其價值短暫，屬次要，當後爲。當然，墨子之意并非"文""質"截然對立，乃是"先質而後文"。②事實上先秦諸子不乏和墨子觀點相類者，例如不僅《管子》提出"倉廩實而知禮節，衣食足而知榮辱"，孔子亦認爲要提高民衆的道德修養就需要先使他們生活過得富裕。③由是觀之，墨子"先質後文"

---

① 劉向撰、向宗魯校證：《説苑校證》，中華書局 1987 年版，第 516 頁。

② "先質而後文"，也可表達爲"重質而輕文"。因爲先者必然首重，正所謂急其所務也。墨子的"先質後文"之論，其實是在處理一個生産增量的問題。即在彼時的生産條件下，日用温飽所需的"質"的材料，無論增加多少，都不嫌過。而文飾、華服、錦繡等"文"的材料，無論增加多少，都未必對民衆的生活有太大裨益。故"質"的適用性大，其增量能惠及王公大人、諸侯和民衆，而"文"的適用性小，最多能惠及上層階級。

③ 《論語·子路》："子適衛，冉有僕。子曰：'庶矣哉！'冉有曰：'既庶矣，又何加焉？'曰：'富之。'曰：'既富矣，又何加焉？'曰：'教之。'"見楊伯峻譯注：《子路》，《論語譯注》，卷一三，第 134—135 頁。

的思想在彼時生產力水平較低的情況下，具有相當的合理性，且契合人類心理需求的梯度層級，能夠得到現代心理學成果如馬斯洛"需求層次理論"（hierarchy of needs）① 的科學印證，在一定程度上具有普適性（見圖五）。

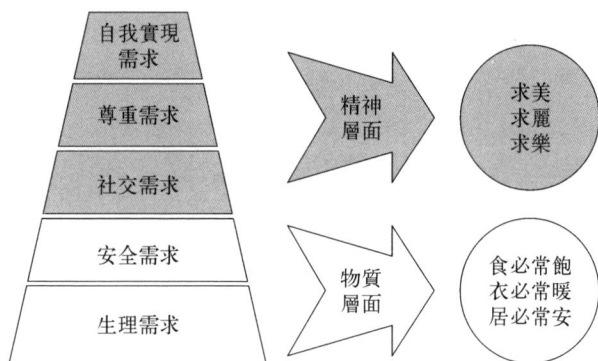

圖五

　　"文質之辯"外，復有"文用之辯"。《韓非子·外儲說左上》記載了楚王與墨者田鳩之間的一段對話。楚王詢問田鳩，墨子之學誠爲天下顯學，然其身體力行尚可，言語辭藻却很樸素，此爲何故？田鳩設"買櫝還珠"之喻答辯到，華麗的辭藻如同裝載寶珠的漂亮盒子，言論能以致用的地方才是真正的寶珠。世人昧于言辭的

① 需求層次理論是由美國心理學家亞伯拉罕·哈羅德·馬斯洛（Abraham Harold Maslow）于其論文《人類動機的理論》（A Theory of Human Motivation）中提出。該文刊登于 1943 年的《心理學評論》（*Psychological Review*）。需求層次理論被稱爲現代人本主義科學的重要理論之一。該理論提出，人類的需求自下而上分爲五個階段：生理、安全、社交、尊重和自我實現。人類只有實現了前一個需求，才會追求下一個需求，如同金字塔般地梯度上升。階層越靠上，道德感越高。階層越靠下，道德感越淡漠。見 Abraham Harold Maslow, "A Theory of Human Motivation", *Psychological Review* 50: 1943, 370–396。

華麗而忘却言論的用處，就好比有人因爲裝載寶珠的盒子太過漂亮而買了盒子退還寶珠。墨子之所以言多不辯，乃"恐人懷其文，忘其直，以文害用也"①。墨者田鳩與楚王討論的"文""用"關係問題，其實就是形式與内容孰輕孰重的問題。墨家反對形式主義，擔心過分的形式會損害内容的真實性，從而不利于實際應用。此亦合荀子對墨家"蔽于用而不知文"的描述。②

姑且强名墨家之"非樂"爲"反文主義"，則其所以"反文"，乃惡"文不能用"。何爲"文不能用"？胡適一言頗可作爲注解。他在《中國哲學史大綱》中指出，儒墨二家根本上的區别在于哲學方法，"孔子所説是一種理想的目的，墨子所要的是一個'所以爲之若之何'的進行方法"③。胡適論墨家哲學方法之特點，是能得到《墨子》文本支持的。《墨子·公孟》篇載：

> 子墨子問於儒者曰："何故爲樂？"曰："樂以爲樂也。"子墨子曰："子未我應也。今我問曰：'何故爲室？'曰：'冬避寒焉，夏避暑焉，室以爲男女之别也。'則子告我爲室之故矣。今我問曰：'何故爲樂？'曰：'樂以爲樂也。'是猶曰：'何故爲室？'曰：'室以爲室也。'"④

---

① 《韓非子·外儲説左上》："今世之談也，皆道辯説文辭之言，人主覽其文而忘有用。墨子之説，傳先王之道，論聖人之言以宣告人。若辯其辭，則恐人懷其文忘其直，以文害用也。此與楚人鬻珠、秦伯嫁女同類，故其言多不辯。"見王先慎集解，鍾哲點校：《外儲説左上》，《韓非子集解》，卷一一，第287頁。

② 王先謙撰，沈嘯寰、王星賢點校：《解蔽》，《荀子集解》，卷二一，第392—393頁。

③ 胡適：《中國哲學史大綱》，第102頁。

④ 畢沅校注、吳旭民校點：《公孟》，《墨子》，卷一二，第239—240頁。

在"爲何要從事音樂"這一問題下，可見墨子與儒者在思維方式上有很大的不同。儒者關心的是"什麼"，故其答曰"音樂是爲了娛樂"。墨子關心的是"怎樣"，故墨子認爲儒者并未回答"何故爲樂"的問題。此處墨子雖未明確提出自己的答案，但在其對儒者的質問中已顯明他對致用性的關切。按照墨子的邏輯論式，則在儒者提出"音樂是爲了娛樂"之後，應該要進一步指出"娛樂是爲了什麼"（而儒家并沒有指出）；如同建造房屋之社會功用在躲避寒暑、分別男女，興禮作樂若不能彰顯其具體的社會功用，就沒有疾乎從事的必要。

綜上所述，墨家對待文化藝術，采取的是"先質而後文""不以文害用"的態度。我們當留意在"文質之辯"和"文用之辯"當中，墨家并非全然拒斥一切審美活動，其關切乃在排列先後順序、厘清輕重緩急，"墨子所謂利者，固不止物質的，而亦兼有精神的。不過利有緩急，有本末。先其急後其緩，培其本削其末，而後利乃可長久"[1]。只有在極端情況之下（如前文所引"珠粟之喻"）才須進行取舍。這是一個關涉主次的先後問題，不是關涉取舍的有無問題。近人論墨，蔽于此端，如以"非樂"純取"功利"，或以"非樂"爲"無樂"，均爲不察。伍非百先生指出，"知墨子之尚儉而爲天下憂不足，則墨家一切矯情抑性之論，皆可以了然矣。其言雖偏激，爲救弊而發，則未嘗非中道也"[2]。伍先生此論，筆者深以爲然。蓋墨子非不懂樂、不擅樂或不知"樂以爲樂"也，其言"非樂"乃爲救世。言論看似有些偏激，行爲反而合乎中道。

---

[1] 伍非百：《墨子大義述》，國民印務局 1933 年版，第 180 頁。
[2] 伍非百：《墨子大義述》，第 185 頁。

（四） 新教式的禮樂革命：以復古爲革新

近代以來，儒學衰微，墨學復起。時人論墨，常引儒家與之對比，而謂墨子爲革命者、墨家爲革命派、墨家思想爲救世主義，孔子則爲復古主義者、儒家爲保守派、儒家思想爲泥古主義。秉持進步主義觀點的梁啓超先生在比較孔、墨之人格與學説後提出：

> 孔子并没有重新改造的覺悟，不過欲救世末流之弊，恢復原有的好處。墨子生孔子之後，時勢變遷，越發急轉直下。墨子又是個極端的人，不像孔子那種中庸性格。他覺得舊社會整個要不得，非從根本上推翻改造不可。所以他所提倡幾條大主義，條條都是反抗時代潮流，純帶極端革命的色彩。革除舊社會，改造新社會，就是墨子思想的總根源。①

梁啓超先生是論，爲民國諸多論墨者之共識。蓋清末民國之國內國際局勢，恍若春秋戰國。儒學無力應對西學衝擊，從中國傳統文化內部尋找最能對接西學之資源就成爲彼時思想者之要務。墨家作爲中國最早的反儒派，其一系列主張確有革新時代精神之意味。然謂儒家純保守，墨家純革命，恐有化約之嫌。蓋儒墨俱有改造社會之覺悟，均推崇上古治道。儒墨在彼時思想市場上的競爭，比拼的是誰能將自己的理論推原自更古時期。由此觀之，二家皆有"泥古"之意味，豈可是此非彼？且墨家固爲中國最早的反儒派，其學仍和儒門有深刻淵源，出于儒而反儒，近于儒而脱儒，在一定程度

---

① 梁啓超：《墨子學案》，第 4 頁。

上甚可目爲中國最早的"新儒家"。故二家之別當不在"復古""革命"的簡單二分。

筆者之論由來有據。《節葬下》篇中所謂"墨子制爲葬埋之法"就不能算是墨子革命性的原創。[1]它首先源自先王時代的葬埋法，《節葬》篇中墨子正是借更古的喪制葬法來批評彼時社會所流行的厚葬久喪的惡習風俗。《節葬下》曰：

> 是古聖王制爲葬埋之法，曰："棺三寸，足以朽體，衣衾三領，足以覆惡。以及其葬也，下毋及泉，上毋通臭，壟若參耕之畝，則止矣。"死者既以葬矣，生者必無久哭，而疾而從事，人爲其所能，以交相利也。此聖王之法也。[2]

墨家論證其葬埋法的合理性與合法性，也符合三表法中的第二表和第三表的邏輯論式。墨家凡建言立說必徵引古者聖王之事或先王之書作爲支持。故在論證己方之喪葬觀爲是、對方之喪葬觀爲非的時候，亦多采取推原古聖先賢所爲的方法來增加自己論說的權威性。所謂"背周道而用夏政"，就是把墨家思想的原點推原到比儒家所尊崇的周道更久遠的時期。由是可見，墨家與儒家一樣，認爲社會出現問題的原因在"今不若古"，故當在"復古"的方向上求索解決社會問題的方法。

不獨喪葬觀，墨家的復古傾向也體現在其對禮樂的態度上。《三辯》篇記載了墨子與儒者程繁之間的一場爭論。程繁援引上古時代之諸侯、士大夫、農夫倦于聽治且從事必爲樂的事例，指出墨

---

① 畢沅校注、吳旭民校點：《節葬下》，《墨子》，卷六，第 103 頁。
② 畢沅校注、吳旭民校點：《節葬下》，《墨子》，卷六，第 99 頁。

家非樂論乃悖逆人性且不符合歷史事實。程繁的質問可謂有力，可以説是專門針對墨家三表法中推原先王之書和古聖王之事的邏輯論式而發。儒墨二家之"復古競賽"，固然爭競的是誰家理論能上溯更古時期，然則只要先王之書和古聖王之事中有一例或幾例可作爲反面例證（例如程繁所引上世亦爲樂的例子），則建立于其上的理論大厦就可能崩塌。面對程繁"以子之矛攻子之盾"的質問，墨子也不得不承認堯、舜、湯、武和周成王這些上古聖王也"自作樂"的歷史事實。但他同時指出，自堯至周成王，時代越往後演進，作樂越多，音樂越繁，治理的水平就越不如前代。[1] "樂"與"治"成反比關係，"其樂逾繁者，其治逾寡"[2]。故此墨子認爲，"樂非所以治天下也"[3]。依此邏輯繼續演繹，則治平天下的最佳選擇當然是學效"寡樂"的先王。[4] 從墨家"非樂"論述可見其厚古薄今、

---

[1] 《墨子·三辯》："昔者堯舜有茅茨者，且以爲禮，且以爲樂。湯放桀於大水，環天下自立以爲王，事成功立，無大後患，因先王之樂，又自作樂，命曰《護》，又修《九招》，武王勝殷殺紂，環天下自立以爲王，事成功立，無大後患，因先王之樂，又自作樂，命曰《象》。周成王因先王之樂，又自作樂，命曰《騶虞》。周成王之治天下也，不若武王；武王之治天下也，不若成湯；成湯之治天下也，不若堯舜。"畢沅校注、吳旭民校點：《三辯》，《墨子》，卷一，第24頁。

[2] 畢沅校注、吳旭民校點：《三辯》，《墨子》，卷一，第24—25頁。

[3] 畢沅校注、吳旭民校點：《三辯》，《墨子》，卷一，第25頁。

[4] 墨子與程繁的辯論旨在鼓勵時人學效寡樂的先王。不過根據其邏輯繼續推演，既然寡樂爲好，繁樂爲不好，那麼是否寡樂至無樂，就是最好的治平之術？《墨子·三辯》載："程繁曰：'子曰：聖王無樂，此亦樂已，若之何其謂聖王無樂也？'子墨子曰：'聖王之命也，多寡之，食之利也。以知飢而食之者，智也，因爲無智矣。今聖有樂而少，此亦無也。'"程繁在此即質疑墨子之言的邏輯漏洞——因爲上古聖王固然寡樂，但還是有樂，絕非無樂。墨子的回應則是，聖王爲了天下之大利，會將多餘的事物削減，就如同人吃飯，吃多了就應該少吃，這是明智。本來不餓却偏要多吃，這是沒有理智。知道餓了要吃飯，只能算是少智。少智就約等于無智了，故寡樂也可以相當于無樂。陳克守先生指出，這是墨家的邏輯詭辯，把"少智"和"無智"兩個不同的概念範疇混爲一談，以此類推把"寡樂"和"無樂"再等同，屬于偷换概念，算是違反了墨家"察類"的論辯原則。見陳克守、桑哲：《墨學與當代社會》，第142頁。筆者以 （轉下頁）

是古非今的復古思想傾向。

儒墨二家之思想分歧，不在"要不要復古"，而在"如何復古以改造社會"。今人或以墨家"非儒"、儒家"辟墨"，謂儒墨之間冰炭不能相容，此實是將二家主張推至極端所產生的誤解。尤于墨學而言，其觀點特別容易被無限推衍，例如將"非樂"引申爲"無樂"，將"節葬"引申爲"無葬"，從而得出墨家主張"禁止一切音樂"和"不需要服喪葬埋"的極端結論。梁啟超等近代墨學前賢有謂墨子爲極端革命者、墨家爲極端革命派等說法，蓋源于這種對墨學的過度詮釋。若考慮墨子彼時的思想處境，恐怕在墨子的眼中，其所"節"、所"非"恰是遵循上古聖王教訓且尊天、事鬼、利民的正確行爲；儒家之"不節""不非"反是違背上古聖王教訓且詬天、侮鬼、害民的"反動"行爲。故從這個角度看來，若曰墨家是"保守派"也無不可。因爲儒家推原周道，墨家則推崇夏禹，單論"復古"，儒家恐怕尚且不如墨家所追溯的那般古遠。

那麼是否可以取一種折中的說法來調和"墨家復古論"與"墨家革命論"呢？——如謂墨子乃"托古改制"，故一定程度上也可將其"復古"目爲"革命"？筆者認爲，"托古改制"仍算不得是墨家"復古"之原意。因爲既言"改制"，必存"創制立法"之一端。然而我們從未見到墨子及其門徒包括《墨子》書各篇章之

――――――――――

（接上頁）　爲這個批評是妥當的。不過也當注意，墨子與程繁的論辯是爲了宣說自己"非樂"的道理。程繁謂墨家主張絕對"無樂"的觀點其實在《墨子》書諸篇中并未有顯明體現。"繁樂"的反面應是"寡樂"，故墨家至多是主張"寡樂""少樂"，還不至于進展到絕對"無樂"的狀態。故此所謂"寡樂"約等于"無樂"，應目爲墨家爲增強說理強度而強推至極端的說辭，其目的主要還是在論證"非樂"。《三辯》篇中墨子的邏輯錯誤并不影響他整個"非樂"立論之大本大綱。見畢沅校注、吳旭民校點：《三辯》，《墨子》，卷一，第25頁。

内容明言要創造任何一種迥异于古代的全新制度。倒是《墨子》全書中不斷在強調墨家所主張、所舉證、所推崇的各項案例、各種主義、各方歷史皆來源于上古，而以"執有命者""執無鬼者""反天之意者"以及持厚葬久喪和"爲樂"之觀點的人爲"不法古"。此與商、韓法家"治世不一道，便國不法古"①"法後王"的思想取向截然不同。何種作爲更符合古意，一直是墨家關注的核心。墨家在與儒家的"復古競賽"中，除了競爭理論能够推原的年代遠近之外，還計較所復古之内容的真與偽。例如墨家以儒者"有命""厚葬""縱樂"爲非的理據之一就是指控儒家自作傳統，擅自對先王"非命""薄葬""節樂"的教訓進行增添或減損，從而使古之原意蒙蔽不彰。儒墨相非相争的焦點均在論證己方"法古"而對方"不法古"，亦皆以"法古"能改造社會、拯救時弊。退一步來講，哪怕儒墨二家之踐行真的是"托古改制"，至少在他們的言説中也不會直白地對外宣示自己是"托古改制"，不然將自覆其整個理論根基。故墨家"托古改制"之説法實缺乏來自《墨子》文本和墨學義理的支持，聊備一説尚可，作爲定論則欠妥當。

筆者之所以在上文探討有關"托古改制"的問題，蓋因近代以來國人欲高揚墨學價值，却屢陷于一自作的困境之中——若曰墨學有進步性，就須將之詮釋爲"革命"，而"革命"必然"創制"；"創制"的反面是"泥古"，"泥古"又必然"反動"，亦即不革命、不進步了；爲解決這種所謂的"墨學内在矛盾"，就不得不假"托古改制"以調和之。這個做法毫無必要。事實上墨家"復古"之理路已經做到了自圓其説和邏輯自洽。在此引西方基督教史的宗

---

① 司馬遷撰，裴駰集解，司馬貞索隱，張守節正義：《商君列傳》，《史記》，卷六八，第 2229 頁。

教改革（或曰新教革命）加以申説。衆所周知，自馬丁·路德（Martin Luther）"裂教"以來，基督新教與羅馬天主教分判二途。基督新教雖曰"新"，然其本意是以羅馬天主教背弃了耶穌基督之教訓遺傳，故新教諸賢號召信徒回歸早期使徒教會的傳統。類如對《舊約》的態度，基督新教就認爲天主教所接受的部分經卷如《次經》（Apocrypha）有偽托假借、不合教義（如煉獄、向死人禱告、向聖人祈禱）等内容，故將之摒弃在《聖經》之外，僅列作參考資料，而不具備正典的價值；[①] 對天主教法典中所認定的洗禮、堅振、聖體、告解懺悔、病人臨終傅油、聖秩、婚姻這"七大聖事"，除聖體和洗禮外，其餘五項基督新教一概不取——"這五項被天主教視爲聖禮的儀式，既乏《聖經》根據，又無古代教會先例"[②]；在教義神學上，基督新教反對天主教的"聖母論"和"煉獄論"，認爲這是天主教在教會傳統上的擅自加添；在建制組織上，基督新教反對教皇權威，主張《聖經》獨尊和人人皆祭司。宗教改革的改

---

① 所謂"次經"指基督教問世以後，《希伯來聖經》（Hebrew Bible）被陸續翻譯爲《七十子希臘文譯本》（Septuagint）之後多出來的經卷。這個譯本的翻譯者，不但翻譯，還進行增補，把自己喜愛的著作或作品添加到譯本當中。該譯本後來在希臘化世界中得到廣泛流傳，又被翻譯爲拉丁文。1546年的"特蘭托會議"上，這些多出來的經卷被天主教會宣布爲具有神聖性，必須給予相應的信仰和尊重。如不信仰其權威，將被驅逐出教會。馬丁·路德改教之後，基督新教普遍認爲"次經"不是神聖的經卷，只可作爲有益的讀物。且其中某些教義，如煉獄、向死人祈禱、請聖人代禱等也不符合耶穌和早期使徒教訓。此後新教教會逐步把"次經"逐出《舊約》。故現在天主教和基督新教的《聖經》全本，在《舊約》部分的經卷數是不同的。見梁工等著：《聖經解讀》，宗教文化出版社 2011 年版，第 51—52 頁。

② 宗教改革旗手約翰·加爾文在其神學巨著《基督教要義》（Institutes of the Christian Religion）中，詳細論述了基督新教對天主教七大聖事的看法。加爾文認爲，耶穌和早期使徒教會，從來沒有教導過天主教所主張的聖禮儀式，天主教在洗禮和聖體之外多出來的五大聖事屬于擅自添加。見[法] 約翰·加爾文著，錢曜誠等譯，孫毅、游冠輝修訂：《基督教要義》，生活·讀書·新知三聯書店 2010 年版，下册，第 1497 頁。

教家們從來不認爲自己"裂教"——創造了一個新的宗派或宗教。在普遍意義上，他們更多強調的是要回歸，或者堅持真正的基督教傳統。基督新教名"新"實"舊"，其用以批判天主教的思想利器恰是"復古"而非"創新"，呈現出一種迥異于天主教會的"儉樸"氣質。無論是儀式、組織、生活，還是教義、神學、理論，基督新教皆以其能上溯至比天主教歷史更加古遠、能直承耶穌權威且符合原始教會生活樣式爲誇勝。從這個角度來看，基督新教是"舊教"，羅馬天主教反是"新教"了。今天我們斷然不會認爲，宗教改革會因其具有"復古"傾向而有任何阻礙思想啓蒙的地方；同理，墨家以"復古"爲"革新"，亦未必需要進行任何的"創制立法"。基督新教與墨家，雖後出于天主教和儒家，然其"復古"之姿態更加卓絕，亦更顯明要以"復古"來改造社會。可見名曰"新"者實則爲"舊"，"革新"同樣能夠通過"復古"來完成。換言之，墨家和基督新教之所謂"革新"就是"復古"，即便強名之爲"托古改制"，那也只能是改"今"之不循"古"、不够"古"的"新制"，而非假托古代權威來另行創造一個新的傳統。

二、愛人如何可能？

先秦墨家給人的普遍印象是一個倡導和平主義的學派團體，其兼愛交利的思想主張和止戰非攻的偉大事迹爲歷代所傳頌。墨家兼相愛、交相利、不相攻的特色愛觀被後世人們表彰爲最能代表其思想特色的部分，及至當代仍被認爲具有從中挖掘現代性價值並進行現代化詮釋與轉化的重要意義。《天志下》曰："順天之意何若？

曰：兼愛天下之人。"①"兼愛"之源起在"從天所欲"，應用在"興利除害"。前者爲後者所行之目的，後者爲實現前者之途徑。今人論及墨家的"兼愛"，大抵留心于致用層面探討其可行性，未多措意"兼愛"之超五倫、超血親的倫理論述。有鑒于是，筆者在下文加以申說。

（一） 兼愛： 超血親倫理的特色愛觀

孟子批評墨家尤烈，其辟墨觀點在儒術獨尊之後，更被後世儒者推重，舉爲不刊之論。孟子一方面贊揚墨子親身踐行兼愛、摩頂放踵利天下的力行精神，②一方面又認爲墨家兼愛説實爲無父的禽獸之道。③從其言辭中可窺見幾點事實：第一，彼時社會上已流傳有墨家的兼愛思想；第二，楊墨之言的興起嚴重衝擊了儒家的思想陣營；第三，孟子認爲兼愛最是誣民之邪説，將蹈社會于仁義充塞、率獸食人的危險境地。是以孟子不得不挺身護教，自詡聖

---

① 畢沅校注、吳旭民校點：《天志下》，《墨子》，卷七，第117頁。
② 《孟子·盡心上》："楊子取爲我，拔一毛而利天下，不爲也；墨子兼愛，摩頂放踵利天下，爲之。"楊伯峻譯注：《盡心上》，《孟子譯注》，卷一三，第289頁。
③ 《孟子·滕文公下》："聖王不作，諸侯放恣，處士橫議，楊朱、墨翟之言盈天下。天下之言不歸楊，則歸墨。楊氏爲我，是無君也；墨氏兼愛，是無父也。無父無君，是禽獸也。公明儀曰：'庖有肥肉，厩有肥馬，民有飢色，野有餓莩，此率獸而食人也。'楊墨之道不息，孔子之道不著，是邪説誣民，充塞仁義也。仁義充塞，則率獸食人，人將相食。吾爲此懼。閑先聖之道，距楊墨，放淫辭，邪説者不得作，作於其心，害於其事，作於其事，害於其政，聖人復起，不易吾言矣。昔者禹抑洪水而天下平，周公兼夷狄、驅猛獸而百姓寧，孔子成《春秋》而亂臣賊子懼。《詩》云：'戎狄是膺，荆舒是懲，則莫我敢承。'無父無君，是周公所膺也。我亦欲正人心，息邪説，距詖行，放淫辭，以承三聖者。豈好辯哉？予不得已也。能言距楊墨者，聖人之徒也。"楊伯峻譯注：《滕文公下》，《孟子譯注》，卷六，第141—142頁。

人之徒而非之。

　　孟子之外，尚有荀子對墨家兼愛説提出嚴厲批評。荀子辟墨較孟子更成體系，其主要的辟墨言論見諸《非十二子》《王霸》《富國》《禮論》《解蔽》《成相》《天論》七處。[1]除《富國》篇批評墨家"非樂""節用"、《王霸》篇批評墨子親力親爲是役夫之道、《成相》篇批評墨家不合禮樂之外，其餘四處皆與兼愛説有關。《非十二子》曰："上功用、大儉約而僈差等。"[2]墨家視人如己的平等之愛與儒家强調等級秩序的"差序愛"截然不同，故荀子非之，

---

[1] 荀子辟墨，《荀子》全書凡有七處。第一處，批評墨子怠慢愛之等差，見《荀子·非十二子》："（墨子）不知壹天下、建國家之權稱，上功用、大儉約而僈差等，曾不足以容辨异、縣君臣；然而其持之有故，其言之成理，足以欺惑愚衆。是墨翟、宋鈃也。"第二處，批評墨家尚儉太過，見《荀子·富國》："墨子之言，昭昭然爲天下憂不足。夫不足，非天下之公患也，特墨子之私憂過計也""天下之公患，亂傷之也。胡不嘗試相與求亂之者誰也？我以墨子之'非樂'也則使天下亂；墨子之'節用'也，則使天下貧""墨術誠行則天下尚儉而彌貧，非鬭而日争，勞苦頓萃而愈無功，愀然憂戚非樂而日不和"。第三處，批評墨家是役夫之道，見《荀子·王霸》："大有天下，小有一國，必自爲之然後可，則勞苦耗悴莫甚焉；如是，則雖臧獲不肯與天子易埶業。以是縣天下，一四海，何故必自爲之？爲之者，役夫之道也，墨子之説也。"第四處，批評墨家破壞等差，見《荀子·天論》："墨子有見於齊，無見於畸……有齊而無畸，則政令不施。"第五處，批評墨家違反人性，不合禮樂，見《荀子·禮論》："人一之於禮義，則兩得之矣；一之於情性，則兩喪之矣。故儒者將使人兩得之者也，墨者將使人兩喪之者也，是儒、墨之分也。"第六處，批評墨家重質輕文，見《荀子·解蔽》："墨子蔽於用而不知文……由用謂之道，盡利矣。……曲知之人，觀於道之一隅而未之能識也，故以爲足而飾之，内以自亂，外以惑人，上以蔽下，下以蔽上，此蔽塞之禍也。"第七處，批評墨家違反禮樂，見《荀子·成相》："慎、墨、季、惠，百家之説誠不詳。""禮樂滅息，聖人隱伏墨術行。"王先謙撰，沈嘯宸、王星賢點校：《非十二子》，《荀子集解》，卷三，第92頁；《富國》，卷六，第184—185、188頁；《王霸》，卷七，第213—214頁；《天論》，卷一一，第319—320頁；《禮論》，卷一三，第349頁；《解蔽》，卷二一，第392—393頁；《成相》，卷一八，第460—461頁。

[2] 王先謙撰，沈嘯宸、王星賢點校：《非十二子》，《荀子集解》，卷三，第92頁。

《天論》曰"有見於齊，無見於畸"①。周代社會，合人成家，合家成宗，天下之宗又同宗天子，層層向上而宗以構成有嚴格等級的宗法制度。墨子提倡"人無幼長貴賤，皆天之臣也"②，挑戰了宗法威權，荀子亦非之。至于《禮論》《解蔽》篇所謂墨子兩喪禮義性情、"蔽於用而不知文"③，乃基於儒家立場認爲墨家苛刻人性、重質輕文、違反禮教，同時批評墨家將兼愛作爲"興天下之利"的動機有問題。荀子此處論"用"與"文"，與孟子將"義"與"利"對立的邏輯論式在價值層面趨于同構。④

作爲墨家論敵，孟、荀辟墨固有從護教角度出發所作的偏激之語，但從二子論述中不難看出，他們之所以反對兼愛學說，主要是認爲兼愛學說壞人倫、慢差等，有違儒家基于血親倫理（Consanguinitism）⑤原則所演繹出來的禮樂觀。由是我們必然要問，墨家"兼愛"的原意究竟如何？其對五倫關係、血親倫理的突破在哪裏？

欲究原意，須察本源。根據墨家言說，兼愛首先是本于宗教上的"天"的意志，而非儒家式的血親倫理。《墨子》書《法儀》篇曰："今天下無大小國，皆天之邑也。人無幼長貴

---

① 王先謙撰，沈嘯宸、王星賢點校：《天論》，《荀子集解》，卷一一，第319頁。
② 畢沅校注、吳旭民校點：《法儀》，《墨子》，卷一，第13頁。
③ 王先謙撰，沈嘯宸、王星賢點校：《解蔽》，《荀子集解》，卷二一，第392頁。
④ 《孟子·滕文公上》篇中孟子在與夷子辯論愛之等差時批評墨家施愛的動機有問題。孟子之意，乃謂墨者視其父母無异于路人恰是"二本"非"一本"。
⑤ 所謂的"血親倫理"（Consanguinism）是指把建立在血緣關係基礎上的血親情感看成是人們從事各種行爲活動的本原，并且由此出發論證人的行爲活動的正當合理性。劉清平先生認爲，把血緣親情當作至上本根的儒家血親主義就是血親倫理。見劉清平：《論孔孟儒學的血親團體性特徵》，《哲學門》2000年第1卷，第85頁。

賤，皆天之臣也。"① 《墨子》書《天志中》篇曰："然則孰爲貴？孰爲知？曰：天爲貴，天爲知而已矣。"② 無論貴賤賢愚、王公大臣都要"法天"，此類似近代西方憲政的立法預設——由"上帝之下，人人平等"的宗教原則推展至"法律之下，人人平等"的普遍主義精神。"天志"既然作爲社會公義的終極保證，那麼儘管人與人之間確實存在血緣遠近、關係好壞的不同，在"天"看來都是自己的臣民。墨家將天意上升爲普遍性原則，"天志"作爲評判人言行的終極標準就具備了普遍性的價值。"兼愛"爲"天"之所欲，力行"兼愛"是順"天"之意，由此墨家的施愛原則也就不再局限於一家一宗之內，而是必須層層上同於天了。此亦可見，墨家的兼愛更像是一條關乎道德的律令，而非一種道德德性③——其既在兼愛理念的推導上承認經驗的局限性和不可聚合（從人之常情中可提取出一般原則），也就同時承認了人認識能力的有限（須訴諸"天志"下貫的抽象立法）。墨家訴諸道德律令的兼愛與儒家依賴於"推恩"的仁愛在愛觀的層次上本質不同，故很難純以血親倫理的標準考量。④

---

① 畢沅校注、吳旭民校點：《法儀》，《墨子》，卷一，第 13 頁。

② 畢沅校注、吳旭民校點：《天志中》，《墨子》，卷七，第 109 頁。

③ 葛瑞漢先生認爲墨家關於"名"的論述已經指出天下間"没有共名能被理解"。此論甚當。因爲正是由於没有共名可以被理解，故基於人的經驗聚合而成的共識并不可靠，亦不可能，這就是墨家無知論的邏輯起點——因爲自限而訴諸"天志"。又由于訴諸"天志"，于是"兼愛"成爲外于心的道德律令（而非内于心的道德醒覺）。見 ［英］葛瑞漢著、張海晏譯：《論道者：中國古代哲學論辯》，中國社會科學出版社 2003 年版，第 169 頁；A. C. Graham, *Disputers of the TAO: Philosophical Argument in Ancient China* (LaSalle, Illinois: Open court publishing company, 1991), 144.

④ 類如墨家兼愛說中的利愛原則——《經上》曰"義，利也"，《經說上》曰"義。志以天下爲芬，而能能利之。不必用"，就都不是從經驗處境出發考慮（類如儒家以義爲宜）。因爲處境的問題由處境來解决，乃是基於經驗論，而利愛無法從經驗上被推導，就類似于一種絕對律令。即便是倫理學上不可繞開的孝親觀亦復如是——《經上》曰"孝，利親也"，（轉下頁）

因爲血親倫理本身就是由經驗聚合爲共識而來，不同于自由、民主、平等、博愛、人權等現代價值，也不同于墨家的兼愛論。它們乃是訴諸天意下貫、"天賦人權"、"人生而（被造爲）平等"①的抽象立法。

由于兼愛説的"超血親倫理"性質，墨家常被詬病爲缺乏對人之情感的分疏，以致對路人的愛與對父母的愛没有分别。其實墨家主張"兼以易别"，并不試圖取消父母與路人的區别，只是其"爲己猶爲彼"的特色愛觀要求目的與實效的統一。②《小取》曰"愛人，待周愛人而後爲愛人；不愛人，不待周不愛人；不失周愛，因爲不愛人矣"，③"周愛"就是無所不包地愛利一切人，如果只願愛利一些人，而不愛利另一些人，就是"别愛"，即不愛人。周愛的對象既然指向所有人，其中自然包括血親和君王。所以墨子并非否認血親關係存在厚薄、多寡的社會現實，而是借兼愛論設置一個倫理道德下限，即愛利自己的同時不能戕害别人。也就是説，墨家是設置一個道德下限作爲社會群體必須遵守的共義，而

（接上頁）《經説上》曰"孝。以親爲芬，而能能利親。不必得"，其所體現的墨家特色的、基于"兼愛"的"孝"，乃是作爲一種共通的人類心理需求。由是，基于"兼愛"的"孝"，必然要求平等，亦要求重視整體利益（世人）甚于重視局部利益（血親）。

① 今人多援美國《獨立宣言》中言"人生而平等"來解釋人權理念，其實是一錯譯或錯解。其原文爲："We hold these truths to be self-evident, that all men are created equal, that they are endowed by their Creator with certain unalienable Rights, that among these are Life, Liberty, and the pursuit of Happiness"中的"all men are created equal"實譯爲"人人生而被上帝造爲平等"，指示了人權的來源是神授，一如"天志"下貫。

② "周愛"是爲了興利并且防止别相惡、交相賊，"兼以易别"則爲實現"周愛"的方法途徑，體現了墨家"志功相從"的一貫邏輯。孫中原先生指出墨家的"爲己猶爲彼"與"志功爲辯"共同構成了"周愛"在目的論和實踐效果的統一場域。見孫中原：《墨學通論》，第 35 頁。

③ 畢沅校注、吳旭民校點：《小取》，《墨子》，卷一一，第 215 頁。

倫理高標則是在保住這個底綫的基礎上賦予人們建構其情感關係的自由。

由己身及于他者，由自心及于外物，先"親親"而後"仁民"，這是儒家式的推愛方式。這種推愛方式決定了其愛能周延的範圍不出五倫限度，存在損人利己的隱患和自我消解的困局。墨家的倫理愛觀是由"天志"推出兼愛的由上而下的縱貫系統，這套承認施愛方和各受愛方之間的主體地位平等的獨特表述超出五倫和血親的範疇，直達"愛陌生他者"甚至"與陌生他者彼此相愛"的維度——即在五倫綱常倫理之外，兼有雙向互動的兼愛交利之關係維度（見圖六）。

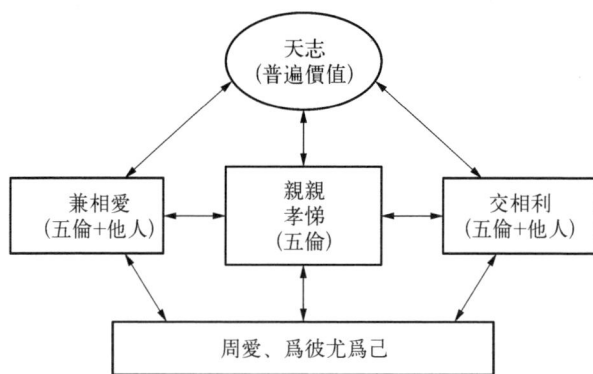

圖六

（二） 爲彼猶爲己： 以兼愛消解群己矛盾

任何一個宗教、文化中的個人與群體置身于社會生活當中，首先要處理的是"群己之辯"問題。群己之辯側重探討"人與群體之間的關係以及相應的社會結構及其制度安排”，是中國傳統文化和諸宗教文明所共同關注的重要倫理問題。①倫理學對群己之辯的探討猶重“邊界”維度，嚴復先生當年翻譯英國功利主義哲學家穆勒的著作《論自由》（*On Liberty*）時即以《群己權界論》作爲中譯名，并指出“群”即社會公域，“己”即個人私域。②政治哲學層面對群己之辯的探討側重個人權利和公共責任之間關係的辨析，比如當面臨行動自由即刻與社會制裁發生矛盾等具體情境時，個人和政府該如何作爲。當然，劃分群己、公私，絕非是指它們在倫理學和政治哲學層面截然二分或直接對立，類如公域講權力、私域講權利，公域講民主、私域講自由，等等，這些不過是對群己之辯的化約式理解；相反地，中國傳統文化及諸宗教文明皆有指示它們之間是一而二、二而一的統合關係的論述。

儒家的群己之辯發端于孔子。孔子曰“君子矜而不争，群而不黨”③，認爲人須置身群體當中以群體的反應來定位己身，同時應該自持操守，做到不結黨營私，可見其群己觀包含活潑的情感因素。④孟子“推己及人”的心性哲學繼承了孔子“忠恕之道”的思想，希望借由同理心的外推擴展達成社會秩序的和諧安排。荀子曰

---

① 蔣孝軍：《傳統“群己之辯”的展開及其終結》，《哲學動態》2011 年第 9 期，第 42 頁。

② ［英］約翰·穆勒著、嚴復譯：《群己權界論》，商務印書館 1981 年版，第 V—X 頁。

③ 楊伯峻譯注：《衛靈公》，《論語譯注》，卷一五，第 164 頁。

④ 孔子在討論詩教——“詩：可以興，可以觀，可以群，可以怨”，以及討論修身——“群居終日，言不及義，好行小惠；難矣哉！”時，都論及群己之間的情感因素。楊伯峻譯注：《陽貨》，《論語譯注》，卷一七，第 183 頁；《衛靈公》，卷一五，第 164 頁。

"人能群，彼不能群"①，又曰"義以分則和，和則一，一則多力，多力則彊，彊則勝物"②，此皆言"能群"有利于合衆人之力以制命。故有論者認爲，就原始教義而言，儒家群己觀論述居處個體主義（Individualism）與集體主義（Collectivism）這兩極之間的中道。③

不過筆者以爲，此所謂"中道"的觀點尚有可商榷之處。④儒家的群己觀表述有三個顯見特徵：其一，以社會身份或親緣身份來界定自己與對方的交往空間和行爲規範。其二，在血親關係深度角色化的倫理圈層當中，個人或社群與自己的血緣關係越近，對他們的信任程度越高。與自己的血緣關係越遠，則信任度隨之降低。其三，推恩、推愛是以己爲中心向外輻射，層層外推至各個層級的他者，最終形成彼此關聯的互動網狀結構。由"五倫"⑤"十義"⑥所構成的等差之愛在由個人私域向他者公域的躍進過程中，不可避

① 王先謙撰，沈嘯寰、王星賢點校：《王制》，《荀子集解》，卷五，第164頁。
② 王先謙撰，沈嘯寰、王星賢點校：《王制》，《荀子集解》，卷五，第164頁。
③ 余英時先生認爲就原始教義而言，儒家居處個體主義與集體主義的中道，《墨子》的《尚同》、《商君書》中的《一教》皆屬于集體主義的範疇，《楊朱》的《爲我》、《莊子》的《逍遥游》，以及《吕氏春秋》中的《重生》《貴己》等篇則代表了先秦中國個體主義的一面。見余英時：《現代儒學論》，上海人民出版社2010年版，第237頁。
④ 當留意後世學者對孟子辟楊墨理路的路徑依賴。類如孟子"辟楊墨"把楊朱"爲己"與墨子"兼愛"分別置于個人主義與集體主義的兩極，顯然是爲了論戰的需要而將楊、墨的群己表述推到了極端。後世繼承孟子精神譜系的儒家學者循其理路，也多少遮蔽了兼愛學説"爲己"的面向。
⑤ "五倫"即"父子有親，君臣有義，夫婦有别，長幼有叙，朋友有信"，語出《孟子·滕文公上》。見楊伯峻譯注：《滕文公上》，《孟子譯注》，卷五，第114頁。
⑥ "十義"即"父慈、子孝、兄良、弟悌、夫義、婦聽、長惠、幼順、君仁、臣忠"，語出《禮記·禮運》。見鄭玄注，孔穎達疏，龔抗雲整理，王文錦審定：《禮運》，《禮記正義》，卷二二，第802頁。

免地面臨一個實際操作上的困境，即"差序格局"中的"愛之衰減效應"（見圖七）。①

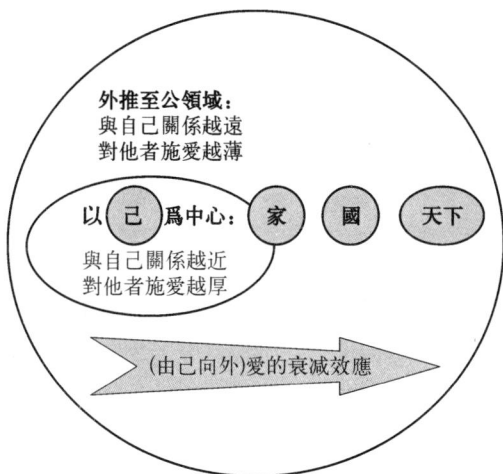

圖七

由于"愛的衰減效應"是客觀存在的事實，故無論是"修身齊家治國平天下"②的治平之術，還是"親親而仁民，仁民而愛物"的仁愛主義，儒家言説傳統中的外推理路并不能完全做到對一

---

① 費孝通先生在其社會學著作《鄉土中國》中以"差序格局"來形容中國傳統社會的人際關係。他指出中國人的邊界感并不清晰，私人關係的緊密程度決定了人我、人群之間的邊界。由一己出發，外推的範圍可以無限大，甚至大至天下；同樣也可無限小，小到個人。由己到家到國到天下，是層層外推出去的。在這個次序中，最重要的是"己"的利益，次而及家及國及天下。費先生舉一個比喻來描述這種差序格局："好像是把一塊石頭丟在水面上所發生的一圈圈推出去的波紋，每個人都是他社會影響所推出去的圈子的中心。被圈子的波紋所推及的就發生關係。每個人在某一時間某一地點所動用的圈子是不一定相同的。"見費孝通：《鄉土中國》，北京出版社2005年版，第39頁。

② 鄭玄注，孔穎達疏，龔抗雲整理，王文錦審定：《大學》，《禮記正義》，卷六十，第1859頁。

己血親和陌生他者一視同仁——在血親倫理的差序格局當中，與己身關係越遠，對他者施愛就越薄；與己身關係越近，對他者施愛就越厚；由是把愛層層向外推展，至極處也就稀薄得近乎無有。其實孟子有言"逃墨必歸於楊，逃楊必歸於儒"①，在某種意義上自我揭示了儒家推愛觀近楊朱而遠墨翟、先己身而後他人的本質。儒楊二家論愛，在論理邏輯上是同構的，相異僅在推展程度——儒家尚且"泛愛衆"，同情心的擴充至少籠罩到五倫的範圍，雖然施行上未必有效，然作爲"雖不能至而心嚮往之"的社會理想，本身無可厚非；楊朱則純乎私愛，"拔一毛以利天下而不爲"②，更傾向于關照個人而非他者的利益，個人與他者、與社群之間没有太多聯結，個人是孤立的原子化存在。由是可理解孟子將墨家作爲頭號論敵的原因。蓋以孟子立場來看，人要愛人必先預設愛己、愛血親，此爲天理人情；由此天理人情出發擴充此愛以至普世，方能保證倫理動機和實踐效果上的一致。墨家的兼愛觀雖然陳義甚高，但因缺乏"爲己"的維度，可能導致實踐上的失敗（違反人之常情）和倫理上的悖逆（逆反血親情理、破壞差序格局）。觀儒家諸言說傳統，其中類如"家國同構""移孝作忠""君父同倫"等理論思想都是以"私己"的個體主義精神爲起始而建構的。由己身至家國、天下是一條單向度的路徑，其中次序不能顛倒，其中環節也不能缺失——人若不愛己就一定不可能愛他人，自然也就無父、無君，如同禽獸。此正是所謂"楊近墨遠"的隱微之義。

　　孟子辟墨的思路得到後世諸多論者的繼承，大抵言墨家缺乏

---

① 楊伯峻譯注：《盡心下》，《孟子譯注》，卷一四，第 310 頁。
② 楊伯峻譯注：《盡心上》，《孟子譯注》，卷一三，第 289 頁。

"爲己"的倫理層次。然此誠爲誤解。墨家的"兼愛"實乃關注己身且預設自愛（Self-concern）的愛觀。《墨子》書《大取》篇曰"愛人不外己，己在所愛之中"①，即言愛人即爲愛己，二者不相矛盾。《墨子》書《兼愛中》曰"視人之國若視其國，視人之家若視其家，視人之身若視其身"②，可見雖然墨家在群己關係上的表述與儒家相反，但也包含了"己"的維度。"視人若己"是由他者到己身，由群體籠罩到個人；孟子曰"老吾老，以及人之老；幼吾幼，以及人之幼"③，則是"以己度人"，由己身及他者，由個人推展至群體。由此可知，儒墨論愛，邏輯論式縱有不同，但謂墨家全然否定"爲己"的意義，則顯爲偏頗之論了。

墨家以"兼"爲"仁"，以"體愛"訓"仁"，《墨子》書《經上》曰"仁，體愛也"④，《經說下》釋曰"仁，愛己者非爲用己也，不若愛馬者"⑤。在墨家看來，"仁"就是以同理心投入對方的情境，設身處地爲他人着想。"仁"須通過"體愛"落實，于内以己量人，于外視人猶己。《經說下》設喻指出愛人的目的不是基于功利主義考量的施恩求回報——既以愛己非爲用己，則同樣愛人非爲用人，否則"是所愛必有所爲，愛之愈甚，而責報亦愈深，是則與愛人之仁相遠矣"⑥，與愛馬是爲用馬無異。墨家又以"體"釋"兼"，《經上》曰"體，分於兼也"⑦。"體"爲局部，"兼"爲整體，前者包含于後者，若綫由點所組成，一由

---

① 畢沅校注、吳旭民校點：《大取》，《墨子》，卷一一，第 207 頁。
② 畢沅校注、吳旭民校點：《兼愛中》，《墨子》，卷四，第 60 頁。
③ 楊伯峻譯注：《梁惠王上》，《孟子譯注》，卷一，第 15 頁。
④ 畢沅校注、吳旭民校點：《經上》，《墨子》，卷一〇，第 167 頁。
⑤ 畢沅校注、吳旭民校點：《經説上》，《墨子》，卷一〇，第 178 頁。
⑥ 王讚源主編：《墨經正讀》，第 8 頁。
⑦ 畢沅校注、吳旭民校點：《經上》，《墨子》，卷一〇，第 167 頁。

二所分出，①沒有點就沒有綫，沒有一也就沒有二。墨家對"兼"的定義十分明確——個體雖然從屬于群體，但是群體也不害個體的獨立。

由墨家對"兼愛"的闡釋可以看出，墨家群己觀的表述雖然不如儒家依五倫層層推恩那樣次序明確，但并未否認個體之價值以及個人連于群體的正當性。既注重個體也注重群體，肯定自我的當下也肯定了他者，避免了"愛的衰減效應"。在連接自我與他者、自我與群體的關係過程中，未使所施之愛隨五倫層級的向外推展而逐次衰減，突破了儒家的差序格局，從而賦予了"群"與"己"一種特别的聯結關係。

（三） 爲何利他與如何利他： 以墨家"利親"論述爲例

墨家兼愛説的倫理向度可從群己觀、孝親觀、利他觀三個方面來綜合考察，這三個方面分别對應置身于某一宗教、文化傳統下的群己關係、孝親精神和利他主義；具體展現爲該宗教、文化傳統影響下的人如何看待自己、看待家人（家庭）、看待鄰人（陌生人）；以及在社會功用層面如何處理人與人、人與社會之間的關係。而由"天志"下貫、超五倫關係的墨家"兼愛"如何平衡孝親與利他二者的關係、如何解决"忠孝不能兩全""損别家利己家"的雙重悖論，這些倫理辯難是考察墨家"兼愛"學説是否具備普適價值的關鍵問題（見圖八）。

---

① 《墨子·經説上》釋曰："體：若二之一，尺之端也。"畢沅校注、吴旭民校點：《經説上》，《墨子》，卷一〇，第 178 頁。

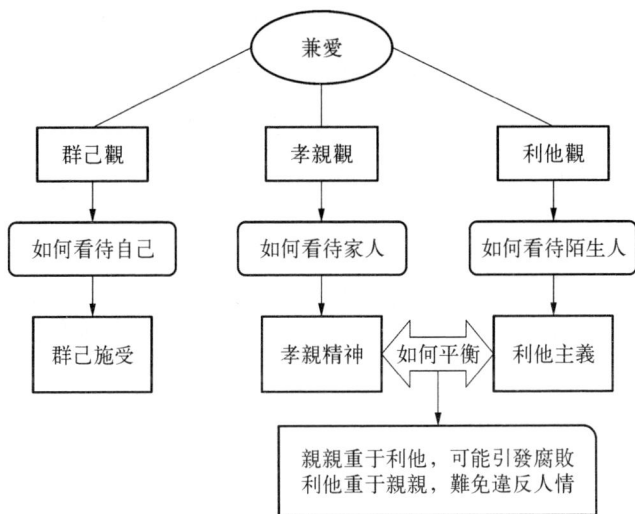

兼愛

群己觀　　　孝親觀　　　利他觀

如何看待自己　　　如何看待家人　　　如何看待陌生人

群己施受　　　孝親精神　←如何平衡→　利他主義

親親重于利他，可能引發腐敗
利他重于親親，難免違反人情

圖八

　　過去十五年間，漢語學界發生了一場影響深遠的思想論戰，學者圍繞儒家"血親倫理""親親相隱"等課題展開學術爭鳴。①對儒家持批判態度的劉清平先生認爲，個體性（道德小我通過文化陶冶的實現）、社會性（人文大我通過仁愛外推的實現）和孝愛（血親

―――――――――――――

① 自劉清平先生于2002年在《哲學研究》第2期發表《美德還是腐敗？——析〈孟子〉中有關舜的兩個案例》一文以來，有關孔孟儒學是否"堅持把血親情理作爲本根至上的基本精神，最終使得儒家思潮在本質上呈現血親團體特徵"的辯難，引起了學術界尤其是儒界的熱烈討論。此後劉清平先生又據此提出"批判人本主義"和"後儒家精神"，即以"不可坑人害人，應該愛人助人"爲判斷依據來考量儒家血親倫理是否具備普遍主義精神，從而引發了一場長達十年的有關"親親相隱""東西方容隱制""儒家腐敗"的學術論戰。這場論戰中的正反兩方面觀點被收録于《儒家倫理爭鳴集——以"親親互隱"爲中心》。見郭齊勇主編：《儒家倫理爭鳴集——以"親親互隱"爲中心》，湖北教育出版社2004年版；劉清平：《忠孝與仁義——儒家倫理批判》，復旦大學出版社2012年版；林桂榛：《"親親相隱"問題研究及其他》，中國政法大學出版社2013年版；陳壁生：《經學、制度與生活——〈論語〉"父子相隱"章疏證》，華東師範大學出版社2010年版；郭齊勇主編：《〈儒家倫理新批判〉之批判》，武漢大學出版社2011年版。

之愛）三者之間的矛盾使得儒家不可能通過"親親"而利他，內蘊差序愛的"推恩"在實際踐履中存在無法化解的內在悖論，①其所產生的負面效應是"爲某些特殊性團體情感置于普遍性群體利益之上的腐敗現象的產生提供了適宜的溫床"②，亦即可能爲了謀一己血親之利益而損害他人，在利他上始終無法跨出血親倫理的範圍，走向一己血親以外的他者和社群③。針對劉清平先生的觀點，郭齊勇先生提出反駁。他認爲儒家倫理并非狹隘的血親之愛，而是以"親親"爲起點實行外推的普適之愛。"仁者愛人"的普遍主義在"父慈子孝"的特殊性上能夠得到彰顯，兩者之中存在"經"與"權"的彈性和張力。④ 賴品超先生亦不同意劉清平先生的看法，他認爲以血親情理作爲道德修養之起點在原則上不排斥互惠利他，甚至有利于將利他行爲從有血緣關係者之間的"親族利他"，擴展到對無血緣關係者的"互惠利他"。⑤這場論戰帶出了一個重要問題，即"由親親而利他"在倫理上和實踐上是否可能? 學者的討論多聚焦在儒家，尚少來自墨學之維的考察，是爲缺憾。故筆者嘗試從墨家兼愛交利的角度介入探討。

　　囿于過往陳見和孟荀辟楊墨的遺傳，後世對墨家利他主義的評

---

① 劉清平：《論孔孟儒學的血親團體特徵》，載郭齊勇主編《儒家倫理爭鳴集——以"親親互隱"爲中心》，第854—855頁。

② 劉清平先生認爲，孔孟儒學宣揚的血緣親情賦予了親情以本原根據的意義，從而使之具有至高無上的地位。見劉清平：《論孔孟儒學的血親團體特徵》，載郭齊勇主編《儒家倫理爭鳴集——以"親親互隱"爲中心》，第855頁。

③ 劉清平：《論孔孟儒學的血親團體特徵》，載郭齊勇主編《儒家倫理爭鳴集——以"親親互隱"爲中心》，第856頁。

④ 郭齊勇先生質疑劉清平先生以血親倫理爲儒家倫理學核心的觀點。他認爲天賦的道德心與人的天性才是儒家倫理的核心。見郭齊勇：《也談"子爲父隱"與孟子論舜：兼與劉清平先生商榷》，載郭齊勇主編《儒家倫理爭鳴集——以"親親互隱"爲中心》，第12—17頁。

⑤ 賴品超、王濤：《從基督宗教、儒家及演化論看利他主義》，《漢語基督教學術論評》2013年版第15期，第193頁。

價常居于兩極。或以其爲近乎宗教徒情結的"純粹利他不利己"——人己之親無分，目的高尚而實際難行；或以其爲極端功利主義的"爲利己而利他"——以功利實用爲務，利他的動機不純。①面對這種評價的兩極性，筆者以爲須回到《墨子》原典，探究其相關義理才能清楚。墨家在"義利之辯"中提出了與儒家"義者宜也"所不同的"義，利也"的原則，直接將"義"界定爲"利"，從理論上取消了二者的對立。這表現在利他主義上就是"義利同一"——利他的同時就是利自己、利親族，兼愛的同時就是愛自己、愛親族。墨家對義利關係的定義，顯示其超越血親倫理的性質，但并不否定血親倫理的正當性。

　　《墨子》書《經上》篇曰："孝，利親也"②，《經說上》釋曰："孝，以親爲芬，而能能利親，不必得"③，"孝親"就是"利親"，

---

① 此即關係到利他主義（Altruism）的道德動機問題。利他主義在生物學、社會學、心理學上有不同的定義，一般研究的是利他主義的生成動機和行爲效果，將從生物學和進化論角度介入的探討限定在前者，將由主流宗教和文化（如儒家和基督教）介入的探討限定在後者。安樂哲（Roger T. Ames）先生就曾指出，道德就其客觀而言，是社會一致遵循某種既定行爲準則的結果。譬如當"愛"施于人時便成爲被普遍認同的道德教義，然而當施"愛"僅爲求取自身回報的時候，就喪失其道德認同（moral attractiveness），進而産生某種道德上的敗壞（morally repugnant）。以"施愛"來比擬"施利"，道理亦復如是，通常認爲利他人是一種道德上的善舉，而利自我則可能被認爲是自私或者僞善，其間之差异即在于以何者爲中心，前者乃以他人爲中心，後者乃以自己爲中心。意即，若以自我作爲道德思想的基本準則和道德行爲的初衷，不但不能導人或社會向善，反會使此向善之行爲轉變爲一種自私、僞善的惡行。——"顯然，將自我注入道德戒律，會將社會公益行爲轉換爲社會醜惡行徑。"見 Roger Ames, *The Art of Rulership: A Study of Ancient Chinese Political Thought*（New York: New York University Press, 1994），154。當然，目的和效果，動機和行爲，這絕非截然二分，比如對于墨家學説中的利他主義傾向，就很難定義其是以利他形成的結果來論證生成利他的動機，還是從利他生成的動機來推演利他造成的結果。

② 畢沅校注、吳旭民校點：《經上》，《墨子》，卷一〇，第 167 頁。

③ 畢沅校注、吳旭民校點：《經說上》，《墨子》，卷一〇，第 178 頁。

做對父母有利的事即爲行孝道；《經上》又曰："利，所得而喜也"①，《經說上》釋曰："利：得是而喜，則是利也。其害也，非是也"②，能給心理帶來歡愉的事情就是"利"，反之則爲"害"。此外，墨家還主張愛與利要合一，志與功要相從，既考量行爲動機又考量客觀效果——《大取》曰："義，利；不義，害。志功爲辯。"③《經說下》曰："仁，愛也。義，利也。愛利，此也。所愛所利，彼也。愛利不相爲內外，所愛利亦不相爲外內。其爲仁內也，義外也，舉愛與所利也，是狂舉也。若左目出，右目入。"④以上四條目對觀可知，墨家不但不反對孝親，反而極力鼓勵孝親；不但極力鼓勵孝親，還主張孝親應滿足人的實際情感需求（滿足物質利益需求當然也是滿足情感心理需求的重要內容）。

不同于儒家嚴等差、別親疏、先親親而後利他的孝親表達方式，墨家是平等差、辟親疏、交利及于"親親"，其愛的施放對象不限一己血親，還及于陌生他者和外在社群。由之産生一個問題，即按照對親者厚、對疏者薄的人之常情，墨家希望兼顧陌生他者和一己血親之利益的利他主義，在實踐上如何可能？《兼愛下》曰：

　　然而天下之非兼者之言猶未止。曰："意不忠親之利，而害爲孝乎？"子墨子曰："姑嘗本原之孝子之爲親度者。吾不識孝子之爲親度者，亦欲人愛利其親與？意欲人之所惡賊其親與？以說觀之，即欲人之愛利其親也。然即吾惡先從事即得

---

① 畢沅校注、吳旭民校點：《經上》，《墨子》，卷一〇，第167頁。
② 畢沅校注、吳旭民校點：《經說上》，《墨子》，卷一〇，第178頁。
③ 畢沅校注、吳旭民校點：《大取》，《墨子》，卷一一，第208頁。"之"據孫詒讓改爲"志"，見孫詒讓：《大取》，《墨子閒詁》，卷一一，第407頁。
④ 畢沅校注、吳旭民校點：《經說下》，《墨子》，卷一〇，第200頁。

此？若我先從事乎愛利人之親，然後人報我愛利吾親乎？意我先從事乎惡賊人之親，然後人報我以愛利吾親乎？即必吾先從事乎愛利人之親，然後人報我以愛利吾親也。然即之交孝子者，果不得已乎？毋先從事愛利人之親者與？意以天下之孝子爲遇，而不足以爲正乎？姑嘗本原先王之所書，《大雅》之所道，曰：‘無言而不仇，無德而不報。投我以桃，報之以李。’即此言愛人者必見愛也，而惡人者必見惡也。不識天下之士，所以皆聞兼而非之者，其故何也？”①

“吾先從事乎愛利人之親，然後人報我以愛利吾親”，墨家此種“投桃報李”的“利親”方式似乎給人以施恩圖報的功利印象。其實不然。引英國功利主義哲學家穆勒的論說以爲申説。穆勒認爲正義和功利并非二元對立，從本質上說功利是正義的基礎。②當有不義產生時，必有相應的權利被侵犯。由是他主張個人行爲和群體決策應以最大多數人的利益爲依歸。③墨家“以義爲利”的思想觀念與穆勒十分相近，也強調最大的利就是最大的善。因爲忠親之利本在兼愛天下的範圍之內，故愛利他者的同時正是愛利一

① 畢沅校注、吳旭民校點：《兼愛下》，《墨子》，卷四，第71頁。“愛”據孫詒讓改爲“兼”，見孫詒讓：《墨子閒詁》，卷四，《兼愛下》，第124頁。
② ［英］約翰·斯圖亞特·穆勒著、葉建新譯：《功利主義》，九州出版社2007年版，第97頁；John Stuart Mill, edited by George Sher, *Utilitarianism* (Indianapolis: Hackett Publishing Company, Inc, 2001), 42.
③ 穆勒在《功利主義》中提出：“我質疑那些脫離于功利而建立某種虛構的正義標準的理論觀點。相反，我主張基于功利之上的正義才是整個道德的主要組成部分，具有無可比擬的神聖性和約束力。”見［英］約翰·斯圖亞特·穆勒著、葉建新譯：《功利主義》，第137頁。John Stuart Mill, edited by George Sher, *Utilitarianism*, 59.

己血親。①《兼愛上》曰："若使天下兼相愛，愛人若愛其身，猶有不孝者乎？視父兄與君若其身，惡施不孝？"②對一己血親之愛與對陌生他者之愛，在此意義上，是能够于"兼愛"中得到統一的。

葛瑞漢先生在對比孔墨二家的倫理層次後指出，孔子是把愛理解爲一種"借由繁複的禮儀而制定出來的行爲指南"（A guideline through the variegated web of ritual obligations），而墨子則把它抽象爲禮儀角色將由之判斷的超驗原則（Transcendent Principle）③ —— "兼愛"是由"天志"下貫的道德原則，類于康德絕對命令（Categorical Imperative）式的定言判斷。故不同于儒家是以"親親"爲本而後向外擴展至個體和社群，墨家乃是以"天志"爲本而後推出"親親"也落在兼愛的範疇之内。④墨家承認人有欲利

---

① 需要指出的是，筆者只是認爲墨家之兼愛交利與穆勒的功利主義有可通約處，并非將二者簡單等同。穆勒的功利主義推演到極處，可能産生極端形式，即根據功利估計的原則（valuation by utility），有可能爲了集體價值而抹殺個人價值，從而變成多數人的暴政。倫理學界經典的思想實驗"電車難題"（The Trolley Problem）即是一例：一個瘋子把五個無辜的人綁在電車軌道上。一輛失控的電車朝他們駛來，片刻後就要碾壓他們。在另一條軌道上也綁了一個人。此時你在邊上，可以拉一個拉杆讓電車開到只有一個人的軌道上，以一命換五命。當然也可以什麽都不做。根據功利主義原則，應該拉杆，因爲符合最大多數人的利益。而道義論者則批評這種結果導向的觀點，因爲縱使能够挽救更多人的生命，拉杆的行爲將使自己陷入不義的境地——照顧到最大多數人利益的結果并不能使自己免除道德上的審判。與之不同，墨家以殺一辜者得不祥，殺一人以救天下非利天下。"兼愛"絕非冰冷的利益計算，而是包含情感的交互和良心的決斷。故墨家并不贊同爲謀求最大多數人的幸福可以侵犯少數人的利益，若墨家同樣面對"電車難題"，可以顯見其斷不會以"殺一命救五命"爲可以不假思索的正義行爲。
② 畢沅校注、吴旭民校點：《兼愛上》，《墨子》，卷四，第59頁。孫詒讓：《兼愛上》，《墨子閒詁》，卷四，第99—100頁。
③ ［英］葛瑞漢著、張海晏譯：《論道者：中國古代哲學論辯》，第54頁。A. C. Graham, *Disputers of the TAO: Philosophical Argument in Ancient China*, 42.
④ 葛瑞漢先生指出，"兼愛"應該是平等地關懷每個人（concern for everyone）而不論他是否與自己有血緣親屬關係，這正是全體的利益，即每個人應該把對自己親人的關愛包括在他的義務之中，故而它是 （轉下頁）

的本性——"天下之利歡"(《大取》),故"能利親"才爲"孝",要達到"孝"的目的又必須"兼愛交利"。由此借"天志"的權威(天欲人相愛)爲人類的理性(趨利以避害)做了保證,"爲何要利他"和"利他何以可能"在"兼愛"中得到了統一。綜上可得墨家以"兼愛"爲中心的利他主義的推展圖譜(見表一):

表一

	利他的來源	利他的動機	利他的目標	利他的範疇
出處	天之欲人相愛,不欲人相惡(《天志上》)	莫若法天(《天志上》)	仁人之事者也,必務求興天下之利,除天下之害。(《兼愛下》)	愛人不外己,己在所愛中。(《大取》) 人無幼長貴賤,皆天之臣也。(《法儀》)
內容	"兼愛"爲"天志"的要求	當以天爲法行兼不行別	"兼愛"目標:興利除害	既包含一己血親,又超越一己血親。 消解群己矛盾,突破差序格局。

（接上頁）一種道德原則而非社會平等原則（"Concern for everyone" is a principle of moral but not social equality)。根據葛瑞漢先生所言繼續推演,則必然可得——與孔子不同,墨子把兼愛原則放在血緣親情之上,即不同于孔子以孝悌爲本推出仁愛,墨子是以兼愛利他推出孝悌,在邏輯和實踐上消解"損人利己""忠孝兩難全"的邏輯困難。見〔英〕葛瑞漢著、張海晏譯:《論道者:中國古代哲學論辯》,第54頁;A. C. Graham, *Disputers of the TAO: Philosophical Argument in Ancient China*, 43。

第二章 宗教倫理辯難

（四） 普遍主義之思： 兼愛作爲一種另類的倫理黄金律

今人所謂"普適價值"（Universal Value）是指那些出于人之良知與理性，具有超越宗教、國家、民族、人種、性别之分别，并爲人類所共同承認的理念。評價某一宗教傳統、文明傳統中具備多少"普適價值"，乃是以其内藴的普遍主義精神之多少爲衡量標準。在人文社會科學範疇内，與"普適價值"直接相關的一般爲倫理道德方面的思想資源。概言之，若一個宗教傳統、文明傳統的倫理道德只適用于特定地域或特定社群，那麽它就是"特殊主義"的，不具備普遍適用性；若一個宗教傳統、文明傳統的倫理道德不僅適用于特定地域或特定社群，同時還能超越其所籠罩的地域和社群，爲其他宗教傳統、文明傳統的地域、社群所共同接受，那麽它就是"普遍主義"的，也就具有了"普適價值"。諸宗教文明傳統都承認"愛人"爲一無可争議的"普適價值"，而墨家又是中國傳統文化中最講"愛"（兼愛）的學派團體。是故考察墨家"兼愛"是否具備普遍主義的維度，有利于我們在"普適"的坐標下對墨家的特色倫理愛觀給予恰當定位。

論到諸宗教文明中的倫理愛觀，猶以從基督教教義源出的博愛精神爲代表。英文語境中，墨家的"兼愛"與基督教的"博愛"經常同作"Universal Love"，意爲"普愛世人"。基督教"愛人如己"的誡命在表述上確實與墨家"視人若己"有些相近。近代以來，西方傳教士出于福傳工作的需要，通過索引中國古代文獻，從先秦諸子的論著中重新發現了墨家"兼愛"的價值意義。他們以神學的視角考察墨家兼愛論，并將其與基督教博愛的理念進行比較。① 傳教士的成果拓展了自利瑪竇以來慣常以儒家仁愛爲基督教博愛在東方世界之參照和投射的思想路徑，具有突破性。民國時期，基督教知識分子從中國傳統文化的角度介入"耶墨對話"，其視角往往兼具儒、耶、墨三方，對墨家"兼愛"的認識較傳教士更爲全面。當代亦不乏學者從不同角度出發比較墨家"兼愛"和基督教"博愛"，雖所論各異，但基本傾向于認爲二者有諸多相通之處，至少比之儒家的"仁愛"，墨家"兼愛"與基督教"博愛"對話的空間更大一些。②

基督教之"博愛"與墨家之"兼愛"會在某種意義上被目爲等同，蓋因兩者較之儒家的倫理愛觀（如仁愛、孝愛），似乎更具有超越五倫走向普遍性愛人的維度。畢竟儒家囿于血親倫理的限制，始終無法解決"普遍性愛人"（人性原則）和"特殊性本根"（最高原則）的内在悖論。劉清平先生指出，由一己血親出發層層向外推恩的"泛愛衆"，很可能在某些時候因爲要首先照顧到一己

---

① 傳教士"耶墨對話"中涉及"兼愛"和"博愛"比較的成果，有艾約瑟：《評墨子人格及其作品簡論》，皇家亞洲文會中國支會會刊，1858 年；威廉姆斯：《墨子：中國的异端》，濟南大學出版社 1927 年版；萬斯伍德：《墨子著作中的宗教因素》，載《教務雜志》，1931 年；樂靈生：《墨子的倫理價值》，載《教務雜志》，1932 年；Wilbur H. Long：《中國古代哲學家墨子的兼愛觀》，加州學院中國分校，1934 年；等等。參褚麗娟：《文明碰撞與愛的重構——墨子兼愛與耶穌之愛的學術史研究（1858—1940）》，白帝社 2017 年版，第 25—27 頁。

② 這部分的研究，見徐長福：《差等之愛與平等之愛——對儒家、墨家、基督教有關愛的觀念的一個比較》，《維真學刊》2002 年第 2 期；黃燕妮：《墨家"兼愛"與基督教"等愛"之异同》，《學理論》2010 年第 13 期，第 64—65 頁；鄧萌萌：《墨子"兼愛"思想與基督"愛人如己"思想的异同》，《文學教育》2012 年第 5 期，第 142—143 頁；馬騰：《愛與正義關係理論研究——以"聖愛"與"兼愛"爲類型》，《中山大學法律評論》2011 年第 2 期，第 365—385 頁；張天杰、肖永明：《譚嗣同〈仁學〉與基督教思想》，《世界宗教研究》2008 年第 4 期；張少恩、孫秀芳、田會輕：《仁愛、兼愛與博愛——儒、墨倫理文化與基督教倫理文化比較》，《貴州社會科學》2014 年第 5 期，第 10—14 頁。

血親的利益而不得不枉顧陌生他者和社群的利益，從而導致"損人利己""損別家益己家"的腐敗效應。①同心圓式差序格局的存在，使得儒家倫理愛觀只能成爲一適用性受限的局域性倫理。

　　誠然，比之儒家，基督教"博愛"與墨家"兼愛"是"超血親倫理"的。② 然則評價某個宗教文明傳統的倫理愛觀是否具備普適價值，其倫理愛觀中包含多少"超血親倫理"的成分，只能作爲一個考量因素。類如基督教的"愛人如己"包含在"愛神""愛人"兩大誠命之中，"愛神"爲宗教第一要義，"愛人"從屬于"愛神"，且"愛人"是上帝規定的必須恪守的律法，已然不是一般性的個人道德自覺。③劉清平先生指出，這可能會導致另一個倫理悖論，即信徒因爲愛神而不得不恨惡不信神的"罪人"。④由是觀之，"超血親倫理"之愛固然超越了血親之愛的範疇，然若未超越其他的"特殊性本根"，如獨愛某個神祇、種族、主義、國家等，仍算不上全然具有普遍主義精神。

---

① 劉清平：《論普遍之愛的可能性——儒家與基督宗教倫理觀比較》，載羅秉祥、謝文郁主編《耶儒對談——問題在哪裏？》，廣西師範大學出版社 2010 年版，上冊，第 335 頁。

② 此處所謂墨家與基督教比之儒家更具有"超血親倫理"的性質，乃是相對而言。筆者在前文中已論述到，墨家倫理愛觀的超血親倫理是指其倫理愛觀之維能够籠罩超越血親倫理的範疇，而非指全然否定血親倫理。基督教的情況亦同此類。基督教的倫理愛觀雖然是"神本"式的，但在"摩西十誠"第五條亦記曰："當孝敬父母，使你的日子在耶和華你神所賜你的土地上得以長久"，亦一樣承認血親之愛的存在，并要求子女要孝順父母。見香港聖經公會：《舊約》，《聖經：新標點和合本（修訂版）》，香港聖經公會 2014 年版，第 111 頁。

③《聖經·新約·馬太福音》22 章第 37 到 40 節記載耶穌對門徒的教訓："耶穌對他說，你要盡心，盡性，盡意，愛主你的神。這是誠命中的第一，且是最大的。其次也相仿，就是要愛人如己。這兩條誠命，是律法和先知一切道理的總綱。"見香港聖經公會：《新約》，《聖經：新標點和合本（修訂版）》，第 41 頁。

④ 劉清平：《論普遍之愛的可能性——儒家與基督宗教倫理觀比較》，載羅秉祥、謝文郁主編《耶儒對談——問題在哪裏？》，第 339 頁。

儒耶二家倫理愛觀之間的張力其實源自"普遍性愛人"（人性原則）和"特殊性本根"（最高原則）之間的對立。今人討論儒家和基督教的倫理愛觀，均缺乏對其概念的必要分疏，慣以"仁愛""博愛"泛指，容易忽視其中普遍主義精神與特殊主義倫理之間的內在張力。儒家仁愛觀的普遍主義之維是經由血親之愛層層外推而來的，"泛愛衆"（普遍性愛人）和"親愛"（特殊性本根）是一組矛盾；基督教的"博愛"則有"愛神"和"愛人"兩個層次，"愛人如己"是上帝規定信徒必須奉行的一個宗教信條，"神本"（特殊性本根）和"人本"（普遍性愛人）是一組矛盾。在特定處境下，譬如在"普遍性愛人"與"特殊性本根"兩者之間必須選擇其一的時候，儒耶二家可能就不得不尊重後者所提出的最高要求，而舍弃前者的人性原則。由是觀之，是否墨家的"兼愛"中也存在類似的"以特殊性本根壓倒普遍性愛人"的倫理悖論？例如當天下之大利（愛天下人）與某個人或某部分人的利益（愛某個人或某部分人）發生衝突時，可以愛前者勝過後者，或爲了前者而舍弃後者嗎？

筆者以爲，墨家不面臨上述倫理悖論。儒家與基督教的倫理愛觀之缺憾，在于二者在"泛愛衆"與"愛人如己"的普遍主義維度之上，尚懸置一個價值層級更高的特殊性價值以爲規限。故在外推其愛以及于衆人的過程當中，并不能保證對一己血親和同一認信群體之外的陌生他者和社群，仍能保持一視同仁的善意和慷慨。墨家則不然，《經上》曰："任，士損己而益所爲。"《經說上》釋曰："任，爲身之所惡，以成人之所急也。"參照墨家摩頂放踵以利天下的學派風格以及《經說》《經說上》關于"任"的兩條釋文，似乎墨家是將天下之大利作爲具有至高地位的特殊價值，爲了滿足這一

特殊價值可以犧牲其他一切，甚至包括自己的生命。然而《大取》篇又曰："殺一人以存天下，非殺一人以利天下也；殺己以存天下，是殺己以利天下。"墨家認爲殺了自己來保全天下是有利于天下，但殺了別人來保全天下則不能説是有利于天下，因爲"天下人"中已有一人被殺（"利天下"的目的没有達到）。此處猶當留意，所謂"任者"犧牲自己以求有益天下，是主動抉擇的個人行爲，其決斷僅由個人操持，其後果也僅由個人承擔。同樣，天下之大利固爲墨家所看重，在必要的時候可以損失個人以保全天下，但前提是基于自願原則，不能够采取强制手段——人可以選擇殺自己以利天下，但没有權力和資格要求別人也一樣"殺身成仁"。[1]當要求"愛（利）天下人"而"不愛（利）某個人或某些人"的時候，這個行爲本身就已經不是"愛天下人"了。又《經説上》釋"同"曰："（同）不外於兼，體同也。"[2]釋"異"曰："（異）不連屬，不體也。"[3]"不外於兼"乃"不連屬"的反義，經由《墨經》的訓釋可見"兼愛"之"兼"含有相互聯繫、相互合同的意思。正因爲墨家"兼愛"是一種把所有人看作相聯合、屬同類的倫理愛觀，所以其施愛能够做到"不分貴賤，不分種族，不分親疏"，"當下肯定對方存在，這就極易形成平等觀念"。[4]由此可見，墨家語境當中并不存在"普遍性愛人的人性原則"與"特殊性本根的最高原則"

---

① 墨家"施愛""利天下"的"非强制"原則，在《墨子》書其他篇章亦有體現。類如《大取》篇曰："義可厚厚之，可薄薄之。"即言量力而行地考量人因應處境和人際關係的變化所能施愛的能力和意願，反對對他者施加任何强制性的要求。見畢沅校注、吳旭民校點：《大取》，《墨子》，卷一一，第 207 頁。
② 畢沅校注、吳旭民校點：《經説上》，《墨子》，卷一〇，第 180 頁。
③ 畢沅校注、吳旭民校點：《經説上》，《墨子》，卷一〇，第 180 頁。
④ 顔炳罡、彭戰果：《孔墨哲學之比較研究》，第 284 頁。

之間相互矛盾的倫理悖論。

　　綜合而言，墨家“兼愛”之道較之儒耶二家之愛觀，更能作爲一種基于普遍主義精神的、爲所有人類所共同接受的倫理黃金律（Golden Rule）①。蓋因其具有以下特質：第一，“兼愛”是本質的愛，是一種道德要求而非道德自覺；第二，“兼愛”充分考量了人性，預設了“自愛”和愛親族的空間；第三，“兼愛”建立于社會的共同規則和底綫共義的基礎之上，“成于共義，止于共義”，視乎人能力的不同，遵循“非强制”原則；第四，“兼愛”是走出自我、走向別異的行動；第五，“兼愛”既講求主觀善念，也注重實踐效果。以上特質共同構成了墨家普遍主義的倫理維度——提倡愛人利人，反對坑人害人；②主張以“己之所欲，慎施于人”的精神來裁決利益衝突、調和社會矛盾、處理人際關係；走一條兼顧“能動有爲的利他主義”與“消極無傷害原則”的中道路綫。

---

① 伴隨着冷戰結束後地緣政治的急速變化，一種新的處理全球關係的全球倫理呼之欲出。1993 年在美國芝加哥召開的世界宗教會議上，由天主教神學家孔漢思（Hans Kung）起草并由大會通過的《走向全球倫理宣言》裏，明確提出了“全球倫理”是人類作爲一個整體（或至少針對幾個主要文明形態）在倫理道德上所存在的某些相同或相近的普遍共識。《全球倫理宣言》的文獻中提出了“推己及人”的倫理黃金律（Golden Rule）一說，指出該律常規而言有肯定式和否定式兩種。“肯定式”爲《聖經·新約·馬太福音》第七章第十二節和《聖經·新約·路加福音》第六章第三十一節的“（如果）你們願意別人怎樣待你們，你們也要怎樣待別人”（基督教金律）；“否定式”爲孔子的“己所不欲，勿施于人”（儒家金律）。參［瑞士］孔漢思著，鄧建華、廖恒譯，楊煦生校：《世界倫理手册》，生活·讀書·新知三聯書店 2012 年版，第 130—147 頁。
② 在“儒家血親倫理爭鳴”中，對儒家持批判態度的劉清平先生提出了“去忠孝，取仁義”的“後儒家”理論——以“不可坑人害人，而要利人助人”作爲普適的底綫倫理。劉先生的觀點給予筆者很大啓發。筆者認爲，墨家之“兼愛”，正是既鼓勵助人利人（能動有爲的利他主義），又堅持不可坑人害人（恪守消極的無傷害原則）。畢竟，儒耶二家皆存在普遍主義精神與特殊主義倫理之間不可調和的困境，墨家的“兼愛”表述似乎更能作爲一種人類能夠廣泛接受的底綫共識。見劉清平：《忠孝與仁義——儒家倫理批判》，第 2—4 頁。

三、德福觀、神義論與鬼神之明

有論者認爲墨家強調"鬼神有明"，可能有害"非命"的徹底性、①抹殺人的自由意志。筆者以爲不然。事實上墨家對人間禍福和德福關係的理解，既不同于儒家本于自心的理性決定之説明，亦不同于道家歸爲偶發性因素的宿命論，應該説它在某種程度上更接近奥古斯丁、康德、《約伯記》作者從宗教意義上求解決的思路。墨家循經驗主義原則否定宿命的做法，是墨家爲伸張天鬼信仰所作的術用層面的言説，若以"體""用"觀之，則"非有命"爲"用"，"明天鬼"爲"體"，不"非命"則無以立教，通過"非命"來尊天事鬼，是謂墨家特色的信仰實踐範式。下文加以申説。

（一） 東西方共通之上帝悖論： 鬼神有所明，或有所不明？

1994 年，上海博物館從香港文物市場購回一批戰國楚竹書。這批竹簡中有被最初負責綴合、釋讀的學者曹錦炎先生命名爲《鬼神之明》的文章。今據前人研究成果，整理如下：

---

① 颜炳罡先生認爲，墨家對德福關係的理解是在經驗主義的態度下取消命限。原本是希望以超越性的天鬼保證"非命"的可能性，即保證人對現實世界確定性的把握，但經驗主義的態度使其不自覺把天鬼拉入有限者的範圍，從而在某種程度上喪失了"非命"的徹底性。見颜炳罡、彭戰果:《孔墨哲學之比較研究》，第 187 頁。

今夫鬼神有所明，有所不明，則以其賞善罰暴也。昔堯舜禹湯，仁義聖智，天下法之。此以貴爲天子，富有天下，長年有譽，後世述之，則鬼神之賞，此明矣。及桀紂幽厲，焚聖人殺諫者，賊百姓亂邦家。此以桀折於蒿山，而紂首於只社。身不没，爲天下笑，則鬼神之罰，此明矣。及伍子胥者，天下之聖人也。鴟夷而死。榮夷公，天下之亂人也。長年而没也。如以此詰之，則善者或不賞，而暴者或不罰。故吾因加鬼神不明，則必有故。其力能致焉而弗爲乎。吾弗智也。意者其力固不能致焉乎，吾又弗智也。此兩者岐。吾故曰鬼神有所明，有所不明。此之謂乎？①

《鬼神之明》只是殘篇，其與《融風有成氏》合抄在八支竹簡上。在第五支簡第十字位置下有一較粗墨節將兩篇文獻分開。墨節之上屬于《鬼神之明》篇；墨節之下屬《融風有成氏》篇。雖是殘篇，經過整理，原意并不難理解，應爲一段缺失對話主體的論述，討論的主旨在神義論問題（Theodicy）②。《鬼神之明》篇的作者首先指出，堯、舜、禹、湯因行仁義而得鬼神賜福，桀、紂、幽、厲因爲暴虐而致鬼神降禍，由此可證"鬼神有明"；然後話鋒

① 馬承源主編：《上海博物館藏戰國楚竹書（五）》，上海古籍出版社 2005 年版，第 310—320 頁。
② 神義論問題是基督教思想史上的重要問題。最早由德國啓蒙哲學家萊布尼茨（Leibniz）進行系統性論述。萊布尼茨著有《神義論》一書，以哲學的方法介入信仰範疇，將神迹奇事、上帝論、拯救論等問題全部納入理性的框架，以理性爲信仰辯護，并在此基礎上辨明上帝之慈善和正義。萊布尼茨的神義論探討了有關信仰與理性、自由意志與上帝預定、道德之惡與形體之惡等問題，堪稱啓蒙時代基督教護教學的力著。參 ［德］萊布尼茨著、朱雁冰譯：《神義論》，生活·讀書·新知三聯書店 2007 年版，第 1—2 頁。

一轉，提出與此相矛盾的反例——聖人伍子胥沉江而死，亂人榮夷公得以善終，以此詰難"鬼神有明"的説法。作者最終的結論是：鬼神有所明，或有所不明。

關于《鬼神之明》的文獻性質和學派歸屬，學界素有爭議，大體而言有幾種觀點：疑似《墨子》書《明鬼》篇佚文；疑似墨家後學或别墨派修正前期墨家鬼神觀的作品；疑爲《董子》佚文，跟董無心的思想有關；疑爲墨家論敵或儒者詰墨的作品。①因其原文中有與《墨子》書所載相近的案例（上天鬼神賞賜聖王懲罰暴王）、相似的詞句（《天志》《明鬼》諸篇中亦出現"貴爲天子，富有天下"）以及相同的問題意識（《公孟》《貴義》諸篇中探討的德福關係），故雖文獻性質和學派歸屬未有定論，然基本可確定該文獻與墨家的鬼神觀有關。同《鬼神之明》篇作者對鬼神有明持相同懷疑態度的典外文獻，尚有輯于東漢無神論學者王充的著作《論衡・福虛篇》中的《董子》佚文：

> 儒家之徒董無心，墨家之役纏子，相見講道。纏子稱墨家佑鬼神，是引秦穆公有明德，上帝賜之九十年。董子難以堯、舜不賜年，桀、紂不夭死。堯、舜、桀、紂猶爲尚遠，且近難以秦穆公、晋文公。夫謚者行之迹也，迹生時行，以爲死謚。"穆"者誤亂之名，"文"者德惠之表。有誤亂之行，天賜之年；有德惠之操，天奪其命乎？案穆公之霸不過晋文，晋文之謚美於穆公。天不加晋文以命，獨賜穆公以年，是天報誤亂，與穆公同也。天下善人寡，惡人衆。善人順道，惡人違天。然

---

① 李承律、李繼征：《上博楚簡〈鬼神之明〉鬼神論與墨家世界觀研究》，《文史哲》2011年第2期，第6—7頁。

夫惡人之命不短，善人之命不長。天不命善人常享一百載之
壽，惡人爲殤子惡死，何哉？①

　　有論者推測《鬼神之明》篇疑似《董子》佚文，這個問題與
主旨無關，在此不表。②筆者在此想指出的是，王充因距離董子時
代相對較近，故其書中所輯有關董子和纏子辯論鬼神是否有明的内
容，具有相當可靠性，可資參考。③考察上述兩則文獻，有兩點值
得我們注意，即在墨子歿後及至董子、纏子、《鬼神之明》篇作者
之時，墨家關於鬼神有明的主張，應該已經在社會上得到了一定範
圍内的傳播，同時社會上也相應存在着質疑這種觀點的思想。《鬼
神之明》篇與董子并未探討鬼神若不明，人當如何自處的修身問
題，而是把視角直接轉向鬼神這個超越性的至高存在，質疑其公平
正義的本性。《鬼神之明》篇與董子對鬼神本性公義的詰難十分嚴
厲，顯明他們反對墨家這方面的主張。從這個角度來看，幾可排除
《鬼神之明》篇爲《墨子》書佚文、《明鬼》篇殘論、墨家後學和

─────────

① 黄暉撰：《論衡校釋》（劉盼遂集解），中華書局 1990 年版，第 268—271 頁。
② 徐華先生以董子言"惡人之命不短，善人之命不長"，與《鬼神之明》篇
　中"鬼神有所明，有所不明"之意相同，故而推測《鬼神之明》篇疑似
　《董子》佚文。筆者以爲，文句、案例的相似畢竟不足以定《鬼神之明》
　篇之所從出，否則引文中提及穆公爲上天加以年壽的事例和《墨子》書
　《明鬼》篇所載更相近似，亦可因之證成該篇爲《墨子》書《明鬼》佚文。
　見徐華：《上博簡〈鬼神之明〉疑爲〈董子〉佚文》，《文獻》2008 年第 2
　期，第 105—109 頁。
③ 雜纂百家之説的《意林》輯録了幾條有關《纏子》的内容，與此相關，記
　載了纏子與董子兩人辯論鬼神是否有明，纏子不能應──"纏子修墨氏之
　業，以教於世。儒有董無心者，其言修而謬，其行篤而庸。言謬則難通行，
　庸則無主，欲事纏子。纏子曰：'文言華世，不中利民；傾危微繞之辭者，
　并不爲墨子所修。勸善兼愛，則墨子重之。'董子曰：'子信鬼神，何异以
　踵解結？終無益也。'纏子不能應。"見王天海、王韌撰：《纏子一卷》，
　《意林校釋》，中華書局 2014 年版，一七，第 107 頁。

別墨之修正作品的可能性。

借用西學的視角或有助于我們理解包括《鬼神之明》篇作者在內的、對墨家鬼神有明觀點持質疑態度之人的邏輯思路。義人遭難，惡者亨通，因爲人間有苦難而質疑上帝鬼神的存在及其本性，這一倫理難題不唯中國哲人專有。古希臘哲學家、無神論者伊壁鳩魯（Epicurus）幾于先秦儒、墨、道諸子同時期提出著名的伊壁鳩魯悖論(Epicurean Paradox)，所探討的也是類似"鬼神是否有明"的問題。①伊壁鳩魯根據上帝絕對美善的本質（全善）和無所不能的權能（全能），發出疑問：人間的苦難灾禍，若上帝想阻止而阻止不了，説明他是無能的；若上帝有能力阻止却不願意阻止，説明他不是全善的；若上帝既不想要阻止、也没有能力阻止，那麼上帝就是既不全能也不全善的；若上帝明明有能力阻止，又有意願阻止，那爲什麼這個世界仍然充滿苦難灾禍？18 世紀啓蒙哲學家、不可知論者大衛·休謨（David Hume）發展了伊壁鳩魯的論證，總結出了更加精簡的邏輯論式（見表二）：②

表二

命題一：如果上帝是至善的，他必不容忍世界存在苦難禍害。
命題二：如果上帝是全能的，他必能阻止世界發生苦難禍害。

---

① 伊壁鳩魯悖論是否出于伊壁鳩魯本人或其學派，尚有争議。最早把這段文字歸到他名下的，是基督教早期護教士拉克坦提烏斯（Lactanius）。亦有可能最早出自某位無神論哲學家或不可知論者的手筆，而後被歸在伊壁鳩魯名下。

② 論式見其著《自然宗教對話録》："伊比鳩魯的老問題還没有答案。他（上帝）是否願意阻止邪惡，但却無能爲力？那麼，他是無能的。他是否有能力但不願意？那麼，他是邪惡的。他是否既有能力又有意願？那麼，惡從何而來？"見 David Hume, edited by Henry D. Aiken, *Dialogues Concerning Natural Religion* (New York：Haffner Press, 1948), 66。

命題三：事實上，這個世界確實充滿了苦難和禍害。

命題四：綜上，可得出結論：如果上帝是全能的，他就不是全善的。如果上帝是全善的，他就不是全能的。全能和全善，互相排斥。如果二者不可得兼，那麼上帝的存有及其本性就值得懷疑。

　　20世紀哲學家亞當斯伉儷（Marilyn M. & Robert M. Adams）綜合歷代學者有關此問題的論證成果，在伊壁鳩魯和大衛·休謨論證的基礎上，進一步把上帝"全知"的本性納入考量。他們假設到，若上帝的確有能力阻止苦難禍害（全能），又實在有意願阻止苦難禍害（全善），但事實上人間的苦難禍害仍舊存在，那麼是不是上帝不知道哪裏有苦難禍害的發生，以致無法及時出手干預呢？若如是，説明上帝并非無所不知，即他不是全知的。①

　　從伊壁鳩魯、大衛·休謨和亞當斯伉儷的邏輯論式可見，討論"上帝"這個概念本身即具有某種悖論性質，在理性層面很難做到邏輯自洽，在情感層面也不容易自圓其説。②基督教、猶太教等正統宗教的上帝觀或有不同，然就上帝本質屬性而言，大體有如下共識：唯一性、創造性、人格性、全知、全能、全善、必然存有。③除唯一性、創造性、人格性之外，其他屬性都與人間禍福相關。"鬼神有所明，或有所不明"的懷疑論論調，亦同此類。（關係式見表三。）

---

① 温偉耀：《上帝與人間的苦難》，明風出版2013年版，第13頁。
② 陳波：《有關上帝的悖論》，《哲學分析》2013年第5期，第74頁。
③ ［英］克里斯·雷奈爾等著、夏國軍等譯：《哲學是什麼》，中國人民大學出版社2010年版，第276—277頁。轉引自陳波：《有關上帝的悖論》，第62—63頁。

表三

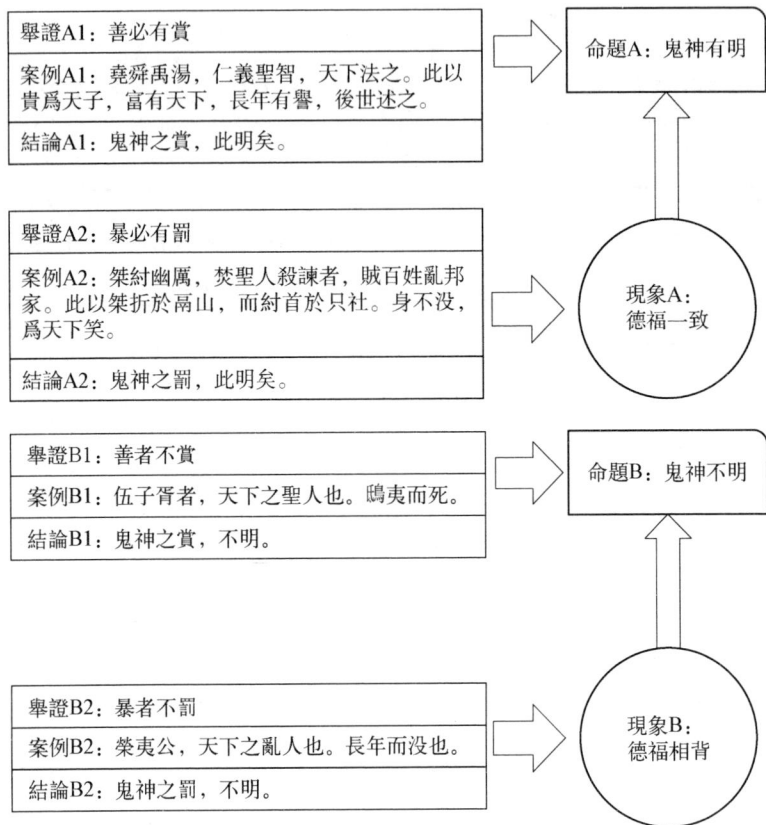

| 舉證A1：善必有賞 |
| 案例A1：堯舜禹湯，仁義聖智，天下法之。此以貴爲天子，富有天下，長年有譽，後世述之。 |
| 結論A1：鬼神之賞，此明矣。 |

命題A：鬼神有明

| 舉證A2：暴必有罰 |
| 案例A2：桀紂幽厲，焚聖人殺諫者，賊百姓亂邦家。此以桀折於鬲山，而紂首於只社。身不没，爲天下笑。 |
| 結論A2：鬼神之罰，此明矣。 |

現象A：德福一致

| 舉證B1：善者不賞 |
| 案例B1：伍子胥者，天下之聖人也。鴟夷而死。 |
| 結論B1：鬼神之賞，不明。 |

命題B：鬼神不明

| 舉證B2：暴者不罰 |
| 案例B2：榮夷公，天下之亂人也。長年而没也。 |
| 結論B2：鬼神之罰，不明。 |

現象B：德福相背

　　如上所示，《鬼神之明》篇的邏輯論式爲：以現象 A（現世的德福一致）推定命題 A（鬼神有明）成立；以現象 B（現世的德福相背）推定命題 B（鬼神不明）成立；因現象 A 與現象 B 同時存在，故命題 A 和命題 B 同時成立。于是得出結論：鬼神有所明，或有所不明。詰墨者大體都循同一論證理路，即把德福關係和鬼神之明聯繫起來，通過舉出現世德福不一致的反面例證，如董子所言"惡人之命不短，善人之命不長，天不命善人常享一百載之壽，惡人爲殤子惡死"，來質疑鬼神有明的觀點。當然《鬼神之明》篇的作者對"鬼神有明"仍持一開放的態度，非謂完全否定，其結論充要包含了"明"或"不明"兩種情況，這一點是董子未曾言明的（見圖九）。循果溯因，該邏輯論式推展到最後，

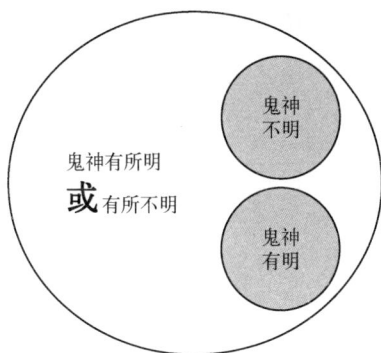

圖九

必然要追問造成"鬼神有所明，或有所不明"的原因何在。根據墨家的説法，鬼神是既良善又明智，且大有能力的。三個屬性去掉任何一個，墨家的鬼神觀都不能成立，故詰墨者曰"歧"。（見表四）

表四

"歧"	大　能	美　善	明　智
力能致焉而弗爲	或有	或沒有	或不足
其力固不能致焉	或沒有	或有	或不足

（二）　德福分離：儒道二家的看法

但凡有形上之維的學派團體或建制組織，其建言立説必離不開對人生禍福的探討，對于深具宗教根性的墨家思想學派而言更是如此。老子曰："福兮禍之所依，禍兮福之所伏"，孔子曰："死生有命，富貴在天"，儒道兩家皆認爲天命不可知，人力不可恃，這種

聽天由命的禍福觀念自軸心時代①始影響其後華夏歷史幾千年，于今猶不絕。在先秦時代與儒家并稱"世之顯學"的墨家，對此有截然不同的看法。本節將就墨家禍福觀展開研討，嘗試呈現墨家酬報神學之概貌。

酬報神學的題中之義在德福觀，德福觀的核心在德福關係能否取得平衡。任何宗教或學派要積極勸善，勉人行義，都必須回應人世間"德福不一致"的千古難題。自有生民以來，有德者未必有福，無德者未必有禍，這是明明可知的。善不得賞、惡不得罰，義人受難、惡者亨通的情況比比皆是。從歷史的經驗來看，幸福并不必然伴隨行善到來，禍患倒經常降臨在有德行之人身上。《荀子》書《宥坐》篇中記載了孔子厄于陳、蔡之時與弟子子路的一段對話，很能代表儒家對這個問題的看法：

> 孔子南適楚，厄於陳、蔡之間，七日不火食，藜羹不糝，弟子皆有飢色。子路進而問之曰："由聞之：爲善者天報之以福，爲不善者天報之以禍，今夫子纍德、積義、懷美，行之日久矣，奚居之隱也？"孔子曰："由不識，吾語女。女以知者爲必用邪？王子比干不見剖心乎！女以忠者爲必用邪？關龍逢

---

① 軸心時代理論由德國思想家雅斯貝爾斯（Karl Jaspers）在《歷史的起源與目標》一書中提出。他將 2 600 年前（公元前 500 年左右）出現在中國、中東、歐洲和印度等地區的人類文化突破現象稱爲"軸心時代"，并將其看作人類宗教、哲學的"開端"。在此時間段中，東西方集中涌現對後世人類文化有重大影響力的哲學家和宗教家，如印度有佛陀，中國有老子、孔子等聖賢，以色列有摩西、撒母耳、大衛、以賽亞、耶利米等先知，希臘有蘇格拉底、柏拉圖、亞里士多德等哲人。這些人所開創的學派、宗教以及他們的思想，定義了此後人類文明的基本樣式。見［德］雅斯貝爾斯著，魏楚雄、俞新天譯：《歷史的起源與目標》，華夏出版社 1989 年版，第 7—8 頁。

不見刑乎！女以諫者爲必用邪？吳子胥不磔姑蘇東門外乎！夫遇不遇者，時也；賢不肖者，材也。君子博學深謀不遇時者多矣。由是觀之，不遇世者眾矣，何獨丘也哉！且夫芷蘭生於深林，非以無人而不芳。君子之學，非爲通也，爲窮而不困，憂而意不衰也，知禍福終始而心不惑也。夫賢不肖者，材也；爲不爲者，人也；遇不遇者，時也；死生者，命也。今有其人，不遇其時，雖賢，其能行乎？苟遇其時，何難之有！故君子博學、深謀、修身、端行，以俟其時。"①

上段引文乃荀子托借孔子與子路之間的師生問答來表達自己的德福觀。子路從樸素的因果報應的角度，質疑了天道循環的公平性——何以孔子這樣道德高尚的聖人竟會遭遇如此困厄窘境。孔子則援引歷史上"德福不一致"的案例來說明，德行和幸福相符合有一定的限制條件：賢或不肖是"材"，屬人力能達到的範圍；因緣際會則是"時"，屬人力所不能至的範圍。人有其"材"而生不逢"時"，雖賢亦不能行之。在應然界，"修身端行以俟其時"，二者一致是君子希望達到的理想境界；在實然界，二者并非總是相當，相一致的情況在現實處境中只是偶然，而非因果律上的必然。孔子一生屢遭困厄，他深刻認識到人力的局限性。"子畏於匡"的故事更表明，孔子其實更傾向將人生際遇的決定性因素歸爲"天命"，②正所謂"窮達以時"也。儒家對現世"德福相背"

---

① 王先謙撰，沈嘯宸、王星賢點校：《宥坐》，《荀子集解》，卷二〇，第526—527頁。
② "子畏於匡"典故出自《論語·子罕》："子畏於匡，曰：'文王既没，文不在茲乎？天之將喪斯文也，後死者不得與於斯文也；天之未喪斯文也，匡人其如予何？'"

問題的解決，最終走向了"境界性的内向反求"①，"注重人的内在的德性世界并不等于與現實的經驗領域隔絶，而是在其中實現德性的圓滿。這樣，實現對命限的異質超越同時亦是對經驗領域的福的肯定"②。顔炳罡先生指出，這種儒家式的禍福論解決方案，實際上劃分了德福相互分離甚至二元對立的關係。③亦即基于價值意義二者可以追求相合，但在事實意義上兩相異質，不能形成必然聯繫。

筆者在前文論述《墨子》書《非命》篇時已指出，墨家所批評的"執有命者"的觀點在某種程度上更接近道家而非儒家。道家雖未有明言信仰"命定論"，然類如莊周、楊朱者所主張的純任自然而無所容心于其間、富貴壽夭順逆皆可置之度外的觀點，實與墨家所批評的"執有命者"的觀點極爲相似。④儒家尚且在價值與事實兩個層面之間留出空間，以作爲德行（力）與福報（命）的搭載。道家則在"德"與"福"、"力"與"命"之間劃出一條不能相容、不可溝通的鴻溝。"德""福"不但做不到類如物理學上作用力與反作用力那般精準適配，其至彼此之間發生關聯的可能性也完全不存在。例如《列子》書《力命》篇就托借"力"與"命"之

---

① 基督教學者温偉耀先生對比基督教與中國文化中的理想人格和修爲工夫後指出，基督教重視人與上帝這個有情意的無限他者的對話，而以儒道爲代表的中國文化則傾向"境界性的内向反求"。這種向内反求的自給自足性，缺乏客觀規範的意識，容易從走入一個誤區：即由嚮往更高超的生命境界，滑向不真實的、理想主義的自欺情結。亦即是說，境界性的"應然我"由自己定義，生命依然的"實然我"卻依然固我，未因此定義而有任何改觀。見温偉耀：《生命的轉化與超拔：我的基督宗教漢語神學思考》，宗教文化出版社2009年版，第134—139頁。
② 顔炳罡、彭戰果：《孔墨哲學之比較研究》，第184頁。
③ 顔炳罡、彭戰果：《孔墨哲學之比較研究》，第184頁。
④ 蔣竹莊編：《楊墨哲學》，第30頁。

間的對話，提出人力不可能戰勝命運，以力制命、以德求福盡歸枉然的觀點，其曰：

> 力謂命曰："若之功奚若我哉?"命曰："汝奚功於物而欲比朕?"力曰："壽夭、窮達、貴賤、貧富，我力之所能也。"命曰："彭祖之智不出堯舜之上，而壽八百；顏淵之才不出衆人之下，而壽四八。仲尼之德不出諸侯之下，而困於陳蔡；殷紂之行不出三仁之上，而居君位。季札無爵於吳，田恒專有齊國。夷齊餓於首陽，季氏富於展禽。若是汝力之所能，奈何壽彼而夭此，窮聖而達逆，賤賢而貴愚，貧善而富惡邪?"力曰："若如若言，我固無功於物，而物若此邪，此則若之所制邪?"命曰："既謂之命，奈何有制之者邪? 朕直而推之，曲而任之。自壽自夭，自窮自達，自貴自賤，自富自貧，朕豈能識之哉? 朕豈能識之哉?"①

綜上，儒家認爲德福一致是人主觀的理性抉擇，道家認爲德與福乃迥然二分，不能相容。無論儒道兩家哪一家的見解，都傾向主觀目的和客觀效果相分離。儒道兩家不同之處在程度，即對儒家而言德福一致是仁人志士可以努力逼近的圓滿境界，價值意義通過自心賦予；對道家而言，行善積德和獲得福報二者間不存在必然聯繫，連追加意義的價值也沒有。持平而論，儒道兩家的禍福觀有其積極意義，德行與福報二分，能引導人們客觀看待現實境遇，不過分陷入"重福報而輕慧命""爲求解脫而纍積功德"的

---

① 張湛注：《列子》，上海書店出版社 1992 年版，第 67 頁。

功利主義心態。①然流弊亦甚顯明。譬如儒家重義輕利，君子固然能够做到，但同樣的標準對"小人"而言就難行，儒者或能獨任，奈天下何？且重視行爲動機而輕視行爲效果，失去了外在客觀的衡量標準，若將一己對"善"或"德"的定義無限外推至普世範圍，就容易陷入自我稱義、自我加冕、自我表揚的驕傲境地。道家則否認德福之間存在關係，福報、禍祟與人力無關，純歸乎天命等概率事件。消弭了禍福的界限，也就取消了惡與善的區別。既然行善得不到好處，那麼作惡也不用付出代價。如此將可能使義人喪膽而無爲，惡者愈發地肆無忌憚。

"積善之家，必有餘慶。積不善之家，必有餘殃"②，人類心理中普遍存在這樣的慣性思維和路徑依賴。儒道二家作爲人文色彩偏重的思想學派，對禍福起源和德福相背的解答，最終落實到個人修身以俟命和齊物我、逍遥游、任自然這類人文化的路徑上，本質是憑借自力、走向内心深處的"自我消解"和"自我詮釋"。墨家則與此不同，它是一個信仰委身程度極深、宗教根性極厚的"神文"學派，且推重"志功相從""義利合一"的實效主義。墨家上説下

---

① 佛教信仰對這個問題的解釋有基于"三世因果"理論的説法，即謂此乃今世之人的前世業力作用（如前世行善過少，或作惡過多），遠超過今世行善積德而賺取的福澤的緣故，故福報可能滯後，不能即身即時反映，須纍積至後世再行報償。在推崇和踐行人間佛教的團體中，常有此説法。——20世紀60年代以來，人間佛教繼承民國高僧太虛大師"人生佛教"的實踐進路，在中國各地發展迅速，其志功的顯著表現就在關切社會服務。在人生佛教和人間佛教的言説中，此爲踐行更加難行的大乘菩薩道。然此進路也受到一些學者的批評，潘儒達指出，這種行善動機仍是以功利爲出發點，即便行出好的效果，仍未超脱"我執"的影響。同時亦有很多教内、教外人士批評人間佛教團體"只重福報，不修慧命"。見潘儒達：《十架與蓮花——一個基督徒與佛教信仰的對話》，道聲出版社2016年版，第138頁。

② 王弼注，孔穎達疏，盧光明、李申整理，吕紹綱審定：《坤》，《周易正義》，卷一，第36頁。

教，談辯從事，講説"十論"，務求人能接受其主張。其鼓勵人行義的原動力在二端：其一是"必爲天之所欲，而去天之所惡"①，興利除害是上天的律令，天鬼賞善罰惡，鬼神之明必知之；其二是"愛人者人必從而愛之，利人者人必從而利之"②，兼愛交利是即身即時的反映，當下就對人有所裨益。不可否認，當人不行善也可得福報時，個體行善的動力就可能流失，墨家尊天、事鬼、非命的學説及其高舉的天鬼信仰也可能因之産生動搖。因是之故，墨家對人間禍福的解答，就落實在鬼神有所明而宿命絶無有的信仰層面；換言之，通過外在"他力"來保證德福一致。任何德福相背的情況都能在這一思路下得到解決。

（三）墨家的解答：人不能替代上天鬼神來決定何者致福，何者遭灾

墨家特重實效，所謂"義，利也"③。在義利之辨上，墨家與儒家"正其誼不謀其利，明其道不計其功"④的態度不同。相比儒家重動機不重效果，墨家主張凡言凡動若不能取得好的效益，那麼其正當性就值得懷疑。放在禍福觀的視角下考量，即儒家只問義不義，不問祥不祥；墨家則以祥不祥來判定義不義。《公孟》記載了儒者公孟與墨子之間的對話，其曰：

公孟子謂子墨子曰："有義不義，無祥不祥。"子墨子曰：

---

① 畢沅校注、吳旭民校點：《天志下》，《墨子》，卷七，第116頁。
② 畢沅校注、吳旭民校點：《兼愛中》，《墨子》，卷四，第61頁。
③ 畢沅校注、吳旭民校點：《經上》，《墨子》，卷一〇，第167頁。
④ 班固著、顏師古注釋：《董仲舒傳》，《漢書》，卷五六，第2524頁。

"古聖王皆以鬼神爲神明，而爲禍福，執有祥不祥，是以政治而國安也。自桀紂以下皆以鬼神爲不神明，不能爲禍福，執無祥不祥，是以政亂而國危也。故先王之書子亦有之曰：'其傲也出，於子不祥。'此言爲不善之有罰，爲善之有賞。"①

此處墨子批評了公孟執"無不祥"的觀點。墨子指出，不相信鬼神有明會遭到鬼神的懲罰。由上段引文觀之，似乎可見墨子認同行爲和結果之間存在類似因果律的必然聯繫，對德福一致的觀念持一種機械的理解方式。其實不然，墨子指出須應具體處境、條件和程度來具體看待二者關係。《墨子》書《公孟》篇記載了墨子與門徒之間發生的一場對話，其曰：

> 有游於子墨子之門者，謂子墨子曰："先生以鬼神爲明知，能爲禍人哉福，爲善者福之，爲暴者禍之。今吾事先生久矣，而福不至，意者先生之言有不善乎，鬼神不明乎？我何故不得福也？"子墨子曰："雖子不得福，吾言何遽不善，而鬼神何遽不明？子亦聞乎匡徒之刑之有刑乎？"對曰："未之得聞也。"子墨子曰："今有人於此，什子，子能什譽之，而一自譽乎？"對曰："不能。""有人於此，百子，子能終身譽其善，而子無一乎？"對曰："不能。"子墨子曰："匡一人者猶有罪，今子所匡者，若此亓多，將有厚罪者也，何福之求！"②

這是門徒針對鬼神有明的説法而向墨子提出的嚴厲質疑。他認

---

① 畢沅校注、吳旭民校點：《公孟》，《墨子》，卷一二，第237頁。
② 畢沅校注、吳旭民校點：《公孟》，《墨子》，卷一二，第242—243頁。

爲自己謹守老師之道，理應得到上天的祝福，結果却没有收穫任何好處。若以果推因，只會得出兩個結論：要麼墨子關于鬼神的教導根本就是錯誤的；要麼鬼神不明智，自然也就不能够賞善罰惡了。這個學派團體内部產生的對鬼神有明教義的責難極具代表性，反映了大衆的普遍心理。當行善收穫的報酬不能支抵行善付出的成本，甚至有時還會使得切身利益有所虧蝕的時候，不唯彼時墨者，百世之下的人類，甚至是具有强意識形態皈依、對信仰高度委身的宗教信徒或學派門徒，都不可避免地會對負責保障此世公平正義的天鬼、神佛、上帝等信仰對象的信實性產生巨大懷疑。最終要麼服從命運安排，隨波逐流；要麼灰心喪志，放弃信仰和學説。

　　墨子的回應彰顯了墨家天鬼信仰中重罰輕賞的特質，即除害是爲了兼愛，罰惡等同于賞善。墨子指出門徒尚且不能做到推賢責己，如此這般作爲，上天不加以懲罰已算寬厚，還額外求什麼福報呢？門徒責難墨子的是“上天不賜福”，墨子回應的重點則在“上天不降禍”。①不是隨便做什麼事情都能得到上天祝福，與之相反，人人都有獲罪的可能性（如墨子批評門徒隱匿良道即爲罪）。② 墨子懸置了一個天志的高標準，以限制人自我稱義、托天言志、貪天之功爲己有。顔炳罡先生指出，“墨子對德福一致的一個規定：并不是什麼程度的德行都能邀天之福，只有做到完全合天之義，德福一致才是可能的”③，此論甚當。以此觀之，門徒言行未能合義，雖行善而不得福也屬正當。行善積德須至何種程度，行善積德的努

---

① 縱觀《墨子》書，其言説上天鬼神罰惡的篇幅多于賞善的篇幅，談及賜福多徵引先王之書（第二表），未如談及降禍之條目明確（三表皆有）。似見《墨子》一書對禍害的關注超過對福報的關注。
② 顧如：《立墨——〈墨子〉經義釋詁》，第 483 頁。
③ 顔炳罡、彭戰果：《孔墨哲學之比較研究》，第 186 頁。

力方向爲何，這些都不是人有資格來定義的，須由天志下貫。以人的欲求來界定天鬼的行爲，有托天言志之嫌，這一點在《墨子》書《貴義》篇的"黑龍之喻"中已有説明。①換言之，若人自己能規定何種善行、義舉符合上天的要求，就等于人僭越了天的主權——人比天的位分還高，人成了天的主宰，而非天是人的主宰。

上面一段對話主要是墨子解答門徒關于鬼神是否有明的問題。《公孟》篇又記載了墨子與另一位弟子跌鼻的對話，談論的主題則直接指向墨子之言是否可靠。《公孟》篇曰：

> 子墨子有疾，跌鼻進而問曰："先生以鬼神爲明，能爲禍福，爲善者賞之，爲不善者罰之。今先生聖人也，何故有疾？意者先生之言有不善乎？鬼神不明知乎？"子墨子曰："雖使我有病，何遽不明？人之所得於病者多方，有得之寒暑，有得之勞苦。百門而閉一門焉，則盜何遽無從入？"②

跌鼻此處的發問充滿挑戰：門徒固然可能因爲不完全合義而未能得福，那麼墨子作爲門徒的老師，理應是既相信鬼神有明又符合

---

① "黑龍之喻"載在《墨子·貴義》："子墨子北之齊，遇日者。日者曰：'帝以今日殺黑龍於北方，而先生之色黑，不可以北。'子墨子不聽，遂北，至淄水，不遂而反焉。日者曰：'我謂先生不可以北。'子墨子曰：'南之人不得北，北之人不得南，其色有黑者，有白者，何故皆不遂也？且帝以甲乙殺青龍於東方，以丙丁殺赤龍於南方，以庚辛殺白龍於西方，以壬癸殺黑龍於北方，若用子之言，則是禁天下之行者也。是圍心而虛天下也，子之言不可用也。'"《貴義》篇所載的這段對話，表明了墨家并不認爲人間之事均須一一對應鬼神行爲。所謂天帝在北方殺黑龍而不可北往，只是偶然言中罷了，并不見得不能北往的原因必然和天帝所爲有關。墨子所言隱晦地表達了對"托天言志"——以己意猜度鬼神之意從而限制鬼神權能的反對。

② 畢沅校注、吳旭民校點：《公孟》，《墨子》，卷一二，第243頁。

天志要求的聖人了，何以犯病而遭灾呢？跌鼻對墨子的發問背後隱藏兩層意思：其一，墨子自己的行事爲人也没有完全達到上天要求的標準；其二，墨子自己也不相信鬼神有明這套説法，只不過僞托天鬼來申説主張。跌鼻之所言，不僅質疑墨家學説的可靠性，更兼指控墨子人品作僞。墨子回應道，人會得病有諸般原因，鬼神只居其一。縱然言行完全合于天鬼之意，也不能避免寒暑勞苦等其他因素所導致的疾病灾禍。今人觀墨子之言，或以之爲取巧的詭辯。其實不然。當結合墨家非命論作對觀。墨家强力、非命，就是要張揚禍福自作，不由命定，徹底隔絶宿命論對人間活動的擺布。若人得病必然是由于"惡"，那等于人的命運被所謂的規律所宰制，更何况這個病因是人自我預設的，而不是由天鬼設定的。"天志""明鬼"諸論是爲置立天下之法度，讓人以之爲法；而不是指上天鬼神直接干涉人間活動，頒布可供人向上邀寵的條例。人犯病就當求醫治療，如此方合墨家非命的主張。

　　從兩位門徒對墨子之言和天鬼信仰的質疑可以看出，他們都是從機械的因果報應的角度來看待人間禍福的發生，其行爲動機具有功利主義心態，爲墨子所不取。後世中國民間宗教或漢化佛教當中，亦不乏同類思想，類如"慈悲不是無所謂的慈悲，慈悲背後是以慈悲心爲解脱之道"①，此類言説不過是相比其他求償行爲更具倫理性一點而已。倘若善行得到即時即身的報償，反容易滋長"我慢貢高"的心態，此足見以功利爲動機的行善根基之脆弱及不純質。

　　當然，門徒之失不代表墨子之失。墨子本人在和兩位門徒以及

---

① 潘儒達：《十架與蓮花——一個基督徒與佛教信仰的對話》，第 139 頁。

儒者公孟的對話中，已經詳細闡明了其對鬼神有明和德福關係的觀點——德福相背不害鬼神有明。今人或以墨子既言"義不義"與"祥不祥"相關聯，又言禍福并非全由鬼神決定爲邏輯不自洽，此均是不解墨家宗教觀念所致。儒者但言義爲修身之手段，不帶信仰性質；墨子則以"祥不祥"導人向善，純乎宗教言説，獲得"不祥"即證明"不義"。《天志下》篇有曰："天之志，義之經也。"[①]義之道論經緯全在天志，墨學十論即爲上天信仰的十大内容，"鬼神有明"也在其内。筆者在釋讀《法儀》篇時已論及，上天鬼神通過賞善罰惡爲人確立可以之爲法的法度，這個舉動應該理解爲上天鬼神通過賜福和降災給人以方向指引，而非指人能根據上天鬼神明定的條例來塑造自己的行動以向上邀寵。鬼神賞罰更多的是鬼神單方面的向下傳達意志，并不是與人間進行溝通的雙向互動。[②]人只能以鬼神賞罰爲訊號來感悟天志進而知天之義，并不能以之爲

---

① 畢沅校注、吳旭民校點：《墨子》，卷七，《天志下》，第 122 頁。
② 應留意墨家關於天鬼獎懲體系的邏輯論式。這與"墨家主張有天鬼但非命"息息相關。墨家之所以主張有天鬼但非命，乃是因爲有命的説法與天鬼的絕對權威相背。按照墨家對天鬼的言詮，天鬼是有人格意味、有能力、有意志、能賞善罰惡的。天鬼的獎懲，其依據在于人現世的行爲，善者得賞，惡者受罰。——故依此邏輯，人之行爲可改變，自然天意也可能因爲其行爲的變化而改變。雖然天鬼的標準高于人的標準，天鬼也并不完全與人進行溝通，但人與天鬼之間的隱性互動的過程并非絕對没有——其中介就是行爲。然而有命説不是如此，因爲在墨家的言説傳統中，有命就代表認可一種不依照人的意志爲轉移的客觀必然性，故而人無論行善還是作惡，其命運終是無可改變。一旦承認有命説，墨家樹立的天鬼權威就會被動搖。依照《墨子》一書中墨家所駁斥有命論者的説法，有命論者應是持一種隨機式的天命論，即謂人的命運與後天的行爲不存在關聯，這自然壓抑了人的主觀能動性，因爲無論意念與行爲是否改變，都對最終結果没有影響。而墨家之主張非命，是言惡有惡報、善有善報，種瓜得瓜、種豆得豆。故在墨家的言説框架下，人絕非是没有自由意志、没有主觀能動性的，因一切貧富壽夭、吉凶禍福，都非偶然或命定，而是帶有因果相連性。參張永義：《墨子與中國文化》，第 104 頁；魏義霞：《墨子與中國哲學》，人民出版社 2019 年版，第 60—61 頁。

鬼神的思維，自我設定做什麼能够得福、做什麼將致遭灾。①同時墨子更重視鬼神對人的自上而下的警戒作用，"他是把賞善解釋爲不施惡，賞善在此是消極意義"②。

表五　墨子與儒者公孟的質辯論式

命題： 鬼神有明，能爲祥爲不祥			
論　據	人　物	行　爲	後　果
舉證一	古聖王	以鬼神爲神明，而爲禍福，執有祥不祥	政治而國安
舉證二	桀紂	以鬼神爲不神明，不能爲禍福，執無祥不祥	政亂而國危
結　論	不善之有罰，爲善之有賞		

表六　墨子與跌鼻的質辯論式

命題： 聖人有疾不害鬼神有明			
論　據	現　象	原　因	結　果
舉證一	人得病	人之所得于病者多方	得之寒暑
舉證二	人得病	人之所得于病者多方	得之勞苦
分　析	百門而閉一門焉，則盜何遽無從入		
結　論	雖使我有病，何遽不明		

---

① 顧如：《立墨——〈墨子〉經義釋詁》，第473頁。
② 颜炳罡、彭戰果：《孔墨哲學之比較研究》，第187頁。

表七　墨子與門徒的質辯論式

命題：爲善不得賞，不害鬼神有明			
論　據	對　　象	表　　現	結　　果
舉證一	面對才能十倍于己的人	不能做到十倍譽人而不譽己	隱匿良道
舉證二	面對才能百倍于己的人	不能做到終身譽人而不譽己	隱匿良道
結　論	隱匿良道即爲厚罪，雖然行善，漏過此罪，亦無福可求		

（四）　酬報神學：強力非命不礙鬼神有明

　　觀諸《墨子》全書各篇，鬼神有明的觀念在墨家理論體系中可謂一以貫之。上天鬼神之存有及其賞善罰惡的大能，不但確實可信，而且能據三表法證明。自墨子彼時至當代，歷代詰墨者之所以認爲墨家鬼神有明的天鬼觀屬于墨學中最封建、最迷信、最應該被舍去的部分，究其原因，蓋以"強力非命"的無神論主張和"尊天事鬼"的宗教信仰不能相容，墨子之言自相矛盾。這種理解存在一個誤區，割裂了墨學的整全肢體，片面地以"有神""無神"的先見二分墨家之宗教三論。不唯詰墨者如此，有些論墨者也傾向于以二分思維看待墨學，主張對其"取其精華，去其糟粕"——"強力非命"代表墨家人文主義精神的積極面向，應該極力高揚；"尊天事鬼"則包含神權崇拜的落後因素，應該大力批判。梁启超先生在《子墨子學說》中對這個問題有所裁議，實

爲公論。其言：

> 世俗論者，常以天命二字相連并用，一若命爲天所制定
> 者，則或疑墨子既言天志而又非命，豈不矛盾矣乎？是于墨子
> 天之性質有所未了也。墨子固言，天也者隨人之順其欲惡與否
> 而禍福之，是天有無限之權也。命定而不移，則是天之權殺
> 也。故不由非命之論，則天志之論，終不得成立也。嗚呼！命
> 之一語，其腐我中國之人心者，數千年于茲矣。安得起墨子于
> 九原化一一身，一一身中出一一舌，而爲廓清辭辟之？①

以“非命”和“鬼神有明”相衝突者，大抵是認爲篤信天鬼會
抹殺人的自由意志，二者絕不能并存。故墨家要麽是一個尊重人的主
觀能動性、相信人能不假外物而自作決斷的先進人文學派，要麽是
一個俯伏于上帝鬼神淫威、全然讓渡人的自由意志的反動宗教社
團。梁啓超先生指出，墨家反對定命說，說明墨家肯定人有自由
意志：

> 定命說若成立，<u>人類便没有自由意志</u>，那麽連道德標準都
> 没有了。人類便没有了自動力，那麽連什麽創造都没有了。那
> 麽人類社會便是死的，不是活的；便是退化的，不是進化的。
> 所以墨子非命，是把死社會救活轉來的學說。②

由上可見，梁啓超先生主張墨家并不否定自由意志，且强力非

---

① 梁啓超：《子墨子學説》，第 60 頁。
② 梁啓超：《子墨子學説》，第 54 頁。

命不礙尊天事鬼。不過梁先生所言還是從墨家非命論的角度出發展開，尚未回答尊天事鬼、鬼神有明是否有害人的自由意志。故其爲墨家所作的辯護不算圓滿。下文中，筆者嘗試拓展其論，以爲墨家申説。

若將"自由意志"概念置入墨家的語境中進行具體分析，教父聖·奧勒留·奧古斯丁（Sanctus Aurelius Augustinus）的論述可資參照。自由意志與決定論的關係，是西方神學界一直以來討論的焦點問題。奧古斯丁在與摩尼教徒辯論"善惡本源"時指出，上帝從來是至善的，而不像摩尼教教義所言的那般"善惡二元"。所謂"善"是本源性的，所謂"惡"則是派生性的，"惡"乃源于"善的虧缺"（privation of goodness）。①上帝以善意賦予人以自由意志，人善用之得到善的結果，人濫用之得到惡的結果。人作惡犯罪，是人濫用自由意志的結果。由于"惡"不是上帝本源，故人作惡犯罪就沒有可以推諉的借口；上帝據人自爲的行爲給予審判，正彰顯了他賞善罰惡的公義性。②人作爲一個有自由裁量權、有道德責任的受造物（free and responsible agent）是有理性的，他所有的行動必出于自願，而非出于勉强（如圖十）。

---

① 奧古斯丁與摩尼教徒的辯論，帶出了有關神義論以及人的自由意志的問題。按照奧古斯丁的説法，上帝容忍人間有罪惡存在，是因爲有惡才能顯示善。惡是善得以彰顯的必要背景。這一理路頗像中國道家的言説，如福禍相依。同樣的，沒有貧窮作爲參照，則顯示不出富裕的可貴；如果沒有發生疾病，人就意識不到健康的重要；沒有惡人，也就看不出誰是善人。這些思想見諸其著作《上帝之城》的第九、十七、十八、二十一、二十二卷，以及《懺悔錄》的第七卷。見［古罗马］奧古斯丁著、王曉朝譯：《上帝之城》，人民出版社 2007 年版；［古罗马］奧古斯丁著、周士良譯：《懺悔錄》，商務印書館 1996 年版。

② 賴輝亮：《關于自由意志的爭論——從古希臘到文藝復興》，《中國青年政治學院學報》2008 年第 1 期，第 63 頁。

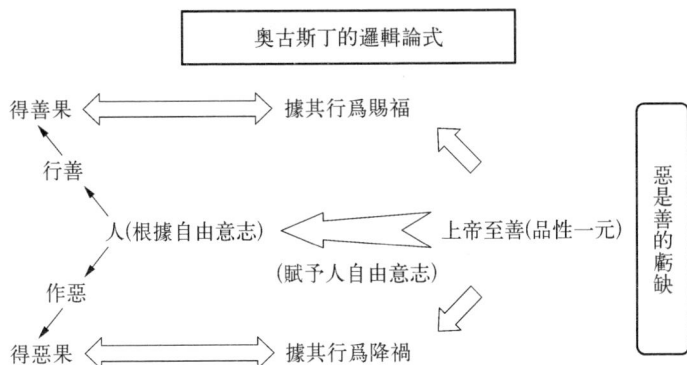

圖十

　　根據俞吾金先生的劃分，貫穿西方哲學史、宗教史、科學史的
"自由意志與決定論之關係"的討論，有三種代表性觀點：一是決
定論，即從因果性、必然性角度去解釋宇宙中發生的所有現象；二
是非決定論或自由意志論，即從偶然性或自由意志的角度出發去解
釋宇宙中發生的所有現象；三是相容論，即肯定自由不是別的，恰
是對必然性的認識。①據此考察諸家論說，"執有命"論者、墨子二
門徒以及類如楊朱等道家者流，均持類似第一種觀點，即對于人屬
世的任何作爲，上天鬼神都應有所報應的機械因果律。不同在于，
"執有命"論者、楊朱等道家者流關注點在"命"，以宿命論限定
人自由意志的展開；墨子二門徒關注點在"人"，以人的自爲行爲
必須一一對應上天鬼神之欲惡。《鬼神之明》篇的作者、董子、孔
子、荀子所論，更接近第二種觀點，即一方面相信人有可以做到的
事情，在一定限度内能够測度上天、鬼神、宿命，是故"修身以俟
命"，是故"鬼神有明"；另一方面又承認天道運行有其不可測度

────────────────

① 俞吾金：《決定論與自由意志關係新探》，《復旦學報（社會科學版）》
　2013 年第 2 期，第 2—10 頁。

的一面，單憑人力不可能掌握己身之外的一切規律、法則，是故"生死有命，富貴在天"，是故"鬼神有所明，或有所不明"。墨子持論兼有二三，將個人禍福與疾病歸爲偶然，拒斥人事與宿命的因果聯系。其雖主張踐行人的自由意志，但仍强調上天鬼神所定立的標準高于人自我設定的標準，人之言談、舉動并非可以邀寵得福，此類如奧古斯丁所言"惡爲善的虧缺"，是爲謙卑自牧、勉人進取。又以個人禍福不害鬼神之明，鬼神賞罰自有其理，類如奧古斯丁篤信上帝本質爲善不爲惡，此誠認識到人行事言談之自由當以天志爲法儀、以鬼神爲標尺的道理。遵天鬼之意必得賞賜，反天鬼之意必得懲罰，此意又同奧古斯丁所言——人有責任爲自己的行爲承擔代價。

引康德的視角以爲觀照。軸心時代的西方哲人多肯定現世福報的意義，亞里士多德的"幸福即爲至善"、斯多葛學派的快樂哲學和德謨克利特的快樂主義，皆肯定幸福的價值。他們有的認爲"道德等同于幸福"（如斯氏、德氏），有的則明確把二者區分開來（如亞氏）。[1]及至康德哲學從倫理學的角度對"幸福如何可能"的問題進行研討，德性、幸福與上帝三者之間的結構關系才得到了更顯明的揭示。康德式德福觀不是依人趨利避害的心理展開論述，相反，特別重視人的存心或曰動機——只有無條件遵循道德律令而不爲利己的踐德行爲，才能配享相應福報，"于是越不爲了現實的幸福去行，越值得有福。踐德之時必須只因爲人人當如此行而行，即只能爲普遍的形式的法則所決定"[2]。康德認爲，有德者獲得福報

---

① 張傳有：《對康德德福一致至善論的反思》，《道德與文明》2012 年第 3 期，第 75 頁。
② 張傳有：《對康德德福一致至善論的反思》，第75 頁。

是"世界上最可能的至善"①。但是"德"屬應然界，"福"屬實
然界，分屬不同領域，遵循不同法則。②要使異質之二者在倫理領
域得到統一，當有一個無限存有的外在他者即上帝來爲德福一致給
予保證，"爲了達成有德者必有福的實踐理性的必然要求，必須肯
定上帝的存在"③（見圖十一）。

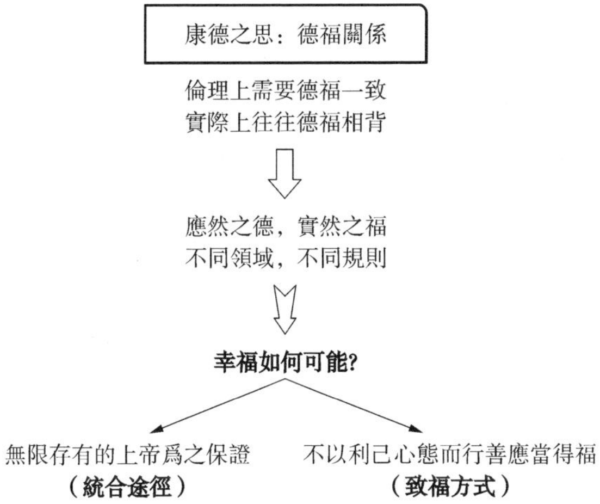

康德之思：德福關係

倫理上需要德福一致
實際上往往德福相背

⬇

應然之德，實然之福
不同領域，不同規則

⬇

幸福如何可能?

無限存有的上帝爲之保證　　不以利己心態而行善應當得福
　　（統合途徑）　　　　　　　　**（致福方式）**

圖十一

　　康德既肯定人有自由意志（人有能力踐德），又肯定上帝的存
有（上帝保障德福一致），以之比較墨子與奧古斯丁之言，似可見
一條解決現世德福相背難題的思想路徑——由倫理學維度轉向神學

---

① ［德］康德著，何兆武譯：《論通常的説法：這在理論上可能是正確的，但在
　實踐上是行不通的》，《歷史理性批判文集》，商務印書館 1990 年版，第
　180—181 頁。
② 伊懷斌：《論康德的德福一致結構》，《道德與文明》2010 年第 4 期，第
　51—52 頁。
③ 楊祖漢：《比較康德的德福一致論與孔子的天命觀》，《深圳大學學報（人文
　社會科學版）》2014 年第 6 期，第 41 頁。

致思，引入外在他者的力量來保障德福一致的可能性，并規範其限度。有限的屬世之人解決不了的問題，交托給無限的上帝鬼神去解決。康德的思路是一個"反推"的過程，由倫理需要上溯至上帝存有，然而這仍没有完滿解決神義論的問題。何以見得呢？若行善不得福，作惡不遭灾，或可歸咎爲"鬼神有所明，或有所不明"；那麼義人受難、惡人亨通的現實境況，則不止讓人質疑上天鬼神的明智，甚至質疑上天鬼神的公義了。引入上帝鬼神等外在力量來保障自由意志與德福一致的前提，是這個"無限存有"具有至善的品性。若其本身不具備這個品性，相反，甚至會試探人、捉弄人、咒詛人，那麼人爲自己行爲承擔後果的必要性就完全不存在了——這裏，不單關乎上天鬼神明智不明智的問題，甚至是其邪惡不邪惡的問題了。由此可見僅作爲形而上學假設存在的理性主義神義論的局限。①

對于上述問題，筆者以爲，當留意墨子在與二門徒的對話中所暗示的謙卑自牧的無知論：由于有限者和無限者之間存在認知上的差距，所以上天鬼神定立的賞善罰惡標準，完全可能高于、甚至不同于人自我設定的得福得禍標準。②唯有置于更超越的視域（如鬼神的視角、上帝的寶座），才能對人間禍福有更清楚的解釋。《聖經·舊約·約伯記》中記載了一則故事，其所言説之道理與墨子之

① 惠松騏：《苦難與神義論》，《西北師大學報（社會科學版）》2001 年第 5 期，第 97 頁。
② 顧如先生指出，墨家的無知論傳統體現在"非命"與"絶地天通"的勾連上。何言"無知"呢？首先，因爲墨家認爲鬼神之罰不是必然，什麽時候該罰，什麽時候不該罰，由于神人之間相互隔絶，人類根本不可能知道，也是人類不應該知道的事情。亦即，人不可能與上天鬼神溝通，人不可能測知上天鬼神的想法；其次，墨家不認爲人可以主動求福，《明鬼》篇中所載的祭祀也不是人類用以求福的方式。見顧如：《立墨——〈墨子〉經義釋詁》，下册，第 532 頁。

言同——義人約伯敬虔侍奉上帝，上帝却差魔鬼使其無辜受難。約伯的友人堅持認爲約伯受難必是罪有應得，約伯則要求與上帝對質，讓其解釋自己受難的原因。在故事的結尾，上帝在旋風中降臨，并未直接回應約伯的質問，而是向他展示創世之功。而後約伯拜服，得蒙上帝祝福。"約伯事件"背後隱藏了深刻的神義論啓示——上帝的思想與人的思想不同。人依據經驗主義原則所設想的"道德的上帝"是人自以爲的應然的上帝，逆反人的經驗、看起來自行其是的"荒謬的上帝"可能才是實然的上帝。後者所展示的德福觀面向，往往是有限之人難以領會的。[1] 上帝的回應方式取消了約伯及其友人所秉持的因果報應式的倫理目的論，更新了其整個信仰認知圖景——神的道路高于人的道路，上帝的隱秘不在人框限的範圍之内（見表八、表九）。由是觀之，希伯來傳統與墨子之言，反而能從宗教信仰的無知論角度消解理性主義神義論的困局。

命題前提	因爲上帝是公義的，所以上帝賞罰公正。 因爲上帝賞罰公正，所以義人不該受難。
隱含事實	約伯是義人，沒有犯罪，按理應當得蒙祝福。
實際現象	約伯受難
友人結論	約伯不義，罪有應得
約伯結論	義人受難，上帝不公

① 侯靈戰：《道德的上帝與荒謬的上帝——〈約伯記〉文旨分析》，《廣西社會科學》2005 年第 2 期，第 115 頁。

表九　上帝的思維

	作　為	意　旨	結　論
上帝	展示其創世之功	指示上帝的隱秘行事非人所能測度	神的道路高于人的道路
	不回應約伯質問	否定人自我設定的因果報償鏈條	

四、小結

　　本章嘗試以宗教之維介入墨家的倫理辯難。通過分析，筆者認爲墨家思想可謂深具宗教向度，反映在墨子及其門徒以及墨家所推崇的生活方式上，體現爲一種對宗教信仰的深度委身。墨家以復古爲革新、尚儉節用的生活態度，可稱爲新教式的禮樂革命；墨家愛觀內蘊的普遍主義精神，具有超血親倫理的性質，很接近當代全球倫理黃金律的表述；墨家既充分尊重人的自由意志、又強調以天志之要求爲行動依歸的德福觀，則將天鬼信仰與人的主觀能動性有機地結合起來，"尊天事鬼"與"强力非命"于此得到邏輯上的統一。

第三章

宗教形態蠡測

　　"宗教"或具備準宗教性質之團體，必不可能只有宗教思想和宗教倫理，而無相應的宗教形態。近代以來，學人考察墨家之宗教向度，多從思想學說的角度進行論說，缺乏對墨家宗教形態的相關研討。究其原因，蓋有涉墨家之文獻，除《墨子》書五十三篇、部分傳世文獻和出土文獻之外，其餘材料均不足徵，以及墨家在秦漢以後沒有承傳、建制組織已經斷絕之緣故。有鑒于是，筆者在本章中討論"墨家之謂教"，將在已有相關文獻材料的基礎之上，結合跨學科的知識進行推測，以期接近墨家宗教形態的真實面目，拓展文明對話視野下的墨學之維。冀能在研究上做到"歷史材料""墨學經義"與"合理推測"三方的平衡。

一、何爲"墨教"："人文""神文"之辨

　　近代中國知識分子，多"德賽二先生"之宗徒。①他們認爲諸宗教大多陷于落後腐朽、愚昧專制的泥潭，與"科學與民主"的時代精神不符。流風所及，凡爲宗教者皆"反動派"，不分東西，俱應批判。五四新文化運動及其餘緒明確提出"反帝反封建"的口號，除了繼承新文化運動"全盤反傳統"的文化激進主義，還反對被目爲"帝國主義侵略中國之先鋒"的洋教代表——基督教。②按照進步主義者的觀點，科學之昌明有賴于對宗教"祛魅"，把個人從宗教的宰制中解放出來，彰顯自主精神與人文理性，乃人類歷史發展的必然進程，一如西方啓蒙運動之主張推倒神權政治，五四新文化運動之宣揚破除封建迷信。這一將"宗教"與人文理性科學置于二元對立之處境的思想觀念，催生了 20 世紀上半葉中國社會一波又一波反宗教的思想浪潮。

----

① 新文化運動中之進步學人，多高舉"德先生""賽先生"之旗幟，以之批判禮教、反對宗教、抨擊舊文化。陳獨秀曾曰："這幾條罪案，本社同人當然直認不諱。但是追本溯源，本志同人本來無罪，只因爲擁護那德莫克拉西（Democracy）和賽因斯（Science）兩位先生，才犯了這幾條滔天的大罪。要擁護那德先生，便不得不反對孔教、禮法、貞節、舊倫理、舊政治；要擁護那賽先生，便不得不反對舊藝術、舊宗教；要擁護德先生又要擁護賽先生，便不得不反對國粹和舊文學。大家平心細想，本志除了擁護德、賽兩先生之外，還有別項罪案沒有呢？若是沒有，請你們不用專門非難本志，要有氣力有膽量來反對德、賽兩先生，才算是好漢，才算是根本的辦法。"見陳獨秀：《〈新青年〉罪案之答辯書》，《新青年》1919 年第 1 號，第 6 卷。

② 1920 年至 1927 年期間，由反宗教人士組成"非宗教同盟"，呼籲國民擺脫宗教迷信，積極改革社會。受其影響，反基督教的學生和知識分子組成"非基督教學生同盟"，發起"非基督教運動"，此皆爲新文化運動和五四運動之餘緒。此階段之文化風向爲反對一切宗教。參楊天宏編著：《基督教與民國知識分子》，人民出版社 2005 年版，第 105 頁。

有趣之處在于，在這樣一種"是今非古""揚西抑中"的時代氛圍下，蒙塵千年、一朝而斬的墨家絕學反得以乘時復興，蓋與其作爲中國歷史上最早的"非儒"學派而具有的獨樹一幟的"异端"特質，以及其學說中所包含的可資比附西方文明中之自由、民主、人權、科學、博愛等普適價值的思想資源有關。然時人評價墨學價值亦有疑難，即墨學中"尊天事鬼"的宗教思想、墨子本人"卡里斯瑪式"的權威人格、墨家肖似宗教團體的建制組織，難以融入彼時所高揚的科學理性、反對宗教迷信的"政治正確"框架。例如胡適先生認爲墨子雖爲墨教的創教教主，但墨子學說的價值并不在宗教，而在于哲學方法論，所謂宗教只是爲了實際上的應用。①梁啓超先生一方面承認墨家的宗教教義對先秦社會起到了革新的作用，一方面又認爲"天志"有缺漏而"明鬼"無價值。②馮友蘭先生則提出，墨子對形而上學根本沒有興趣，之所以設置宗教，乃爲補充兼愛主義之不足，"其意亦只欲設此制裁，使人交相愛而已"③。在此一"政治正確"之下，若學人欲肯定墨家的宗教價值，則一般傾向以"神道設教"而言之。其題中之意，即以墨子及其學派只不過虛設一宗教來申說自家主見，并不虔信宗教，而是利用宗教。

　　胡、梁、馮之論，并非只是"一家之言"。以"神道設教"來描述墨子、墨家對待宗教的態度，實爲近代墨學復興思潮的主流。④及

① 胡適：《中國哲學史大綱》，第 112、114—115 頁。
② 梁啓超：《子墨子學説》，第 45、50—51 頁。
③ 馮友蘭：《中國哲學史》，上册，第 86 頁。
④ 即便是不爲此"政治正確"所框架之論墨者，亦多以墨家爲神道設教、利用宗教。例如章太炎曾言："墨子之學，主于兼愛、尚同，欲萬民生活皆善，故以節用爲第一法。節用則家給人足，然後可成其兼愛之事實，以節用故反對厚葬，排斥音樂。然人由儉入奢易，由奢入儉難。（轉下頁）

至當代，仍有不少學人秉承類似觀點。然則這種詮釋墨學的進路，未必見得能在解經時做到圓滿自洽。欲以實用主義的"神道設教"來調和所謂墨學中存在的"科學理性"和"宗教迷信"的矛盾，往往容易造成對墨學整全性的人爲割裂，從而忽視墨家學説的豐富内涵以及墨學諸論之間的内在張力。因爲此一"曲筆回護"，其背後卻是預設了宗教爲不可取的"糟粕"，乃是需要進行修正甚至予以拒斥的。試想以一"未曾虔信"之態度對待上天鬼神等超越性存在，則其所謂宗教情感當爲可疑，宗教認信必然淡漠，宗教委身必然游移，"信"與"不信"之間，已然不存在太大區別了。循此邏輯推演下去，則墨家的宗教信仰强度近乎無有，繼而得出墨子并非宗教家、墨家并非宗教團體、宗教三論只是墨家其他主義之枝葉而非核心主張的結論，也是自然之事。例如徐復觀先生就認爲，墨子及其門徒從未以神自居或以神在人間的代言自詡，其言論行動完全立足于具體的經驗事實，缺乏尋常宗教的神秘主義色彩；且墨家的理論主張也不是來源于任何"天啓"或神的言語，而是來自《詩》《書》之教、先王之道。[①]他提出，墨子着眼于現實關懷的實用主義，與宗教家着眼于終極關懷的超越主義不能相容，"凡宗教總帶有某種超越現實的意味。并常想把現實中的問題，拿到超現實中去解決。但墨子則徹底是現實的。忽視人類精神的要求。一切問題，都要在現實生活利益中去求解決"，是故墨子不屬于一般意義上的

（接上頁）莊子曰：以裘褐爲衣，以屐蹻爲服，墨子雖能獨任，奈天下何？墨子亦知其然，故用宗教迷信之言誘人，使人樂從，凡人能迷信，即處苦而甘。苦行頭陀，不憚赤脚露頂，正以其心中有佛耳。"見章太炎：《國學講演録》，華東師範大學出版社1995年版，第219頁。

① 徐復觀：《中國人性論史（先秦篇）》，上海三聯書店2001年版，第282頁。

宗教家。①

　　當然，并非所有論墨者皆贊同墨家對待宗教的態度是實用主義的“神道設教”。例如在民國墨學復興思潮中，就有致力于“耶墨對話”的中國基督徒，以宗教徒的立場正面肯定墨家的宗教價值，主張墨子確爲一篤信宗教的真信仰者，墨家確爲一與基督教相仿的宗教組織，墨學中所包含的諸多宗教性言說確實具備宗教律法、宗教教義的性質。他們傾向認爲，正因墨家具有中國傳統文化中其他思想學派所欠缺的宗教元素，才可堪與基督教等諸宗教文明相提并論。此觀點實質上反對了墨家立教乃“虛設”“利用”宗教的觀念。除此之外，尚有教會外學者如郭沫若先生亦持墨子爲宗教家、墨家爲宗教的看法，反對墨家爲“神道設教”。他曾言：“推崇墨子的人也很知道墨子思想的這一個大弱點，便盡力地替他掩飾，以爲他是在‘神道設教’。然而‘神道設教’乃是儒家的辦法，在這兒是不好張冠李戴的，墨子也不願領這一番盛情。”②與從事“耶墨對話”工作的中國基督徒不同，郭沫若先生對“爲宗教的墨家”是持批判、否定的態度。他認爲，墨子不厭其煩地駁斥“執無鬼者”以證明鬼神存在，足見他對宗教的誠意，然正因爲此，顯示出墨子思想認識上的非理性。③

　　郭沫若先生提出三重論據，來證明以“神道設教”爲墨家辯護之不能成立：其一，《墨經》中記載的邏輯學、物理學等内容，不過是一些古已有之的、粗糙淺顯的日常生活常識，“科學知識自科學知識，宗教思想自宗教思想”，二者不可混同，故以“科學的

① 徐復觀：《中國人性論史（先秦篇）》，第 282 頁。
② 郭沫若：《青銅時代》，第 159 頁。
③ 郭沫若：《十批判書》，第 111 頁。

宗教"言墨家，不能成立；①其二，《明鬼》篇中記載墨子以鬼神若無有，猶可祭祀以合歡聚衆之言語，不代表墨家主張沒有鬼神，而是"加强了尊天明鬼有兩倍好"，②故不能説它是墨子和論敵辯論時所采用的援推術；其三，墨子并非爲底層利益代言，其學説主張面對的對象始終是王公大人。③宗教信仰足以作爲貴族階級壓迫勞動人民的維穩機器，故虚設宗教并無必要，"所以宗教，結果是奉事統治者的東西，要説墨子是存心利用，我看那倒是有點冤枉墨子了"④。

墨家的現實主義關懷、科學理性精神與其帶有濃厚宗教色彩的天鬼信仰之間能否相容，爲上述學人觀點分歧之所在，核心在探討墨家的宗教信仰强度。近人論墨，多持"科學理性—宗教迷信"的二分觀點來看待"墨家之謂教"的問題——前者進步，符合歷史發展潮流；後者落後，應爲時代進程所淘汰。欲肯定前者就要否定後者，欲承認後者就意味着廢弃前者。無論是主張墨子爲宗教家、墨家爲宗教的學人，還是取相反意見者，都不可避免地爲此二元對立之思想路徑所籠罩。然學人多從自身對宗教之好惡爲出發點來作出評判，其論多帶有個人情感和主觀預設的因素。此一基于先入爲主之見所描繪的"墨家之謂教"的信仰認知圖景，與歷史上真實的墨子、墨家、墨學之間有多大距離，則未可知了。即謂是對墨子、墨家抱同情理解之態度者，如胡適、梁启超等人，亦不得不"二分"整個墨家言説傳統——前期墨家（墨子時代）主張尊天事

① 郭沫若：《青銅時代》，第 159 頁。
② 郭沫若：《十批判書》，第 111 頁。
③ 郭沫若：《十批判書》，第 111 頁。
④ 郭沫若：《十批判書》，第 111 頁。

鬼的宗教迷信，後期墨家（《墨經》時代）則已轉向科學理性思辨，以此調和所謂的存在于墨學中的"科學"與"宗教"二者之間的矛盾。墨學家詹劍峰先生有一判語，指出了這種以外在標準衡量墨學價值的做法是不合適的：

> 不幸這種胡説竟流行于學術界而成爲定論，因而尊墨子者把他捧上天，和釋迦牟尼、耶穌基督并列爲大聖了，而貶墨子者則把他"打入地獄"，説墨子是個宗教家，自然就是一個反動派，既是宗教家又是反動派，自然就不科學、不民主了。但是，墨子并不是宗教家，尊之者是錯誤的，貶之者也是無的放矢。①

詹先生此言，乃是就民國墨學復興中，主張以墨家爲宗教、墨子爲宗教家的胡適等人的觀點而發。②然于今觀之，詹先生所論針對的對象，似有錯置之嫌。胡適等人，乃以應用主義"神道設教"之思路來解釋墨家對于宗教的態度，其所描繪的墨家的信仰認知圖景，名曰"虔信"，實爲"利用"。是故，胡適等人之論與詹先生之論，本質上并無差異。胡適先生乃是劃出"爲宗教的墨家"和"爲科學的墨家"這兩端，并以後者成就高于前者；詹先生則是完全否定墨子、墨家具有任何宗教傾向和宗教形態。兩者同爲高舉墨

---

① 詹劍峰：《墨子及墨家研究》，第 219 頁。

② 詹先生所言之"胡説"即指胡適在《中國哲學史大綱》中的觀點。詹先生言到："説墨子是宗教家，誠然不自胡適始。但自胡適在他的《中國哲學史大綱》中發表他的謬論，胡説墨學是一種宗教，'墨子是一個創教的教主'，'墨家的後人于宗教墨學之外，另分出一派科學的墨家'，這完全是主觀主義的假設。據之以推，墨子既然是一個教主，自然是宗教家，而非科學家了，《墨經》——中國古代的科學著作，自然不是墨子著的，而是惠施、公孫龍著的。惠施、公孫龍也就成爲'科學的墨學'了。"詹劍峰：《墨子及墨家研究》，第 218—219 頁。

學的"科學性"，貶低墨學的"宗教性"。由是觀之，倒是從事"耶墨對話"工作的中國基督徒和郭沫若先生之論，更符合詹先生的批判所指（關係示意如下表）。

表十

墨家＝墨教（墨子爲宗教家，墨家爲宗教）		
論者	宗教徒	郭沫若
觀點	優點	缺點
理據	近似宗教教主人格 近似宗教組織建制 近似宗教内涵精神 可與宗教進行對話	迷信 反動 愚民 不科學
信仰强度	强	强
信仰性質	神文教	神文教

表十一

墨家⊇墨教或墨家≠墨教（利用宗教、虛設宗教、不是宗教）		
論者	胡適、梁啓超等	詹劍峰
觀點	有利有弊	弊大于利
理據	利：利用宗教推行主張。 弊：宗教言説價值不大。	墨家是科學的學派，不是宗教的教派。科學與宗教之關係爲二元對立，不能共存于墨家學説之中。
信仰强度	淡薄①	不信
信仰性質	偏向人文教的宗教或准宗教	人文教

---

① 筆者此處所言，非指胡適、梁啓超等學者認爲墨子不是宗教家、墨家非宗教，而是指以諸宗教的信仰强度而言，墨家的"宗教性"偏淡薄。因爲胡適等人既以墨家"神道設教""虛設宗教"，即言墨子及其門徒本身的宗教委身程度不高，甚至是别開宗門、自我創教。而詹論中的墨家，則根本不存在"墨教"這種設定，故宗教信仰强度也無從談起。

通過上述分析可見，學人對墨子信仰強度和墨家宗教形態之審定之所以會產生分歧，蓋在他們的意識前見中，存在兩個不同的"墨教"。一個是科學理性的"人文墨教"，一個是宗教迷信的"神文墨教"。在科學昌明之時代，如欲發揚墨學的進步性，就須排斥、遮蔽或者淡化被他們目爲"落後"的宗教面向。因此類主觀預設，學人理解墨子、墨家，不免出現認知偏離。其中含混之處主要在墨子是否創造了一個新的人文傳統或神文傳統。下文對此略作申説。

顯然，依"本""原""用"的三表法原則而建立的墨家學説，是一套基于"復古"的價值追溯系統，尤其強調天鬼信仰的歷史合法性源自先王之書、聖王之事、百姓耳目之實，此皆"古已有之""行循已久"之事，并非墨子及其門徒的創造發明。宗教三論批判了時人的"宗教冷感"（不尊天、不事鬼）和"信仰謬誤"（迷信宿命），更見其"是古非今"之意。《墨子》書中有涉"天""鬼""神""命"等宗教觀念的原型，并沒有脱離三代以下的歷史遺傳。墨家與論敵圍繞這些觀念所展開的辯論，實爲"解釋權"之爭，而非對"原型"本身的弃絶或否定。故而墨家"節用尚儉"的禮儀論述，如喪葬觀、祭祀觀、禮樂觀等，不可謂對古禮的修正主義式改革。①總而言之，墨子及其門徒，本身并無強烈的創制立法的創

---

① 墨家對古禮之取向，類如基督教對猶太教律法的取向。在基督教言説傳統中，耶穌固然批評文士和律法師，然亦強調須謹守摩西律法。在《聖經·新約·馬太福音》第五章十七節中，耶穌曾有講論，"莫想我來是要廢掉律法和先知；我來不是要廢掉，乃是要成全"；在《聖經·新約·馬太福音》第二十三章第二至三節中，他又教導衆人和門徒："文士和法利賽人坐在摩西的位上，凡他們所吩咐你們的，你們都要謹守遵行；但不要效法他們的行爲，因爲他們能説不能行。"概言之，古禮和律法并沒有問題，不需要改易，問題出在後人對古禮和律法的理解上。故而墨家和基督教主張回歸到正確的古禮和正確的律法，則往往容易被後人或反對派別、論敵目爲"創新"或者"創教"。

新意願，亦無更改古禮以爲己用的修正主義思想傾向；凡涉宗教之建言立説和社會實踐，亦未曾突破三代以下承傳已久的宗教觀念和宗教禮儀所規定的界限。其神明系統、宗教語詞、信仰方式，均非"原創"，不可謂原生性的創始宗教，只是依循商周以來固有的神文傳統。有"祖述"而無"創造"，墨家宗教言説傳統當接近一種"述而不作"的"原教旨主義"。故曰"墨子是一個創教的教主"①，確有不妥之處。

以墨家不成"宗教"或者不信"宗教"，這類觀點較多見于學人有關墨家爲"神道設教""利用宗教"的論述當中。然觀《墨子》書，實可見墨子本人對上古天鬼信仰的高度委身、墨家學派所内藴的濃厚宗教情懷以及墨家門徒行事爲人鮮明的宗教徒風範，故强以墨家不具"神文"性質，唯存"人文"之思，似又有不周延之處。或曰墨家設立宗教制裁以爲政治制裁，上天鬼神施行賞罰亦須假手于人，故當爲"人文教"而非"神文教"，此又忽略了墨家對殷商西周以來上天鬼神之觀念的繼承，以及對春秋以來神的地位下降、人的地位上升的人本思潮的反動。②類如"天命文王""順帝之則"等神人關係的表述，不唯見于《墨子》書，亦見于在其以前的古典文獻，墨家只是延承，未有創新。又或有以人文主義來詮釋墨學之學者，視墨家"强力非命"與"尊天事鬼"正相對，謂之爲墨家思想主張内部邏輯不自洽、墨家人文主義與宗教神學不能調和的證據。此説法割裂了墨學十論義理之整全性，未審墨家"非命"乃成全天鬼信仰之要義也。至于説前期墨家未脱宗教影響而爲一"迷信的宗教"，後期墨家則轉向理性思辨而成一"科學的學

---

① 胡適：《中國哲學史大綱》，第110頁。
② 顏炳罡、彭戰果：《孔墨哲學之比較研究》，第187頁。

派"，筆者認爲亦不能成立。秉此觀點者，多以《墨經》六篇
（《大取》《小取》《經上》《經下》《經説上》《經説下》）關乎物
理、邏輯、數學等知識，全然無涉上天、鬼神、魂靈等宗教言談爲
依據，故稱至後墨時代墨家已不信仰宗教。然《墨經》之作者和成
書年代，于今猶未定論。且《墨經》中非全然不涉宗教言談，其中
以天、鬼神、魂靈設喻説明十論義理者亦有之，只不過用以作爲
"墨論"中其他概念的引申説明。就《墨子》書的編撰體例而言，
《墨經》更像是一本具有索引性質的、用以詮釋"墨論"中類如
"兼愛""交利""非攻"等關鍵概念之辭典。故以後期墨家推翻前
期墨家之宗教認信系統，然後另開一個所謂"科學"的"人文教"
傳統的説法，理據尚不足夠。由是筆者認爲，墨家既非外表以"神
文"色彩爲包裝、內裏行使人文主義事迹的"人文教"（神道設
教、利用宗教），亦非在學派內部分出"人文教"（後期墨家）和
"神文教"（前期墨家）兩個互相排斥的文化傳統。

　　當然，墨家非"創始宗教"，不代表墨家不成一"宗教"。就
如同我們不會以耶穌基督之另立"新約"、馬丁·路德之背離公教，
而謂早期使徒教會、基督新教不是神文"宗教"。墨家的"神文
教"特質，在思想觀念上體現爲忠實于殷商以來的宗教信仰歷史遺
傳，而其在信仰中心、神論模式、權威中心、建制組織等方面有何
具體呈現，將在下文中逐一展開探測。

二、信仰中心：爲"人格神"的上天

　　中國文化所言之"天"，具有多重樣式。從初民時代到周初人

文主義天道觀的興起，"天"這一概念的内涵和外延，經歷了一個不斷"去蒙昧化"的過程。過往持"中國文化早熟論"之人士謂中國文化比之西方文化更加成熟，大抵是從中國文化對"天"的"去魅"而立論。先秦墨家言必稱"天"，建言立說皆强調爲天志之所從出、爲"天"欲其如此從事。按照進步主義的標準來考量，似乎墨家走的是一條與人文主義天道信仰（特别是儒家）相背反的"復魅主義"道路。近人論墨，凡謂墨家言"天"蒙昧且"迷信""反動"者，多持類似觀點。

筆者在第一章中已對《墨子》書的《天志》篇和墨家的"尊天"思想做了相應的文本疏證。前文已指出，天志在墨家言説傳統中具有絶對核心之地位，墨子及其門徒對天意的深度委身具有宗教徒的性質，類似基督徒對上帝的信仰。既謂墨家尊天與基督教信上帝肖似，即是指墨家所尊之"天"也一樣具有人格神的意味。對人格神之"天"的崇拜，實是墨家宗教信仰的中心。不過筆者所論，并非簡單地將墨家之"天"與西方宗教傳統中之"上帝"等同，墨家所尊之"天"在權能、性質、品格、位格等方面與西方宗教傳統中之"上帝"尚有諸多差異；且以"人格神"比擬上天，在中國文化中也并不獨墨家一派。這些都是我們在討論"墨家之謂教"時需要特别留意的。

"天"在中國古籍中有多義，以"主宰"言"天"者，即爲"人格天"。《尚書·泰誓》曰"天佑下民，作之君，作之師"①，《尚書·皋陶謨》又有"天叙有典""天秩有禮""天命有德""天

---

① 孔安國傳，孔穎達疏，廖名春等整理，吕紹綱審定：《泰誓上》，《尚書正義》，卷一一，第 323 頁。

討有罪"之言①，此謂"天"立定現實世界之準則，爲萬事萬物之標尺。《詩經·大雅》曰"天生烝民，有物有則"②，《禮記·郊特牲》曰"萬物本乎天"③，《易經》曰"大哉乾元，萬物資始，乃統天"④，此皆謂上天有創造、化育、護理的生生大德。《詩經·大雅》曰"上帝臨女，無貳爾心"⑤，又曰"皇矣上帝，臨下有赫。監觀四方，求民之莫"⑥，此謂上天之耳目無遠弗屆，監察無幽不鑒，人無所逃遁其間。⑦上天不但能行上述事迹，還有自己的好惡。其意欲爲喜善惡罪，反映在行爲上就是福善禍淫——"惟上帝不常，作善降之百祥，作不善降之百殃"⑧。賢聖如商、湯、文、武，則有天授命予之；暴虐如桀、紂，則天命"殛之""誅之"。此"天"，一般爲皇天上帝、昊天上帝之指稱，實擬人化也。具無上至尊之權威，鬼神、聖王、下民，皆其從屬和臣宰，受其驅使和支配。品格爲全善，權能爲全能，智慧爲全知。諸子時代之前的古書已多有記載和描述，"此正中國一般平民之宗教的信仰，蓋在古而

---

① 孔安國傳，孔穎達疏，廖名春等整理，呂紹綱審定：《泰誓上》，《皋陶謨》，卷四，第 129 頁。

② 毛亨傳，鄭玄箋，孔穎達疏，龔抗雲等整理，劉家和審定：《大雅·烝民》，《毛詩正義》，北京大學出版社 2000 年版，卷一八，第 1432 頁。

③ 鄭玄注，孔穎達疏，龔抗雲整理，王文錦審定：《郊特牲》，《禮記正義》，卷二六，第 934 頁。

④ 王弼注，孔穎達疏，盧光明、李申整理，呂紹綱審定：《乾》，《周易正義》，卷一，第 8 頁。

⑤ 毛亨傳，鄭玄箋，孔穎達疏，龔抗雲等整理，劉家和審定：《大雅·大明》，《毛詩正義》，卷一六，第 1142 頁。

⑥ 毛亨傳，鄭玄箋，孔穎達疏，龔抗雲等整理，劉家和審定：《大雅·皇矣》，《毛詩正義》，卷一六，第 1195 頁。

⑦ "天"與"上帝"是否等同，于今猶未定論。主張兩者不能等同的學者，有徐復觀、勞思光、史華茲、伊若白等人。此處乃是就"人格"特質而將兩者并觀。

⑧ 孔安國傳，孔穎達疏，廖名春等整理，呂紹綱審定：《伊訓》，《尚書正義》，卷八，第 246 頁。

已然者也"①。

除此之外，尚有以物質言天者，以自然言天者，以宿命言天者和以義理言天者。②與"地"相對應的、有形有象之天體，類如老子言"天地不仁，以萬物爲芻狗"③，此物質之天。周行而不待之運行規律，如荀子言"天行有常，不爲堯存，不爲桀亡"④，此自然之天。安危治亂、福禍榮辱，均繫于外在天命，不爲人力所遷移，類如孔子言"死生有命，富貴在天"⑤，此宿命之天。以天爲本源性的原則理法，賦予人之爲人的本質特性（天性），非由外鑠；朗現天性以合轍于天道，則能"贊天地之化育""與天地參"。正如《中庸》曰"天命之謂性，率性之謂道，修道之謂教"⑥，孟子曰"知其性，則知天矣"⑦，此乃義理之天。物質之天、自然之天强調的是"天"的物理屬性，往前進一步可演爲探究客觀界之實證科學；宿命之天側重人事之外的運數因緣，往極處推展可導向一種機械宿命論；義理之天在對"天"去神秘化的同時又對其給予理性詮釋和哲學理解，爲儒家道德哲學中的心性論開端，外在客觀之天與人的内在德性發生關聯，言天即言人，天性即人性。

---

① 馮友蘭：《中國哲學史》，上册，第 35 頁。
② 馮友蘭先生將古籍中"天"之概念區分爲五義：物質天、主宰天、運命天、自然天、義理天。梁啓超先生則合"物質天"與"自然天"爲一義，以"天"有四義：形體天、主宰天、命運天、義理天。此處之分類乃結合馮梁二家之分類法。參馮友蘭：《中國哲學史》，上册，第 35 頁；梁啓超：《子墨子學説》，第 4—5 頁。
③ 王弼注，樓宇烈校釋：《老子道德經注校釋》，上篇，第 13 頁。
④ 王先謙撰，沈嘯宸、王星賢點校：《天論》，《荀子集解》，卷一七，第 306—307 頁。
⑤ 楊伯峻譯注：《顔淵》，《論語譯注》，卷一二，123 頁。
⑥ 鄭玄注，孔穎達疏，龔抗雲整理，王文錦審定：《中庸》，《禮記正義》，卷五二，第 1661 頁。
⑦ 楊伯峻譯注：《盡心上》，《孟子譯注》，卷一三，第 278 頁。

墨家學説圍繞"天志"而建立,"墨子常以天爲其學説最高之標準者也。故不知天,無以學墨子"①,梁啓超先生以墨家爲"尊天之教"②,誠公允之論。然則墨家所尊之"天"爲何種類型呢?在墨家尊天、事鬼、非命的宗教三論當中,"强力非命"乃爲"尊天事鬼"而服務,後者是墨家宗教思想中最爲核心的主張,前者爲達到此目的的一種工具方法論。顯見墨家反對宿命天、推崇人格天之態度。參前述中國古籍中所言的"天"之類型,較以《墨子》書對"天"的論述,則墨家所尊之"天"當爲一"人格神"。

何以言之呢?筆者以爲可從"天人關係"的角度介入分析。首先是"天之于人"。墨家所尊之"天"和諸宗教文明尤其是亞伯拉罕一系宗教所崇拜之上帝類似,同有造化之功,同具好生之德。《法儀》篇曰"天之行廣而無私,其施厚而不德,其明久而不衰",正因"天"有此行循以久的恒定品質,才足以成爲聖王法之的終極標準。《天志中》又曰:

> 且吾所以知天之愛民之厚者,有矣。曰:以磨爲日月星辰,以昭道之;制爲四時春秋冬夏,以紀綱之;雷降雪霜雨露,以長遂五穀麻絲,使民得而財利之;列爲山川溪谷,播賦百事,以臨司民之善否;爲王公侯伯,使之賞賢而罰暴,賊金木鳥獸,從事乎五穀麻絲,以爲民衣食之財,自古及今,未嘗不有此也。③

---

① 梁啓超:《子墨子學説》,第4頁。
② 梁啓超:《子墨子學説》,第4頁。
③ 畢沅校注、吳旭民校點:《天志中》,《墨子》,卷七,第111—112頁。

如上所示，《天志中》篇已明示"天"爲萬有之宰，當然其對"天"的描述更多着眼于"護理"和"養育"，此稍有別于諸宗教文明之創始成終的上帝形象。①墨家所尊之"天"，不但掌控整個自然界之天候運行，還介入人類世界的活動，例如監察下民和資人衣食。《天志中》篇之所言，説明墨家對"天"的觀念已經相對成熟且成體系。由引文可見，墨家所尊之"天"，至少有以下幾個特質：第一，厚愛萬民，兼愛之義由此生焉；第二，綱紀自然，法儀之義由此生焉；第三，賞善罰暴，鬼神有明由此生焉；第四，立官職，定等分，尚同、尚賢由此生焉。上天積極干預現世、主動與人發生聯繫，其所爲無不彰顯着它超乎萬有之上的權能。唯上天有人格，方能有造化、創生、護理和養育之行事。故墨家所尊之"天"爲"人格神"，可謂顯明矣。

其次是"人之于天"。其義同見于《天志中》篇：

> 今有人於此，歡若愛其子，竭力單務以利之，其子長，而無報子求父，故天下之君子，與謂之不仁不祥。今夫天，兼天下而愛之，撽遂萬物以利之，若豪之末，非天之所爲，而民得而利之，則可謂否矣。然獨不報夫天，而不知其爲不仁不詳

---

① 勞思光先生在《新編中國哲學史》第一卷中指出，中國古代人格天之觀念與希伯來宗教的上帝之性質不同，"希伯來教義中之神，即是創世者，亦是主宰者；中國古代思想中無創世概念，故帝、天只是主宰者，而非創世者"。見勞思光：《新編中國哲學史（增訂本）》，第91頁。勞先生此論甚有道理。筆者在此處言墨家之"天"與諸宗教文明之"上帝"有異，亦指《墨子》所描繪之"天"與諸宗教文明聖典所描繪的上帝之主體形象，有側重點上的差異。例如基督教經典《聖經》，在《舊約》起首以《創世紀》開始，在《新約》末尾有《啓示録》作結，上帝固然也護理、養育人類，然其創世滅世的故事在宗教傳統中占據主要位置，也更具有豐富的神學內涵。《墨子》書中未有此言，或墨家所述不詳，因文獻不足徵，此處不作過度演繹和發揮。

也。此吾所謂君子明細而不明大也。且吾所以知天愛民之厚者，不止此而足矣。曰殺不辜者，天予不祥。不辜者誰也？曰人也。予之不祥者誰也？曰天也。若天不愛民之厚，夫胡說人殺不辜而天予之不祥哉？此吾之所以知天之愛民之厚也。且吾所以知天之愛民之厚者，不止此而已矣。曰愛人利人，順天之意，得天之賞者有之；憎人賊人，反天之意，得天之罰者亦有矣。①

　　在上段引文中，作者首先以父親愛兒子來比擬上天愛下民，欲說明人當報天德如報親德，償天恩如償親恩，不如是則不仁、不祥。施恩之主體爲"天"，受恩之主體爲"人"。上天對下民施恩惠在前，下民感恩天德而報效之在後，有一顯明的先後次序，體現爲天人之間責任義務的對應關係。這是從"（天）施恩—（人）報恩"的方面來講。繼而，作者從"（天）降罪—（人）避罪"的相反方面展開論說，把"不能枉殺無辜"這一道德原則，轉化爲"殺不辜者，天予不祥"的鬼神報應，以此顯明上天具有審判人間行爲的絕對權力。其邏輯與前述相仿，只不過次序轉變爲，下民干犯"天志"在前，上天忌邪而降天誅在後。進而，作者將人在現實世界實際踐履所遭致的後果，與上天自行己意的情願意志連通在一起，順應天意、愛人利人則得封賞，逆反天意、憎人賊人則受懲罰。前者之代表爲堯、舜、禹、湯、文、武等"聖王"，後者之典型則爲桀、紂、幽、厲等"暴王"。

　　《墨子》書中尚有一處，可資證明墨家服膺作爲"人格神"之

————————

① 畢沅校注、吳旭民校點：《天志中》，《墨子》，卷七，第112頁。

"天"。《天志下》所言：

> 故子墨子置天之以爲儀法。非獨子墨子以天之志爲法也，於先王之書《大夏》之道之然："帝謂文王，予懷明德，毋大聲以色，毋長夏以革，不識不知，順帝之則。"此語文王之以天志爲法也，而順帝之則也。且今天下之士君子，中實將欲爲仁義，求爲上士，上欲中聖王之道，下欲中國家百姓之利者，當天之志而不可不察也。天之志者，義之經也。[1]

"《大夏》之道"即《詩經·大雅·皇矣》。《天志下》篇之作者特引此節爲墨子之言的重要文獻支持，可見其大旨應爲墨家内部之共識。這段引文是上天對文王的訓令，我們可分爲幾個層次對此進行分析。其一，上天有人格，能和人間進行溝通對話（帝謂文王）。然則，兩者之間是自上而下的單向交流渠道。此類如基督教言説傳統中，上帝欲救拔人類，是"神找人"，而非"人找神"。其二，上天有位格，超乎萬有之上。即便是聖王，也不可僭越，天人之間絶無相似之處，兩者不是"同格生物"。[2]其三，上天有意欲和情操，喜歡光明的德行（予懷明德），眷顧謙卑之人（毋大聲以

---

[1] 畢沅校注、吳旭民校點：《天志下》，《墨子》，卷七，第121—122頁。

[2] 這裏可以和基督教教義中所言"聖父、聖子、聖靈"的"三位一體"（Trinity）教義做一個比較。"三位一體"教義乃指三者是"同一性質，不同位格"，即三個位格各自獨立，但又爲同一本質，同一屬性。在關係上，是横向的平行關係。《墨子》書所言之天人位格則没有這麽複雜，簡單來説，即天人兩者非同一生物，非同一性質。亦即兩者在地位、性質、屬性上不能混同，不是"同格生物"；在關係上，是縱向的自上而下——被從屬與從屬的關係。參顧如：《立墨——〈墨子〉經義釋詁》，上册，第232頁；［美］米拉德·J.艾利克森著，L.阿諾德·休斯塔德編，陳知綱譯：《基督教神學導論（第二版）》，上海人民出版社2012年版，第140—141頁。

色）。其四，上天對人類有一些强制性的要求，比如服從上天的意志（順帝之則），不準變更上天的法度（毋長夏以革，不識不知）。筆者在前文已述，"法儀"爲墨家立教根本，"三表"爲墨家護教依據，故而根據三表法之"本""原""用"的三個維度，《天志下》篇作者在此借墨子之口，再次强調墨家扶立"天志"并非托天言志，而是回到傳統——墨家在形而下層面的"貴義"，其行事源動力來自形而上層面的超越性之"天"，具有古者聖王之事和先王典章記載的法理作爲支撑。

可見，墨家所尊之"天"具備各種"人格"特質，已再顯明不過。與原始薩滿信仰中常見的象徵純自然力的至高神（如蒙古薩滿信仰中的"長生天"）相比，墨家所尊之"天"的"擬人化"特徵更突出，其與現世發生關聯的活動基本與人類的政治安排、社會實踐、倫理道德有關，"天"之行事并不脱離具體的、實際的"人事"。不過此説法仍是相對而言。若將之與希臘、羅馬、北歐神話中之諸神或基督教的上帝相比，則墨家所尊之"天"的"擬人"意味顯然又不如前者濃厚。就《墨子》書中對"天"的描述來看，由于在位格層級上，人類與上天之間存在不可逾越的天塹，在上者可以主動與在下者進行交通并干預其活動，在下者則完全不能揣度在上者的行事或變更其所定立的法度。溝通的方向始終爲自上而下，天人之間的關係始終是支配和被支配、被從屬與從屬。此已在無形中劃出了一條天人之間"懸隔"而"兩分"的鴻溝。故墨家所尊之"天"的一切"行事爲人"，既不可能像希臘、羅馬、北歐神話體系中，會嫉妒、會荼毒世間、有性欲甚至與人生育的諸神那樣，是人類現世生産、生活模式在"天界"的投射和翻版；也不可能像基督教言説傳統中，借由童真少女懷孕，降世爲人，以有形而

受限之軀體與人長期生活的耶穌基督那樣，合神人二性于一體。質言之，墨家所尊之"天"固然是"人格神"，然其樣式絕不是"神人同形"或"道成肉身"。不過，墨家所崇拜的這個至高神明，有一套恒定的爲善去惡的行爲標準，大體而言仍是一個"至善神"的形象。這一點更接近基督教言説傳統中的上帝，不似希臘、羅馬、北歐神話中喜怒無常、亦正亦邪的諸神。①

三、"神論模式"辨析

上節中，筆者已經論述墨家所尊之"天"爲一"人格神"的上帝。然在墨家的信仰體系當中，"天"是占據獨一之地位，還是與其他鬼神平級，這一點尚存疑議。縱觀《墨子》全書，"尊天"與"事鬼"是以一組"對觀"理論的形式出現在墨學十論當中。②此似乎

---

① 安樂哲先生分析了《論語》之"天"觀念，他認爲雖然晚周時代中國哲學家對"天"已逐步做了"去人性化"的處理，但是孔子對"天"的認識，仍保留着擬人性的神的痕迹。然而即便如此，此所謂擬人化的神仍不等于西方語境中有"神性"（Deity）之神，因爲西方語境中神之超驗性（the transcendence of the western deity）和東方語境中"天"之無可置疑的内在性（T'ien as unqualified immanent）仍屬不同。見 David L. Hall and Roger T. Ames, *Thinking Through Confucius*（New York：New York University Press，1987），206。故而更確切地説來，所謂"更接近"者體現在"人格神"外在行事之樣貌上，耶墨二家在此有相類處，此即筆者在文中所言的"擬人化仍是相對而言"之意。事實上包括儒墨在内的周秦諸子之"天"觀，無論多麽的"擬人化"，也不可能達到與西方宗教傳統中所謂的"人格神"的内涵完全等同的地步，此爲中西比較哲學界之通識。

② 此處所言之"對觀"理論，即"十論"義理中以兩個一組的綱目組合形式來呈現性質等同或範疇相同的理論，類如"兼愛—非攻"（倫理愛觀）、"尚賢—尚同"（政治安排）、"節葬—節用"（經濟措施）、"非樂—非命"（兼經濟與宗教）。這種"對觀"的組合形式是《墨子》書編撰的一大特色，組合内部的兩個理念之間彼此相應，探討的多是相同或相近的問題。"尊天—事鬼"當然着重談論宗教問題。

給人一種印象，即墨家之宗教信仰乃是"天""鬼"并尊的。近人論墨，多持墨家爲一"多神教"的觀點。此類論述猶多見于以西方"一神教"標準來評斷墨家宗教信仰的中國基督徒的"耶墨對話"論著當中。囿于此先入爲主的思想前設及其宗教認信背景，中國基督徒對墨家宗教信仰中的"事鬼"部分，整體評價偏向負面。這與他們對墨家尊"天"的褒揚態度，形成鮮明的對比。教會外人士的觀點，雖不像基督徒那樣出于護教立場而批評墨家"多神"，然亦傾向墨家并非純然"一神"，至少是"兼一神多神而并尊之"的。①

今言一神論（Monotheism）宗教，大抵是以基督教、猶太教、伊斯蘭教等信奉獨一真神（上帝、安拉）的亞伯拉罕一系"天啓宗教"爲代表。至于多神論（Polytheism）宗教，顧名思義，即世界有不止一位神明在掌管。這種神論模式反映在古代多神傳統的宗教中，或爲一主神（如古希臘神話傳說之神王宙斯、北歐神話之天父奧丁、古羅馬神話之神王朱庇特）之下有受其統轄之其他諸神，或爲諸神之間等級平行、互不隸屬、各司其職（見于古凱爾特人神話體系以及當代新異教主義）。對"神"的理解，不唯與認信個體和認信團體在面對生老病死、福禍榮辱時的生活態度有關，還深深影響到他們在現實世界從事生産創造、參與政治生活、履行道德責任、處理群己關係的具體社會實踐。對神的認識不同，則認信個體和認信團體的世界觀也因之不同，此爲宗教之焦點問題。然則近人論墨，未審諸宗教文明之神論模式的複雜性，以所謂"兼一

---

① 例如王桐齡先生即認爲，"儒墨學説中之宗教思想，與尋常宗教異。尋常之宗教，或爲一神，或爲多神。儒家墨家之宗教，則兼一神多神而并尊之"。見王桐齡：《儒墨之异同》，第5頁。

神多神"的雜糅之論來含糊處理墨家的"神論模式"，實在有失
粗疏。① 下試析之。

---

① 除一神論和多神論外，尚有其他五種宗教神論模式：無神論（Atheism）、
自然神論（Deism）、泛神論（Pantheism）、萬有在神論（Panentheism）和
有限神論（Finite Godism）。
　　馬克思主義者或世俗主義者多持無神論，即言"沒有神的存在"。亦
有學者認爲，古典儒家、佛教也持無神論的觀點，然其是"沒有上帝的宗
教"。例如任繼愈先生認爲，以一神創造世界而稱"宗教"的觀點，是以
西方基督教的標準來評判東方宗教，實爲成見。佛教雖然沒有西方基督教
中的那種"上帝"概念，然同樣言及"終極關懷""此岸彼岸"，固雖爲
"無神"，仍可稱"宗教"。參任繼愈：《宗教學講義》，國家圖書館出版社
2013 年版，第 129 頁。對此，安樂哲先生認爲，"古典儒學既是無神論的，
又具有深刻的宗教性，兩方面兼而有之。這是一種沒有上帝的宗教，是一
種肯定人類自身經驗積纍的宗教"，"它爲我們提供了一種非神學的宗教人
文主義（或者稱自然主義）的範例"。見安樂哲著、温海明編：《和而不同：
比較哲學與中西會通》，北京大學出版社 2002 年版，第 84 頁。自然神論的
代表人物，主要是受啓蒙運動影響的理性主義者，如霍布斯、洛克、富蘭
克林、伏爾泰、盧梭、孟德斯鳩等。自然神論承認有一個創世之神，然其
創世之後就不再干預世界，而是讓它隨客觀規律自然運行。自然神論者否
定神迹、奇事的存在，反對神秘主義和蒙昧主義。泛神論主要見於東方宗
教（如印度教、道教的某些宗派團體）以及新紀元運動（如瑜伽、靈媒、
氣功、塔羅、超覺静坐以及一些新興宗教）中。泛神論的中心思想是萬物
即神，神即萬物；其所謂"神"，一般無位格且超善惡。萬有在神論乃由
21 世紀的一些哲學家、神學家發展而來，其論述主要見諸過程哲學、過程
神學、生態神學和拉丁美洲解放神學。代表人物有懷海德、柯布等。這是
一種持進化觀點的神論模式，即言神超越世界又是世界本身，借由世界的
改變，神也處在不斷改變當中，從而實現其進化的潛能。有限神論者所言
之神，是一個有限的神，而非無限的神。筆者在本書第二章第三節所舉的
"神并非全知全能全善"的觀點，即爲此類。有限神論者懷疑神的本性可
能并非純善，神所創造的世界可能并非完美，神對此世之罪惡可能無能爲力。
在他們的觀念中，神不但權柄受制，智慧有限，甚至品格可疑。有限神論對
"神"大抵持一種懷疑主義的論調。除上述七種神論模式之外，筆者認爲人文
主義宗教信仰，亦可爲一種神論模式。這種神論模式接受多元主義，肯定世
俗文化，在相當大程度上容許對與人文主義價值觀相衝突的原始宗教教義，
進行一定程度上的修正和改易。人文主義的"神觀"在各宗教教團內部一般
處於與原教旨主義相反的位置。以基督教爲例，在經義詮釋上，有不采"字
面解經"而取"聖經批判""處境詮釋"的解經路線；在宗教認信上，則有
信奉"人文主義耶穌信仰"的自由主義神學路徑；在教會建制上，則有不局
限於基督教一宗之信仰，不依賴《聖經》權威和教會遺傳，強調以個人心
靈之"自力"體悟靈性價值的"普世一位神論"教會（又稱"UU 教會"，
即"Unitarian Universalism"）。參 [美] 賈斯樂、布魯克合著，（轉下頁）

墨家尊天、事鬼、非命，其宗教信仰爲有神論，自不待言。之所以產生墨家神論模式爲"一神"或"多神"的疑難，原因在于未審明墨家宗教觀念中"天""鬼""神"的信仰層級。上文中，筆者已經論述了墨家所尊之"天"爲"人格神"。基于此，筆者將繼續分析墨家視域下的"鬼"與"神"。參照諸宗教的神論模式，可以確定的一點是，墨家"神觀"并不能完全爲嚴格意義上的"一神教"或"多神教"的定義所框定。何以言之呢？首先《墨子》全書中未見類似《聖經》《古蘭經》等天啓性質的論述。墨家所尊之"天"也不是顯現于人間、"道成肉身"的上帝。故墨家的神論模式在諸多方面并不匹配天啓宗教中有關"一神"的講論。其次，若曰墨家主"多神"，則以"多神教"的標準而論，墨家之言"鬼神"的概念并不周延。以《墨子》書中的《明鬼》篇爲例，該篇所舉用以證明"鬼神有明"的五例故事，主要是從鬼神"賞善罰惡"的角度來進行申說，對鬼神職能的描述側重其司掌賞罰的權力。墨家所言之"鬼神"司掌的事務較爲單一，而非"各司其職"，不像西方多神教之諸神（如太陽神赫利俄斯、愛神雅典娜）或中國本土民間信仰（如風神、雨師、雷公、電母、龍王、竈神）的神祇那樣，直接與現世人類之日用倫常、生產生活實踐之各個方面發生關聯。故墨家之"神觀"不若諸宗教之"神觀"，欲對其神論模式做出適當界定，須回到《墨子》文本中。

墨家所言之"神"，可從三點進行論述。其一，《墨子》書中

（接上頁）楊長慧譯：《其他的神觀》，《當代護教手冊》，第三章，第37—62頁；Norman L. Geisler and Ronald M. Brooks, *When Skeptics Ask* (Michigan：Baker Books, 1996)，35‐53；田童心：《儒家神學新議》，中國國際文化出版社2005年版，第199頁。

所言"鬼神"中的"神"，并不對應墨家所尊之"天"（爲人格神的上天）。近代以來，隨着基督教在中國的影響日漸擴大，國人多循西方來華傳教士以"上帝""神"翻譯"God"的慣例，以爲言"神"即言"創世主宰者"。此誠錯解。無論是在《墨子》書中，還是《墨子》之外的諸子文獻或更早以前的古籍文獻中，所謂"神"者均"根本無超越世界之上之意義"①。涉及"多神"概念時一般爲"神"，爲複數指稱，如上古四方之神②；涉及"一神"概念時則一般爲"天""帝"，爲單數指稱。其二，墨子以前的古代宗教信仰，雖有"天神、地示、人鬼"的鬼神系統，然非謂神祇就與"人鬼"没有關聯。殷商時代已有"人死爲神"的觀念存在，《尚書·盤庚》曰"予念我先神後之勞爾先"，"神後"即言已死之殷商歷代諸王。周代商後，這一觀念得到繼承，《倫語·八佾》曰"祭如在，祭神如神在"，孔子所言受祭祀之神，即指祖宗先人的魂靈。其三，"人死爲神"之觀念隨時代深化，遂使"神""鬼"關係益近，而使"神""天"關係愈遠。③至孔墨時代，"鬼""神"已經連用，如孔子之"敬鬼神"，墨子之"明鬼神"。綜合而言，至少在《明鬼》篇的寫作時代，"鬼"與"神"的含義已逐漸趨同。《墨子》書中雖有"明鬼"而無"明神"，然《明鬼》篇中却屢以"鬼神"相連用，并不對之作相應區分。在墨家的信仰層級中，"鬼"與"神"爲一在地位上次于上天而又高于人類的"同格

---

① 勞思光：《新編中國哲學史（增訂本）》，第一卷，第94頁。
② 在傳世文獻如《山海經》《尚書》《吕氏春秋》《淮南子》等中，有東方木神句芒、南方火神祝融、西方金神蓐收、北方海神禺强上古四方神的記載。可見在古人觀念之中，"神"并不止一個。《墨子》之前的傳世文獻《尚書·舜典》有曰："望於山川，遍於群神"，這裏的"神"亦複數指稱。
③ 勞思光：《新編中國哲學史（增訂本）》，第一卷，第94頁。

生物"。依《明鬼》之意，墨家所謂"尊天事鬼"也可看作"尊天事鬼（神）"。就"神性"言，"鬼""神"并尊，實一非二；不但"同格"，而且"同質"。①

再看墨家所論之"鬼"。《明鬼》篇中所引的五個鬼神故事，以及《墨子》書中其他篇章對鬼神"賞善罰惡"之作爲的描述——據其天賦權柄介入人間事務，最爲顯明地凸顯了人、鬼、神之間的關係。此外，墨家所言所信之鬼神，除作爲外在于人類的超自然神明之外，尚與祖宗先人之魂靈有關。故墨家意義上的人鬼關係還有另外一層含義：生人和死人之間的關係。墨家主張人有魂魄，魂不死則變鬼。《大取》篇有曰："鬼，非人也；兄之鬼，兄也"，《小取》篇有曰："人之鬼，非人也；兄之鬼，兄也。祭人之鬼，非祭人也；祭兄之鬼，乃祭兄也"，兄死爲鬼，兄之鬼即兄，祭兄之鬼即祭兄，此謂人雖死而魂猶在也。②墨家劃分"鬼"之類

① 余翔先生認爲墨子學説"尊天、重鬼而輕神"，依據在于：第一，《墨子》書言鬼者多，言神者少；第二，就墨家"天、鬼、神"之信仰層級而言，天對應至高上帝和日風云雨等司掌之神，鬼對應人之魂靈，神則應對應爲山川河岳等地祇；第三，神主賞善，鬼掌罰惡，墨家的宗教思想是重罰輕賞，亦可見其重鬼而輕神。筆者認爲此説尚有不確之處。因爲《墨子》書中言及超自然物或靈體，多以"鬼神"連用，可見墨子和《明鬼》篇之作者，并無特意二分之意識。且就司賞罰一端而言，《墨子》書《天志》篇及其他處，亦有上天賞善罰惡之描述，賞善非神的特屬權能，罰惡也非鬼的專有權能。"鬼"與"神"是以"同格生物"的地位，施展同樣的賞善罰惡權能，職能上并無二分。再而，"神"與"鬼"之概念，至孔墨時代已大幅趨近。"神""鬼"與"人事"相關的一面，皆有指稱已逝先人或祖宗魂靈的意思；與"神事"相關的一面，亦同作爲高于人類之超自然神祇而觀。"天鬼""山川鬼神"爲後者，"人鬼"則爲前者。"鬼""神"所指即爲并尊連用之"鬼神"，無再細分。因此并不存在所謂重鬼而輕神和鬼主罰、神主賞的情況。見余翔：《論墨家學派的巫術背景與墨家集團的宗教特性》，第35頁。

② 《大取》《小取》歸屬墨家辯學，此處作者説"人之鬼，非人也""祭人之鬼，非祭人也"，并不是指人死沒有魂靈，不能成鬼，而是從概念合集的角度來講。"兄"在"人"的概念合集内，爲子集，有實指，故"兄有鬼"，是正常的。"人"則爲概念全集，兄之外尚有父母、姊妹、弟等 （轉下頁）

型有三，分別是：天鬼、山水鬼神、人死而爲鬼。①在《墨子》書《明鬼下》篇所舉五個鬼神"賞善罰惡"的事例當中，"歷神附體祝史杖殺祐觀辜""齊莊君以死羊定罪中里徼""句芒賜陽壽于秦穆公"之"鬼神"乃外于人身的超自然力量，爲神明而非人鬼，當屬墨家所言"鬼"之類型的前兩者；"杜伯之鬼射殺周宣王""莊子儀之鬼擊殺燕簡公"之"鬼神"，則顯明爲無辜枉死之人的冤魂，爲人鬼而非神明，當屬墨家所言"鬼"之類型的"人死而爲鬼"。此外，《墨子》書中尚有兩處，從祭祀的角度出發，肯定了人有靈魂且靈魂不滅、死後成鬼。其一，《公孟》篇載墨子批評公孟"執無鬼而學祭禮，是猶無客而學客禮也，是猶無魚而爲魚罟也"，諷刺了儒者一方面堅信鬼神無有，一方面又重視祭祀禮儀，誠虛僞之舉。②其二，《明鬼下》篇載墨子駁斥了"執無鬼者"認爲"明鬼"妨礙雙親利益的觀點。③他在論說中指出，若鬼神誠然有，

（接上頁）與兄類同的子集在"人"這個全集之內。故子集能被包含在全集的實有內容（有鬼）之中，合集則不必然能一一對應子集的實有內容（人有鬼）。比如，我們可以說某個具體的人，在他死後有魂而成鬼。但不能說"人"這一個概念範疇，死後有魂而成鬼。故此，《大取》《小取》之釋"鬼"，亦同時説明了墨家認爲人有魂靈且可死後爲鬼。

① 《墨子·明鬼下》："古之今之爲鬼，非他也，有天鬼，亦有山水鬼神者，亦有人死而爲鬼者。"

② 或有人舉出《非儒下》篇所載的一段內容，來質疑墨家此一觀念并非一貫，而是存在自相矛盾之處："其親死，列尸弗斂，登屋窺井，挑鼠穴，探滌器，而求其人矣，以爲實在，則贛愚甚矣；如其亡也必求焉，僞亦大矣！"之所以會産生如此疑問，蓋在"求其人矣，以爲實在，則贛愚甚矣"一語，容易使人以爲墨家主張人死燈滅。此誠誤解。循其本可知，此爲墨家針對儒家喪葬觀念所發的議論，其意與《公孟》篇批評儒家"執無鬼而祭之"相同，皆是指責儒家虛僞。在原文語境當中，"實在"一詞的含義，非"靈體"之鬼魂，而爲"實體"之人類也；而此處之所謂"贛愚"者，乃是指那些以爲親人死後仍然存在于人世，然後裝神弄鬼爲他們招魂的舉動。

③ 此處當留意，"執無鬼者"所言墨之"事鬼神"不能做到"忠親之利"，此所謂"親"非指在世親人，而是已死的親人。《論語·爲政》（轉下頁）

則以祭物供奉鬼神，可使已成鬼的父母親族同享歡樂，既可"忠親之利"，又可"交鬼之福"。可見墨家所謂"人死而爲鬼"中的"鬼"實際上就是指祖宗先人的魂靈。

故此，筆者認爲，墨家所敬事之"鬼神"，乃兼"魂靈"（人鬼）與"神明"（神祇）二性。就前者之地位而言，古書中早有論述，如《詩經·大雅·文王》有曰："文王在上，於昭於天。周雖舊邦，其命維新。有周不顯，帝命不時。文王陟降，在帝左右。"周文王死後，魂靈脫離塵世，上升至天界。根據墨子對《大雅》的理解，賢聖如文王者，其德已可配天，尚且只能伴隨天帝左右。從人死有魂且能成鬼的角度來看，文王之鬼可謂人鬼之至了，其在層級關係上尚不得僭越"天（帝）"。故"人死爲鬼"低于"天鬼"，[1]自然更低于"天"。[2]就"鬼神"之地位低于"天"而言，伍

（接上頁）曰："非其鬼而祭之，諂也"，即言祭祀的若非自家先人之鬼則有害孝道，人只能祭祀自己的祖先，不能祭祀別人的祖先。墨家的觀念則與此不同。《明鬼下》篇顯示，墨家認爲"鬼神"不是你的先人，就是他的先人，將一衆的"鬼神"一起祭祀敬奉，等于祭祀敬奉到了自家先人。此爲墨家兼愛觀念在宗教維度的推展和反映，打破了儒家對祭祀的狹隘偏見。故有論者據此推測，在墨家的觀念中，"鬼神"與"天"實爲一體，各種生物的靈魂在死後同歸于"天"，"鬼神"不再爲一家一姓所專有。參顧如：《立墨——〈墨子〉經義釋詁》，上冊，第 273 頁；楊伯峻譯注：《爲政》，《論語譯注》，卷二，第 21 頁。

[1] 顔炳罡先生指出，"天鬼"爲"天"的一種人格化表達，由墨子對《大雅》的理解可見，文王之鬼的地位低于上天。故人死爲鬼的地位低于天鬼，自然也低于上天了。見顔炳罡、彭戰果：《孔墨哲學之比較研究》，第 168 頁。

[2] 《孝經·聖治章》曰："昔者周公郊祀後稷以配天，宗祀文王於明堂，以配上帝。"《詩經·大雅·生民》《毛序》曰："《生民》，尊祖也。後稷生於姜嫄，文、武之功起於後稷，故推以配天焉。"《漢書·郊祀志下》曰："王者尊其考，欲以配天，緣考之意，欲尊祖，推而上之，遂及始祖。是以周公郊祀後稷以配天。"在古人的宗教信仰中，祭天祭祖，俱爲大禮，然儀節并重，并不等于"天"與"祖"之地位相等。古代帝王祭天時以先祖配祭上天，亦可見先祖之地位不能高過上天。見李隆基注、邢昺疏、鄧洪波整理，錢遜審定：《聖治章》，《孝經注疏》，北京大學出版社 2000 年版，卷五，第 34 頁。毛亨傳、鄭玄箋、孔穎達疏、龔抗雲等整理，（轉下頁）

非百先生指出，"墨子以鬼神二靈，皆能作禍福于人間，而助天行志。有威權、能監察、亦公直，明于人、尊于民。與天德較，可謂具體而微。惟不能創造耳"①。在《墨子》書中，"天"與"鬼神"固有相似之從事，如賞善罰暴，然直接與人世間專門事務密切相關的超自然事件，如斷獄、申冤、加壽等（《明鬼下》篇所舉五則鬼神故事），則主要見于對"鬼神"的描述中。由此可見，"鬼神"雖有高于人的地位、智慧、能力（鬼神之明必知之、鬼神之罰必勝之），然其權威不是絕對的，行事仍受到"天志"的規限，是"上天派駐各個領域和地區專門視察人間善惡的監督"②，可目爲上天之耳目手足，爲僕役、爲工具，類如基督教中爲上帝服役的、爲靈體的天使，"天主命鬼神引導之，以適其所"③。

綜上所述，無論"鬼神"爲"魂靈"抑或"神祇"，其信仰層級都高不過獨一上天。而從墨家對祖宗先人魂靈之尊崇態度，以及其對鬼神之明、鬼神之智、鬼神之罰的高舉，顯見在墨家宗教言説的信仰層級當中，"鬼神"之地位是高于人的。由于墨家所言之"鬼神"，乃"人鬼"與"神祇"二性兼而有之，且受天志規限，職能較爲單一，故强以"多神教"名其宗教特性，恐不周延。近代學人在以文明比較的方法介入墨家宗教之維時，常出現此類錯置處境的失誤，蓋源于在相關宗教概念的理解上不夠準確。

再舉兩例以申説。近代以來，對墨家是否有明確之"彼岸

（接上頁）劉家和審定：《大雅·生民》，《毛詩正義》，卷一七，第 1239 頁。
班固著、顏師古注釋：《郊祀志》，《漢書》，卷二五下，第 1264 頁。
① 伍非百：《墨子大義述》，第 151 頁。
② 陳克守等著：《儒學與墨學比較研究》，第 185 頁。
③ ［意］利瑪竇著、梅謙立注、譚杰校勘：《天主實義今注》，商務印書館 2014 年版，第 125 頁。

觀”，學界歷有爭議。有學者以西方基督教價值觀中的“靈魂”——天然由上帝賦予、死後與肉體分離、在末世將面對上帝審判的“精神體”爲標準，判定墨家因缺乏對靈魂的探討，故絕無“彼岸”“他界”之觀念，進而推論墨子非宗教家、墨家也非宗教或不具備宗教性質。王桐齡先生即認爲，墨家影響終究不彰，其原因在于：

> 顧其所成就，遠不如他種宗教之光大者，則以宗教家最重要之一原素，墨子乃闕如也。宗教家最重要之原素爲何？靈魂是已。故所謂禍福賞罰者，不能以區區冥頑軀殼所歷之數十年寒暑爲限程。而常有久且遠者在其後。夫乃使人有所覬覦，而樂于爲善。有所忌憚，而不敢不爲善。佛教之涅槃輪回，耶教之末日審判，皆是也。豈惟佛耶，儒教亦然。儒教衍形，故曰“君子疾没世而名不稱焉。”（《論語·衛靈公第十五》）又曰：“善不報於其神，必報於其子孫。”（《左傳》，忘其爲何公何年）名與子孫，皆身後之遺物也。佛耶衍魂，故曰“善不善報諸來世”。來世者，魂之歸宿也。必兼此意，然後禍福賞罰之説，圓滿無缺。墨子暗于此。此其教義之所以不昌也。[1]

上述論證乃循以下邏輯。由于缺乏對“靈魂”的明確概念，墨家宗教言説之效力，只貫徹于當下此世，未及彼岸來世，故墨家之主義不能久長，全靠人的道德自覺來維繫，在勸善制暴之功用上，遠不若佛耶二教置立天堂、地獄、净土等可資兑現善功、懲罰

---

[1] 王桐齡：《儒墨之异同》，第 31 頁。

惡行的彼岸世界那樣顯明。需要留意的是，該說之證成，背後實有一先入爲主的預設——從傳教的有效性和理論的圓滿度而言，墨家既是古代中國最講"實利主義"的思想學派，本當高舉彼岸世界之觀念，以之作爲其主義之奧援，因爲這是使一般人甘願忍受今生苦難并信服宗教的最佳手段。墨家既要人苦行和濟世，又不講靈魂之存有，不允諾來生之報償，則其言說主張歸于枉然。顯然，該說邏輯有不自洽之處。依其之意，則墨家乃一純任"極端良心責任"之"自力"宗教，全然不恃天堂福樂、地獄永死的"他力"。然在墨家宗教三論中，"强力非命"（自力）與"尊天事鬼"（他力）不但不相矛盾，反而彼此成全。依天鬼之志疾乎從事，善必得賞，惡必得罰，豈可謂徒然從事而無相應報償？近人論墨，有涉墨家靈魂觀之探討，不乏類同王氏之說者。如梁啓超先生在《墨子學案》中論到墨子天志觀時亦言：

> 墨子的天志，和基督教很相像。但有一點大不同處。基督教說靈魂，說他界。墨子一概不說。靈魂他界，沒有對證。禍福之說，勉强還可以維繫。專言現世的禍福，越發不能自完。墨子提倡苦行，和基督教及印度各派之教相同。但他們都說有靈魂，所以在極苦之中，而別有個安慰快樂的所在。①

梁氏之論，則將墨家言說傳統中有涉"苦樂"與"利害"之關係的講論，與靈魂有無之問題相關聯，從而得出無靈魂則無他界，或他界之論述純爲墨家"神道設教"、并非真誠相信的觀點。

---

① 梁啓超：《墨子學案》，第 49 頁。

其背後邏輯與王桐齡相似，即認爲墨家無"靈魂"觀念，因而也沒有"彼岸"觀念。王、梁之所失，皆在對相關概念的理解上不夠準確。由上文所論可知，在中國古代宗教信仰和墨家宗教言説傳統中，確實存在塵世之外的神明居所，人死後爲鬼亦可脱離肉體以登天庭，此安頓終極關懷之所在者，即爲一與"此岸"世界相對之"他界"，豈可謂墨家無"彼岸"觀念？①

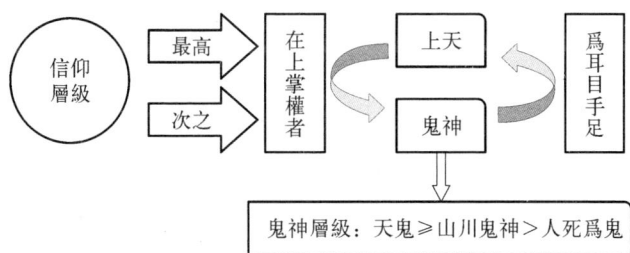

圖十二

---

① 古人相信人死爲鬼，且人有魂魄。如《禮記·祭義》載："宰我曰：'吾聞鬼神之名，而不知其所謂。'子曰：'氣也者，神之盛也。魄也者，鬼之盛也。合鬼與神，教之至也。衆生必死，死必歸土，此之謂鬼。骨肉斃於下，陰爲野土。其氣發揚于上，爲昭明，焄蒿淒愴，此百物之精也，神之著也。因物之精，制爲之極，明命鬼神，以爲黔首則，百衆以畏，萬民以服。'"其意與《墨子》書同，此亦墨子之靈魂觀念。只不過此靈魂觀念，未有言明靈魂之去向是否與死者生前之善功惡行相關，以及靈魂之歸宿是否與死者生前行爲相應的報償如上天堂或下地獄相勾連。此爲墨家靈魂觀與西方基督教的靈魂觀念之不同處。基督新教傳統認爲，人死後身體歸于塵土且會朽壞，但人之靈魂既不死也不睡，有不滅的特質，會立刻回到它的賜與者上帝那裏去。義人的靈魂在那時全然成聖，被接入高天，得以在榮耀中見到上帝，等候身體完全得贖；惡人的靈魂則被弃至地獄，留在黑暗當中，直到末日審判來臨。天主教傳統也認爲，人的肉體雖死亡，和靈魂分離，墮入腐化，他不朽的靈魂却要面對天主的審判，期待天再次來臨時，與復活并轉化的肉體再度結合。人死後的最終境況，不會只是精神體的靈魂與肉體分離，而是人可朽壞的肉身有一天也將重新獲得生命。參王志勇譯注：《清教徒之約——〈威斯敏斯德準則〉導讀》，上海三聯書店 2012 年版，第 114 頁；［德］若瑟·拉青格著、李子忠譯：《天主教教理簡編》，公教真理學會 2011 年版，第 59—60 頁；鄭玄注，孔穎達疏，龔抗雲整理，王文錦審定：《祭義》，《禮記正義》，卷四七，第 1545—1546 頁。

四、"人格—傳統—法理"：墨家集團領導權威的演變

　　任何一個"中心化"的、成建制組織的共同體，必有權威中心，該權威中心一般而言爲集團首領。首領必先有足夠權威，爾後能支配徒屬、聯結信衆、團結社群。共同體成員對首領權威的直接體認，首先來自首領的人格典範。據《墨子》書所記，服膺墨子人格典範，承認墨子人格權威，願意受他驅使甚至爲之效死之人不在少數。"止楚攻宋"事迹中，持守禦工具幫助弱宋抗擊强楚的墨子三百門徒，"事子墨子三年，手足胼胝，面目黧黑，役身給使，不敢問欲"[1]的墨子首席弟子禽滑釐，處楚國而未敢死、遺獻十金給墨子的耕柱，不願"倍義而向禄"、國君不用墨家言即自行辭官的高石子，等等，[2]皆爲此類。"服役者百八十人，皆可使赴火蹈刃、死不還踵，化之所致也"，[3]可見墨子人格對門徒之影響既久且深。然則我們仍須發問，在墨子的個人權威外，是否還存在别的權威中心，以引導墨家集團之内部運作和對外從事。對此問題的探討，有

---

[1] 畢沅校注、吳旭民校點：《備梯》，《墨子》，卷一四，第283頁。

[2] 《墨子·耕柱》："子墨子使管黔敖游高石子於衛，衛君致禄甚厚，設之於卿。高石子三朝必盡言，而言無行者。去而之齊，見子墨子曰：'衛君以夫子之故，致禄甚厚，設我於卿，石三朝必盡言，而言無行，是以去之也。衛君無乃以石爲狂乎？'子墨子曰：'去之苟道，受狂何傷！古者周公旦非關叔，辭三公，東處於商蓋，人皆謂之狂，後世稱其德，揚其名，至今不息。且翟聞之：爲義非避毀就譽。去之苟道，受狂何傷！'高石子曰：'石去之，焉敢不道也！昔者夫子有言曰：天下無道，仁士不處厚焉。今衛君無道，而貪其禄爵，則是我爲苟陷人長也。'子墨子説，而召子禽子曰：'姑聽此乎！夫倍義而鄉禄者，我常聞之矣；倍禄而鄉義者，於高石子焉見之也。'"畢沅校注、吳旭民校點：《耕柱》，《墨子》，卷一一，第223頁。

[3] 何寧集釋：《泰族訓》，《淮南子集釋》，卷二〇，第1406頁。

助于我們進一步探測墨家的宗教形態。

　　"墨子兼愛，摩頂放踵利天下，爲之"，①即便是對墨子之學説主張不能苟同者，如墨家的論敵孟子，亦不能否定墨子人格精神之偉大。《莊子·天下》篇曰"墨子真天下之好""才士也夫"，②唐人韓愈《論墨子》中譽之爲"孔墨相爲用"，民國基督徒知識分子吳雷川則認爲"耶墨二聖心理相通"③。此足以證明，墨子之人格堪爲典範這一點，爲歷代論墨者之共識，無論其立場爲道爲儒或爲耶。苦行濟世、兼愛天下，凡此種種皆可用來描繪墨子及其門徒在人格方面的作爲。然築此獨具特色之人格大廈的核心根基爲何，學界尚無統一意見。

　　當代學人普遍傾向認爲墨子人格與其宗教家的身份無涉。楊鵬先生在對比孔墨二家對相關宗教議題的論述後提出，墨子談論上天鬼神的語言是"論證性"的，乃依靠哲學和邏輯，無涉信仰，故非先知；孔子的表達方式則是"論斷式"的，顯現其天命在身的使命感，比墨子更具有宗教先知的風格。④楊建兵先生則根據心理學的四型氣質學説，概括指出墨子的人格氣質有作爲學者和思想家的冷静、縝密、理性，有作爲政治家的熱情，有作爲守備專家和軍事工程師的踏實、細膩、深刻，有作爲領袖和教育家的果決、專制和保守。⑤然或因論者認爲"墨子并不是一個堅定的宗教信仰者"，⑥故其

---

① 楊伯峻譯注：《盡心上》，《孟子譯注》，卷一三，第289頁。
② 郭慶藩輯，王孝魚整理：《雜篇·天下》，《莊子集釋》，卷一〇下，第1080頁。
③ 吳雷川：《墨翟與耶穌》，第158頁。
④ 楊鵬：《"上帝在中國"源流考：中國典籍中的"上帝"信仰》，書海出版社2014年版，第129頁。
⑤ 楊建兵：《先秦平民階層的道德理想——墨家倫理研究》，第105—106頁。
⑥ 楊建兵：《先秦平民階層的道德理想——墨家倫理研究》，第101頁。

所論缺乏從宗教角度展開的論説。

相較而言，論到墨子人格典範，民國學人倒是多有從"宗教家"角度出發進行考察者。胡懷琛先生以墨子之爲人風格近乎宗教徒，而論證其爲印度婆羅門教徒;[1]金祖同先生以《墨子》書爲宗教家言論，而論證其爲回教徒;[2]此外又有梁啓超先生曾以墨子與耶穌基督、馬克思可堪相提并論——"墨子是個小基督。從別方面説，墨子又是個大馬克思";[3]以及張純一先生以墨子兼愛世人有如佛陀"無緣大慈同體大悲",[4]止楚攻宋有如"大乘菩薩應世也"[5]。上述諸論，雖不乏學人之主觀臆斷，然亦顯示了在跨文化比較的視野當中，墨子具有與諸宗教文明中之教主、宗教家、宗教徒十分相近的人格特質。

然則上述諸論，大多僅及墨子人格特質的某一"切片"，故以之概括墨子人格并不整全。觀諸家之論，當有一可總攬墨子人格諸方面的核心精神，作爲核心宗章，以資透視墨子人格的典範意義。有鑒于是，筆者嘗試引入宗教學的方法，借由宗教之維的探討，冀對墨子的人格典範做出適當定位。

馬克斯·韋伯（Max Weber）在其宗教社學理論中曾以"卡里斯馬"（Charisma）這一概念來指稱具有不平凡秉賦的權威型人格。舉凡巫師、祭司、戰爭首領、獨裁者（凱撒式的政治統治者），以及在民主政治框架内的具有超凡魅力的政團領導人，都可能具有這種人格特質，無論它是得之天賜、自我認證還是人們追加。受"卡

---

① 胡懷琛:《墨子學辨》，第 66—69 頁。
② 衛聚賢編:《古史研究》，商務印書館 1934 年版，第 379—405 頁。
③ 梁啓超:《墨子學案》，第 43 頁。
④ 張純一:《墨學與景教》，民國十二年（1923）自印本，第 29 頁。
⑤ 張純一:《墨學與景教》，第 23 頁。

里斯馬”支配的個人或群體，如信徒、隨從、軍士、黨員、群衆，“不管支配的性質主要是外在的還是内在的，被支配者是基于對某一特定個人之非凡稟賦的信仰，因而服從”①。支配的正當性來源于對巫術力量、天啓預言、英雄崇拜的信仰皈依，其合法性支撐則有賴于“卡里斯馬”的自我證明，即如韋伯所言，需要“通過巫術、戰勝或其他成果。換言之，通過增加被支配者的福祉來證明。要是無法證明這一點，或一旦具備卡里斯馬稟賦者顯示出已失去巫術力量或見弃于神，那麽以此爲基礎的信仰及其自稱的權威便會土崩瓦解，或者至少有瓦解的危險”②。韋伯還提出，“卡里斯馬”式支配具有二重性質。就溢出“傳統”和“理性”的範疇、尊神啓和感召的角度而言，它是“非理性”的；就突破既有規範之束縛而行事、以類“六經注我”之形式宣導理念而言，它又是“革命性”的。③

　　借由韋伯的視角考察墨子，墨子人格典範的諸方面，亦多可彙集于“卡里斯馬”這一概念框架之下。依韋伯之論，“卡里斯馬”式領袖人物之權威的合法性來源，爲一種高于日常經驗和歷史遺傳的、超越性質的“神秘領受”。領袖人物之人格與之暗合冥契，始能申說教化、支配信衆。在中國傳統文化當中，最容易被人們舉爲接近此類型人格者，一般而言都屬“受命式”人物，例如在孔門中被尊爲“天生木鐸”的孔子。明末以來不少從事“耶儒對話”的西方傳教士和中國基督徒，即認爲孔子具有類似基督教言說傳統中

---

① ［德］馬克斯・韋伯著，康樂、簡惠美譯：《宗教社會學：宗教與世界》，廣西師範大學出版社 2010 年版，第 440 頁。
② ［德］馬克斯・韋伯著，康樂、簡惠美譯：《宗教社會學：宗教與世界》，第 440 頁。
③ ［德］馬克斯・韋伯著，康樂、簡惠美譯：《宗教社會學：宗教與世界》，第 440—441 頁。

的"先知"特質，儒家思想也因此稱爲上帝真理在中國文化土壤中的"前驅"和"預備"。相比孔子，墨子人格在中國聖賢經傳譜系中的定位就顯得尤其"尷尬"——如前所述，歷代不乏論者以應用主義的"神道設教"來理解墨子、墨家，故而被貼上"功利""理性""實用"等標籤的"功利家墨子""科學家墨子""實幹家墨子"，往往被默認爲與"依自（力）不依他（力）"的道德理想主義絶緣，由是格局狹隘、境界低下，不得與承受天命的先知先覺者如孔孟相比肩。

有此看法，蓋以墨家爲一"利益共同體"而非"信念共同體"，未審墨家精神源動力由來有自——天鬼欲義而惡不義，從天鬼之所欲以興利除害，即爲墨家之認信天鬼在踐履層面的具體落實。哪怕是《墨子》書所載墨子有關"利害"的講論，亦強調要"中天鬼之志"，非着眼於一己血親之切身利益。且墨家所言之"利"爲"交利"（彼此利益），"交利"又與"兼愛"相交，"兼愛"亦可作"利愛"而觀。此"利愛"也，突破了血親倫理的差序格局，直達五倫範疇之外的"非血親"（陌生他者），若無一極高的信念價值以爲總貫，單純靠"利害""利益"來維繫，豈能具如斯普世之維？考墨子及其門徒之生平、行傳、紀事，亦可見在墨家的建制組織當中，各成員對學派主義之忠實，對首領權威之遵從，至于"赴火蹈刃、死不旋踵"的地步。這顯然非"計利"所能解釋，只有具備與之相匹配的信仰強度，才能凝聚整個共同體。"天鬼之志"是墨子及其門徒從事社會實踐的信念價值根據，一如"卡里斯瑪"式領袖人物在宣教布道、團結信衆、整合社群時所宣稱的得之天啓的"神秘領受"，在共同體諸成員的意識理念中，始終居于權威的"第一身位"。具有超越性質的天鬼觀以及超血親倫

理的兼愛觀，亦彰顯了墨子合"非理性"與"革命性"爲一體的獨特人格。凡言凡動必稱"天鬼"，由此，"墨子之言"與"天鬼之志"在此思想共義的基礎上得到了有機的結合。①

考諸墨子的行傳事迹，其實已約略可見墨子人格的"卡里斯馬"特質。唯可能存疑之處在于"卡里斯馬"式權威的"自我證明"。或曰墨子名爲"尊天事鬼"，實則"威逼利誘"，乃是以"計利"心態謀求衆數幸福，所謂上天鬼神能"賞善罰惡"，不過"神道設教"——只關乎某種策略決算，無涉信仰直接帶來的福祉。此實忽略了墨子及其門徒對天鬼信仰的深度委身。這一問題關聯到神義論和德福觀。筆者在前文中已指出，即便是面對門徒或詰墨者有關"德福不一致""鬼神或有所不明"的嚴厲責難，墨子仍然堅持其酬報神學的原則，即認爲"鬼神有明"且"善惡必報"。包括墨子本人在內的個人際遇好壞，不礙"尊天事鬼"信仰的一以貫之。故而在墨家言說傳統當中，不存在因某個領袖人物之"權威確據"

① 若將墨子工作之職分置于諸宗教文明的信仰坐標下考察，墨子可能比較接近基督教言說傳統中"預備主的道，修直他的路"的施洗者約翰。約翰在《聖經》叙事中的職分爲"先知"，爲上帝之道做前驅。其傳道工作主要是更正猶太人的錯誤信仰，爲之後耶穌將要展開的工作做預備。墨子宣講宗教三論，亦不斷強調要回歸到三代以下正確的天鬼信仰。此二人皆宣稱自己不是信仰的源頭——他們絕不會宣稱自己是所謂的創教教主或者上帝、上天之類，而是強調要歸正至信仰的源頭（正確的上帝之道、正確的天鬼信仰），故言墨子與約翰的職分相似。就宣導理念的方式而言，墨子與耶穌亦類似。《墨子》書中記載墨子言說，多有據三表法而引用天鬼之志、或聖王之事、先王之書，後以"是故子墨子言曰"來展開申說的叙述方式。福音書中記載耶穌言說，亦多見耶穌先引述《舊約》中上帝的話語或摩西律法，而後再自言"所以我實實在在告訴你們"的叙述方式。墨子和耶穌之宣導理念以先，皆援最高意志爲自我立論之支撐，此即筆者所言權威來自"神秘領受"的認證。當然，墨家向來排斥"托天言志"，故《墨子》書中未有顯明上天鬼神直接降下啓示或命令予墨子及其門徒的實例。然則在宣導方式上，言必稱"天鬼"，已顯現在墨家的言說傳統當中，天鬼之志爲第一權威，高于歷史遺傳和理性思辨。此與後世其他宗教"造經""創教"有所不同。

喪失，而導致整個信念共同體之信仰基礎隨之崩塌的情況。如墨子門徒質疑墨子尊天事鬼，乃義人也，何故會生病，墨子答曰病痛有百門，鬼神因素只居其一。

　　縱觀《墨子》書及其他墨子相關的典外文獻，不難看出墨子在墨家中"唯我獨尊"的領袖地位。圍繞墨子凝聚起來的墨家集團，組織紀律之嚴格、成員聯繫之緊密、行動能力之強硬，且能在一個不長的時間之内迅速崛起爲可與儒家并稱的世之兩大顯學，確多有賴墨子"卡里斯馬"式的人格權威。墨子殁後，墨家又衍生出"巨（鉅）子制度"，巨（鉅）子成爲整個墨家集團的實際領導者。然則後代巨子作爲領袖的人格感召力，相比墨子，似遠不如，由其人格典範所衍生的個人權威，所能籠罩之處亦有限。此一方面原因在于墨家後學開始分派，集團領袖的權威漸趨彌散，"以巨子爲聖人，皆願爲之尸，冀得爲其後世，至今不决"①。另一方面原因在于，在首領的人格典範之外又出現了新的權威中心。《吕氏春秋·去私》篇載：

　　　　墨者有鉅子腹䵍，居秦。其子殺人，秦惠王曰："先生之年長矣，非有它子也；寡人已令吏弗誅矣，先生之以此聽寡人也。"腹䵍對曰："墨者之法曰：'殺人者死，傷人者刑。'此所以禁殺傷人也。夫禁殺傷人者，天下之大義也。王雖爲之賜，而令吏弗誅，腹䵍不可不行墨者之法。"不許惠王，而遂殺之。子，人之所私也，忍所私以行大義，鉅子可謂公矣。②

───────────

① 郭慶藩輯，王孝魚整理：《雜篇·天下》，《莊子集釋》，卷一〇下，第1079頁。
② 陳奇猷校釋：《孟春紀·去私》，《吕氏春秋新校釋》，卷一，第56—57頁。

上段引文記載了腹䵍"殺子奉法"的事迹，作者援引此例，用以表彰墨家巨子奉公行法、大義滅親。通過《呂氏春秋》的描述可見，秦法在實踐中仍容留了"父子之親"可以免罪的空間，故而秦惠王以巨子年長，唯存獨子，給予特赦之待遇。從中亦可見，秦法絕非法無偏私、人人平等，君主仍有特權，即王在法上。然對巨子而言，縱然存在"殺"與"不殺"的彈性空間，"墨者之法"也不允許在組織紀律上做任何遷就或妥協。學人論墨言及本段紀事，一般是從"決獄""容隱"等角度進行觀照，以分析墨家作爲知識共同體和精神共同體的"團體本位"性質。[①]筆者則措意另一端，即在墨家集團內部運作和對外行事的過程中，"墨者之法"居處何種位分。腹䵍自誅其子的行爲依據是"殺人者死，傷人者刑"的組織紀律，然此鐵律是當任墨家巨子自行己意設定的，還是歷代以來行之已久的成文法或不成文慣例？對"墨者之法"位分的釐定，關係到"墨教"首領人格權威之來源。若是前者，則毫無疑問，墨家集團據以成形的中心，是由首領"信身從事"獲得支配性權威的卡里斯馬式人格典範，類如"墨子之言"（或巨子之言）。若是後者，則在此卡里斯馬式人格典範之外，還當有一類如禮俗習慣法的"路徑依賴"作爲判例法條，那麼在墨子歿後，墨家集團內部運作和對外行事的判準，就可能不再是首領的人格典範，而是某種成文或不成文的慣例或法條。若如是，則我們可以進一步推測，至少在腹䵍

---

① 例如陳壁生先生即從"親親相隱"的角度分析本段紀事。他提出，由巨子自誅其子之案例可見，墨家是以知識共同體和精神共同體的形式，取代儒家的家族共同體，故墨家是重團體而輕親情。他指出，如果同樣的事情發生在儒家身上，儒者也可能殺子，但是其所援用的當是以父權權威爲基礎的家法，而不是像墨家那樣援引以團體主義爲基礎的"墨者之法"。見陳壁生：《經學、制度與生活：〈論語〉"父子相隱"章疏證》，第80—81頁。

時代，巨子只要依"墨者之法"行事即可，其本身是否具有權威，對墨家集團而言，或許未必顯得那麼重要。在墨者心目中，"墨者之法"的權重和地位也就躍居于作爲墨家首領的巨子之前。

此一問題關涉到墨家集團內部對"巨子之言"和"墨者之法"的權威性認定。《呂氏春秋・上德》篇記載了另一則有關墨家巨子的事例：

> 墨者鉅子孟勝，善荆之陽城君。陽城君令守於國，毀璜以爲符，約曰："符合聽之"。荆王薨，群臣攻吳起，兵於喪所，陽城君與焉，荆罪之。陽城君走，荆收其國。孟勝曰："受人之國，與之有符。今不見符，而力不能禁，不能死，不可。"其弟子徐弱諫孟勝曰："死而有益陽城君，死之可矣。無益也，而絕墨者於世，不可。"孟勝曰："不然。吾於陽城君也，非師則友也，非友則臣也。不死，自今以來，求嚴師必不於墨者矣，求賢友必不於墨者矣，求良臣必不於墨者矣。<u>死之所以行墨者之義而繼其業者也</u>。我將屬鉅子於宋之田襄子。田襄子賢者也，何患墨者之絕世也？"徐弱曰："若夫子之言，弱請先死以除路。"還歿頭前於。孟勝因使二人傳鉅子於田襄子。孟勝死，弟子死之者百八十。二人以致令於田襄子，<u>欲反死孟勝於荆</u>，田襄子止之曰："孟子已傳鉅子於我矣，當聽。"遂反死之。<u>墨者以爲不聽鉅子不察</u>。嚴罰厚賞，不足以致此。今世之言治，多以嚴罰厚賞，此上世之若客也。[1]

---

[1] 陳奇猷校注：《離俗覽・上德》，《呂氏春秋新校釋》，卷一九，第 1266 頁。

上段引文記載了"孟勝殉城"的事迹。在楚國內亂中，墨家巨子孟勝爲守陽城君之約，率弟子百八十人赴死。《呂氏春秋》作者引其事例説明治理世道當尚德尚義的道理。陽城一役，墨家精鋭死傷殆盡，極有可能是墨家建制組織走向衰弱的原因。關于這場戰鬥，當特別措意一點，即孟勝差去送信的兩位弟子不聽從候任巨子田襄子之號令。孟勝是爲彰顯墨家之義而死，徐弱是隨從夫子之道而死，若曰孟勝之死爲"守信"，徐弱之死爲"殉師"，那麼後二子之死，就尤其令人費解了。表面看來，後二子之死，似乎同徐弱一樣，乃爲追隨孟勝的步伐，其中顯有孟勝作爲前任巨子的人格感召力在起作用。那麼，又如何解釋已成現任巨子的田襄子無法以巨子之權威阻止二子反身蹈死呢？是孟勝和田襄子兩位巨子對墨家集團的影響力和掌控力有所不同嗎？還是墨家弟子對前任巨子之人身依附（委身程度）和權威信賴，遠高于現任巨子呢？依文本所述，後二子之不聽從田襄子，乃以田襄子"不察"。不察者何？"墨者之義"也。田襄子固然承繼孟勝之權力以繼其業（程序合法），且從墨家集團之存亡考量，其阻止二子反身蹈死亦有正當理由（實質正當），但因未能全"墨者之義"，後二子亦不跟從。以此看來，墨家集團之內部運作和對外行事，尚有不完全依從巨子人格權威之特例存在，由是"巨子之言"亦有不能籠罩之處。

由上述兩則有關墨家巨子的記述似乎可見，在某些情況下，"巨子之言"（人格典範）并不見得能够隨時對墨家集團成員起到支配作用。此與後世人們之謂"墨教"首領一言九鼎，擁有生殺予奪之絶對權威的印象有所不同。何以出現這種情況？可借由韋伯的理論進行探討。韋伯指出，卡里斯馬式支配之外，尚有兩種權威支配模式，一爲"傳統型"，一爲"法理型"。傳統型有以下幾個特

徵：當先知預言者或戰爭領袖等卡里斯馬式人物隕落後，即會出現權威傳承的問題。解決問題的方式有幾種——通過類如世襲王權或世襲教權的"世襲卡里斯馬"形式；通過以聖典坐實新任卡里斯馬的方式；或是在現有集團成員中進行"尚賢"式的内部遴選，端視繼任者有無卡里斯馬稟賦以進行選拔的方式。在卡里斯馬式領袖謝世之後，集團内部的領導權威持有者，"不再因其純粹個人的資質行徑進行支配，而是基於取得或繼承而來的資質，或者經過卡里斯馬遴選的過程而被正當化"①，從而開啓權威過渡的例行化過程。法理型則與卡里斯馬、傳統型不同，它既不以對權威人格、超凡稟賦的信仰爲依歸，也不恭順神聖傳統、例行規矩的權威讓渡守則，而是服從由人之理性所制定出來的法律和政令。在理性的框架内，個人和集團的權責以明晰的條文被區分和明示，其支配的正當性"無非即爲一般規則的合法性，此種一般規則是在以目的爲取向的研考下被制定出來，并且用形式上明確無誤的方式加以公布"②。近代國家之官僚制、大型企業之雇傭制，皆爲此類。

　　韋伯的三階權威劃分，實際上指出了在"歷時"維度下的權威支配的縱向演進過程。在集團創始人或第一代領導人還在世的時候，一般依靠卡里斯馬式人格典範來組織内部紀律、規範内部運作、推行對外事務。當集團創始人或第一代領導人歿後，集團内部

---

① ［德］馬克斯·韋伯著，康樂、簡惠美譯：《宗教社會學：宗教與世界》，第442頁。"權威模式"最早出自韋伯的《比較宗教學導論》一文，該文爲韋伯爲其"世界諸宗教之經濟倫理"這一總目下的系列論著所寫的一篇導論。（見 Max Web, "Die Wirtschaftsethik der Weltreligionen—Einleitung," *Gesammelte Aufsatze zur Religions—soziologie*（Tubingen, 1978），7th ed., 237–275。）

② ［德］馬克斯·韋伯著，康樂、簡惠美譯：《宗教社會學：宗教與世界》，第444頁。

的權威讓渡開始走向制度化，并逐步固定爲一種傳統。這揭示了繼任者之權威往往不如前任。傳統行之逾久，又有了基于普遍法理認同形成的權威認同。韋伯的宗教社會學理論，固然未就"卡里斯馬—傳統型—法理型"的權威演變模式作出先後排序，然從其論述所舉之例中亦可見，應是有一時間上的遞進過程。①循此論式，考察前文所引兩則有關墨家巨子之事迹，亦可見類似"卡里斯馬—傳統型—法理型"之權威演變模式。

由此，筆者據以推測：墨子之于墨家集團的獨一無二的人格典範，以及其人格典範所衍生的領導權威，在其歿後應有一逐步衰減的過程。後學固然可依歷史流傳中的有關墨子的傳說和經典（如"墨子之言"、《墨子》）來學效祖師、維繫教團，②然再也無法產生類似墨子這樣的卡里斯馬式人物。孟勝、田襄子時代，巨子制度固定爲慣例，墨家内部形成了一套推舉、遴選巨子的機制，如孟勝傳位田襄子。但此時已經開始出現"權威彌散"的情況，代表事件即爲徐弱、二子之殉孟勝而不從田襄子，蓋對巨子的權威委身程度已有不同。③腹䵍時代，類如"殺人者死，傷人者刑"的"墨者之

---

① 韋伯用以論述"傳統型"權威支配的案例，常爲君權、教權和父權的權力傳授模式，例如有人身依附性質的家父長制。用以論述"法理型"權威支配的案例，常爲近代西方形式主義法學興起後的官僚制和公司雇傭制，代表人物則爲法律專家的技術專家群體。故韋伯雖未言明權威支配三階模式之先後發展順序，仍可認爲在其觀念中隱含着一個時間先後排序。見［德］馬克斯·韋伯著，康樂、簡惠美譯：《宗教社會學：宗教與世界》，第 441—444 頁。

② 有論者認爲，墨家知識的傳授形式可能與《墨子》書的獨特體裁有關。何之先生認爲，《墨子》書的内容皆重實用，目的是使人容易明白墨子講論的道理且能切實記住，所以《墨子》書中各篇皆有大量重複的語句，類如《聖經》是謂幫助教徒記憶的口訣，"墨教的信徒也極可能有固定的時間在一起背誦墨子的話"。見何之：《墨教闡微》，第 116 頁。

③ 陳柱在《墨學十論》中曾言到："其（梁啓超）《墨子學案》且舉墨子建立巨子之法，以爲例證；而不知此乃大謬特謬。孟勝之傳巨子，全爲個人之傳授；不足以證明其爲民選，適足證其爲獨斷也。余以謂墨子（轉下頁）

法"，已有成文法或不成文慣例。此一類"家法""私刑"，敷之于內，行之于外，成爲上至巨子、下至門徒的公約守則。腹䵍誅子，所援之理據爲內部"法理"，而非巨子本人意願，已可見一斑，由是此階段"法理"之權威高于卡里斯馬（關係式見表十二）。

表十二

權威中心之演變			
時 代	中心權威	案 例	韋伯模式
墨子時代	墨子的人格典範	墨子之言	卡里斯馬
孟勝時代	歷史傳統、內部共識	（孟勝）屬巨子於宋之田襄子	傳統型
腹䵍時代	成文法或不成文慣例	墨者之法，殺人者死，傷人者刑	法理型

五、"建制組織"管窺

近代以來所謂"墨學復興浪潮"，實際上只是作爲"子學"門類下的墨家思想或曰墨子哲學的復興，與作爲精神共同體和知識共同體的成"建制組織"的墨家并無太大關聯。從近代思想史的角度進行考察能够發現，與儒教界之康有爲、陳煥章等人推動"尊孔復

228

（接上頁）之所謂選立者，乃言由天志選立，非謂由人民選立也。"筆者贊同陳先生之論。姑不論孟勝時代之墨家集團選立巨子之法是否獨斷，僅就其選立之基爲"個人傳授"這一點來看，就應與墨子時代的墨家選立之法不同。這從另一方面説明了孟勝時代的墨家集團權威中心，有別于墨子時代的墨家集團權威中心。見陳柱：《墨學十論》，第159頁。

古”，佛教界之太虛大師等人推動“人生佛教”，基督教界之王治心等人推動“本色神學”等合“學問復興”與“建制復興”爲一體的文化運動不同，“墨學復興”實質上并未深度參與到近代中國社會深徹變革的過程當中。其影響力始終未能超出思想界、文化界的範圍，并未波及知識分子群體之外的更廣闊社群。此固然和墨學在中國傳統文化中的地位長期居于“小衆”“支流”，文化當量不若儒、釋、耶等蔚爲大宗之學問有關；更爲關鍵之處在于，建制成型之墨家在漢代以後，一朝而斬，再無承傳，後世哪怕要復興墨家，也缺乏可以憑依的組織實體。故曰復興墨學或有可能，復興“墨教”則毫無依據。①

　　然則，無論是有所延承或者已經斷絕的學派團體、宗教組織，其精神得以千載相接并影響後世，必與作爲該思想承載體的建制組織以及奉行該思想的實踐者所呈現的行事做派密切聯結。故而剥離墨家談墨學，終究算不得整全。考察墨家之建制組織，本是探討墨學的應有之義。下文，筆者將對《墨子》書中有明確記載的、確證度較高的、有涉“建制組織”的内容進行相關研討，在既有材料的基礎上作適當推測，以期逼近墨家宗教形態的真實面貌。

---

① 筆者言墨學復興或有可能、墨教復興無根據，乃是就復原墨家建制而言。相比于儒家在當今時代復興，除了有學問上的復興外，尚有諸如書院講學等建制實體的復興，墨家則不具備這個可能。大體而言，“墨學復興”之文化地位，當更接近如民國學人陳啓天、常燕生所倡議之“新法家”，港臺新儒家牟宗三、唐君毅等“新儒家”，屬于一種在哲學社會科學領域進行發揮，以期影響社會的思想性工作。而非類如民國初年康有爲、陳焕章等人所議之有明確政治訴求和政治綱領的“孔教運動”（立孔教爲國教），或在當下以蔣慶等爲代表的“大陸新儒家”學人所議之試圖于政治層面、社會層面恢復固有建制組織、有清晰意識形態進取路綫的“文化運動”。見黄蕉風主編：《非儒——該中國墨學登場了》，國際華文出版社 2016 年版，第 33—37 頁。

（一） 内部規範機制：“推舉”“查鑒”“奉獻”

墨家有一套紀律嚴格、令行禁止的内部規範機制，涉及“推舉”“查鑒”“奉獻”等諸方面。《魯問》篇載：

> 子墨子使勝綽事項子牛。項子牛三侵魯地，而勝綽三從。子墨子聞之，使高孫子請而退之，曰：“我使綽也，將以濟驕而正嬖也。今綽也禄厚而譎夫子，夫子三侵魯而綽三從，是鼓鞭於馬靳也。翟聞之，言義而弗行，是犯明也。綽非弗之知也，禄勝義也。”①

墨家雖然是先秦時代最具平民色彩的思想學派團體，然不代表墨子本人及其門徒抗拒爲官。先秦諸子欲實現其社會理想，一般皆有相應之“上行路綫”與之匹配，墨家亦不例外。《墨子》書《魯問》篇記載墨子曾經推薦弟子勝綽到齊國大將項子牛帳下爲官，欲使之行非攻之義、止齊伐魯。結果項子牛三侵魯地，勝綽三次跟從之。墨子聽聞這個消息，就差遣弟子高孫子到項子牛處，請他清退勝綽。類似案例還見于《墨子》書《耕柱》篇：

> 子墨子使管黔敖游高石子於衛，衛君致禄甚厚，設之於卿。高石子三朝必盡言，而言無行者。去而之齊，見子墨子曰：“衛君以夫子之故，致禄甚厚，設我於卿，石三朝必盡言，

---

① 畢沅校注、吳旭民校點：《魯問》，《墨子》，卷一三，第254頁。

而言無行，是以去之也。衛君無乃以石爲狂乎?"子墨子曰：
"去之苟道，受狂何傷! 古者周公旦非關叔，辭三公，東處於
商蓋，人皆謂之狂，後世稱其德，揚其名，至今不息。且翟聞
之：'爲義非避毀就譽。'去之苟道，受狂何傷!"高石子曰：
"石去之，焉敢不道也! 昔者夫子有言曰：'天下無道，仁士
不處厚焉。'今衛君無道，而貪其祿爵，則是我爲苟陷人長
也。"子墨子説，而召子禽子曰："姑聽此乎! 夫倍義而嚮祿
者，我常聞之矣; 倍祿而嚮義者，於高石子焉見之也。"①

由上可見墨家內部規範機制的幾個特色：第一，墨子對外差派
職分，要求弟子恪守組織紀律，不能倍義而嚮祿，有明確的底綫意
識。第二，外派弟子與組織之間保持緊密聯繫，弟子辭官之後會向
墨子回報狀況，墨子亦會與門人交流政治見聞。第三，墨子作爲墨
家集團領導人，有極其豐富的政治資源，能够向各國之執政掌權者
推薦門下的優秀人才。據此可知墨家在墨子在世之時代就已聲名昭
彰，有極大能力介入各國政治，非與政治絕緣之出世學派。第四，
弟子無論何時，在內或在外，都受墨子的約束和驅使。如果弟子曲
學阿世，助紂爲虐，不行墨道，則墨子有絕大威望，能使主事者貶
之或退之。此即"推舉"而兼"查鑒"也。

此外，墨家設有"奉獻"制度。外派出仕的門人弟子，從政
之收入不能全爲個人所得。當有部分款項奉獻出來，爲集體所徵
用，用以供養夫子或支持組織運作。《墨子》書《耕柱》篇載：

---

① 畢沅校注、吳旭民校點：《耕柱》，《墨子》，卷一一，第223頁。

子墨子游荆耕柱子於楚。二三子過之。食之三升，客之不厚。二三子復於子墨子曰："耕柱子處楚無益矣！二三子過之，食之三升，客之不厚。"子墨子曰："未可智也。"毋幾何而遺十金於子墨子，曰："後生不敢死，有十金於此，願夫子之用也。"子墨子曰："果未可智也。"①

墨家視能"分財"爲美德，《墨子》書《尚賢下》有曰："有力者疾以助人，有財者勉以分人，有道者勸以教人"②。此一"奉獻"制度應爲墨家獨有，諸子百家未見同例。然須留意，此一"奉獻"制度與諸宗教之"奉獻"制度尚有不同，其中可能存在弟子與夫子之間的"人身依附"關係（即一種委身程度較強的師徒關係）。佛教徒之"供養"三寶，基督徒之"十一奉獻"（Tithing），大多依循自願原則，"供養""奉獻"之對象，主要爲教團而非個人。而據《耕柱》篇所載，似見耕柱之"奉獻"有厚薄之分，其優先級乃先夫子（墨子）而後同門（二三子）。此種行爲舉動，可能給人一種直觀感受——雖不可謂墨子乃"强制"門徒專爲他"奉獻"，然從墨子的回應中可知他是贊許耕柱這種行爲的，此建立于團體本位主義基礎之上的"人身依附"，比之孔門，恐怕有過之而無不及。

（二）宗教禮儀：以"德""儉""虔"事神

大凡宗教或"準宗教"性質團體，必具相應宗教禮儀。宗教

---

① 畢沅校注、吳旭民校點：《耕柱》，《墨子》，卷一一，第220頁。
② 畢沅校注、吳旭民校點：《尚賢下》，《墨子》，卷二，第40頁。

禮儀在教團成員的宗教生活中占據中心地位，爲教團之宗教信仰最顯明的表徵。宗教禮儀與宗教戒律不同，其核心關切不在提示宗教信徒需要謹守的禁忌，而在規定宗教信徒應該力行之事項，是一種對宗教信徒行爲的正面的、積極的、肯定性的規範。[①]

一般而言，一個教團的創始人或該教團的第一代領導集體，很少能建立一套成形的制度化禮儀。禮儀的制度化，往往需要幾代人的不斷總結和規範，經相當長時間的積纍，方可形成。孔子之"祖述堯舜，憲章文武"[②]，耶穌之不以"新約"恩典廢弃"舊約"律法，墨子之"原三表"、循法儀，皆爲此類。東西方各大宗教的創始人或第一代領導集體，皆未妄言建立一套原創禮儀，而是宣稱其禮儀來自上古信仰的原始版本，無論是申説講論還是舉止行動，皆爲對此源頭的"復還"和"歸正"（非修正）。除了當代某些新興宗教或异端邪教，所謂"截斷衆流""首開先河"之"創教教主""原創宗教"者，大體與軸心文明時代之宗教不符。故曰諸宗教之禮儀，多爲延承，而非原創。墨家亦是如此，其特色體現爲"以復古爲革新"的新教式禮樂革命。下文中謹以祭祀爲例，就墨家禮儀之細部，做一個探測。

在中國傳統文化中，祭祀從來是宗教禮儀之核心。《墨子》書《明鬼》篇中有相關描述，其曰：

> 非惟若書之説爲然也，且惟昔者虞、夏、商、周三代之聖王，其始建國營都日，必擇國之正壇，<u>置以爲宗廟</u>；必擇木之

---

① 段德智：《宗教學》，人民出版社 2010 年版，第 157 頁。
② 鄭玄注，孔穎達疏，龔抗雲整理，王文錦審定：《中庸》，《禮記正義》，卷五三，第 1703 頁。

修茂者，<u>立以爲叢位</u>；必擇國之父兄慈孝貞良者，<u>以爲祝宗</u>；必擇六畜之勝腯肥倅毛，<u>以爲犧牲</u>，圭璧琮璜，稱財爲度；必擇五穀之芳黃，<u>以爲酒醴粢盛</u>，故酒醴粢盛與歲上下也。故古聖王治天下也，<u>故必先鬼神而後人者</u>，此也。故曰：官府選效，必先鬼神祭器、祭服畢藏於府，祝宗有司畢立於朝，犧牲不與昔聚群。故古者聖王之爲政若此。[1]

上段引文出自墨子駁斥"執無鬼者"的講論。原意是爲了説明鬼神實有且鬼神有明，尊天事鬼關乎國家社稷。墨子既引三代聖王之事爲理論奧援，必然是認可并遵守古代宗教禮儀之遺傳。從其講論中可見祭祀之諸要素：其一，祭祀有對象，爲上天鬼神；其二，祭祀有場所，在祖廟宗社；其三，行祭有主角，爲太祝、宗伯，一般是品行高潔之人士；其四，獻祭有祭品，爲牲畜酒食；其五，行祭有供具，爲圭璧、琮璜等玉器。此外墨子還強調祭祀之態度須虔敬——"齊戒沐浴，潔爲酒醴粢盛，以祭祀天鬼"[2]，祭祀之準備須周全——"酒醴粢盛不敢不蠲潔，犧牲不敢不腯肥，珪璧幣帛不敢不中度量，春秋祭祀不敢失時幾"[3]。

如此不厭其煩地反復申説祭祀之諸要素，墨家對宗教禮儀之關切程度可謂深厚。然而墨家有關此端的講論，又明顯與其"節用尚儉"的講論形成鮮明對比，似乎呈現一種自相矛盾的情況——一方面主張諸事須奉行節儉的教義，一方面又大肆鋪張諸般禮儀，有

---

① 畢沅校注、吳旭民校點：《明鬼下》，《墨子》，卷八，第 129 頁。
② 畢沅校注、吳旭民校點：《尚同中》，《墨子》，卷三，第 47 頁。
③ 畢沅校注、吳旭民校點：《尚同中》，《墨子》，卷三，第 47 頁。

"道乖相反""自違其術"之嫌。①有此疑難，蓋以爲墨家"重鬼神
而輕人事"，未審其乃"先鬼神而後人者"也。何以言之？有三端
可證。

其一，墨家有關宗教禮儀的諸般講論，始終在強調人在進行宗
教活動時所須持守的虔敬態度。墨家之批評儒家"執無鬼而學祭
禮"，即言禮儀的外在形式固然十分重要，人內心之虔誠却更爲天
鬼所悅納。可見其并不爲形式主義所框架。其二，《明鬼》篇中墨
子言"祭祀"之好處爲上可交天鬼之福，下可合歡聚衆取親于鄉
里。上利天鬼，下利萬民，以顯墨家"交利"之本意。又"兼愛
交利"爲天鬼所欲，故行祭本身也是遵從天志的一種表現。可見
"鬼神"與"人事"并不互相排斥。其三，主流的諸宗教文明的教
義系統中都存有"敵對禮儀"之面向，類如佛陀去世前教導門徒
"依法不依人""以戒爲師"，或作爲"外邦人的使徒"保羅以"因
信稱義"來取代因行割禮稱義，皆爲此敵對關係在宗教實踐上的具

---

① 漢代無神論哲學家王充在《論衡·案書》中言道："墨家薄葬、右鬼，道
乖相反違其實，宜以難從也。乖違如何？使鬼非死人之精也，右之未可知。
今墨家謂鬼審〔死〕人之精也，厚其精而薄其尸，此於其神厚而於其體薄
也。薄厚不相勝，華實不相副，則怒而降禍，雖有其鬼，終以死恨。人情
欲厚惡薄，神心猶然。用墨子之法，事鬼求福，福罕至而禍常來也。以一
況百，而墨家爲法，皆若此類也。廢而不傳，蓋有以也。"王充所論原是爲
詰難墨家相信人死爲鬼的觀念。但當留意的是，此論其實從另一個角度批
評了墨家的"右鬼"和"薄葬"相互矛盾，"重鬼神而輕人事"反而導致
理論上的不自洽——如果墨家"右鬼"，自然在諸般禮儀上盡其隆重，以
示虔敬；如果墨家"薄葬"，則在諸般禮儀上必然薄省，這固然符合"節
用"的教義，但違背了"尊天事鬼"的教義。鄭杰文先生指出，王充的批
評存在"以一況百"的情況，對墨家"明鬼"教義的掌握不全面。墨家明
鬼是爲了勸人行善，最終是要導人向兼愛的道路上行。宣傳薄葬，是爲了
不讓死人與生人爭奪社會財富，最終也是落實到兼愛的行動上去。兩者并
不矛盾。墨家也并非因此才中絶。見鄭杰文：《中國墨學通史》，人民出版
社 2006 年版，第 210 頁。

體反映。①宗教在發展過程中，愈發出離禮儀形式而歸向道德踐履，這樣的例子在東西方歷史上并不鮮見。體現在教義上就是更加強調侍奉鬼神的虔敬心，體現在禮儀上就是"以德事神"，并簡化禮儀的相關程序。如果一個神祇被認爲或被塑造爲一個喜歡德行的神祇，那麼原則上甚至可以不要諸如獻祭之類的儀式。②在墨家的宗教觀念中，上天鬼神皆爲"至善神"，"至善神"據人行義或不義（天欲義而惡不義）而施福降禍。即便是《明鬼》所載"厲神杖殺觀辜"之引例，亦是爲説明侍奉鬼神須懷虔敬、不可詐僞，宗旨在于強調内心的虔敬，而不在禮儀的完備。

綜上所述，筆者推測：由于墨家諸宗教表述皆能從三代以下的古代典籍中找到觀念"原型"，故墨家所行的這套禮儀系統應爲普行于世的"共識通例"。既曰"共識通例"，必然在諸般儀文、信條、程序、禁忌等事項上，與時人認可并遵行之内容之間，不存在太大差异。墨家雖曰"節用尚儉"，尚不至于連基本的宗教禮儀都一并減省廢弃，謂其同儒家一樣"行禮如儀"，亦無不可。然同時亦因墨家"節用尚儉"，其對宗教禮儀之關切主要集中在人心的虔敬和德性的踐履上。以儉事神、以德事神、以虔敬心事神，乃是墨家對待宗教禮儀的顯見態度。

（三） 宗教訓誡：基于"除害"的消極表達方式

古來所謂宗教者，有禮儀必有禁忌。禮儀與禁忌向來是一體兩

---

① 李申：《事神論》，《宗教論》，中國社會科學出版社 2008 年版，卷二，第83、88 頁。
② 李申：《事神論》，《宗教論》，卷二，第 77 頁。

面，禮儀告訴人們應當做什麼，禁忌告訴人們不應當做什麼。① 可以認爲，禮儀是要求人們接觸某些對象或從事某些活動，禁忌則是要求人們拒斥某些對象或規避某些活動。② 在諸宗教文明中，禁忌往往借助神祇的權威加以貫徹，宗教所傳授之知識、所宣揚之訊息，無論其正確與否，最終都可被理解爲來自"神的意旨"。此一過程即是對禁忌作相應的合理化詮釋。此一過程，隨着時間的推移，漸而發展出一套規範性體系，"根據此一規範，某些行爲被視爲宗教性罪惡，必須接受制裁，違反者有時甚至會被處死，免得由于個人的宗教性罪惡而使邪惡的巫術危及整個團體"③。由是禁忌又演變爲戒律。戒律是禁忌的升華、規範化和條文化，是宗教行爲的理論綱要。④ 宗教禁忌若要落實至可資實際踐履的地步，在其中充當中介的，就是成文或不成文的宗教戒律，類如猶太教之摩西律法、基督教之"兩大誡命"、佛教諸宗之律書戒本，包括"殺人者死，傷人者刑"的"墨者之法"，均可目爲此類"由禁忌而戒律"的規範性體系。

墨子并非"創教"，墨家的宗教信仰體系也非"原創"，"墨教"諸理念"原型"皆來自三代以下的歷史遺傳，墨子及其門徒與其他諸子在宗教觀上的不同，也不過是理解方式不同。在縱向時間維度上，宗教之"禁忌"一般先于宗教之"戒律"。對于"遺文宗教"（而非原創宗教）而言，在前之"禁忌"多爲"共識通例"，謂爲"拘守"；在後之"戒律"顯爲該宗教之特色，

---

① 李申：《事神論》，《宗教論》，卷二，第 92 頁。
② 段德智：《宗教學》，第 154 頁。
③ ［德］馬克斯·韋伯著，康樂、簡惠美譯：《宗教社會學：宗教與世界》，第 49—50 頁。
④ 段德智：《宗教學》，第 156 頁。

謂爲"詮釋"。①此類型宗教之代表，即爲後起之基督教并不廢弃先出之猶太教的諸般律法，二教之被稱爲"相異"的部分，則被前者以"乃是成全律法"來解釋。故墨子及其門徒對通行于世之宗教信仰中的"禁忌"事項的看法，類如對待祭祀須懷虔敬、獻祭之祭品忌不潔不净、行祭之程序須完備周全、侍奉天鬼須戒慎恐懼不敢詐僞，等等，應與時人的觀念之間不存在太大差異。相較而言，宗教戒律更可作爲考察墨家爲"宗教"或"準宗教"之外顯特質的判準，因其更能彰顯"墨教"之異。其特色爲何，下文試析之。

第一，觀《墨子》書"墨論"部分中每個章節核心宗章的篇名題目，除《天志》篇外，其餘九篇（《明鬼》《尚同》《尚賢》《節用》《節葬》《非樂》《非命》《兼愛》《非攻》）之篇名題目，皆爲"動詞+名詞"的形式。獨《天志》以單個名詞的形式出現，似見《墨子》書編纂者以其爲墨學義理中心，來總領其他綱目。其餘九論則是"天志"之枝葉，爲契合"天志"所必須的手段。《墨子》書編纂者對墨學十論的這一編排方式，十分類似"摩西十誡"對諸誡命的層級劃分——專論"神權"的前三誡在整個十誡中居于首要地位，"守安息日""孝敬父母""不可殺人""不可奸淫"

---

① 此處所言"遺文宗教"，乃是就教派團體之宗教信仰來源爲歷史遺傳而言。比如我們論析基督教不同于猶太教的宗教特色，兩者相異之處主要體現在對原有宗教理念"原型"的詮釋上。對于猶太舊教的諸般宗教禮儀、宗教禁忌，基督教也一樣拘守。然這些宗教禮儀、宗教禁忌反映在兩教之宗教戒律上，可顯見不同。比如作爲外邦人使徒的保羅本人也依猶太舊教的規矩行割禮，但在他把福音傳向外邦的過程中，又格外强調要因信而稱義，而不是因割禮而稱義。若外邦人願意接受教義，不需要奉行割禮，也一樣可以歸向上帝。保羅在宗教實踐上進行了突破，然而"稱義"的要求仍是不變的。即"禮儀""禁忌"不變，而"戒律"變了，即該"禮儀""禁忌"在具體的宗教實踐方式上發生了變化。故曰，比之宗教禁忌，宗教戒律更能凸顯"遺文宗教"的特色。

"不可偷盗""不可做假見證""不可貪戀鄰人所有"這論述"人事"的後七誡,則爲實現神意、踐行神律的途徑。

第二,墨學十論整體上顯示爲一種偏向"消極性訓誡"的申説風格,此與墨家"寓立于破"的立論風格有關。約可分爲三組:第一組,直接全盤否定的,即以"非"字爲起首的篇章(《非攻》《非命》《非樂》);第二組,要求給予限制的,即以"節"字爲起首的篇章(《節用》《節葬》);第三組,正面推崇提倡的,即以"尚"字爲起首的篇章(《尚同》《尚賢》),外加《兼愛》《天志》篇。即便是第三組,也一樣呈現出類似前兩組的講論風格——依《墨子》書之意,正因天下人相攻、相賊、相害,所以墨家要人們彼此相愛(兼愛);正因天下之義茲衆,所以墨家要人們上同于一義(尚同);正因執政掌權者不行"賢能政治",所以墨家要求統治者"選賢任能"(尚賢);又因舉世以天鬼不明,淡漠上天,所以墨家又希望人們敬畏上天,遵行天志(天志)。此外,依"法儀""三表"所建立的、堪稱墨家護教式文本的宗教三論,全爲駁斥"反天意者""執無鬼者""執有命者",立論多由反方觀點如何有害、如何負面而起。諸如此類"否定式"言説,皆可目爲某種意義上的"消極性訓誡"。

除上文所述兩點之外,尚有其他綫索可資考察墨家此種"消極性訓誡"的呈現方式。今人皆以"興天下之利,除天下之害"爲墨家社會實踐的主要内容,或以二者"并舉",或以二者"分置",總之是將"興利"和"除害"視作具有等同重要性。此實未審二者之間的先後順序和層級關係。事實上"除害"才爲墨家行事之根本。在墨家的邏輯論式當中,"除害"即是"興利",但"興利"不一定等同于"除害"。例如,《兼愛上》言爲何兼愛須先"察亂

何自起"，明亂"起自不相愛"，而後方能"兼相愛"。此即從"除害"的消極表達式來闡述"兼愛交利"的必要性。又有《天志中》言"天之意"爲"不欲大國之攻小國也，大家之亂小家也。强之暴寡，詐之謀愚，貴之傲賤，此天之所不欲也"，此即從"天不欲"的消極表達式來説明"天所意欲"的内容。概言之，墨家行事往往是通過"主動尋求不做什麽"（墨家式樣的"否定性應然"——"不應該怎樣"）而非"主動尋求去做什麽"（儒家式樣的"肯定性應然"——"應該要怎樣"）來達至其所意欲達成的目標。①

宗教信徒對宗教信仰的委身程度與其對宗教戒律的持守程度"正相關"。宗教戒律誠爲決定宗教團體内部之凝聚力的重要内容，諸宗教之社會實踐活動幾無可繞開宗教戒律而能成行。墨家思想學派是先秦中國最具影響力的建制組織團體，它能够屹立於彼時亂世并影響其後時代長達兩百年之久，當有一套獨特的戒律與之相匹配。墨家對諸般"禁忌""戒律"之理解和申説，皆可目爲一種

---

① 墨家式樣的"否定性應然"表達式還體現在墨家的修身觀念上。衆所周知，《墨子》書講論"心性"的部分并不多，然在《貴義》篇中，墨子特別提到"成聖"的路徑爲去掉六種怪癖。《貴義》篇曰："子墨子曰：必去六辟。嘿則思，言則誨，動則事，使三者代御，必爲聖人。必去喜，去怒，去樂，去悲，去愛，而用仁義。手足口鼻耳，從事於義，必爲聖人。"此講論亦可目爲一種"消極性訓誡"，類似"摩西十誡"之"不可拜別神（當信耶和華上帝）""不可拜偶像""不可妄稱主的名""安息日不可作工（當受安息日）""不能怠慢父母（當孝敬父母）""不可殺人""不可奸淫""不可偷盗""不可做假見證""不可貪戀鄰人所有"，皆是通過强調"不當做什麽"來表達"應當怎樣"的要求。概言之，"消極性訓誡"即爲一種"不當……，而當……"的邏輯論式。事實上在諸宗教文化當中，我們亦可見到，强調"他力"信仰之宗教或團體，多有此"否定性應然"的表達方式，用以嚇阻、震懾。强調"自力"信仰之宗教或團體，多有"肯定性應然"之表達方式，用以鼓勵人向内反求，或依靠自身靈性之覺醒以達成境界的提升。後一種表達方式，亦常見于一些非宗教的道德教條。畢沅校注、吳旭民校點：《貴義》，《墨子》，卷一二，第229頁。

"消極性誡命"，可推測此種表達方式可能與墨家"重罰輕賞"之
天鬼信仰相關聯——因爲相比"肯定性應然"的言説方式，"否定
性應然"的宗教言説方式更容易對團體成員起到震懾、嚇阻之作
用，相應的，止惡揚善的效用可能也更加明顯。

六、小結

宗教思想共同體一般亦具相應的宗教形態。思想對應活着的文
本，形態對應活着的傳統。"活文本"和"活傳統"相得益彰之典
型爲"儒教"，即傳承不絶之儒家學問與纍世相繼之文教系統相輔
相成。故而可據"歷時—共時"之縱向、橫向兩個時間維度，對
儒家之宗教形態進行長時間段的考察。如此考察所得之儒家宗教形
態，幾可還原其歷史原貌。這是空餘"死文本"（《墨子》五十三
篇）而無"活傳統"（墨學中絶）之墨家遠遠達不到的。

對于墨家的宗教思想（如"尊天""事鬼"），我們尚且有墨
家與其他諸子共同分享的"公共文本"（如《詩經》《尚書》等）
可資參照和比對。墨家諸宗教理念之"原型"，即來源于此。至于
墨家具體的、落地的、建制成型的宗教形態之確切記録，則于史無
徵，加之傳承中衰、組織斷絶，實難查考。當然，我們仍可根據墨
家相關的現有歷史材料（傳世文獻以及部分出土文獻），來探測墨
家作爲精神共同體和知識共同體之内部運作和對外行事的大概，然
仍難以將此探測視作"鐵判"。

第四章

耶墨對話：
中國基督徒論"墨教"

　　近人論墨，凡涉墨家宗教部分，屢見以"耶教"（基督教）作爲比較對象。大概是因爲二者教義相似、建制相仿，且基督教的創始人耶穌與墨教的創始人墨翟之人格相類。漢代以後，儒家一家獨尊，墨家退出歷史舞臺。此後在以儒家爲主流的中國傳統文化中，墨家就長期居于小衆地位。至于基督教，自其由域外傳入以來，因在諸多地方與中國文化、中國社會格格不入，則未能像佛教那樣完成本土化進程。故二者在中國社會之歷史命運，可謂"殊途同歸"。自孟子時代開始，墨家已被儒者稱爲"邪説"而被力辟；清末及至民國，國人又多以基督教爲"非我族類，其心必异"的"洋教"，由是教案頻發。是故耶墨二教這兩大"异端"在近代中國的相遇，形成了中國思想史上的一大奇觀。近代以來，知識界多以基督教爲墨家之"理型"，而基督教在中國傳統文化中的最佳參照物亦多爲墨家。然則過往人們尚少措意教會界如何看待墨家，也很少關注中國基督徒之"耶墨對話"，是爲缺憾。有鑒于此，實有必要對之加以申説。

一、墨耶相遇："奪朱之紫"，抑或"他山之石"？

晚清至民國，中國社會上層建築幾經轉易，面臨三千年未有之大變局。中國知識分子共享的核心問題是尋索中國傳統文化中可資救亡圖存、富國强民的文化思想資源。洋務運動提出"師夷長技以制夷"，在"中學爲體，西學爲用"的指導方針下，推動器物層面的革新；維新變法則主張制度層面的改革，維新思想家論證先王或孔孟的聖意改制與西方君主立憲的歷史發展潮流合轍，以"古學"包裝"新説"，走"托古改制""以復古爲解放"的漸進主義改良路綫；辛亥革命及至新文化運動，中國固有政治體制之鼎革雖已成事實，然半殖民地半封建社會的社會性質并未被徹底改變，于是又有"全盤西化""打倒孔家店"的文化革命呼聲，集中體現爲"是今非古""揚西抑中"，具有"全盤反傳統"的文化激進主義特色。①今人梳理這一階段的知識分子思想演進史，一般概括爲由主

---

① 此處提到的"全盤反傳統"，實際上是指民國學人反對以儒家作爲中國傳統文化"正統"的"全盤反正統"的思想運動，并非今人所以爲的全面反對一切中國傳統文化。這一點在論析中需要注意。在中國歷史上居于偏統和支流地位的諸子學、墨學在彼時興起，成爲一股促進思想解放的力量，得到包括基督界人士在內的中國知識分子的關注，墨家的歷史資源和思想資源被重新發掘。民國時期墨學復興思潮正逢其時，彰顯了先秦時代曾與儒家并稱"世之顯學"的墨家，經過"由顯學至絕學，由絕學復爲顯學"的思想演進歷程。類如"打倒孔家店，樹立墨家店" （轉下頁）

張器物技術革新，進展至強調政治制度更化，再至文化心理革命。然此種概括有化約之嫌。因爲這一階段的知識分子在"器物""制度""文化"三方面提出的改革主張并非截然互斥，洋務運動、維新變法、辛亥革命及新文化運動關注的核心議題固然各有側重，但絕非只及一點而完全不及其餘。最顯明的例證是清末民初前後幾代學人均注意到的"西教"問題。

"西教"即"耶教"。自景教（基督教聶斯脫利派）于唐貞觀年間入華以來，基督教在中國的福傳歷程，迭經唐代大秦景教、元代也里可温教、明末清初天主教、1840年以後來華的基督教新教四個階段，共一千多年。基督教教義和建制的排他性，以及相對于中國傳統文化的異質性，使得其在中國的本土化進程不如同爲域外宗教的佛教那樣順利。尤其是近代以來，基督教隨着通商口岸的開通進入中國，教會受到傳教條款的保護，具有强制性，一定程度上激起包括知識分子在內的國人的抗拒心理。西方文明的猝然輸入，一方面對中華文化的主導地位產生極大的衝擊，引起國人在民族層面上的逆反情緒；另一方面亦促使中國知識分子思考，"西教"何以成爲西方世界組織秩序和文化心理的核心并發展壯大，是否可資借鑒，以振濟中國社會與中國文化。

在此思想脉絡下，墨學成爲近代中國知識界介入"西教"問題的一個重要中介。學人"以墨論耶"的一個思路是"耶教墨源

（接上頁）（郭沫若語）的呼聲，與清末民初之經學瓦解、子學復興的文化現實，相互呼應，如胡適、梁啓超、馮友蘭、方授楚、郭沫若等詮墨、注墨的工作，亦對這股思潮起到推波助瀾的作用。由于儒學權威倒塌，從儒學之外的中國傳統文化中尋找能够與基督教對話、會通的思想資源和可資投射的文化，則成必然之事。這就體現爲，在"反正統"（儒學）的同時，又樹立了"新正統"（墨學、諸子學）。

説"。清末及至民國，墨學地位上升，西學地位强勢，儒學權威不再。這個現實使得學人開始注意到在中國傳統文化中居于非主流地位的墨學和在中國社會中居于异端位置的基督教在教義、建制、理念上的相似處。通過比較，他們發現，在儒家之外，尚有墨家可代表中國文化同基督教進行溝通對話。彼時學人的文化心態是"古已有之"，解釋路徑爲"以中化西"。譚嗣同嘗云：

> 世之言夷狄者，謂其教出于墨，故兼利而非鬥，好學而博不异。其生也勤，其死也薄。節用，故析秋毫之利。尚鬼，故崇地獄之説。夏夏日造于新，而毁古之禮樂。其俗工巧善制器，制器不離乎規矩。景教之十字架，矩也，墨道也，運之則規也……故其教出於墨。[1]

譚嗣同外，尚有黎庶昌、張自牧、薛福成等人，皆謂耶教源出墨教，神學本于墨學。[2] 然則這并不意味着彼時學人全然肯定耶墨二教均具有正面價值，比如宋育仁認爲耶墨二教相仿，然正因爲耶教取法墨教，故背離周孔，流弊同歸。[3] 這部分學人大體認爲耶教"愛人如己"的教訓近似墨家"兼愛"的宗旨，但同時認爲耶墨二教遠不如孔孟儒學廣大精微，屬下愚之教，不足惑上智；或曰耶墨

---

① 蔡尚思、方行編：《譚嗣同全集》，中華書局 1981 年版，第 233 頁。
② 黎庶昌云："墨道，夏道也。今泰西各國耶穌天主教盛行尊天、明鬼、兼愛、尚同，其術本諸墨子。"張自牧云："耶穌其教以煦煦爲仁，頗得墨氏之道。耶穌二大誡，一曰全靈魂愛爾祖，即明鬼之旨也；二曰愛鄰如己，即兼愛之旨也。"薛福成云："余常謂泰西耶穌之教，其原蓋出于墨子，雖體用不無异同，而大旨實最近。"轉引自鄭杰文、王繼學等：《墨學對中國社會發展的影響》，第 235—242 頁。
③ 郭嵩燾等著，王立誠編校：《郭嵩燾等使西記六種》，生活·讀書·新知三聯書店 1998 年版，第 397 頁。

各擅其長，然儒家與這兩家相比更爲優越。可見，"耶教墨源説"在很大程度上仍難脱離以儒家爲衡量準繩的言説傳統，墨學在這種中西文化比較中的身位不過是儒家的替代物，所謂"比較"自然也容易流于牽强附會。一如近代中國思想史上的"西學中源説"，"耶教墨源説"潛隱着同樣的民族主義情結——西學源出中學，西教源出中教，西方文化不如中國文化。

此後，"耶教墨源説"的影響漸由知識界擴展至教會界，中國基督徒開始投注精力研治墨學，產生了一批"耶墨對話"的思想成果。不過這并不意味着，中國基督徒完全接受基督教源出墨家、甚至墨家足以和基督教相提并論的立場。由于儒家正統歷來排斥墨家，視之爲异端邪説，加之明清以來西方傳教士如利瑪寶、馬里遜、艾約瑟、李提摩太等人的文化福傳事工以"耶儒對話"爲主流，使得中國基督徒在從事"耶墨對話"的時候，多少還是拘守孟荀"辟楊墨"的遺傳，不敢對墨家、墨學有所親近。①例如清末基督徒黄治基在其著作《耶墨衡論》中録有一事："余憶童時，從師受舉業。師敬某教士爲人，撰句爲贈，援墨之兼愛爲比。某教士

① 明末以來，基督教自西徂東進入中國，產生了一批以儒家背景信仰基督教的中國基督徒，如徐光啓、李之藻、楊廷筠等。這些基督徒奉教以先，都是儒者出身，多遵循"補儒易佛"的"利瑪寶方法"，甚至將耶儒并舉。在這些"儒家基督徒"眼中，滲入佛道的宋明理學爲儒家歧途，崇奉天學（基督教）方可廓清儒家聖賢之道。在此影響下，不少傳教士和中國基督徒，也都把墨學目爲等同于佛道、宋明理學的异端，他們大多認可孟荀辟楊墨。在"耶教墨源説"興起之前，中國基督徒在從事基督教與中國文化對話的過程中，不乏對墨學持貶斥態度的學者。例如，清中葉的基督徒張星翟就將自己皈依信教的經歷比擬爲朱子辟佛老和孟子辟楊墨。在其著作《天教明辯》中，他言道："世之儒者，皆儒名而墨行者也，以其皆從佛也。予歸天教，是弃墨而從儒也。孔子尊天，予亦尊天；孔孟辟异端，予亦辟佛老。奈世之人不知天教之即儒耶，又不知天教之有補於儒也。"轉引自吴莉葦：《中國禮儀之爭——文明的張力與權力的較量》，上海古籍出版社 2007 年版，第 82 頁。

怒，欲興舌戰而報復焉。余亦私怪吾師既敬其人，何乃相侮若此。"①其友方鮑參在該書序言中亦言到："我國士大夫，閉目不視，掩耳不聽。始以孔教爲勝，繼以墨子爲東方之耶穌。豈不謬哉！"②黃治基所記和方鮑參所言，體現了當時教會人士面對墨學時的複雜心態——西方傳教士并不悅被比擬爲墨家信徒，中國基督徒亦認爲此舉有拔高墨家、貶低基督教之嫌。

　　秉持這種立場的基督徒所做的"耶墨對話"工作多有辯道衛教的色彩，即以基督教的標準來評判墨學，并對"耶教墨源説"所産生的"耶墨同源"甚至"是墨非耶"的觀點，做出來自教義神學方面的反擊和回護。例如，張亦鏡在其著作《耶墨辨》中開宗明義指出"耶墨之辨，與耶儒之辨同，皆在神人分別也"，③"墨子亦一生徒也"④，耶穌與墨翟是神人天淵之別，師生高下之分，完全不可相提并論；又謂墨翟及其學説，"一篇中有一二筆極有其師之精到也，餘則瑕瑜不掩，而未能竟體一致"⑤；且堅持基督教本位立場，"以較其師所擇，自首自尾，無懈可擊者，相去爲壤。則吾輩擇師而從，將師其徒乎？抑師其師乎？此不待智者而決矣"⑥，墨學之優勝已爲基督教充量包含，基督徒追求真理無須假墨學爲援手，不得爲耶墨間似是而非的相似處所動搖。

　　由之可見，基督教與墨家的"相遇"過程，并非一帆風順。

① 黃治基：《耶墨衡論》，廣州美華浸會書局 1912 年版，第 2 頁。
② 黃治基：《耶墨衡論》，第 2 頁。
③ 張亦鏡：《耶墨辨》，載張亦鏡編《真光叢刊》，中華浸會書局 1928 年版，第 35 頁。
④ 張亦鏡：《耶墨辨》，載張亦鏡編《真光叢刊》，第 42 頁。
⑤ 張亦鏡：《耶墨辨》，載張亦鏡編《真光叢刊》，第 42 頁。
⑥ 張亦鏡：《耶墨辨》，載張亦鏡編《真光叢刊》，第 42 頁。

西方傳教士和中國基督徒欲通過文明對話的方式使基督教適應中國文化和中國社會，其在選擇進行對話對象時習慣性首選儒學。限于對墨學的粗淺瞭解以及墨家爲"异端"的既定印象，他們對"耶墨對話"之態度，常常有所保留。及至當代，這種成見在中國教會界仍有所反映。例如，著名神學家何世明先生堅持認爲，基督教信仰與墨子之學絕無任何相容之處：

> 至于墨家之徒，既倡兼愛之説，又道明鬼之論，其説最易與基督教之信仰混淆不清。而就事實言之，則墨子之説，亦未可謂其于基督教絕無近似之點。然而墨家者流，動輒言利，而且必言大利，甚至爲此大利之原因，不惜盡閉天下之心聲，而倡言非樂，此與基督之不忽乎小子中之一個而以天國之生長，喻之謂芥菜之種籽的那一種知其不可而爲之博愛仁厚之情懷，其相去之遠，實誠不知其幾千萬里。至其所明之鬼，其目的只在于賞賢而罰暴，而絕無與其所言之兼相愛，且所言之鬼，又爲山川鬼神之鬼，是以墨子雖亦言天志，言上帝，但其在上帝之外，又另有多神之觀念，蓋甚顯明。是以我們若真欲隨墨子之後以尋求上帝，則我們所尋得之上帝，必如墨子之流，既刻薄而寡恩，又精打而細算，開口言小利，閉口言大利之上帝。而由此更進一步，則更有陷于多神論之危機性。[1]

可見，以黄治基、方鮑參、張亦鏡、何世明爲代表，神學立場偏向保守的中國基督徒的思想中無疑具有護教衛道的面向。近代興

---

[1] 何世明：《從基督教看中國孝道》，宗教文化出版社 1999 年版，第 107 頁。

起的"耶教墨源説"固然引起了教會界人士的關注，然而在這些基督徒看來，"耶教墨源説"及其衍生的"耶墨對話"中"以墨證耶"的認知圖景，在很大程度上可能破壞基督教教義的完備性和真理性，使得中國基督徒在神學認知上出現嚴重偏差。無論是推崇"耶教墨源説"的教外人士，還是反對將耶墨等同的中國基督徒，他們在處理基督教與墨學之關係時都遵循相同的思維邏輯，即秉持"文化中心主義"或"教派中心主義"的文明對話模式。前者是要使基督教墨學化，以回應西學的衝擊。"以墨證耶"的本質是揚墨抑耶、揚中抑西，爲一種"中國文化本位主義"。後者是要使墨學基督教化，拒斥"以墨證耶"乃出于回應"耶教墨源説"及"耶墨對話"之謬種流傳，以證明基督教爲唯一真理，從而爲福音叩開中國磐石預備道路。此爲"基督教中心主義"。

當然，并非所有基督徒都存門户之見。對墨學持相對包容態度的基督徒，有王治心、張純一、吳雷川等。張純一著有《墨學與景教》，他自陳該書要旨在于以東方文化"光復基督教旨而精進之"①。張純一認爲，基督教的教義及其建制在歷史流轉的過程中，已經偏離了耶穌和早期使徒的本意，"蓋基督根本教義，自保羅後，沉晦已二千年，今所傳者，均非其真，急待宣究，與墨書同"②。故通過對觀《聖經》和《墨子》，可以達到兩家教義互相發明、互相光照之效果。王治心著有《墨子哲學》，該書將墨學分爲關涉宗教道德的"愛"（墨學十論）與關涉哲學知識論的"智"（《墨經》）兩個部分進行探討。對于墨學之"智"，王治心給予了高度贊賞，

---

① 張純一：《墨學與景教》，第 1 頁。
② 張純一：《墨學與景教》，第 1 頁。

以之爲墨學中最有價值的内容。①對于墨學之"愛"，王治心亦不乏褒揚之詞，他認爲"墨子的學説很近于宗教"②，整個墨學十論全都出于墨家"宗教上愛的精神"③，且耶墨二家愛觀相近，"有普愛人類而無差别的，一如耶穌之博愛，墨子之兼愛，一切平等而無分别"④。吴雷川著有《墨翟與耶穌》，他在書中指出"墨耶二聖心理相同"⑤，墨翟人格與耶穌人格最近，墨翟學説和耶穌教訓合轍，耶墨二家之聯繫在宗教和社會主義。⑥他又認爲"墨耶一派能應付現今中國的需要"⑦，二家關于社會改造的主張并行不悖；國人應效法耶墨二人的宗教人格來從事心理建設，追隨耶穌、墨翟的社會主義理想來變革社會制度，以拯時弊。相較于前述持衛道立場的基督徒，張純一、王治心、吴雷川的"耶墨對話"無疑具有相對開放的跨界視角。他們對墨學抱有一定的同情與理解，没有將墨學簡單視作基督教進入中國文化的阻礙或耶穌福音落地中國社會的前驅預備，甚至在某種程度上肯定了墨學有利于基督教的自我更化，⑧從而避免墮入以基督教爲唯一"判教"標準衡量墨學價值的

---

① 王治心：《墨子哲學》，宜春閣印刷局1925年版，第3頁。
② 王治心：《墨子哲學》，第18頁。
③ 王治心：《墨子哲學》，第18頁。
④ 王治心：《墨子哲學》，第18頁。
⑤ 吴雷川：《墨翟與耶穌》，第166頁。
⑥ 吴雷川：《墨翟與耶穌》，第151頁。
⑦ 吴雷川：《墨翟與耶穌》，第175頁。
⑧ 對墨學持開放立場的教會人士，大多肯定墨學能够幫助基督教進行自我更新。例如，張純一認爲，自保羅以後，教會就偏離了耶穌的原始教導，故而發明墨學大義，是爲助力當代基督教歸正自己，回歸純正的基督教信仰。見張純一：《墨學與景教》，第1頁。吴雷川則把基督教區分爲"前期"和"後期"。他認爲，君士坦丁之後的基督教爲國家體制所吸納，由原來爲受壓迫階級代言的平民宗教，轉變爲維護統治階級利益的國家教會，無論是教義神學還是組織建制，均已扭曲，成爲反動力量。而墨家雖然中絶，建制消亡，然其精神留存于後世，轉變爲游俠一派，反而能够忠實于墨子原意。見吴雷川：《墨翟與耶穌》，第158頁。

狹隘思維。

諸宗教文明處理自身與他者關係的範式，大體而言無非"包容"和"排他"。宗教認信個體及宗教認信群體既根據自身傳統評判他者傳統，又借由介入他者傳統調整對自身傳統的認知。中國基督徒在面對墨家的歷史傳統、處理墨學經書文獻的時候，就體現了這種既要進入又須出離的複雜心態。在某些時候，外部社會環境的影響或個人思想的轉變，都有可能造成對自身傳統及他者傳統的認知遷移。如黃治基、張亦鏡、方鮑參、何世明等深度委身基督教信仰的基督徒，其"耶墨對話"的範式就偏向保守和排他；如張純一、王治心、吳雷川等對墨學持開放心態的基督徒，則其"耶墨對話"的範式就在一定程度上能夠兼顧各信仰、各思想、各觀念之間的多元而共在。相較于前者，後者希望在保留基督教要義的基本前提下，盡最大善意去理解墨子學說。這體現了擁有認信背景的宗教信徒在從事客觀學術研究時所具有的一種特殊的"混雜心態"。

何言"混雜"呢？中國基督徒的"耶墨對話"的確對基督教和墨家做了"分別異同"的工作。有的側重在"异"處（如持保守立場的基督徒），有的側重在"同"處（如持開明立場的基督徒）。[1] 若以今天人文社科領域的比較研究範式來考量，則大可將

---

[1] 這樣的比較，原則上應該是同異并重。因爲就比較研究的出發點而言，一般會有兩種情況：一是被比較的雙方的相同點已被普遍認識，其差異性有待揭示；二是被比較的雙方之區別已被普遍認識，相同點正待揭出——即所謂"同中求異，異中求同"。對"耶墨同源""耶墨等同"進行駁斥，就側重在揭示"异處"，如張亦鏡。但又由於《聖經》和《墨子》確爲本來不存在太多關聯的"异者"，且相比明末以來已有百年歷史的、由西方傳教士和中國儒共同開發出來的"儒耶對話"之路徑和經驗，"耶墨對話"幾乎是一個完全陌生的新課題。這就造成了中國基督徒在比較基 （轉下頁）

之歸爲比較哲學中的"跨文化比較"範疇。①同時，中國基督徒的"耶墨對話"，也不僅僅是旁觀性、還原性的"平行比較"。他們對中國墨學的詮釋和闡發，往往帶着來自自身信仰的"前見"。故"開明派"基督徒的"耶墨對話"，除了《聖經》和《墨子》的文本比較工作外，還在神學和墨學之間做了互相印證、互相發明、互相光照（reciprocal illumination）的工作。這種"對話"或者"比較"的模式，一定程度上又接近"宗教對話"中的"宗教間的詮釋學"。

在中國基督徒從事"耶墨對話"的過程中，可能出現一種情況。即在某些地方，墨學被看作基督教的阻礙，兩者絕對異質、不可通約，所謂"惡紫之奪朱，惡鄭聲亂雅"；在某些地方，墨學又可被引爲基督教的盟友，可作奧援，幷互相對話，所謂"他山之石，可以攻玉"。"混雜"來源于"對話"，"對話"又加劇了這種

（接上頁）督教與墨家、《聖經》與《墨子》、耶穌與墨翟時，也須注意兩者之間相通的地方。這一方面固然是爲了客觀瞭解何爲墨學的學術需要，一方面也可借由揭示"耶墨相通"之處來配合基督教在華的文化福傳策略。此方面的代表爲吳雷川。

① "比較研究"一般指的是"比較哲學"（Comparative Philosophy），它既可以是跨文化的比較，也可以是對同一文化之内的不同維度的比較。當然此"比較"絕非簡單的文本比較，或者憑空製造比較，而是建立在具體的文化思想交流的案例上。不同文化背景之間思想碰撞，必然造成三種結果：（1）涇渭分明，各持己見；（2）在有些觀點上存在分歧，在有些觀點上有重叠共識；（3）相互欣賞、借鑒、吸收，達致融貫的境地。"比較"又涉及"同異"的問題，最基本的比較範式無非五種：（1）縱比：比較不同文化系統的源流與發展歷史，即"歷史"的比較；（2）橫比：對同一時期不同文化系統内的文化思想進行比較，對各文化在不同地域内的平行發展加以研究，探索思想系統之間的内在理路聯系；（3）同比：取不同文化系統的共通處加以研究；（4）異比：強調不同文化系統之思想精神的特殊性，分析其差異性存在的根源和依據；（5）同異交比：將同比和異比結合起來，以實現觀察同異、比深淺、論得失、考源流、判趨勢之目的。參劉一虹：《回儒對話——天方之經與孔孟之道》，宗教文化出版社2006年版，第39頁。

"混雜"，客觀研究和宗教情感交纏在一起，神學與墨學相交匯。故當我們考察這種不免帶有相當主觀色彩的墨學研究時，猶須措意何者爲他們對墨學的學術觀點，何者爲他們借墨論耶的神學言詮。畢竟中國基督徒對耶墨二家教義孰爲殊勝、耶墨人格何者更高所做出的任何斷言，多少與他們自身的宗教信仰背景有關聯。無論其觀點多麼開放或多麼保守，恐怕都難以徹底脫離"宣教""護教"的意識形態考慮。

　　學界對"耶墨對話"的討論歷來缺乏，偶有論及，亦多局限在諸如墨家兼愛與基督教博愛之比較等淺層義理的討論上。①究其

---

① 如陳道德：《"兼愛"與"博愛"》，《職大學報》2007 年第 3 期，第 11—13 頁；陳筌明：《論墨子兼愛與聖經博愛對人類文化的精神價值》，《出版月刊》1967 年第 25 期，第 35—42 頁；陳筌明：《略論基督教博愛與墨子的兼愛》，《自由太平洋》1963 年第 7 期，第 99—100 頁；褚麗娟：《墨子與耶穌的歷史性相遇——以輔仁大學爲中心之臺灣墨耶對話評述》，載何桂瑞主編《第十屆士林哲學教學講習論文集》，輔仁大學士林哲學研究中心 2013 年版；褚麗娟：《人心改造：重塑國民性的基礎工程——以民國時期基督徒知識分子的墨耶對話爲邏輯起點》，《甘肅理論學刊》2014 年第 1 期，第 187—192 頁；褚麗娟：《追問"上帝"之愛——墨耶對話近六十年述要》，《職大學報》2013 年第 3 期，第 14—19 頁；蔣維喬：《墨學與耶穌之比較》，載任繼愈主編《墨子大全》，北京圖書館出版社 2002 年版，第 36 冊；介生：《墨子與宗教》，《北華月刊》1941 年第 5 期，第 92—94 頁；李紹崑：《大馬克思一小基督：墨子》，《恒毅》1953 年第 6 期，第 1—9 頁；李紹崑：《墨書中的天與上帝》，《恒毅》1955 年第 3 期，第 21—22 頁；梁靜賢：《愛是……：墨子的兼愛與基督教的聖愛（Agape）之倫理思想比較》，載胡文芳編《中國神學研究院神學生論文集》，中國神學研究院 2004 年版；馬達欽：《"兼愛"與"博愛"——淺談墨子思想中閃爍着的天主教精神》，《中國天主教》2008 年第 6 期，第 24—26 頁；宋瑞芝、唐雲波：《博愛與仁愛、兼愛的現代意義——呼喚人倫親和》，《湖北大學成人教育學院學報》2003 年第 6 期，第 7—9 頁；楊武金：《從士林哲學觀點看墨家兼愛思想》，載《第五屆士林哲學教學講習會論文集》，輔仁大學士林哲學研究中心 2004 年版，第 171—185 頁；玉律：《墨子的兼愛與耶穌的博愛比較》，《文藻月刊》1937 年第 1 卷，第 11—16 頁；鍾友聯：《論墨家的宗教思想》，《文藝復興》1971 年第 18 期，第 12—16 頁；周定雄：《墨家的宗教信仰與功利思想》，《愛智學刊》1972 年第 3 期，第 19—22 頁；周定雄：《墨家宗教信仰的剖析》，《國魂》1972 年第 319 期，第 30—31 頁。

原因，大體有二。其一是在漢語神學和中國教會史領域，學者主要注目于"基督教能否與中國文化相適應""基督教如何與中國社會相適應"等相關議題，"耶墨對話"往往被"儒耶對話""佛耶對話""道耶對話"等更爲主流的議題所遮蔽；其二是在墨學研究領域，學者一般不將"耶墨對話"的著作視爲"墨學作品"，而是視作"神學作品"。故基督徒論墨之成果，多被置于近代中國墨學發展史的潜流地位，未得到恰當關注。筆者則認爲，中國基督徒以基督教來理解墨學并評判墨學的論墨成果，也應被視爲"墨學作品"或者一種"基督徒墨學"，其所呈現出來的墨子、墨家、墨學之面貌，自當與梁啓超、胡適、郭沫若、方授楚等教會外學者的論墨成果中所呈現出的墨子、墨家、墨學之面貌有所不同。

民國以來，凡涉墨家宗教之維的探討，學者歷來多以基督教爲墨家在宗教上的"理想形態"，或以墨家爲基督教在中國文化中的最佳參照物和比較對象。故考察中國基督徒對墨子、墨家、墨學之人事，有利于拓展中國墨學的研究範疇，豐富墨學在文明比較和現代性詮釋等領域内的思想資源。下文，筆者將以"耶墨對話"中最具代表性的三位基督徒——張亦鏡、王治心、吳雷川爲例展開研討，以期厘清"耶墨對話"中所涉"耶墨關係""耶墨異同"的不同致思路徑，并歸納從事"耶墨對話"之基督徒所認爲的耶墨二家的"重叠共識"部分和本質相異部分。

二、選擇性審判——以張亦鏡《耶墨辨》爲例

張亦鏡（1871—1931）是近代中國教會史上最有文字建樹的

"護教士"，他發表過大量"辯道衛教"的文章，在社會上産生很大影響。張亦鏡以《真光報》（後爲《真光雜志》）、《大公時報》等基督教刊物爲思想陣地，其文字工作主要集中于爲基督教之教義、組織作辯護，澄清世人對基督教的誤解，反擊反教人士對基督教的指控。張亦鏡撰有《耶墨辨》，專門辨析墨家與基督教的不同。該文刊于 1911 年《真光報》第 112 册，後收録進中華浸會書局發行的單行本《真光叢刊》。① 《耶墨辨》開宗明義：

> 耶墨之辨，與耶儒之辨同，皆在神人上分別也。中國士子，貴儒而賤墨。其對于耶教，自不免抑使异所貴而同所賤。然而耶教自有真，固不在人之所貴而始貴，亦不因人之所賤而遂賤。兹微論其與墨實大有不同；就令果有同點，亦何害其爲耶。負曝是温，圍爐亦是温，<u>其爲温雖同，究之日自日，爐自爐，不能以爐日同能温，而遂曰爐即日，日即爐也</u>。②

張亦鏡認爲，孟子以道統自任厚誣墨子，實出于嫉妒，後儒又循孟子遺傳，實不可取。③張亦鏡的觀察確有其理。由于"貴儒賤

---

① 張亦鏡擔任《真光雜志》編輯工作長達二十年，他一生中最主要的思想建樹都集中在這段時間，文章、觀點多見于《真光雜志》和後來的《真光叢刊》。張亦鏡發表的文章可分兩類：一類爲批駁"孔教運動""非基督教運動"中反教言論的論戰文章，或爲建設中國教會建言獻策的文章；另一類是探討基督教與中國文化之間關係的辯道文章，如《耶墨辨》《祭先源流考》《祭先問題》《耶儒之研究》《觀世音》《太上老君》，它們分別討論了耶墨關係、基督徒祭祖、耶儒關係、耶佛關係、耶道關係等教會信徒所關心的有涉中西文化衝突的熱門問題。《耶墨辨》刊發在《真光報》上的時間爲 1911 年 6 月，即清宣統三年辛亥四月，後收録進 1928 年的《真光叢刊》。
② 張亦鏡：《耶墨辨》，第 35 頁。
③ 張亦鏡：《耶墨辨》，第 40 頁。

墨"的思想慣性，中國人視耶如墨，以爲大有通約之處，實際上是將二者一同貶抑。儒家人士在面對外來異質文明衝擊的時候，例如在"三武一宗"或明清教禁中，都不免將佛教、基督教目爲類同墨家的邪說加以排斥，以維護儒家的正統地位。耶墨二家皆因悖逆儒家言說傳統而一同淪爲中國主流文化中的弱勢群體。基督教在近代中國的遭遇和墨家在先秦時代的遭遇形成了一種奇妙的呼應。

當然，張亦鏡同情墨學，不代表他認可"墨耶等同"。其實在上段引文中，他已指出，由于"貴儒賤墨"的思想慣性，中國人視耶如墨，并以爲二者大有通約之處，實際上是借墨來抑耶——"抑使異所貴而同所賤"。在 1910 年寫作的《耶儒辨》中，張亦鏡已提出"耶儒之別猶日與月""月光之受之于日也"的觀點，用日與月之關係來比喻耶儒之間的關係；①在《耶墨辨》中，他又言"耶墨之辨，與耶儒之辨同，皆在神人上分別也"②。神人之異，意爲基督教與中國文化之間存在天淵——耶自耶，墨自墨，儒自儒，即便儒墨各有優勝、美善，一定程度上與基督教相似，但終究與基督教性質不同，此即張亦鏡"爐日之喻"的用意。張亦鏡批評時人因墨耶愛觀之相類而以爲"崇墨無异于信耶"，實犯了以生徒爲老師的錯誤。其言：

> 或曰：墨子之兼愛，既不可毀如是，而又已與耶教愛人如己之訓若合符節，則崇墨即無异于信耶，何子于開端一段，乃謂其實大不同？曰：所謂神人之別也。神猶師，萬國聖賢猶生徒，墨子亦一生徒之一耳。墨子兼愛之能類耶教愛人如己，譬

---

① 張亦鏡：《耶墨辨》，第 26 頁。
② 張亦鏡：《耶墨辨》，第 35 頁。

生徒爲文，一篇中有一二筆極肖其師之精到也，餘則瑕瑜不相掩，而未能竟體一致。以較其師所擇，自首至尾，無懈可擊者，相去雲壤。則吾輩擇師而從，將師其徒乎？抑師其師乎？此不待智者而決矣。①

張亦鏡用"神與人""日與月""師與生"的比喻來定義基督教與中國文化之間的關係，自有深意。在他的信仰認知圖景中，基督教真理如同太陽，本自具足，光照諸宗教文化。包括儒、墨在內的一切偉大文明至多是人的智慧，如果沒有上帝的啓示，斷不可能主動轉向耶穌基督。或有一二道理主張彼此偶合，也應歸屬于上帝的普遍恩典，人之文明本身不能發光發亮，需要基督教真理的介入和救拔。在他看來，孔墨雖爲聖賢，仍須奉耶穌爲老師。儒耶、墨耶之間層級不同，不在程度上區別，而在本質上相異。故若謂墨有其善，得耶之一體則可；謂墨子無异于耶穌，耶穌是中國之墨子，則絶不可行。

張亦鏡以墨耶絶不可等同，最顯見的例證當屬其依《聖經》之理批評墨子的天鬼觀。他認爲相較耶教，墨子"言天則多蒙"②。何以"多蒙"？張亦鏡首先批評墨子祭祀先人乃爲"合歡聚衆"，"明鬼"態度不算誠敬，有功利主義色彩，故"見解卑下乃至此，烏得與耶教同日而語"③。其次，墨子不明"鬼""魂"之區別。耶教以人死有"魂"，墨子則以人死爲"鬼"。耶教中之所謂"鬼"，特指惡靈、邪鬼、污鬼，死人之魂靈斷不稱"鬼"。再次，

---

① 張亦鏡：《耶墨辨》，第41—42頁。
② 張亦鏡：《耶墨辨》，第37頁。
③ 張亦鏡：《耶墨辨》，第37頁。

根據耶教教義，"信者得救，不信者定罪，故不設祭死人禮。墨子不明此理，作明鬼以保護其祭先質典，此益與耶教背馳"①。最後，他指出，"耶教以愛神愛人爲律法先知之綱領，墨子則多事鬼一條"②。墨子不但多"事鬼"，還將"天鬼"連用，以之爲等同，"此乃于山川鬼神上，別稱天鬼，則明明是以鬼稱上帝。上帝而可名以鬼，屈使與山川之鬼、人死之鬼平等，其悖謬至此甚，曾是類耶穌者，而有是言乎？"③張亦鏡乃謂墨子以山川鬼神匹配至尊上帝，僭越了造物主和被造物之間的位分，不爲基督教教義所容忍。

在今天看來，"尊天事鬼"作爲墨學核心義理，體現了墨家神義論和酬報神學的獨特看法。借用鬼神威嚇伸張正義——"善必得賞，惡必得罰"，是墨子解決現世"德福不一致"之倫理困境的手段。後世之所以對墨子的天鬼觀有爭議，焦點就在于墨子張揚天鬼，究竟是出于規勸君王、教化人心的實用主義考量；還是墨子真的相信天鬼能賞善罰惡，并將之作爲一種宗教信仰來信奉。若是前者，則墨子和孔子一樣都是人文主義者，可以因應具體處境的不同而自由選擇"六合之外存而不論"或"聖人以神道設教"，那麼以基督教教義對其進行評斷，則無必要；若是後者，則必然需要考量墨子天鬼觀在諸宗教文明的神論體系中，究竟應該歸屬一神論式、多神論式還是自然神論式，以防止因某些觀念上的似是而非而造成信仰上的含混。從張亦鏡對墨子天鬼觀的評斷中可見，他是將墨子視爲一個秉持有神論觀點的宗教信仰者，因此從基督徒的標準出發論斷墨子僭越，是理之必然。然則他對墨子天鬼觀的評斷，主要是

---

① 張亦鏡：《耶墨辨》，第38頁。
② 張亦鏡：《耶墨辨》，第37頁。
③ 張亦鏡：《耶墨辨》，第38頁。

基于基督教教義，而非《墨子》原典義理，這是我們應當注意的。

不過，張亦鏡也没有全盤否定墨學的價值。在《耶墨辨》中，他提出墨家至少有三處可取。其一爲“尊天”，墨家主張天志是行事爲人的唯一標準，君、親、師皆不可以爲法。此與基督教凡事必以天主典章律令爲依歸十分接近。墨家之“從天所欲”，正是基督教之“遵天父旨意”。[①]其二爲“修身”，耶墨二家對賢人的要求是一致的。在個人修身上，都主張不殺、不怒、不傷害人。在家庭價值觀上，都主張禁欲節制、一夫一妻。在外在事功方面，都主張强力從事、積極救世，使飢者得食、寒者得衣、亂者得治。[②]其三爲“兼愛”，張亦鏡引韓愈“孔墨相爲用”之論指出，“兼愛”實與儒家恕道無異，亦與耶穌“愛人如己”之教訓合轍。孟子等人謗“兼愛”爲無父，毫無道理，理應“爲墨子一伸其二千年來不白之冤”[③]。苟能發揚此精義，就能消除世界紛亂，達成天下大治——“全地球至精至有用，至可保國和平永遠無極之道，無能出此範圍”[④]。

縱觀《耶墨辨》所論，可以發現張亦鏡論墨的一個特點，即以墨學中不關涉宗教的内容爲可取，如“兼愛”和“修身”；而以墨學中直接關涉宗教的内容爲不可取，如“明鬼”。這一思路即由其“神人之別”的思維而來。此種傾向表明，張亦鏡并不認爲墨家的宗教觀念可爲基督教所包容，且從謹嚴的護教立場出發，墨家的不少宗教觀念甚至需要被辟斥。張亦鏡的觀點在教會内產生了一定

---

① 張亦鏡：《耶墨辨》，第35頁。
② 張亦鏡：《耶墨辨》，第36頁。
③ 張亦鏡：《耶墨辨》，第38頁。
④ 張亦鏡：《耶墨辨》，第39頁。

的影響。在他去世後三年，即有署名"鏡高"的作者在《真光雜志》上發表《站在基督教的立場上批評墨子的宗教思想之得失》的文章。該文贊賞張亦鏡以"日爐關係"比喻"耶墨關係"的觀點，其曰：

> 墨子是人，基督是神而人。墨子是個宗教家，基督是個救主。所以無論他和他的學說如何接近，教義如何相似，究竟墨子自墨子，基督自基督。基督不能因墨子而失其尊榮，正如墨子不能因基督而得其聲譽。張亦鏡先生在他的耶墨辨說的好，"負曝是温，圍爐亦是温，其爲温雖同，究之日自日，爐自爐，不能以爐日同能温，而遂曰爐即日，日即爐也"。這個比喻實在說得痛快淋漓！①

鏡高論墨完全繼承了張亦鏡之理路。同張亦鏡一樣，鏡高亦肯定墨家"兼愛"的價值，"墨子的言論中最足令人欽佩，可垂萬世而不朽者，當然是他的兼愛論了。因爲愛確是救人治世的元素"②。而于墨家天鬼觀，他則極力反對，"墨子論著中，最使人厭煩者，莫如明鬼"③。鏡高認爲，墨子設立"明鬼"作爲社會制裁，却不講良心上的責任，亦乏對來世及靈魂的認識，只知以因果報應現世禍福嚇唬人，較之基督教，肯定大大不如，"基督教重來世的賞罰，且多從學理上求答案；墨子要在現世的經驗上求答案，當然是不能

---

① 鏡高：《站在基督教的立場上批評墨子的宗教思想得失》，《真光雜志》1934年第6號，第14頁。
② 鏡高：《站在基督教的立場上批評墨子的宗教思想得失》，第19頁。
③ 鏡高：《站在基督教的立場上批評墨子的宗教思想得失》，第17頁。

得到圓滿的解釋"①。此外鏡高又指出，墨家所論之"神"（天）的屬性不如基督教那樣完全，因爲"基督教所論的神的靈性，是智慧、權能、聖潔、公義、恩慈、誠實，均屬無限、無量、無窮無盡、永不改變"②。墨家固然也以神（天）爲無限、愛人之造物主，然其能論及之處已爲基督教充量包含，其所論未及之處則在基督教中有更詳盡的揭示。是故，"説基督教的神是墨子的神則可，説墨子的神是基督教的神，則萬不可"。③

由上可見，張亦鏡和鏡高，都是站在基督教的立場上評判墨家宗教思想之得與失。他們辨別耶墨同異、厘清耶墨關係之用意乃在"辯道衛教"，不在對二家做思想上的平行比較。其論墨言説充滿個人主觀色彩，更接近基督宗教之護教學理路，不似謹嚴的學術研究。張亦鏡在《耶墨辨》中一言，實爲此種致思路徑之最佳注脚：

> 吾輩幸生于斯時，獲見其所欲見而未見，聞其所欲聞而未聞之萬國唯一良師，耳目實有福于過去聖賢。過去聖賢而所是或非是，所非或非非，吾輩對于此，亦唯盡吾天職，舉所得于保惠師所示之真理，以指其非彰其是，使眾知由是以仰企乎基督焉，乃吾輩當務之急也。④

在此致思路徑下，包括墨子在内的往聖先賢或有一二可取之處，也無非是在某種程度上逼近耶穌、肖似基督教而已，其"瑜"

---

① 鏡高：《站在基督教的立場上批評墨子的宗教思想得失》，第17頁。
② 鏡高：《站在基督教的立場上批評墨子的宗教思想得失》，第16頁。
③ 鏡高：《站在基督教的立場上批評墨子的宗教思想得失》，第16頁。
④ 張亦鏡：《耶墨辨》，第42頁。

已被基督教充量包含，其"瑕"則待基督教審判幷啓蒙。墨學之身位，至多是基督教真理光照下的産物，絶不是基督教整全真理的替代物。正因爲相比其他中國文化，墨學與基督教更加接近，所以辨別二者似是而非處，乃是爲了不讓這種表面的相似掩蓋基督教真理的獨特性。依此推論，則不但基督教墨學化毫無必要，甚至基督教中國化也毫無必要。① 可見，表面上張亦鏡、鏡高的確做到了對墨學是其所是，然而他們判定墨學價值的唯一標準仍是其是否符合基督教教義。誠如張亦鏡所言，"辨別耶墨"之"當務之急"，在使人"仰企乎基督"，寓宣教傳道于辯道衛教。至于墨學之原始真義，則不是他們需要措意的地方。

　　基督教學者林榮洪先生將張亦鏡的這種文化對話模式概括爲"以基督教來改造文化"，也就是説任何一個文化中都能看到神的作爲，然而任何一個文化都不能免于接受神的審判。② 這類同 20 世紀70 年代的天主教梵蒂岡第二次會議精神——諸宗教文明均内含神普遍恩典的一絲光照，然又猶待神特殊啓示加以成全。這一文化對話價值取向，在開放性上比完全擁抱社會福音或者異教文化的自由主義神學，後退了一步；但在對教義的基本看法上，比基督教原教旨主義者所持的世俗文化全然敗壞、個人福音與社會福音無法調和的"福音—文化二元觀"保守立場，又進了一步。③ 即便如此，我

---

① 鏡高在《站在基督教的立場上批評墨子的宗教思想得失》一文末尾中總結到："我們嘆息墨學之一淪不振。好了，現在我們有比墨學更優美、更完善的基督教，可以代墨學而矯正我民族的劣根性，可以代墨學而復興中華。救人救國實賴之。在這國家多難的時候，我們豈不更當努力宣傳嗎？"鏡高此論，指出了"辨別耶墨同异"之用處在于寓宣教傳道于辯道衛教。見鏡高：《站在基督教的立場上批評墨子的宗教思想得失》，第 20 頁。
② 林榮洪：《風潮中奮起的中國教會》，天道書樓 1980 年版，第 119 頁。
③ 林榮洪：《風潮中奮起的中國教會》，第 115—117 頁。

們仍然不能將張亦鏡簡單視作一個在基督教與中國文化之間取"中道"的"雙面人"。從其將墨翟視爲耶穌門下"生徒"、將墨家視爲基督真光之投射等言説中可見，張亦鏡的"耶墨對話"仍謹守辯道護教的基本立場。縱謂張亦鏡之"耶墨對話"是爲"合墨"與"補墨"（即所謂以基督教改造中國文化），然根據其"耶墨對話"之特性，對話進一步推展下去必然會陷入"反墨"的境地。[①]由張亦鏡之論墨言説而觀其對中國文化之態度，筆者以爲林先生所概括的張亦鏡之文化對話模式，尚有欠缺之處，至少對張亦鏡的"耶墨對話"模式，并不完全適用。

范大明先生指出，張亦鏡對中國文化諸家的態度，不是全然否定，而是甄別優劣的"選擇性審判"。[②]張亦鏡雖然是以基督教爲標準衡量中國傳統文化的價值，然其論述并非始終采取一個靜態的、不變的文化審判圖式。[③]例如，他對儒家"辟墨"持批判態度，《耶墨辨》中即批評孟子以墨學爲邪説并褒獎韓愈的"孔墨相爲用"之論；對被視爲中國傳統文化之"异端"、居于邊緣地位、與基督教有某些地方相近的墨家，則給予一定寬容。筆者贊成范先生是論，然有一點補充：張亦鏡"選擇性審判"的"審判"，是以基督教審判中國文化，而非主張基督教與中國文化相互融通。在這個基礎上，無論張亦鏡是"揚墨"還是"抑儒"，不過是在基督教信仰的標準之下，判定哪種宗教、學派、文化所沾染

① 范大明：《耶墨對話——張亦鏡的耶墨觀》，《理論月刊》2012 年第 10 期，第 51 頁。
② 范大明：《審判與選擇：尋索基督教與中國文化的關係——張亦鏡本色神學之探》，《世界宗教研究》2014 年第 3 期，第 141 頁。
③ 范大明：《審判與選擇：尋索基督教與中國文化的關係——張亦鏡本色神學之探》，第 141 頁。

的"罪性"更少，更具有和基督教對話的可能性。如果一個學派、宗教的創始人人格更接近耶穌基督，其核心思想更類似基督教教義，并能昭示上帝對中國的普遍恩典的啓示及神的作爲，那麼它就更容易得到張亦鏡的同情與理解。相應地，也就在他以基督教審判中國文化的位階中，居于更值得投之關注并報以適當同情理解的位置。

三、存异甚于求同——以王治心《墨子哲學》爲例

王治心（1881—1968）是近代中國著名的教會史學家。其幼受庭訓，接受傳統儒家教育，少習四書五經，國學功底深厚。于1900年皈依基督教。曾擔任南京金陵神學院中國哲學教授、中華基督教文社主編、《金陵神學志》主編等職務。王治心治學橫跨國學和神學，擅教會史，有《中國宗教史大綱》《中國基督教史大綱》名世。著有《墨子哲學》一書，該書是他在南京金陵神學院教授中國哲學課程時的講義，後整理爲單行本，于中華民國十四年十一月初版（1925年）在南京宜春閣印刷局出版，爲彼時爲數不多的由基督徒撰寫的墨學通論性質著作。

《墨子哲學》取宗教（愛）與哲學（智）分置并立的結構：後者完全不涉"耶墨對話"；前者則將墨家與基督教加以比較，衡論二者同异與優劣。①王治心最贊賞墨學的哲學價值，認爲墨子爲

① 《墨子哲學》由四個部分組成："墨子的生平及其學説""墨子的宗教思想""墨子的智識論"和"附載"。"墨子的生平及其學説"爲一般性通論；"墨子的宗教思想"部分除尚賢、尚同等墨家政治哲學未有單獨論列（轉下頁）

"吾國一大哲學家"①，"墨學不但在中國學術界中有高尚的地位，即列于世界哲學界，亦不後于他人"②。他在書中指出，時人論墨，重"愛"而輕"智"，重宗教而輕哲學，僅以墨學中粗糙膚淺的類宗教言説定是非，是謂取粗舍精，取易舍難，使墨學的真正價值隱而不彰，實乃治墨之誤區。③依王治心之意，墨學的最高成就是涉及知識論的哲學，即"智"的部分；至于關涉宗教道德論的"愛"，則無同等價值，"他屬于愛的思想，不難研究；因爲他的宗教思想很膚淺，若用基督教的眼光去研究他，不見得有非常的價值"④。該書有關"耶墨對話"的内容，主要在于論述墨子宗教思想的章節。《墨子哲學》開篇即曰：

> 他所主張的兼愛、天志、明鬼、非攻、節用、非命等，都是出于宗教上愛的精神。因爲凡宗教都是以愛爲出發點，不過所愛的範圍廣狹不同罷了。有專愛靈魂而不愛軀體的，如印度九十六種外道；有卧轍飼虎以求速死的；有愛自己而不愛他人的，即所謂利己主義，如中國之楊朱，希臘之伊壁鳩魯；有分

（接上頁）外，分別對墨家十論義理加以論析；"墨子的智識論"則較爲詳細地討論了墨辯條目及其演繹方法、墨家知識論的構成以及墨學中所具有的科學知識和科學精神；"附載"包括"因明學論略"和"農家學説"兩部分，涉及印度因明學與墨辯邏輯，農家學説與社會主義、墨學、諸子學之間的文明比較。該書論述有一特色，即"墨子的宗教思想"（愛）和"墨子的智識論"（智）這兩部分占據全書的大部分篇幅。之所以如是布局，乃因王治心考察時人墨研成果之後認爲，"愛"與"智"最可代表墨學全體。這裏，王治心采取的是梁啓超在《墨子學案》中對墨學的分類意見。見王治心：《墨子哲學》，第3頁。

① 王治心：《墨子哲學》，第1頁。
② 王治心：《墨子哲學》，第1頁。
③ 王治心：《墨子哲學》，第3頁。
④ 王治心：《墨子哲學》，第3頁。

親疏而施愛的，如儒家之"親親而仁民，仁民而愛物"的有等差的愛；有愛及衆生的，如佛家的慈悲不殺；有普愛人類而無差別的，如耶穌之博愛。墨子之兼愛，一切平等而無分別。所以墨子的學説，很近于宗教。①

基督教具有宗教的道德精神和組織模式，這是衆所周知的。墨家作爲先秦中國諸子百家之一的思想學派，其宗教性歷有紛説，猶待揭示。因此要進行"耶墨對話"，無論求同還是存異，都需要一個底層共識或曰探討基礎，才能使得二者相連。王治心認爲是宗教上的"愛的精神"使得耶墨二家有了相互聯結之處——"兼愛是墨子學説的根本思想，孟子説墨子兼愛摩頂放踵以利天下爲之，實在是包括墨子的主義；其他一切主張，如天志、明鬼、非攻、節用等，都是從它演繹出來的"②。正因耶墨愛觀近似，兼愛"大旨與基督相同"③，墨家才得以被認爲具有"宗教思想"，也因此具備和基督教進行比較的資格。

當代從事王治心研究的學者，慣以"文化調和"來定義王治心的神學思想和他對中國文化的態度。④論及王治心所做的"耶墨對話"工作，一般也傾向以"耶墨相若"（或耶墨相仿）來概括他

① 王治心：《墨子哲學》，第 18 頁。
② 王治心：《墨子哲學》，第 19 頁。
③ 王治心：《墨子哲學》，第 28 頁。
④ 王興：《王治心——中國基督教本色化運動的先鋒與杰出的教會史學家》，《中國宗教》2008 年第 1 期，第 42 頁；包兆會：《歷史文化名人信仰系列之三十：王治心》，《天風》2016 年第 6 期，第 52 頁；黃錦輝：《文化調和——王治心的基督教本色化思想研究》，碩士學位論文，香港中文大學歷史系，1999 年，第 1 頁。

的"耶墨觀"。① 似乎王治心在做的是一種非護教性的文化會通工作。其實不然。王治心早已言明，哪怕以基督教的角度來研究墨學，墨學中的宗教内容也不見得非常有價值，倒是與宗教毫無關係的哲學思想被才是墨學中最有價值的部分。墨學中最適合與基督教進行比較的宗教内容，在王治心看來也并不可觀。即謂"耶墨相若"，也僅是愛觀上的"相若"，不可謂"全體相若"。事實上，王治心以宗教性的"愛"作爲"耶墨對話"的出發點，以宗教性的"愛"來詮釋墨家在政治、經濟、文化上的主要主張，已可謂是一種對墨家的化約式的"前理解"，是對墨學的肢解性詮釋。例如，按《墨子·魯問》所言，墨學十論是謂"擇務而從事"，爲具體問題具體分析的處境考量和現實對策；而在王治心的理解中，墨學十論全爲墨子宗教情感所激發。概言之，王治心最爲贊賞的墨學價值，與基督教并無直接關聯；王治心論及與基督教有所關聯的墨學内容，則局限于宗教性愛觀的一隅。綜上所述，我們恐怕不能得出王治心對墨學特別高看一眼，甚至在其"耶墨對話"中以"墨子爲本"的結論。② 筆者認爲，《墨子哲學》中"存异甚于求同"立場下潛隱的"護教性"，乃是過往從事王治心研究的學者所忽略的。下文簡要論析。

王治心認爲，墨家的兼愛與儒家罕言利害與親疏有別的愛觀不同，兼愛是實行的愛、平等的愛，其大旨與基督相同，故給予較多肯定。③他反對孟子謂"兼愛"爲"無父"的論調，認爲孟子之言

---

① 褚麗娟：《文明碰撞與愛的重構——墨子兼愛與耶穌之愛的學術史研究（1858—1940）》，第114頁。
② 褚麗娟：《文明碰撞與愛的重構——墨子兼愛與耶穌之愛的學術史研究（1858—1940）》，第114頁。
③ 王治心：《墨子哲學》，第20—21頁。

"純是一種偏狹的門戶之見"。①王治心認爲墨家兼愛説猶如基督教的"上帝乃愛"，是推本于天的價值觀——"天既愛人，人當體天之愛以愛之，愛人即所以愛天，亦即所以自愛"②，二者皆能因愛而殺身成仁③。然其所論，也非一味取同，《墨子哲學》中有曰：

> 墨者不怕死的精神，甘爲教義犧牲；假若與基督易地而處，怕也不辭十字架之苦。不過基督之死，是替人贖罪，救人靈魂，是體天帝之愛，這是墨子所未知的。墨子未嘗講到人的靈魂，專從功利方面、禍福方面，講到愛利。這是與基督教根本不同的地方。④

王治心自言耶墨二家之愛觀"兩方面的道理，固甚相仿。但是他倆的出發點不同，所以結論也自然有別"⑤。王治心似乎傾向認爲，墨學中既乏"靈魂永生"之觀念，又專事以"鬼神""禍福"恫嚇人，這種建立于人趨利避害心理之上的兼愛，比之基督教的博愛，在形式上流于膚淺，在格調上稍落下乘。他又舉《聖經》經文指出基督教愛觀之內容約有九者：其一，上帝是愛，基督爲上帝愛之大者，當體斯愛以愛神、愛人；其二，犧牲之愛；其三，愛能完全律法；其四，人要彼此相愛；其五，要愛仇敵；其六，愛貧苦者；其七，愛大于信望；其八，愛及亡羊；其九，愛及萬民。⑥ 這

---

① 王治心：《墨子哲學》，第 11 頁。
② 王治心：《墨子哲學》，第 19 頁。
③ 王治心：《墨子哲學》，第 28—29 頁。
④ 王治心：《墨子哲學》，第 29—30 頁。
⑤ 王治心：《墨子哲學》，第 30 頁。
⑥ 王治心：《墨子哲學》，第 30 頁。

似乎暗示墨家"兼愛"之内涵，遠不如基督教來得深遠豐富。①此雖然探討的是耶墨愛觀之不同，實在言明二者在宗教深度、宗教廣度上的本質差異。

從王治心所論列的耶墨二家愛觀思想之異同，可見其對耶墨二教孰高孰低之立場。除對耶墨二家愛觀作辨析外，《墨子哲學》一書中，凡直接關涉宗教核心觀念的内容，如"上帝觀""靈魂觀""禍福觀"等，王治心皆不憚筆墨，别其同異，以證墨家似耶而非耶，即墨家或有相近于基督教處，仍不可與之等量齊觀。因爲這些内容正是耶墨二家最容易被人混同的地方，猶須特别加以區分。此類言說頗多，見諸《墨子哲學》各處。例如，關于墨家"明鬼"的宗教思想，王治心評論：

> 他的明鬼，本來從天志推演出來。他對于鬼的觀念，無異于天的觀念。不過他没有把它（天或鬼）的所以然説個明白，不從學理上求答案，只從膚淺的經驗上答案。舉出許多鬼神作

---

① 此意在王治心對比耶墨二家之和平主義觀念時也有暗示。他認爲倡導非攻精神的墨家與作爲和平宗教的基督教，在"反戰"的立場上十分接近。"墨子的非攻主義，是以兼愛爲立足點。惟其兼愛，所以視人之國若其國，誰攻。"他論證墨家的"非攻"基于三個理由而具有合理性與合法性，且與基督教主張的和平主義相符：第一是攻國不義，第二是勞民傷財，第三是反天之意。就"非攻"是否與"誅暴"相矛盾這一問題，王治心也給予了自己的解釋——墨家非攻不非守，吊民伐罪誅一夫與非攻精神無違。墨家此項主張，固然引得王治心的敬佩。但同時他亦指出，基督教的和平主義尚有"愛仇主義"這一端。雖王治心未直言耶墨"和平觀"的異同，卻已在此詮釋中劃出二家之分野——墨家由"兼愛"推導出的"非攻主義"，尚須動用到刀兵，實不及基督之"愛仇主義"那般徹底。從王治心對十字軍東征和第一次世界大戰之成因（其言"這不是基督教的罪咎，正是不能同心歸向基督的緣故"）的解釋來看，似乎他傾向于認爲達致和平的手段應爲基督教式的人道勸説，即不動用刀兵的、純乎精神性的"聖戰"。王治心：《墨子哲學》，第59、68頁。

祟的事情來作證據，無非引導一般，入于無理智的迷信之徒罷了。①

由上可見，王治心基本否定了墨子依據三表法推演出來的"鬼神存有"論，斥之爲一種迷信。王治心舉諸國史上義人受難、惡者亨通的案例，責墨家"鬼神有明""善惡必賞"的立論在邏輯理路和實踐效果上根本不能成立，進而質疑墨家的禍福觀和酬報神學，認爲墨家"純以恫嚇驅人爲善，他的動機，未免太低"②。相比之下，基督教雖然也講禍福報應，但更强調道德責任。衆善奉行，諸惡莫作，不是爲了獲取或逃避鬼神的奬懲，而是"應當如此行"的道德責任，此乃墨家所未能及。③王治心更言"基督教是否認報復主義的，墨子鬼神爲祟的思想，當然爲基督教所不許"④，認爲墨家借用超自然界的力量恫嚇人行善去惡，將導人走向趨利避害的功利主義。

王治心進一步指出，墨家所事之"天鬼"，始終未能就"天"與"鬼"的神格階層給予確切的定分，因此相較基督教能溯源由來并明確歸宿的"上帝"，可謂表面相似，實則有別。如其論耶墨鬼神觀時即言，墨子以"天"爲高高在上之定理，不免使得天人懸隔，而基督教之上帝則作用于人心，乃有感于人之能的"靈體"。⑤他又認爲墨子是"超神論者"，⑥言"天"言"鬼"，語多含混：

---

① 王治心：《墨子哲學》，第 45 頁。
② 王治心：《墨子哲學》，第 36 頁。
③ 王治心：《墨子哲學》，第 42 頁。
④ 王治心：《墨子哲學》，第 49 頁。
⑤ 王治心：《墨子哲學》，第 44 頁。
⑥ 王治心：《墨子哲學》，第 44 頁。

　　墨子説"天"常以"鬼"字并稱"天鬼"。在《明鬼》篇裏説明有天鬼者、有山水鬼神者、有人而爲鬼者。這樣，不但稱謂含混，也是覺得天是多元的、與基督教的"上帝唯一"不同。基督尊父爲上帝，爲天父，爲真神，皆視爲至尊無對。非墨子所能及。①

　　持平而論，王治心之上述判定，合乎基督教護教學對上帝位格、上帝主權、上帝權能的定義。天鬼信仰歸屬宗教神論，若以墨家言"天"來比擬基督教言上帝，毫無疑問，墨家的天鬼論述確實降低了上帝的位分。按《天志》篇的説法，天志是"規矩"，近似于一個超乎萬有之上的客觀規律，故其所謂的"天"所具有的人格神意味，與基督教的上帝相比，自然有所不如。按《明鬼》篇的説法，山川鬼神有靈，人死後爲鬼，以一神教或曰亞伯拉罕諸教的神論譜系爲標準，這一論述又容易使人聯想到泛神論，這顯然也不符王治心心目中的"上帝獨一至尊"的教義。

　　除墨家的禍福觀、鬼神觀外，王治心還批評了墨家缺乏靈魂觀念。他認爲墨家只言人死後爲鬼，未提及靈魂永生，是爲缺憾；也因此缺憾，墨家的刻苦主義不得久傳——"凡宗教必講永生，這永生就是安慰快樂之所。没有永生的希望，豈有犧牲肉體的快樂"②。而基督教則相信有靈魂有天堂，"基督徒最大的希望，是靈魂的永生，所以甘心忍受肉體的困苦"③，故相比墨家既無設置彼岸指望又剥奪現世享受的"非樂主義"，基督教的信仰自然更爲扎實也更能

① 王治心：《墨子哲學》，第44頁。
② 王治心：《墨子哲學》，第43頁。
③ 王治心：《墨子哲學》，第44頁。

長久。王治心所論乃從基督教立場出發，固有其理。然于今觀之，若以靈魂之存有、死後之永生、天國之享樂來鼓勵人刻苦肉體、犧牲奉獻，是否也會墮入傳教機會主義的泥潭，招致勾引人入教的質疑？此論不正導向王治心自己所反對的墨家禍福觀同歸功利主義的觀點嗎？

墨家的宗教思想中，最被王治心認同的當屬"天觀"。即便如此，王治心仍不以墨家天觀與基督教上帝觀爲完全等同，只曰"有些相仿"：

> 墨子的天之觀念是擬人的，與基督教所崇拜的上帝有些相仿。儒家以天爲義理，道教以天爲機械，他們倆所認定之天，簡直是一個因果循環之理。如同佛教所説的法界。而墨子獨認天有意志，他能和人一樣有情操、有作爲、完完全全是個造化天地，呵護人類的人格的上帝。①

由王治心的論述可見其對諸家之天之觀念的價值層級排序——以基督教的上帝觀爲標準衡量中國文化各家所言之"天"，當屬墨家最接近基督教，其餘儒、道、佛諸家則離基督教甚遠。這種價值層級排序見諸《墨子哲學》各處。例如王治心認爲儒墨均承認"天爲萬有之原"，然儒家論述未及"天"的創造之功，不若墨子説得明白。《聖經》描繪的造化主宰之神的創造本性，與《墨子》書中所述上天兼養萬物萬民的創造品格相一致。王治心論上帝的仁愛，引"體分于兼"來説明人類與上帝共爲肢體的和諧關係，又言

---

① 王治心：《墨子哲學》，第30—31頁。

基督教之上帝爲"天父"，人類爲"兒女"，天人關係應是彼此相愛，平等而無分疏，是故墨家以兼愛立宗，與老子"天地不仁以萬物爲芻狗"相反，與基督教更類。①

因此，筆者認爲，不宜高估王治心對墨學的認可程度。當然，謂其全然拒斥墨子學説，亦是不可。針對歷史上儒家貶斥墨家爲異端禽獸的門户之見，王治心是存保留意見的。《墨子哲學》中，他援引三家之言以表彰墨學：其一是《莊子·天下》篇中莊子贊墨子"才士也夫"，此謂墨子人格高尚；②其二是韓愈《論墨子》的"孔墨相爲用"，此謂孔墨之間有相融相通之處；③三是太素生《昭墨篇》言儒家"流弊之禍，多爲且劣者，莫儒甚焉"④，此謂相較儒學，墨學更爲優勝。此外，王治心亦贊賞墨家"節用"的均富思想和早期使徒教會的共產主義思想相契合，⑤墨家"强力非命"的主

① 王治心：《墨子哲學》，第 36 頁。
② 王治心：《墨子哲學》，第 13 頁。
③ 王治心：《墨子哲學》，第 14 頁。
④ 王治心：《墨子哲學》，第 15 頁。
⑤ 王治心作爲基督徒，在詮釋墨家社會經濟學時，似乎呈現出一種對社會主義思想的偏好。"辭過""非樂""節用""節葬"，皆是墨學的重要思想，主張節制消費、擴大生產，以滿足人民日用温飽，達到最低生活保障水平。按王治心所言，此皆歸屬墨家的社會經濟學範疇。《墨子哲學》中，王治心以古鑒今，將墨家的"諸加費不加民利者聖王弗爲"的節用主義，與社會現實相觀照，并將之同當時流行的社會思潮作比較——例如墨家求民之利、經濟平等的節用思想，正是反對資本主義通過掠奪以达成奢侈的生活，與"均富主義"相仿；人人各盡所能、拒斥不勞而獲、將勞力應用于生產建設上的主張，更與蘇維埃俄國之"勞農主義"合轍。王治心在早期使徒教會團契模式中找到了原始共產主義的雛形——"基督教不以積財爲然……使徒們初創教會的時候，本着這個宗旨，實行他們的共產，覺得在一個社會中，不應當有貧富的階級，有的厭粱肉、有的吃糠米、有的流血汗、有的坐而食"。而凡此種種皆源于博愛精神的推行。這樣一來，教會團體對經濟活動的看法與宗教性的愛觀又達成了聯結。此説固有凌空蹈虚之嫌，不過宗教徒顯然是從唯心主義立場出發，認爲精神界的意識形態决定或作用于物質界的生產生活方式，因此王治心主張"墨子是主張兼愛的人，所以他的節用主義，也是以愛爲出發點"，也就不足爲奇了。見王治心：《墨子哲學》，第 75 頁。

張與基督教承認人有自由意志的主張相合轍①。

　　觀諸王治心之"耶墨對話"，筆者以爲如此概括王治心之"耶墨觀"更爲適宜：一方面，因時代局限性和對上帝體認之不足，墨子學説究有不善；另一方面，墨子人格（一個刻苦犧牲的實行家）與墨子主義（人類平等，互相親愛）有其價值，不可輕易否定。②固然，王治心在《墨子哲學》中確有自陳"耶墨相仿"，然當留意此所謂"相仿"，僅是某一部分内容的"相仿"（如墨家兼愛之于基督教博愛、如墨家天觀之于基督教上帝觀），絕非全體上的"相仿"。且此所謂"相仿"，乃"墨仿于耶"，而非"耶仿于墨"，亦即墨子、墨家、墨學在一定程度上逼近、肖似基督教。在王治心以基督教標準衡量中國文化的價值層級排序中，墨家相比儒、道、佛諸家，可算爲最接近基督教的中國文化思想流派。即便如此，在王治心的《墨子哲學》中，墨家最爲接近基督教的宗教思想，仍不被他認爲是墨學中最有價值的部分，反倒是和宗教思想甚少關聯的墨辯邏輯學、墨家科技思想、墨家知識論得到了更高的評價。因此王治心所從事的"耶墨對話"，終究不能算是一種"文化會通"的工

---

① 王治心認爲墨子提倡强力從事、主張禍福本于人，正是墨子推崇人之自由意志的表現，絕非聽天由命——"因爲墨子正是深信天志，所以便主張非命。他説：天欲人之相愛相利不欲人之相惡相賊，能相愛相利，即爲順天之意，得天之賞，所以按諸實際，仍舊重在人爲。人定可以勝天"。此説頗有代表性。事實上，後世辟墨者常援"非命"與"尊天事鬼"自相矛盾，以批評墨學義理的邏輯不自洽，即謂既然堅持天鬼能够賞善罰惡，應爲迷信一種"命定論"，又何能發揮人在此世的主觀能動性以强力從事。基督教歷史上關于上帝救贖計劃和人的自由意志之間的關係的探討，亦有同此類者，譬如最爲典型的"預定論"（或"雙重預定論"的討論）。在基督教一端，爲之辯護的進路一般爲：上帝既有改造人的能力，人又和上帝具有同等意志，亦足證基督教也是主張"非命"的。王治心之論墨家非命，似有借墨家非命説來爲基督教的預定論辯護之意，論命之有無，墨耶二家可謂殊途而同歸。王治心：《墨子哲學》，第49—50頁。
② 王治心：《墨子哲學》，第76頁。

作，此"潛隱的護教性"已在其"存异甚于求同"的"耶墨觀"中有所彰顯。

四、耶墨爲同志——以吳雷川《墨翟與耶穌》爲例

吳雷川（1870—1944），民國時期著名教育家、基督教思想家。他國學功底深厚，在前清時代考取過進士功名，授翰林院庶吉士。辛亥革命後，曾擔任杭州軍政府民政長、杭州市市長、北京教育部參事、教育部常務次長、燕京大學國文教授等職務，并于 1929 年到 1933 年間出任燕京大學第一任華人校長。其教會工作經歷爲加入基督教生命社（1919 年），組建真理會并創辦《真理周刊》（1923 年）。吳雷川著述頗豐，其文章講辭、通信札記、時事評論等刊載于《真理周刊》《生命月刊》《真理與生命》《中華基督教教育季刊》《微音月刊》《道德半月刊》《教育學報》《聖公會報》《燕大周刊》《中華基督教會年鑒》《平安雜志》等教會媒體。此外還有專書八部，《墨翟與耶穌》爲其生平最後一部著作。①

作爲基督徒的吳雷川自陳，《墨翟與耶穌》之要旨爲"在此國家多難之秋，青年志士必當以墨耶二人之言行爲法，努力預備自己，使己身能成德達材，爲國家效用"②。他又言耶墨二家在文化

---

① 《墨翟與耶穌》于 1940 年由青年協會書局出版。除該書外，吳雷川的專書著作尚有《主禱文演詞》（華北公理會，1926 年）、《基督教研究課程》（華北公理會，1926 年）、《耶穌的社會理想》（青年協會書局，1934 年）、《基督教與中國文化》（青年協會書局，1936 年）、《主禱文與十字架》（燕大基督教團契，1939 年）、《從心理衛生説到社會改革》（燕大基督教團契，1940 年）、《基督徒的希望》（青年協會書局，1940 年）。

② 吳雷川：《墨翟與耶穌》，第 1 頁。

更新、心理建設、階級鬥爭、政治經濟制度變革等諸多方面"隔世而同流"，"墨翟與耶穌二人之所主張，確能應付中國當前的需要"。①顯見該書之關切在中國而不在基督教，在以耶墨人格和耶墨思想改造中國社會而不在"基督教中國化"。吳雷川以改造中國社會爲目的而展開的"耶墨對話"，頗有"經世致用"之意味。

吳雷川"耶墨對話"之特色，首先體現在其爲耶墨立傳過程中始終堅持重"人事"而輕"神話"的人文主義基督教信仰。《墨翟與耶穌》中他特列《墨翟略傳》和《耶穌略傳》以爲申説。古往今來，史家作傳，自有成法，或結合傳世文獻、出土文獻及典外文獻，或證以銘文、器物、口傳，庶可勾勒傳主生平。然而作爲墨家學派創始人的墨翟與作爲基督教信仰中心的耶穌，都是去今已久的歷史人物，他們的生平事迹在歷史流轉的過程中往往被添加大量神秘色彩，以至流傳時間越長，越可能嚴重失真，類如20世紀上半葉顧頡剛先生所言的"古史層纍"造成的景況。吳雷川版本的"耶墨行傳"，則不取傳説，獨宗人格。吳雷川爲耶穌造像如下：

> 耶穌生于猶太人渴望民族復興的時代，幼年懷抱大志，壯年開始在社會上作種種活動，憑着熱烈的宗教信仰，要成就改造社會的事業，歷年不久，受反對黨的陷害，被釘于十字架而死，他却因着死而完成了偉大的人格。"殺身成仁""舍生取義"，在孔子、孟子是理論，耶穌却是實踐了。"聖人，百世之師也。奮乎百世之上，百世之下，聞者莫不興起也。"我們引孟子稱道伯夷、柳下惠的話來頌贊耶穌，他真是當之無愧了。②

---

① 吳雷川：《墨翟與耶穌》，第1頁。
② 吳雷川：《墨翟與耶穌》，第110頁。

　　嚴謹史家爲宗教人物立傳，比之宗教信徒更多一層甄別史料和傳説的考量，即如何將傳主真實的歷史踪迹和後世教徒的拔高神化加以區分，以還原傳主的本來面目。關于耶穌生平最詳實的記録，主要出自教會審定的作爲基督教正典的《聖經·新約》四福音書。除此之外，只餘少量如塔西佗的《編年史》、約瑟夫的《猶太古史》等典外文獻的旁證，亦多語焉不詳。換言之，吴雷川爲耶穌立傳須本于作爲宗教典籍的《聖經》；既要最大限度地逼近"歷史上真實的耶穌"，又必須從中擇取材料做相應的人文主義解讀。他意識到這種自相矛盾做法的困難，于是通過"解神話化"的詮釋來自洽立傳邏輯——對耶穌所行"神迹奇事"做了"去神性化"的處理，使得耶穌的大使命再不是把福音傳到地極或者建立基督教會，而是改造彼時的猶太社會。①這是吴雷川版本的耶穌行傳與其他立足于耶穌爲"神子""宗教家"的教會版本行傳的最大不同。在《墨翟與耶穌》中，他指出：

　　　　不但墨子不是宗教家，就連現今一般人所公認爲基督教的教主耶穌，他在世的時候，也未嘗自居爲宗教家，他的人格之

① 近代西方自由主義神學的流行觀點認爲，《聖經》不是天啓作品，而是由各時代作者共同完成的，并不具有宗教權威性。合于科學理性者，可作爲客觀史實給予正視；不能通過理性驗證的，如神迹奇事，則作迷信觀之。吴雷川認爲記述耶穌生平的四福音書，都成書于耶穌殁後，爲門徒和早期教會根據耶穌在世時的零星教訓和口傳故事輾轉編撰而成，與正規史學性質不同，體例也不一樣。既然四福音書的編寫本就存在極大的主觀性和隨意性，甚至存在傳抄失誤和有意篡改的可能性，那麼"于其中選集材料，自不妨依照我們的觀點以爲取舍的標準"的立傳標準，就合轍于"解神話化""去神性化"（demythologizing）之自由主義神學路徑。此亦可見吴雷川對西方聖經批判的學術動態有一定瞭解和掌握。參吴雷川：《墨翟與耶穌》，第81頁；李韋：《吴雷川的基督教處境化思想研究》，宗教文化出版社2010年版，第142頁。

所以偉大，固然是得力于所信仰的宗教。但他一生活動的目的，却不是要創立一種宗教，乃是要改造社會。①

　　在吳雷川看來，四福音書的記載，更多是一種曲筆演繹和隱微寫作，與歷史上真實的耶穌形象存在相當大的距離。除了著者偏見、編史體例、成書來源的問題外，門徒爲了逃避羅馬當局的迫害以及教會擴張傳教版圖等因素，也造成福音書的作者對耶穌生平的材料進行了一定程度的裁剪，整體上傾向凸顯耶穌的宗教性、神性，淡化耶穌爲人的一面以及他改造社會的精神，以致耶穌關涉社會革命的言行事迹也被宗教上的神迹奇事所遮掩。因此要歸正耶穌教義，就須爲耶穌重新立傳。這與吳雷川對四福音書的理解相一致，即不取基要派"字面解經"的方法拘守于每一個經文字句，而是從經文字句中提煉出耶穌改造社會的思想，通過"解神話化"的詮釋方法對耶穌做人文主義式的解讀。②

━━━━━━━━━━

① 吳雷川：《墨翟與耶穌》，第75頁。
② 吳雷川在書中引用兩位非基督徒學者的觀點，來探討《新約》正典的起源問題——海爾氏的《基督傳導言》認爲四福音之成書不依年代先後，全無成史旨趣，寫作福音的目的亦不在材料完備和事實準確，而是爲保留耶穌最重要的言説；考茨基《基督教之基礎》認爲福音書不與耶穌同時，只有托名的作者，成書經歷逐步進化的過程，加之後人增删修改，時間越往後，神迹奇事就越多。值得注意的是，吳雷川在解讀福音書被篡改的原因時，援引考茨基《基督教之基礎》的觀點來加以申説。考氏在比較前期福音書《路加福音》和後期福音《馬太福音》的文學特色時指出，隨着富人和文士逐漸接觸基督教會，教會出于傳教的需要，開始對福音書的内容予以修正，抹除了早期福音書中偏向窮人的階級立場，對經書内容加以柔化和修飾，以便擴大其在上行階層中的影響。吳雷川之立傳理路，顯然受到考茨基的影響。要言之，吳雷川和考茨基均認爲現爲正典的福音書所載的耶穌生平和教訓，可能都是教會發展需求增删之後的修正版本。耶穌原初所宣揚的主義，和現已成定本的福音書内容，恐怕大有不同。由是可以理解吳雷川爲耶穌重新立傳的一層意義在于，歸正那些被考茨基稱爲"被傳道機會主義修正過的教義"，然後把教義中具有社會主義革命性質的優良部分，重新彰顯出來。見吳雷川：《墨翟與耶穌》，第81—85頁。

吳雷川爲墨翟立傳，亦循同樣理路。吳雷川自述其寫作《墨翟略傳》之方針爲"尚友古人"與"知人論世"——"原來要寫古人的傳而又不得不着最初確實的史料，這就等于要爲人造像，而既沒看見本人，也沒有本人的相片對照，只可以憑着間接的印證，加以心靈的模擬，或者也能得其仿佛"①。由是吳雷川爲墨翟造像，具有很大的發揮空間。關于墨翟之生卒、里籍、出身、姓名等個人信息，吳雷川多采時人的見解，并無特出之處；唯其在爲墨翟塑造個人形象時，特別凸顯一個熱心救世、即凡即聖的社會改造家形象。在他看來，墨家的核心教義墨學十論均"言之有故，持之成理，可以救當世之弊"。②吳雷川筆下的墨翟以改造社會爲己任，以"行義"來範圍人生；③有擇務從事的行義方法論，盡其所能地應付當世的需求；④有具體落地實踐的罷兵止戰案例；⑤有爲了宣傳其思想、力行其主義而組織起來的建制成型的堅固學派共同體。墨翟以身作則，因材施教，實行嚴格的組織紀律；墨家持守巨子制度，徒屬盈天下，成爲彼時社會間一股不可忽視的自組織力量，甚至爲了施行墨家的家法，敢于違抗國君的命令，故被統治階級所忌恨，以至一朝而斬，再無餘緒。⑥

吳雷川心目中的墨學，是與孔子維護周禮、"吾從周"的社會改良主義截然不同的激進學派。墨子別開宗門，"背周道而用夏政"，頗有革命意味，所以墨子的形象是一個投身社會改造事業的

---

① 吳雷川：《墨翟與耶穌》，第 21 頁。
② 吳雷川：《墨翟與耶穌》，第 30 頁。
③ 吳雷川：《墨翟與耶穌》，第 31 頁。
④ 吳雷川：《墨翟與耶穌》，第 30—32 頁。
⑤ 吳雷川：《墨翟與耶穌》，第 32 頁。
⑥ 吳雷川：《墨翟與耶穌》，第 35 頁。

革命家。此外，吳雷川還認爲因墨家學派從事社會改造，爲歷代統治階級所忌，其主張在政治上不得伸張，其後學只能演變爲"游俠"，潛伏于民間，"聊作一綫之延"。①實際上，墨家後學流裔是否演變爲"游俠"，學界尚有爭議。吳雷川之所以強作解釋，自有其用意。他對比墨家和基督教在創始人歿後的發展歷程後指出，墨家雖然中絶，但因其後繼者演變爲"游俠"，精神始終不離其宗，影響即便衰微，却還是忠于墨家原初教義的。

吳雷川雖然認爲耶墨二人均非宗教家，但仍承認他們均具有宗教精神，其言：

> 所謂墨耶二人同具有宗教的精神，并不在于其講説宗教的言論如何，乃在于其爲人處世實行的態度。原來宗教的功用：初步是指示人當如何修己，更進一步則是使人能忘己以拯救社會。關于這一點，墨耶二人的表現是全然一致的。②

今人一般認爲，墨翟與耶穌之間的聯繫正是在宗教。近代墨學復興時期，也多見學者主張墨家實爲"墨教"，墨翟實爲"教主"的言論。然而吳雷川却提出，耶墨之聯繫雖在宗教，但耶穌和墨翟都不是宗教家。耶穌的使命不在創立一個新宗教，而在推行社會改造。實際上，吳雷川所謂的宗教上的聯繫，并不是就具體的宗教形態而言，乃是指耶穌與墨翟、基督教與墨家之間具有相似的"宗教人格"和"宗教精神"。當然就此一端來説，吳雷川也没有一味取同，而是對耶墨二家之宗教功能給予了詳細辨析。他指出，墨翟并

---

① 吳雷川：《墨翟與耶穌》，第 158 頁。
② 吳雷川：《墨翟與耶穌》，第 154 頁。

不篤信宗教，而是有意利用宗教以宣傳自己的主張，"他之稱道天鬼，難免是爲了宣傳的便利，順應群衆幼稚的心理，而未必就是他個人信仰的真因"①，對宗教采取的是實用主義的態度；耶穌則有宗教熱忱，認定改造宗教即爲改造社會本身，"他認爲宗教是促進社會的原動力，只因當時猶太人的觀念錯誤，淹没了宗教的功用"②。

今觀吳雷川爲耶墨二人所造之像、所立之傳，恐怕不少人都會有所懷疑，即吳雷川版本的"耶墨傳記"似乎不見得比基督教會與墨學研究界之版本的"耶墨傳記"更加貼近耶墨之原意。不過，吳雷川自言他爲耶墨立傳"盡可以有所鑒別，舉大而略細，取精而遺粗，自不難窺見真相"③。其所謂"真相"，恐怕本來就是指耶穌、墨翟"爲人"的一面，或者耶墨二人從事社會改造的一面，這才是他心目中的"歷史上真實的耶穌和墨翟"。依吳雷川之意，偉人事迹的流傳歷來夾雜許多不可盡信的傳説。真實情形求于歷史多不可知，唯有偉人的人格精神確實可知。有關耶墨的神話，也是依托他們人格的影響力才能産生。顯然，循其原則對關涉傳主的史料進行裁剪，神話傳説及神迹奇事將統統被排除出選材範圍。④傳記主體聚焦在傳主（耶穌、墨翟）的人格精神和從事社會改造的具體事功，用以突出他們"在地""入世"的社會改造家形象。

依吳雷川的立傳理路，既然耶墨二者在"人格精神"和"社

----

① 吳雷川：《墨翟與耶穌》，第 154 頁。
② 吳雷川：《墨翟與耶穌》，第 154 頁。
③ 吳雷川：《墨翟與耶穌》，第 79 頁。
④ 吳雷川對《新約》中有關耶穌受約翰洗禮、受魔鬼試探、"登山變相"、"五餅二魚"、"猶大賣主"以及設置聖餐禮的經文，都做了人文主義式的詮釋。基督教儀式典禮中具有特殊意義的經文意象，也在這種處理中被抹去了神話的色彩。吳雷川：《墨翟與耶穌》，第 95、102、104—107 頁。

會改造"上有所重疊，那麼他的"耶墨對話"就不需要像張亦鏡、王治心那樣糾結于"神人之異"的問題，而可集中于對耶墨經典進行致用性層面的創造性詮釋。吳雷川闡釋耶墨經典，不在于在墨家思想中尋求教會傳統鼎定的神學內涵，或依循墨學研究中的既定見解，而在于將古舊經文中所蘊含的普適道理與彼時社會所關切的問題有機結合在一起，做設身處地的處境化理解。吳雷川的闡釋基于前設，首重個人意志的發揚，不拘守傳統遺傳之所謂"原意""真相"。即從耶墨經典中尋求可資社會改造的思想資源以回應時代的需求，以是否有利于社會改造來判斷經文和學說的重要性和進步性。在此意義上，若墨學有利于社會改造的志業，則墨學非但不是基督教的阻礙，反是基督教的同志了，《墨翟與耶穌》中即言：

> 基督教必得先改變它的組織，以社會改造為它唯一的使命。那是發揚宗教的精神，就自然與墨學合轍，論及社會改造在中國方面的動力，竟可以說不論其為墨為耶，從前耶穌曾說："不抵擋我們的，就是幫助我們的。"何況墨與耶本是同志，更何必問成功誰屬。這未來的化合，正是我們所企望的了。①

論到耶墨合轍或等同，參與"耶墨對話"的人士大多提及耶墨二家的幾條核心教義，如墨家的兼愛觀等同于基督教的博愛主義，墨家的尚儉節用等同于基督教的攻克己身，墨家興利除害等同于基督教的濟世救人。這些都是耶墨二家在義理層面上最顯見的可

---

① 吳雷川：《墨翟與耶穌》，第 158 頁。

通約處。吳雷川亦有相似見解，只不過他將耶穌、墨翟二人的合轍落實在他們的人格修爲及其有關社會改造的主張上。例如，他認爲"愛""義""勤儉"最能體現耶穌、墨翟二人在人生真諦認識和社會改造主張上的"若合符節"——愛是社會改造的動力，爲義是社會改造的表現，勤儉則是人類社會平安的重要條件。愛、義、勤儉這三端教訓，可資改良國人貪污、驕惰、奢侈、不誠實的惡習，爲他們從事社會改造事業，做精神文明方面的準備。①然而，由於吳雷川并不措意對耶墨二家整體教義做基於原典義理的細緻比較和考察，他從《墨子》和《聖經》中所引的内容，實際上并不足以支持其觀點。吳雷川將表面上相似的字句文段徵爲己用，甚至對經義做了較大幅度的改造，以致論述邏輯上存在論點和論據相脱節的情況。例如，吳雷川論及耶墨愛觀，直接跟從兼愛和博愛"同出一源"的普遍觀點，未區分墨家"兼愛"爲"利愛"，基督教"博愛"則有"聖愛""欲愛"兩端。再如他論及耶墨義觀，又將《墨子》的"義，利也"同耶穌稱上帝爲"公義的父"之"義"混爲一談。墨家在義利之辨上，主張"義利同一"，義則利也；耶穌此處論及上帝本性兼"仁慈"和"公義"，是單就公平正義而言的。

　　類似論述多見于《墨翟與耶穌》，或可視之爲解經之失。但從另一個角度來看，它更像是吳雷川刻意爲之的"曲解"。舉一例加以申説。吳雷川認爲，墨翟與耶穌的階級基礎是相同的，都來自平民階級。二人學説主張的意旨，乃是從自身階級立場出發，改造彼時社會；又因社會改造家的身份必爲在上掌權者所忌，故墨翟"老死無聞"，耶穌"以身殉道"。②此二者可謂"耶墨同途"。他又認

① 吳雷川：《墨翟與耶穌》，第154—156頁。
② 吳雷川：《墨翟與耶穌》，第214頁。

爲，耶穌、墨翟二人的門徒弟子，階級成分不盡相同。耶穌的門徒多爲平民，墨翟的弟子則多知識分子。墨翟年歲久長，耶穌英年早逝。由是造成一個局面：墨翟和弟子在世時，共同體內部凝聚力強，有機會接觸上層階級，長久活動并于各國間宣揚并實踐墨家教義，其後墨家流裔演變爲游俠，潛藏于民間；耶穌及其門徒則終身不見容于世，無緣接觸上行階層，傳教只好走秘密的群衆路綫，加之組織鬆散，耶穌殁後門徒星散，但早期教會在使徒一心發揚宗教之後，被建制所吸納，而後更是一躍而起成爲"國教"，比之墨家，反而得以在政治上有所伸張。可見，耶墨二家建制組織在創始人生前、死後的命途迥异，可謂"耶墨殊歸"。①然則基督教經使徒改造和建制吸納後，受國家政權蔭庇而成爲主流勢力，却離耶穌本意相去甚遠。故墨耶二教于今，雖一亡一興，却不可以外在規模之盛衰爲判准，而應根據何者更忠實于原教義爲依歸。吳雷川在此褒揚墨家，認爲基督教與墨家相比較，在忠實于教義方面，反是"榮枯迥判"了。②

持平而論，吳雷川上述判定，有諸多不合史實的臆想成分。然在思想演繹上，這些判定與他對耶墨二家原始教義及主義的"歸正"理路一致。按其邏輯進行推演，自然能得出一個結論：墨學中絕一朝而斬，是因爲墨家後學忠實于墨翟教訓；教會在後世得以興旺，反是背離耶穌教義。也難怪吳雷川會認爲，教會經過使徒的改造，"已全然不是耶穌的真面目，轉不如墨之轉爲任俠，獨不離

---

① 吳雷川：《墨翟與耶穌》，第 158 頁。
② 吳雷川：《墨翟與耶穌》，第 215 頁。

其宗"①，"教會的興衰，簡直與耶穌的主義盛行與否根本無關"②，此言説揚墨抑耶可謂極矣。綜上可見，吳雷川的"耶墨對話"，充分融入了自己對社會改造的思考。因在社會改造之志業上，墨子人格及墨子思想與耶穌人格及耶穌思想有相合轍的地方，墨家而被吳雷川賦予了可和基督教相提并論的地位，甚至在某些方面更爲優勝。當然，若以正統教會的標準來看吳雷川的耶墨言説，就顯得"離經叛道"了。總之，吳雷川的"耶墨對話"顯示出其對基督教信仰和中國傳統文化的實用主義態度。當改造社會成爲先于傳福音的任務時，基督教神學就具有了工具性質，于是其政治哲學的面向更爲彰顯，教會神學的面向反而潛藏。吳雷川對神學的態度尚且如此，對墨學的態度就更顯明可知了。由此可以認爲，吳雷川之論耶與墨，乃是以社會改造爲中心的。③

五、小結

中國基督徒"耶墨對話"的思想成果，除張亦鏡的《耶墨辨》、王治心的《墨子哲學》、吳雷川的《墨翟與耶穌》之外，尚有張純一于民國十二年（1923 年）所作的《墨學與景教》。由

① 吳雷川:《墨翟與耶穌》，第 158 頁。
② 吳雷川:《墨翟與耶穌》，第 158 頁。
③ 基督教學者朱心然先生指出，吳雷川之論耶墨關係的核心即在"耶墨二家如何改造社會"，二者在宗教上的聯繫得以成立，正在于吳雷川將二者皆視爲從事社會改造事業之同志，并欲建立一個類似共産主義共同體的"在地烏托邦"。此一解經取向，又與吳雷川晚年的社會主義傾向有關。見 Chu Sin-jan, Wu Leichuan: *A Confucian-Christian in Republican China*（New York: Peter Lang Press, 1995），124。

于張純一著作該書時，信仰已漸"脫耶入佛"，故不納入本章之討論。①

通過本章論述可見，中國基督徒在處理"耶墨對話"之相關議題時，問題意識各有偏重，所采取的解釋方法亦各自相異，非遵循一個融貫統一的思想路徑。吳雷川的《墨翟與耶穌》、王治心的《墨子哲學》、張亦鏡的《耶墨辨》，皆屬彼時中國基督徒注墨、解墨或會通耶墨的代表作品。他們或采兼容的視角平議耶墨，或取排他的立場獨成護教體文本。這些深具儒家經學教養、受中國傳統文化影響很深的中國基督徒，選擇在中國傳統文化中長期居于異端和末流地位的墨子學説來和基督教思想進行相互比較和相互映證，并以自身的宗教信仰認知圖景介入基督教與墨學之間的對話，論著和文章皆呈現出多元面向，極大豐富了漢語神學和近代墨學的思想光譜。

觀上述基督徒的"耶墨對話"，我們固然可以將之視作對"基督教如何與中國文化相適應""基督教如何與中國社會相適應"等宣教福傳問題的回應，即謂"耶墨對話"乃一承繼性的工作，而非原創性的工作——以其思想的演繹擺脱不了"基督教中國化"的

---

① 張純一（1871—1955），中國近代著名思想家。學術背景橫跨儒、墨、耶、佛，尤以"佛化基督教"的主張名世。他早年曾皈依基督教，後不滿于基督教教義而脱耶入佛。根據張純一研究領域的學者蘇遠泰博士的研究，張純一約于1917年至1920年之間開始轉變信仰，約于1920年至1927年左右皈依佛門。張純一的《墨學與景教》，寫于其思想過渡時期，故其以何種信仰身份介入"耶墨對話"，尚待該領域學者進行更加詳盡的辨析。事實上，張純一在《墨學與景教》一書的"自序"中自言該書之宗旨爲"舉適相當者，互相發明，以爲佛階"，且全書多由佛理注解耶墨二家之教義。故將《墨學與景教》定義爲"耶墨對話"之外的作品，以該書爲張純一"佛化基督教"之前驅，也并無不可。參蘇遠泰：《張純一的佛化基督教神學》，道風書社2007年版，第95、101頁；張純一：《墨學與景教》，第1頁。

路徑依賴，根本方法爲"會通中西"，實質是"利瑪竇範式"的延續。①然則筆者以爲，此只爲"耶墨對話"背後之意識形態考量的一極，而非全部。從他們的論述中可見，所謂"耶墨對話"不僅溢出"比較哲學"的客觀研究範疇，還走向極具個人特色的"教義歸正"，其中區別不過是"歸正"之程度有所不同而已。在對墨學的態度上，吳雷川最爲開放，張亦鏡則偏保守，王治心則居處開放和保守之間的"中道"。總之，中國基督徒的"耶墨對話"，仍可算作有中國特色的基督教護教學範式之一種，對話云云、比較云云，或多或少還是需要爲維護神學主權而服務。

---

① "利瑪竇範式"即自明末利瑪竇等耶穌會士入華傳教以來所采取的福傳策略，反映在"基督教如何適應中國文化"上，則主要取"超儒、補儒、合儒"之方法。

結論

　　先秦時代曾和儒家并稱爲"世之顯學"的墨家在興盛兩百年
後，一朝而斬，即身而絶。作爲建制組織的墨家不復存在，獨有
《墨子》書五十三篇傳世。墨家的消亡，誠爲國史一大謎題。關于
墨家中絶的原因及其中絶之後的傳承，學界歷來有多種説法，或以
墨家流裔演變爲游俠，潜伏于民間聊作一綫之延;① 或以墨家思想

---

① "墨""俠"關係也是墨學研究的一個支流。近代以來，有不少人以墨家風
　格氣質近乎"任俠"，而以"墨者"與"俠客""游俠"爲等同，本書提
　及的民國學人吴雷川即持此種觀點。對"俠"之風格氣質最有名的論述，
　當屬《史記·游俠列傳》所言"其言必信，其行必果，已諾必誠，不愛其
　軀，赴士之厄困。既已存亡死生矣，不矜其能，羞伐其德"。墨者常被認爲
　與俠者風範相近，甚至兩者可畫等號。然則此類觀點并不爲嚴謹的墨學研
　究所接受。《韓非子·問辯》曰："是以亂世之聽言也，以難知爲察，以博
　文爲辯;其觀行也，以離群爲賢，以犯上爲抗。人主者説辯察之言，尊賢
　抗之行，故夫作法術之人，立取舍之行，別辭争之論，而莫爲之正。是以
　儒服、帶劍者衆，而耕戰之士寡;堅白、無厚之詞章，而憲令之法息";
　《韓非子·詭使》曰："刑罰，所以擅威也;而輕法不避刑戮死亡之罪者，
　世謂之勇夫"，韓非所言"帶劍者""勇夫"即爲"俠";又《韓非子·五
　蠹》曰："儒以文亂法，俠以武犯禁。而人主兼禮之。此所以亂也。夫離
　法者罪，而諸先生以文學取，犯禁者誅，而群俠以私劍養";《韓非子·
　顯學》曰："立節參明，執操不侵，怨言過於耳，必隨之以劍"。根據韓
　非的描述，"俠"這一群體在當時應被不少人認爲是危害社會秩（轉下頁）

延及後世，成爲農民起義、秘密會社的精神來源；①或以墨家餘緒最終匯入民間"小傳統"，被本土宗教所吸納，②是爲本土宗教之"思想雛形"或"建制雛形"。③

（接上頁）序的重大禍患，無异作奸犯科之流。又有《史記・游俠列傳》描述漢武帝時期著名游俠郭解爲"布衣爲任俠行權，以睚眦殺人"，盡顯逞凶之相。史黨社先生指出，"俠"之特點有好勇鬥狠、不從法令、熱衷私鬥，其固然有鋤强扶弱之舉動，然出發點多爲"私義"而非"公義"。墨家行義有爲公和爲私的區別，行義爲公即不應從個人的私人恩怨出發做事，否則就違背墨家的大義。筆者贊成史先生所論，須知墨家縱然有"損己而益所爲""爲身之所惡，以成人之急"之所爲，却始終遵循"兼相愛、交相利、不相攻"的底線原則，而游俠私鬥明顯違反"非攻"。且從"殺人者死，傷人者刑"的"墨者之法"中亦可見墨家絶對反對"私鬥"。故曰"墨"與"俠"在精神上有一二相通之處，或許可以；然說"墨"與"俠"完全等同，則毫無根據。參史黨社：《〈墨子〉城守諸篇研究》，中華書局 2011 年版，第 41 頁；王圓圓：《通往自由的歷史暗河——墨家俠義精神的遐想》，《重慶郵電學院學報（社會科學版）》2004 年增刊，第 88—90 頁；周非：《民主：墨子的平民之道》，吉林人民出版社 2015 年版，第 135 頁。

① 李澤厚先生認爲，作爲學派的墨家逐漸消失無聞，墨家思想却未在中國歷史上消失，其影響及于後世。歷代農民起義（如秦末農民戰爭、白蓮教起義、近代太平天國運動等）多與墨家有相通處，如都具有平等精神、博愛主義，以及以人格神信仰作爲統一意志、發動群衆的行動綱領。雖然他們的思想不一定直接來自墨子，甚至不知道墨子爲何人，然而確有與墨家相似之精神實質，説明墨家思想具有深厚的現實根基。而在民間秘密會社中，墨家的某些觀念和組織形式也經常得到呈現，如講義氣、重承諾、輕生死、行兼愛等。李澤厚先生又指出，後世農民起義和秘密會社之主張，往往比墨子更爲激進和徹底。見李澤厚：《中國古代思想史論》，生活・讀書・新知三聯書店 2017 年版，第 64—68 頁。

② 《墨子》書得以存世至今，有賴《道藏》之收録。除此之外，在道教典籍當中，還收録了幾本方士托名墨子所著的經書，如《墨子枕中記》《墨子靈奇術經》等。墨子在道教典籍中的角色，往往不單純是施展教化的聖賢和老師，而是能千變萬化、行神迹奇事的神仙。根據當代學者的研究，墨家的宗教思想、宗教禮儀，對後世道教之宗教信仰、養生之術，産生過重大影響。例如，後世道教之一般巫術方術與"墨守"中的迎四方敵之巫術、守禦兵法中的望氣術有關，道教典籍《太平經》的宗教概念亦與墨家尊天事鬼的宗教思想多有重疊。參何介濤：《略論墨家對早期道教的影響》，第 8—10 頁。

③ 章太炎先生認爲漢代黄巾道教乃本諸墨氏，其言黄巾道教"乃古之巫師，近于墨翟，既非老莊，并非神仙之術也……墨子之傳，絶于漢後，其兼愛、尚同、天志之説，守城之技、經説之辯，皆亡矣。而明鬼獨率循勿替，漢晋之後，道士皆其流"。轉引自薛柏成：《墨家思想新探》，第 179 頁。

　　"潛德幽光，散在草萊。墨雖舊學，其命維新。"①清末民初以來，隨着"西風東漸"，儒學權威不再，墨學逢時復興。國人皆以墨學足以救當世之弊，欲起墨子精神于九泉之下。彼時注墨、詮墨、解墨、釋墨之著作層出，恍有以"墨家店取代孔家店"之態勢，思想史上稱爲"近代墨學復興浪潮"。不過時人論墨，除繼承傳統訓詁、校正、考釋、新譯等舊墨學理路外，多聚焦墨學中可與西學之自由、民主、人權、科學相比附的思想資源，②使得此一階段的墨研成果對墨學"宗教性"之探討相對缺乏。究其原因在于，歷史上的墨家，不似佛、耶、回等建制性宗教，有延承至今的信仰譜系和教團生活可資考證和分析；且近代以來發揚科學、反對迷信爲思想界主流，標舉墨家爲宗教或具有"宗教性"可謂"政治不正確"。故偶有一二學者論及"墨家之謂教"，大體而言還是停留在墨家與其他宗教在淺層教義和表面現象的粗疏比附上；或者强爲墨家塗抹一層"進步"色彩，簡單謂之爲"神道設教"或"利用宗教"。此皆使得相關議題之探討無法取得更加深入的進展。

　　近代以來，對于"墨家之謂教"的看法無非三種：墨家爲成型而具有宗教性的"準宗教"；墨家爲承擔制裁和教化功能的工具性政教（類儒教）；墨家爲亞伯拉罕諸教體系的天啓宗教（類基督

---

① 龔鵬程：《怎樣發揚墨子學？》，2017 年 12 月 23 日，下載自搜狐網歷史頻道，檢視日期：2023 年 4 月 16 日。網址：http：//www.sohu.com/a/2123 70282_702188。

② 此類比附猶多見于民國墨研學人的論著。例如，陳顧遠認爲《墨子》中包含國際法和政府組織原則，張純一則以墨家主張民約論、選舉制，甚至主張虛君共和制度，此皆不免有處境錯置之嫌。且以近現代才有的政治哲學概念來定義去今久遠的墨子、墨家、墨學，往往容易造成概念上的濫用和誤用，反使墨學原義不彰。見張純一：《墨學分科》，民國十二年（1923）排印本，第 37—38、43 頁；陳顧遠：《墨子政治哲學》，泰東圖書局 1934 年版，第 49 頁。

教）。學界對之未有定論。未有定論之原因極明，蓋學人考論"墨
教"，僅能據極其有限之文獻資料（如《墨子》書所載墨家"尊天
事鬼"之宗教思想）來進行推測，然對"墨教"本身尚難給予明
確定義，以致論述要麼拘守文本辨析，不及宗教向度的探討；要麼
脫離墨學原意，過分發揮，流于荒誕。

本書之研究，乃期待在借鑒前人研究成果的基礎之上，對墨學
之"宗教性"進行系統性研討。由于文獻史料之不足徵以及墨家建
制組織之斷絶，歷史上真實的墨子、墨家、墨學實際已不可得，故
後人爲墨子、墨家、墨學所造之像，大抵有想象的成分。想象與事
實之間的距離幾何，取决于可資推測的材料和用于推測的方法。近
人好以西學、西教比附墨學，背後有"重新發明傳統"的意識形態
衝動。其論固有所失，然則確實指示出以宗教之維介入墨學研究的
可能性。其致思路徑之限度值得我們注意，其致思方法之創新值得
我們重視。縱觀墨學發展史，近代墨研學人率先以"墨教"來理解
墨子、墨家、墨學，并拓展墨學研究在文明對話領域之視野，實有
開創之功，今人不能掠美。

"墨家之謂教"這一問題略可分爲三層：其一，墨家是否爲宗
教？若是，則爲何種類型之宗教？若否，何以歷代皆有人以墨家爲
墨教？其二，若墨家誠非宗教，則其是否具有"宗教性"，或曰其
是否爲"準宗教"？其三，墨家肖似宗教之處，主要體現在思想義
理上，還是建制組織上？本書即圍繞以上問題展開研討。現從四個
不同方面，將全書觀點總結如下：

其一爲文本辨析。墨學十論中直接關聯宗教言説的篇章有《天
志》《明鬼》《非命》，分别對應墨家"尊天""事鬼""非命"的
宗教思想。此宗教三論包含了上帝觀、靈魂觀、命運觀、禍福觀、

鬼神觀、生死觀等經典神學命題，爲墨家宗教思想或曰墨教教義的核心部分。此外，"三表"爲墨家護教依據，是墨家用以判斷事物之真實性、判斷行動之權界範圍的經驗原則和認識基礎；"法儀"則爲墨家立教之根本，是墨家爲天下立法、以神權規限政權的形上根據。此二者爲墨家據以建構其特色神學的邏輯推演基礎，對瞭解其特有的"神學言詮"具有重要意義，過往學者對之未多措意，本書第一章已就此作出相關説明。

其二爲倫理辯難。墨家宗教思想中存在多組經典的倫理辯難。例如，崇尚自由意志和人主觀能動性的非命論與篤信鬼神的天鬼觀，是否體現了墨家在理論上的邏輯不自洽？墨家"層層上同于天"的尚同論，是否潛隱着獨裁因素，會導致社會走向神權專制的奴役之路？墨家如何在"鬼神有明"的前提下解決現世"德福不一致"的困難？墨家"兼愛""交利""非攻"的主張，究竟是其"因機設教"的人文主義實用手段，還是陳義過高、背後懸置有超驗價值的宗教律令？上述倫理辯難具有普適意義，對它們的探討有助於我們對墨家在諸宗教文明中的地位作出適當定位。本書第二章已就此作出相關辨析。

其三爲形態蠡測。墨家之建制組織是否合乎宗教規範，可以通過結合《墨子》書所載以及其他相關文獻史料的記載來進行適當推測。墨家信仰之對象爲"天"，可比擬西方基督教之上帝，有位格且有權能。墨家言説中之"天""鬼""神"之層級縱有所异，然仍歸屬有神論的範疇；墨家背周道而用夏政，"尊天事鬼"逆反周孔之人文主義天道信仰，"非禮非樂"則旗幟鮮明地反對"隆禮重樂"的禮教傳統，此皆體現了墨家在觀念上、儀式上的"新教"特色；任何一個建制成型的宗教或"準宗教性"組織，均有教徒和教團；墨家集團内部對弟子的推薦和處罰機制、關于財物奉獻和分配的原始共産生活等，可資管窺"墨教"内部之秩序和紀律。上述相關内容，筆者在本書第三章中也做了相應論析。

其四爲文明比較。由于耶墨二家在諸多方面的相似，墨家常被人們援以作爲基督教在中國傳統文化中的參照物，由此産生"耶教墨源""耶墨相若"等論調，并引起教會人士的關注。加之近代以來儒衰墨興，墨學漸次取代儒學，成爲中國基督徒溝通基督教與中國文化、構建本色化神學的全新思想資源。"耶墨對話"由是生焉。吴雷川、王治心、張亦鏡等中國基督徒衡論耶墨之專書論著，可謂其中典型代表。他們認爲二教相類且通約處，主要在人格精神和救世理想；二教相異且排斥處，主要在神人之别和拯救之道。考其言説，庶幾可見中國基督徒對墨學的主流觀點，大多傾向耶墨在改造社會之行事上多有相合，在"爲人"的一面大可相互引爲同志；然而墨子、墨家、墨學之優勝，已可爲基督教所充分涵蓋，至多可目爲上帝真光在中國文化中的"投射"，若謂其可全然替代基督教，則是斷然不可行的。本書第四章已就上述基督徒"耶墨對話"之成果作出論析。

先秦諸子，百家争鳴，儒、墨、道、法、兵、陰陽等諸學派之間頻繁往復的思想交鋒，開啓了中國文化的第一個高峰。儒生曾道"天不生仲尼，萬古如長夜"，墨者亦言"天下無人，子墨子之言也猶在"，古人誠不我欺。不唯儒墨，諸子百家共同定義了軸心文明在東方社會的基本樣態，影響猶深，于今不絶。古人云"觀今宜鑒古，無古不成今"，又云"今人不見古時月，今月曾經照古人"，往聖先賢雖去今已遠，然其所關切之道德、倫理、宗教、社會等諸般問題，多具有超越時空的普遍性價值，今人可援之以爲參照。他們所提出的思想主張和解決方案，有些限于時代背景，已不再適用；有些放到當今時代，仍不算過時。是故考察源流、追溯承傳、揣摩古意、參合今法，既不飾美又不隱惡，有資于我們最大限度逼近歷史的真相，并科學地、中道地"古爲今用"或"創造性詮釋"。本書之初衷，并不欲建構某個"放之四海而皆準，歷萬代而常新"的詮釋框架，只爲提出一條可資理解墨學這門千年絕學的新的思想路徑，冀能抛磚引玉，爲當代墨學研究及當代墨學復興提供一個新的視角。

謝辭

　　感恩陳致老師多年以來在學問上、做人上給予我的教導。博士階段，陳師不但在論文撰寫過程中給予我很多專業的建議和意見，更是提供各種學習機會，令我拓展視野，增長見聞。

　　感恩史亞當博士、劉笑敢教授、周國正教授、魏寧博士、蔡元豐教授、汪春泓教授、龔鵬程教授、韓星教授、劉清平教授、秦彥士教授等前輩學者，以及劉書剛博士、伍煥堅博士、陳顥哲博士、馮進學博士、梁曉陽、曹天羽、崔秋楓、鐵兵哥、周朝暉老師、李啓宇老師等友人師長。他們向我提供了很多有關本課題研究的專業建議和意見，給予我無量的學識支持和精神支援。沒有他們的慷慨幫助，本書不可能在跨界研究方面取得進展。

　　特別感恩我的父母和親友，正因爲有你們毫無保留的支持，我才可以沒有負擔地去追求自己想要做的學問。

　　感恩墨子。我五歲那年讀的第一本課外書籍就是《墨子》。多年來，墨子的精神一直激勵着我。希望我的工作能夠對當代墨學的復興有所貢獻。

引用書目

1. ［日］赤塚忠：《墨子の天志について——墨子の思想體系の復元》，載《諸子研究》，《赤塚忠著作集》，研文社 1987 年版，卷四。文章首發于《研究（哲學篇）》1955 年第 6 期，第 162—211 頁。

2. Ames，Roger. *The Art of Rulership: A Study of Ancient Chinese Political Thought*. New York：New York University Press，1994.

3. 安樂哲著、温海明編：《和而不同：比較哲學與中西會通》，北京大學出版社 2002 年版。

4. 安妮：《捍衛墨子：論侯外廬對郭沫若墨子明鬼主張之駁議》，《學術月刊》2014 年第 4 期，第 147—156 頁。

5. ［古罗马］奥古斯丁著、王曉朝譯：《上帝之城》，人民出版社 2007 年版。

6. ［古罗马］奥古斯丁著、周士良譯：《懺悔録》，商務印書館 1996 年版。

7. Augustins A. Tseu. *The Moral Doctrine of Mo-Tze*. Chicago：Loyola University，1945.

8. 班固著、顔師古注釋：《漢書》，中華書局 1962 年版。

9. ［英］羅伯特・鮑柯克、肯尼斯・湯普森編：《宗教與意識形態》，四川人民出版社 1992 年版。英文原著爲：*Religion and Ideology*. Manchester：Manchester University Press，1985。

10. ［英］白高倫著、陳咏譯：《哲學與基督教信仰》，福音證主協會出版部 1980

年版。英文原著爲：*Philosophy And The Christian Faith*. London：Inter Varsity Press, 1980。

11. 畢沅校注、吳旭民校點：《墨子》，上海古籍出版社 2014 年版。

12. 蔡尚思、方行編：《譚嗣同全集》，中華書局 1981 年版。

13. ［法］約翰・加爾文著，錢曜誠等譯，孫毅、游冠輝修訂：《基督教要義》，生活・讀書・新知三聯書店 2010 年版。英文原著爲：*Institutes of the Christian Religion*. Louisville：The Westminster Press, 1960。

14. ［英］約翰・斯圖亞特・穆勒著、葉建新譯：《功利主義》，九州出版社 2007 年版。

15. 曹順慶、聶韜：《試析"泛神論"對郭沫若墨學態度的影響——從"揚墨"到"非墨"》，《北京聯合大學學報（人文社會科學版）》2014 年第 2 期，第 76—84、105 頁。

16. 陳壁生：《經學、制度與生活——〈論語〉"父子相隱"章疏證》，華東師範大學出版社 2010 年版。

17. 陳波：《有關上帝的悖論》，《哲學分析》2013 年第 5 期，第 62—74 頁。

18. 陳高傭：《墨辯今解》，商務印書館 2016 年版。

19. 陳顧遠：《墨子政治哲學》，泰東圖書局 1934 年版。

20. 陳克守、桑哲著：《墨學與當代社會》，中國社會科學出版社 2007 年版。

21. 陳克守等著：《儒學與墨學比較研究》，中國社會科學出版社 2014 年版。

22. 陳奇猷校注：《呂氏春秋新校釋》，上海古籍出版社 2002 年版。

23. 陳問梅：《墨學之省察》，臺灣學生書局 1988 年版。

24. 陳寅恪：《陳寅恪集》，生活・讀書・新知三聯書店 2001 年版。

25. 陳柱：《墨學十論》，廣西師範大學出版社 2010 年版。

26. 褚麗娟：《文明碰撞與愛的重構——墨子兼愛與耶穌之愛的學術史研究（1838—1940）》，白帝社 2017 年版。

27. Chu Sin-jan and Wu Leichuan. *A Confucian-Christian in Republican China*. New York：Peter Lang Press, 1995.

28. 戴卡琳：《墨家"十論"是否代表墨翟的思想？——早期子書中的"十論"標語》，《文史哲》2014 年第 5 期，第 5—18 頁。

29. 丁爲祥：《墨家宗教因緣析辨》，《中國哲學史》1998 年第 3 期，第 69—77、104 頁。

30. 杜國庠：《先秦諸子思想概要》，生活・讀書・新知三聯書店 1949 年版。

31. 杜維明著，段德智、林同奇譯：《論儒學的宗教性》，武漢大學出版社 1999 年版。

32. 段德智：《宗教學》，人民出版社 2010 年版。

33. 段玉裁：《說文解字注》，上海古籍出版社 1981 年版。

34. ［美］米拉德・J. 艾利克森著，L. 阿諾德・休斯塔德編，陳知綱譯：《基督教神學導論（第二版）》，上海人民出版社 2012 年版。英文原著爲：*Introducing Christian Doctrine*. New York：Baker Publishing Group, 2001。

35. 范大明：《審判與選擇：尋索基督教與中國文化的關係——張亦鏡本色神學之探》，《世界宗教研究》2014 年第 3 期，第 130—142、194 頁。

36. 范大明：《耶墨對話——張亦鏡的耶墨觀》，《理論月刊》2012 年第 10 期，第 47—51 頁。

37. 范文瀾：《中國通史簡編》，新華書店 1947 年版。

38. 方授楚：《墨學源流》，商務印書館 2015 年版。

39. 費孝通：《鄉土中國》，北京出版社 2005 年版。

40. 馮成榮：《墨子思想體系研究》，文哲出版社 1979 年版。

41. 馮友蘭：《中國哲學史》，重慶出版社 2009 年版。

42. Fraser, Chris. "Mohism and Motivation," edited by Chris Fraser & Dan Robins & Timothy O' Leary. *Ethics in Early China: An Anthology*. Hong Kong：Hong Kong University Press, 2011.

43. ［美］賈斯樂、布魯克合著，楊長慧譯：《當代護教手册》，校園書房出版社 1994 年版。英文原著爲：*When Skeptics Ask.* Michigan：Baker Publishing Group, 1995。

44. ［英］葛瑞漢著、張海晏譯：《論道者：中國古代哲學論辯》，中國社會科學出版社 2003 年版。英文原著爲：*Disputers of the Tao: Philosophical Argument in Ancient China.* LaSalle，Illinois：Open Court Publishing Company，1989。

45. Angus Charles Graham. *Later Mohist Logic，Ethics and Science.* Hong Kong：The Chinese University Press，1978。

46. 顧如：《立墨——〈墨子〉經義釋詁》，國際華文出版社 2017 年版。

47. 管榮濤：《墨子與墨家學説的宗教内核》，《黑龍江科技信息》2008 年第 3

期，第 138 頁。

48. 郭沫若：《青銅時代》，科學出版社 1957 年版。

49. 郭沫若：《十批判書》，東方出版社 1996 年版。

50. 郭齊勇主編：《儒家倫理爭鳴集——以"親親互隱"爲中心》，湖北教育出版社 2004 年版。

51. 郭齊勇主編：《〈儒家倫理新批判〉之批判》，武漢大學出版社 2011 年版。

52. 郭慶藩輯、王孝魚整理：《莊子集釋》，中華書局 1961 年版。

53. Hall，L David. and Roger T. Ames. *Thinking Through Confucius*. New York：New York University Press，1987.

54. 韓德民：《荀子"制天命"說新解》，《中國文化研究》1996 年第 4 期，第 12—17 頁。

55. 韓星：《儒教的現代傳承與復興》，福建教育出版社 2015 年版。

56. ［日］橋元純也：《墨子非命論と漢初の時代相》，《東洋古典學研究》1998 年第 6 號，第 97—116 頁。

57. ［日］橋元純也：《墨子天志論と天子権力》，《東洋古典學研究》1999 年第 7 號，第 54—69 頁。

58. 何寧集釋：《淮南子集釋》，中華書局 1998 年版。

59. 何世明：《從基督教看中國孝道》，宗教文化出版社 1999 年版。

60. 何濤：《略論墨家對早期道教的影響》，《南昌高專學報》2009 年第 4 期，第 8—10 頁。

61. 何玉蘭：《郭沫若墨學研究的得失及啓示》，《郭沫若學刊》2007 年第 3 期，第 51—57 頁。

62. 何之：《墨教闡微》，文津出版社 1983 年版。

63. 賀更行：《兼愛天下：墨子倫理思想研究》，中國社會出版社 2013 年版。

64. 何炳棣著，范毅軍、何漢威整理：《何炳棣思想制度史論》，聯經出版事業公司 2013 年版。

65. 侯靈戰：《道德的上帝與荒謬的上帝——〈約伯記〉文旨分析》，《廣西社會科學》2005 年第 2 期，第 114—119 頁。

66. 侯外廬：《中國古代思想學說史》，岳麓書社 2010 年版。

67. 胡懷琛：《墨子學辨》，上海國學會 1929 年版。

68. 胡適：《中國哲學史大綱》，中國城市出版社 2012 年版。

69. 黃蕉風主編：《非儒——該中國墨學登場了》，國際華文出版社 2016 年版。

70. 黃錦輝：《文化調和——王治心的基督教本色化思想研究》，碩士學位論文，香港中文大學歷史系，1999 年。

71. 黃克武：《梁啓超的學術思想：以墨子學爲中心之分析》，《近代史研究所集刊》1996 年第 26 期，第 41—90 頁。

72. 黃治基：《耶墨衡論》，廣州美華浸會書局 1912 年版。

73. 惠松騏：《苦難與神義論》，《西北師大學報（社會科學版）》2001 年第 5 期，第 94—99 頁。

74. David Hume, edited by Henry D. Aiken, *Dialogues Concerning Natural Religion* (New York：Haffner Press, 1948).

75. 霍偉：《對梁漱溟“中國文化早熟”的評論》，《文化學刊》2015 年第 4 期，第 65—67 頁。

76. ［德］卡爾·雅斯貝爾斯著，魏楚雄、俞新天譯：《歷史的起源與目標》，華夏出版社 1989 年版。英文原著爲：*The Origin and Goal of History.* New Haven：Yale University Press, 1953。

77. ［德］康德著、何兆武譯：《歷史理性批判文集》，商務印書館 1990 年版。

78. 江慶柏：《“睡簡”〈爲吏之道〉與墨學》，《陝西師大學報（哲學社會科學版）》1983 年第 4 期，第 111—115 頁。

79. 蔣開天：《墨家宗教説平議》，《棗莊學院學報》2013 年第 3 期，第 61—65 頁。

80. 蔣竹莊編：《楊墨哲學》，商務印書館 1928 年版。

81. 蔣孝軍：《傳統“群己之辯”的展開及其終結》，《哲學動態》2011 年第 9 期，第 42—47 頁。

82. 姜寶昌：《墨論訓釋》，齊魯書社 2016 年版。

83. Johnston, Ian. *The Mozi：A Complete Translation.* Hongkong：The Chinese University Press, 2010.

84. ［日］小林伸二：《〈墨子·天志篇〉をめぐって》，《大正大學綜合仏教研究所年報》1993 年第 15 期，第 1—13 頁。

85. 孔安國傳，孔穎達疏，廖名春、陳明整理，呂紹綱審定：《尚書正義》，北京大學出版社 2000 年版。

86. ［瑞士］孔漢思著，鄧建華、廖恒譯，楊煦生校：《世界倫理手册》，生活·讀書·新知三聯書店 2012 年版。

87. 賴輝亮：《關于自由意志的爭論——從古希臘到文藝復興》，《中國青年政治學院學報》2008 年第 1 期，第 62—67 頁。

88. 賴品超：《大乘基督教神學》，漢語基督教文化研究所 2001 年版。

89. 賴品超、王濤：《從基督宗教、儒家及演化論看利他主義》，《漢語基督教學術論評》2013 年第 15 期，第 185—214 頁。

90. 勞思光：《新編中國哲學史（增訂本）》，生活·讀書·新知三聯書店 2019 年版。

91. Legge, James. *Chinese Classic Ⅱ: The Work of Mencius*. Taiper：SMC Publishing Inc., 1991.

92. ［德］萊布尼茨著、朱雁冰譯：《神義論》，生活·讀書·新知三聯書店 2007 年版。

93. ［美］列文森，鄭大華、任菁譯：《儒教中國及其現代命運》，中國社會科學出版社 2000 年版。英文原著爲：*Confucian China and Its Modern Fate: The problem of intellectual continuity*. California：University of California Press，1964。

94. 李承律、李繼征：《上博楚簡〈鬼神之明〉鬼神論與墨家世界觀研究》，《文史哲》2011 年第 2 期，第 6—7 頁。

95. 李競恒：《墨家與通往奴役之路》，載張立升主編《社會學家茶座》，山東人民出版社 2013 年第 1 輯，第 27—28 頁。

96. 李雷東：《先秦墨家的神話及其天命思想——從結構主義的視角看》，《求索》2009 年第 7 期，第 59—61 頁。

97. 李隆基注，邢昺疏，鄧洪波整理，錢遜審定：《孝經注疏》，北京大學出版社 2000 年版。

98. 李麥麥：《中國古代政治哲學批判》，新生命書局 1933 年版。

99. 李强：《墨子天人二分思想的形成研究》，《黑河學刊》2016 年第 3 期，第 32—34 頁。

100. 李鋭：《論上博簡〈鬼神之明〉篇的學派性質——兼論對文獻學派屬性判定的誤區》，《湖北大學學報》2009 年第 1 期，第 28—33 頁。

101. 李申：《宗教論》，中國社會科學出版社 2008 年版。

102. 李韋：《吳雷川的基督教處境化思想研究》，宗教文化出版社 2010 年版。

103. 李賢中：《墨學——理論與方法》，揚智文化 2003 年版。

104. 李學勤：《論銀雀山〈守法〉〈守令〉》，《文物》1989 年第 9 期，第 34—37 頁。

105. 李澤厚：《中國古代思想史論》，生活·讀書·新知三聯書店 2017 年版。

106. 梁工等著：《聖經解讀》，宗教文化出版社 2011 年版。

107. 梁啓超：《墨子學案》，商務印書館 1922 年版。

108. 梁啓超：《子墨子學説》，中華書局 1936 年版。

109. 梁啓超：《中國近三百年學術史》，中國人民大學出版社 2012 年版。

110. 梁漱溟：《東西文化及其哲學》，商務印書館 1999 年版。

111. 林桂榛：《"親親相隱"問題研究及其他》，中國政法大學出版社 2013 年版。

112. 林榮洪：《風潮中奮起的中國教會》，天道書樓 1980 年版。

113. 劉剛：《論墨子宗教觀中的生態問題》，《鄱陽湖學刊》2012 年第 2 期，第 24—31 頁。

114. 劉奎：《歷史想象的分歧：郭沫若與墨學論争》，《郭沫若學刊》2016 年 2 期，第 42—50 頁。

115. 黄暉撰：《論衡校釋》（劉盼遂集解），中華書局 1990 年版。

116. 劉清平：《論孔孟儒學的血親團體性特徵》，《哲學門》2000 年第 1 卷，第 80—101 頁。

117. 劉清平：《忠孝與仁義——儒家倫理批判》，復旦大學出版社 2012 年版。

118. 劉向明：《墨子法律思想中的尊天事鬼觀》，《龍岩師專學報（社會科學版）》1999 年第 2 期，第 34—37 頁。

119. 劉一虹：《回儒對話——天方之經與孔孟之道》，宗教文化出版社 2006 年版。

120. 劉永在：《歸正墨學》，四季出版社 2017 年版。

121. Lowe, Scott. *Mo Tzu's Religious Blueprint for A Chinese Utopla*. Canada：The Edwin Mellen Press, 1992.

122. 路學軍：《本體、價值與工具：墨子宗教思想的三個維度》，《平頂山學院學報》2016 年第 6 期，第 32—36 頁。

123. 羅秉祥、謝文郁主編：《耶儒對談——問題在哪裏?》，廣西師範大學出版

引用書目

社 2010 年版。

124. 羅檢秋：《近代墨學復興及其原因》，《近代史研究》1990 年第 1 期，第 148—156 頁。

125. 呂艷：《天志與人志：墨子天鬼人思想悖逆下的統一》，《棗莊學院學報》2012 年第 1 期，第 25—29 頁。

126. 馬承源主編：《上海博物館藏戰國楚竹書（五）》，上海古籍出版社 2005 年版。

127. 馬吉芳、黃麗婭：《論"尚同"——郭沫若墨學批判之商榷》，《職大學報》2009 年第 1 期，第 12—13、31 頁。

128. 馬總編纂：《意林校譯》，中華書局 2014 年版。

129. 毛亨傳，鄭玄箋，孔穎達疏，龔抗雲、李傳書、胡漸逵、肖永明、夏先培整理，劉家和審定：《毛詩正義》，北京大學出版社 2000 年版。

130. ［德］馬克斯·韋伯著，康樂、簡惠美譯：《宗教社會學：宗教與世界》，廣西師範大學出版社 2010 年版。

131. Mei，Yi-Pao. *Motse: The Neglected Rivalof Confucius*. Westport：Hyperion Press，1973.

132. Mozi. *Mozi*. Translated by Wang Rongpei and Wang Hong. Changsha：Hunan People's Publishing House，2006.

133. Mozi. *The Complete Works of Motzu in English*. Translated by Cyrus Lee. Beijing：The Commercial Press，2009.

134. 歐陽詢撰，江紹楹校：《藝文類聚》，上海古籍出版社 1982 年版。

135. 帕林達：《談墨子的宗教思想價值》，《西北民族大學學報（哲學社會科學版）》2003 年第 3 期，第 119—122 頁。

136. 潘儒達：《十架與蓮花——一個基督徒與佛教信仰的對話》，道聲出版社 2016 年版。

137. 龐家偉、王麗娟：《天志鬼神皆人意——從墨子〈天志〉〈明鬼〉看其鬼神論思想的實質》，《甘肅高師學報》2011 年第 4 期，第 120—121、135 頁。

138. 戚文、李广星等著：《墨子十講》，上海人民出版社 2007 年版。

139. 錢爽：《墨家互係性通約論發凡——〈墨子〉"天—君—民"互係性通約論應用》，《職大學報》2016 年第 6 期，第 21—29 頁。

140. 錢穆：《墨子、惠施公孫龍》，九州出版社 2011 年版。

141. 任繼愈：《宗教學講義》，國家圖書館出版社 2013 年版。

142. ［德］若瑟·拉青格著、李子忠譯：《天主教教理簡編》，公教真理學會 2011 年版。

143. ［意］利瑪竇著，梅謙立注，譚杰校勘：《天主實義今注》，商務印書館 2014 年版。

144. ［日］酒井和孝：《墨家の宗教思想——鬼神信仰を中心として》，載《斯文》會編《聖堂創建 300 年——〈斯文〉創刊 100 號記念號》，斯文社 1991 年版，第 98—108 頁。

145. 史黨社：《〈墨子〉城守諸篇研究》，中華書局 2011 年版。

146. 司馬遷撰，裴駰集解，司馬貞索隱，張守節正義：《史記》，中華書局 1959 年版。

147. 蘇遠泰：《張純一的佛化基督教神學》，道風書社 2007 年版。

148. Sterckx, Roel. "Mozi31: Explaining Ghosts, Again," edited by Carine Defoort and Nicolas Standaert. *The Mozi as an Evolving Tect: Different Vocies in Early Chinese Thought*. Boston: Leiden Press, 2013.

149. 孫君恒等著：《墨子倫理思想研究》，中國社會科學出版社 2014 年版。

150. 孫詒讓：《墨子閒詁》，中華書局 2018 年版。

151. 孫中原：《墨學通論》，遼寧教育出版社 1993 年版。

152. 孫中原編：《墨子大辭典》，商務印書館 2016 年版。

153. 孫中原、邵長婕、陽文編：《墨學大辭典》，商務印書館 2016 年版。

154. 譚家健：《墨子研究》，貴州教育出版社 1995 年版。

155. 譚家健、孫中原譯著：《墨子今注今譯》，商務印書館 2009 年版。

156. 唐君毅：《中國哲學原論》，新亞研究所 1973 年版。

157. 湯智君：《先秦墨家學說研究》，文津出版社 2013 年版。

158. ［日］谷口義介：《明鬼編の伝説と信仰》，《學林》1983 年第 2 號，第 1—15 頁。

159. 陶希聖：《中國政治思想史》，中華印刷出版公司 1948 年版。

160. 田寶祥：《墨子"天志"範疇略論——兼以康德"上帝存在"與黑格爾"絕對精神"視角》，《太原理工大學學報（社會科學版）》2016 年第 1 期，第 53—56 頁。

161. 田童心：《儒家神學新議》，中國國際文化出版社 2005 年版。

162. 童恒萍：《墨學精神研究》，人民出版社 2010 年版。

163. Watson, Burton. *Mo Tzu: Basic Writings.* New York and London：Columbia University Press, 1963.

164. 王弼注，孔穎達疏，盧光明、李申整理，呂紹綱審定：《周易正義》，北京大學出版社 2000 年版。

165. 王弼注，樓宇烈校釋：《老子道德經注校釋》，中華書局 2008 年版。

166. 王繼學：《論晚清中國士人的基督教源于墨學說》，《宗教學研究》2011 年 2 期，第 171—175 頁。

167. 王素珍、夏天成：《論墨家學說的宗教思想》，《呼倫貝爾學院學報》2006 年第 5 期，第 7—9 頁。

168. 王桐齡：《儒墨之异同》，北平文化學社 1931 年版。

169. 王先謙撰，沈嘯宸、王星賢點校：《荀子集解》，中華書局 1988 年版。

170. 王先慎集解，鍾哲點校：《韓非子集解》，中華書局 2013 年版。

171. 王幼軍：《帕斯卡爾賭注的形式演化》，《上海師範大學學報（哲學社會科學版）》2015 年第 4 期，第 26—33 頁。

172. 王圓圓：《通往自由的歷史暗河——墨家俠義精神的遐想》，《重慶郵電學院學報（社會科學版）》2004 年增刊，第 88—90 頁。

173. 王讚源主編：《墨經正讀》，上海科學技術文獻出版社 2011 年版。

174. 王治心：《墨子哲學》，宜春閣印刷局 1925 年版。

175. 王治心：《中國宗教思想史大綱》，東方出版社 1996 年版。

176. 王治心：《中國基督教史綱》，上海古籍出版社 2011 年版。

177. 汪力：《論帕斯卡爾的上帝之賭》，《理論界》2010 年第 2 期，第 97—98 頁。

178. 衛聚賢編：《古史研究》，商務印書館 1934 年版。

179. 魏義霞：《墨子與中國哲學》，人民出版社 2019 年版。

180. 溫偉耀：《生命的轉化與超拔：我的基督宗教漢語神學思考》，宗教文化出版社 2009 年版。

181. 溫偉耀：《上帝與人間的苦難》，明風出版 2013 年版。

182. Williamson, Henry Raymond. *Mo Ti: Chinese Heretic.* Jinan：The Literature Society of Tsinanfu, 1927.

183. Williamson. *The Philosophy of the Mòzǐ：The First Consequentialists*. New York：Columbia University Press，2016.

184. 伍非百：《墨子大義述》，國民印務處 1933 年版。

185. 吳雷川：《墨翟與耶穌》，青年協會書局 1940 年版。

186. 吳莉葦：《中國禮儀之爭——文明的張力與權力的較量》，上海古籍出版社 2007 年版。

187. 武丹丹：《20 世紀 90 年代墨子里籍論戰》，《語文學刊》2007 年 1 期，第 60—61 頁。

188. 解啓揚：《郭沫若的墨學研究》，《中南大學學報（社會科學版）》2003 年 9 期，第 573—578 頁。

189. 劉向撰，向宗魯校證：《説苑校證》，中華書局 1987 年版。

190. 香港聖經公會：《聖經：新標點和合本（修訂版）》，香港聖經公會 2014 年版。

191. 蕭魯陽：《墨子元典校理與方言研究》，西安地圖出版社 2003 年版。

192. 熊晨釗：《墨子宗教思想中民本精神的述評》，《青年文學家》2009 年第 20 期，第 239 頁。

193. 徐復觀：《中國人性論史（先秦篇）》，上海三聯書店 2001 年版。

194. 徐華：《上博簡〈鬼神之明〉疑爲〈董子〉佚文》，《文獻》2008 年第 2 期，第 105—109 頁。

195. 徐希燕：《墨學研究——墨子學説的現代詮釋》，商務印書館 2001 年版。

196. 許慎撰，徐鉉校定：《説文解字》，中華書局 1963 年版。

197. 薛柏成：《墨家思想新探》，黑龍江人民出版社 2006 年版。

198. 薛柏成：《墨子講讀》，華東師範大學出版社 2011 年版。

199. 閻崇信：《墨子非儒篇彙考》，文史哲出版社 1983 年版。

200. 顏炳罡、彭戰果：《孔墨哲學之比較研究》，人民出版社 2012 年版。

201. 嚴靈峰編著：《墨子知見書目》，臺灣學生書局 1969 年版。

202. 楊伯峻譯注：《孟子譯注》，中華書局 1960 年版。

203. 楊伯峻譯注：《論語譯注》，中華書局 2009 年版。

204. 楊華：《墨子"天志""明鬼"思想的社會根源》，《江西師範大學學報（哲學社會科學版）》2009 年第 5 期，第 95—100 頁。

205. 楊鵬：《"上帝在中國"源流考——中國典籍中的"上帝"信仰》，書海出版社 2014 年版。

206. 楊勝寬：《郭沫若眼中的"宗教家"墨子——關于郭沫若從負面評價墨子的原因考察》，《郭沫若學刊》2014 年第 1 期，第 26—33 頁。

207. 楊建兵：《先秦平民階層的道德理想——墨家倫理研究》，中國社會科學出版社 2012 年版。

208. 楊天宏編著：《基督教與民國知識分子》，人民出版社 2005 年版。

209. 楊澤波：《天志明鬼的形上意義——從天志明鬼看道德學說中形上保證的重要作用》，《哲學研究》2005 年第 12 期，第 47—51 頁。

210. 楊祖漢：《比較康德的德福一致論與孔子的天命觀》，《深圳大學學報（人文社會科學版）》2014 年第 6 期，第 36—45、134 頁。

211. 姚中秋：《重新發現儒家》，湖南人民出版社 2012 年版。

212. 姚中秋：《一個文教，多種宗教》，《天府新論》2014 年第 1 期，第 34—41 頁。

213. 伊懷斌：《論康德的德福一致結構》，《道德與文明》2010 年第 4 期，第 51—57 頁。

214. 以賽亞·柏林著、陳曉林譯：《自由的兩種概念》，載劉軍寧等編《市場社會與公共秩序》，生活·讀書·新知三聯書店 1996 年版。

215. 余英時：《歷史與思想》，聯經出版事業公司 1976 年版。

216. 余英時：《現代儒學論》，上海人民出版社 2010 年版。

217. 俞世蘭：《墨子宗教觀探析》，《長春理工大學學報（社會科學版）》2012 年第 12 期，第 48—49 頁。

218. 俞吾金：《決定論與自由意志關係新探》，《復旦學報（社會科學版）》2013 年第 2 期，第 2—10 頁。

219. 余翔：《論墨家學派的巫術背景與墨家集團的宗教特性》，碩士學位論文，南昌大學哲學系，2015 年。

220. 臧知非：《〈墨子〉、墨家與秦國政治》，《人文雜志》2002 年第 2 期，第 126—132 頁。

221. 詹劍峰：《墨子及墨家研究》，華中師範大學出版社 2007 年版。

222. 張斌峰：《墨子的"法治"觀及其現代價值》，《中南民族大學學報（人文社會科學版）》2009 年第 1 期，第 94—98 頁。

223. 張傳有：《對康德德福一致至善論的反思》，《道德與文明》2012 年第 3

期，第 75—80 頁。

224. 張純一：《墨學與景教》，民國十二年（1923）自印本。

225. 張純一：《墨學分科》，民國十二年（1923）排印本。

226. 張岱年：《中國哲學大綱》，中華書局 2017 年版。

227. 張德蘇：《〈墨子〉"非命"與儒家的"命"》，《山東大學學報（哲學社會科學版）》2005 年第 3 期，第 21—26 頁。

228. 張海英：《論先秦道家天命觀的特點》，《湖南師範大學社會科學學報》2014 年第 4 期，第 12—17 頁。

229. 張宏斌：《論墨子的宗教神學與人的理性自覺》，《華僑大學學報（哲學社會科學版）》1998 年第 4 期，第 95—100 頁。

230. 張立新：《尊天立教　兼愛世人——論墨翟的宗教理念》，《雲南民族大學學報（哲學社會科學版）》2005 年第 2 期，第 120—125 頁。

231. 張亦鏡：《耶墨辨》，載張亦鏡編《真光叢刊》，中華浸會書局 1928 年版。

232. 張永春：《黃遵憲與晚清"西學墨源論"》，《江漢論壇》2009 年 7 期，第 76—82、89 頁。

233. 張永義：《墨子與中國文化》，中山大學出版社 2020 年版。

234. 張永義：《墨——苦行與救世》，廣東人民出版社 1996 年版。

235. 張西鋒：《墨論選讀》，中國人事出版社 2015 年版。

236. 張曉虎：《戰國社會思想與墨子宗教觀的內在矛盾》，《雲南社會科學》2004 年第 6 期，第 125—129 頁。

237. 張湛注：《列子》，上海書店出版社 1992 年版。

238. 張知寒等著：《墨子里籍考論》，山東人民出版社 1996 年版。

239. 章太炎：《國學講演錄》，華東師範大學出版社 1995 年版。

240. 章太炎：《諸子學略說》，《國粹學報》1906 年第 1 期，第 11 頁。

241. 趙忠海：《試論墨子"非樂"的宗教文藝觀》，碩士學位論文，華東師範大學中國語言文學系，2007 年。

242. 鄭杰文：《中國墨學通史》，人民出版社 2006 年版。

243. 鄭杰文、王繼學等：《墨學對中國社會發展的影響》，山東人民出版社 2011 年版。

244. 鄭玄注，孔穎達疏，龔抗雲整理，王文錦審定：《禮記正義》，北京大學出版社 2000 年版。

245. 周非：《民主：墨子的平民之道》，吉林人民出版社 2016 年版。

246. 郭嵩燾等著，王立誠編校：《郭嵩燾等使西記六種》，生活·讀書·新知三聯書店 1998 年版。

247. 鄒素：《〈墨子〉宗教觀念英譯變异研究——以李紹崑英譯本爲例》，載《黑龍江生態工程職業學院學報》2017 年第 2 期，第 156—158 頁。